Liberalisierung der Dienstleistungen von Versicherern

VERSICHERUNGSRECHTLICHE STUDIEN

HERAUSGEGEBEN VON PROFESSOR DR. GERRIT WINTER
UND PROFESSOR DR. ROBERT KOCH, LL.M.

BAND 81

PETER LANG
Frankfurt am Main · Berlin · Bern · Bruxelles · New York · Oxford · Wien

Dr. Xiaofan Du

LIBERALISIERUNG DER DIENSTLEISTUNGEN VON VERSICHERERN

EIN VERGLEICH DES VERSICHERUNGSAUFSICHTSRECHTS FÜR AUSLÄNDISCHE VERSICHERER ZWISCHEN CHINA UND DEUTSCHLAND

PETER LANG
Internationaler Verlag der Wissenschaften

Bibliografische Information der Deutschen Nationalbibliothek
Die Deutsche Nationalbibliothek verzeichnet diese Publikation in der Deutschen Nationalbibliografie; detaillierte bibliografische Daten sind im Internet über http://dnb.d-nb.de abrufbar.

Zugl.: Bremen, Univ., Diss., 2009

Gedruckt auf alterungsbeständigem,
säurefreiem Papier.

D 46
ISSN 0178-4382
ISBN 978-3-631-61380-1

www.peterlang.de

Vorwort

Die vorliegende Arbeit wurde im Wintersemester 2009/2010 vom Fachbereich Rechtswissenschaft der Universität Bremen als Dissertation angenommen.

An erster Stelle möchte ich meinem Doktorvater Herr Prof. Dr. Josef Falke meinen aufrichtigen Dank aussprechen für seine intensive Betreuung, vielfältige Unterstützung und stetige Gesprächsbereitschaft.

Mein Dank gilt auch Herrn Prof. Dr. Dr. h.c. Hagen Lichtenberg für die zügige und objektive Erstellung des Zweitgutachtens. Bei Herrn Prof. Dr. Dr. h.c. Rolf Knieper möchte ich mich für die wertvolle Ermunterung und Unterstützung zu dieser Promotion bedanken.

Weiterhin danke ich Herrn Prof. Dr. Hanming Xu von der Chinesische Universität für Politik und Rechtswissenschaft in Peking und Herrn Prof. Dr. Jisheng Niu, Direktor des Komitees für Ausbildung, Kultur, Gesundheit und Sport des Pekinger Selbstverwaltungskomitees der politischen Beratungskonferenz des chinesischen Volkes sowie Herrn Prof. Dr. Weiqiu Long, Dekan der Fakultät der Rechtswissenschaften der Beihang University für Ihre freundlichen Unterstützungen und wertvollen Hinweise während meines Forschungsaufenthaltes in China.

Ganz besonderer Dank gebührt auch Herrn Karl Winkler und Herrn Klaus Günther Pape, die mich besonders liebevoll unterstützt haben, und ohne deren Unterstützung und Geduld diese Doktorarbeit wohl nicht fertig gestellt worden wäre.

Mein herzlicher Dank gilt ebenfalls Herrn Karl Klausing und Rechtsanwalt Herrn Thomas Riedel für die hilfreichen Anregungen zur sprachlichen Gestaltung dieser Arbeit, die auch die Mühen des Korrekturlesens auf sich genommen haben.

Ferner danke ich den Herren Prof. Dr. Robert Koch und Prof. Dr. Gerrit Winter, Herausgeber der Veröffentlichungen des Seminars für Versicherungswissenschaft der Universität Hamburg, für die Aufnahme dieser Arbeit in die „Versicherungsrechtlichen Studien“.

Schließlich schulde ich den größten Dank meiner Familie, die mich unermüdlich und aufmunternd während dieser Arbeit sowie während meiner gesamten Ausbildung maßgeblich unterstützt hat. Ihnen allen ist diese Arbeit gewidmet.

Bremen, im Juli 2010

Inhaltsverzeichnis

Vorwort ... V

Abkürzungen ... XV

Einleitung ... 1

I. GATS und seine Konsequenzen für den Versicherungssektor ... 3
1. Vorgeschichte und Entstehung des GATS ... 4
1.1 Vom GATT zur WTO ... 4
1.2 Entstehungsgeschichte des GATS ... 7
1.2.1 Dienstleistungshandel in der Havanna-Charta und in der OECD ... 8
1.2.2 Uruguay-Runde ... 9
1.2.2.1 Die Ministererklärung von Punta del Este ... 10
1.2.2.2 Montrealer Halbzeitkonferenz ... 11
1.2.2.3 Brüsseler Ministerkonferenz ... 12
1.2.2.4 Dunkel-Text ... 12
1.2.2.5 Ministerkonferenz von Marrakesch ... 13
2. GATS und Welthandelsorganisation ... 13
2.1 Übereinkommen zur Errichtung der Welthandelsorganisation ... 13
2.2 Das multilaterale Abkommen über den Dienstleistungshandel ... 14
2.3 Institutionen der WTO und des GATS ... 15
3. Verhandlungen über Finanzdienstleistungen ... 17
3.1 Rahmenvertrag in der Uruguay-Runde ... 18
3.2 Gespräche über Liberalisierungszugeständnisse ... 20
4. Anwendungsbereich des GATS ... 26
4.1 Der Begriff der Dienstleistung ... 27
4.2 Formen der Dienstleistungserbringung ... 28
4.3 Der Begriff der Maßnahme ... 31
5. Regelungen des GATS ... 32
5.1 Meistbegünstigung ... 33
5.1.1 Unbedingte Meistbegünstigung (Most Favoured Nation Treatment) ... 34
5.1.2 Bedingte Meistbegünstigung ... 36
5.1.2.1 Horizontale Ausnahmen ... 37
a) Kleiner Grenzverkehr ... 38
b) Wirtschaftliche Integration ... 38
c) Doppelbesteuerungsabkommen ... 39
d) Wahrung öffentlicher Interessen und der Sicherheit ... 40

e) Anerkennung ausländischer Qualifikationen 41
5.1.2.2 Spezifische Ausnahmen 43
5.2 Marktzugang 46
5.2.1 Spezifische Verpflichtungen 46
5.2.2 Der Begriff des Marktzugangs 47
5.2.3 Umfang der spezifischen Verpflichtungen 48
5.2.4 Mindeststandard 49
5.2.5 Änderung spezifischer Verpflichtungen 52
5.3 Inländerbehandlung 52
5.3.1 Gleichbehandlung 53
5.3.2 Keine ungünstigere Behandlung 54
5.3.3 Verhältnis zwischen Inländerbehandlung und Marktzugang 55
5.4 Transparenz 56
5.5 Begünstigung der Entwicklungsländer 58
5.5.1 Definition der Entwicklungsländer 58
5.5.2 Berücksichtigung der Interessen der Entwicklungsländer 59
5.5.3 Entwicklungshilfe 60
5.6 Fortschreitende Liberalisierung 61
5.6.1 Allgemein 61
5.6.1.1 Zeitpunkte weiterer Liberalisierungsverhandlungsrunden 61
5.6.1.2 Ziel des Aushandelns spezifischer Verpflichtungen 62
5.6.1.3 Regeln für das Aushandeln spezifischer Verpflichtungen 62
a) Berücksichtigung der nationalen Interessen der Mitglieder 63
b) Festlegung der Verhandlungsrichtlinien und -verfahren 64
c) Festlegung der spezifischen Verpflichtungen in einer Liste 65
d) Änderung der Listen mit spezifischen Verpflichtungen 66
5.6.2 Forderungen und Angebote im Bereich der Versicherungen 67
5.6.2.1 Forderung und Angebot der EG 69
5.6.2.2 Angebot von China 71
6. Konsequenzen für den Versicherungssektor 72
6.1 Meistbegünstigungsklausel 73
6.1.1 Unbedingte Meistbegünstigung 73
6.1.2 Bedingte Meistbegünstigungsklausel 75
6.1.2.1 Horizontale Ausnahmen 75
6.1.2.2 Spezifische Ausnahmen 76
6.2 Inländerbehandlung 77
6.3 Transparenz 78

6.4 Zunehmende Beteiligung der Entwicklungsländer ... 79
6.5 Marktzugang ... 80
6.6 Fortschreitende Liberalisierung ... 82
6.7 Versicherungsaufsichtsrecht ... 85
7. Fazit ... 87

II. Das Recht der deutschen Versicherungsaufsicht ... 91
1. Allgemeines zur Versicherungsaufsicht ... 91
2. Entwicklungsgeschichte der Versicherungsaufsicht in Deutschland ... 93
2.1 Entstehung der Versicherungsaufsicht ... 93
2.1.1 Anfänge der Versicherungsaufsicht ... 93
2.1.2 Gesetz über die privaten Versicherungsunternehmen im Kaiserreich ... 94
2.2 Die Entwicklung des VAG bis zur Novelle von 1931 ... 95
2.3 Die Entwicklung des VAG in der Zeit der nationalsozialistischen Diktatur ... 96
2.4 Wiederaufbau der Aufsicht nach dem Zweiten Weltkrieg und Anfänge der Bundesrepublik Deutschland ... 97
2.5 Harmonisierung des europ. Binnenmarktes für Versicherungsdienstleistungen ... 100
2.5.1 Erste Richtliniengeneration ... 101
2.5.2 Zweite Richtliniengeneration ... 104
2.5.3 Dritte Richtliniengeneration ... 106
2.5.4 Richtlinie 2002/83/EG für die Lebensversicherung ... 108
2.5.5 Die Umsetzung im VAG für Drittstaaten-VU ... 109
3 Aufsichtssysteme ... 110
3.1 Publizitätssystem ... 111
3.2 System der Normativbestimmungen ... 111
3.3 System der materiellen Staatsaufsicht ... 113
3.4 Aufsichtssystem des europäischen Versicherungsbinnenmarktes ... 113
3.5 System der deutschen Versicherungsaufsicht ... 115
4. Organisation der Versicherungsaufsicht ... 116
4.1 BMF ... 116
4.2 BAV ... 117
4.3 BaFin ... 118
4.4 Versicherungsaufsichtsbehörden der Länder ... 119
5. Auswirkung des GATS auf das deutsche Versicherungsaufsichtsrecht ... 120
5.1 Außenkompetenzen der EG im Rahmen der WTO ... 120
5.2 Auswirkungen auf das VAG ... 121

6. Aufsicht über die Drittstaaten-VU in Deutschland ... 122
6.1 Zulässige Rechtsformen ... 124
6.2 Zulassungsverfahren ... 126
6.3 Umfang der Erlaubnis ... 127
6.3.1 Sachlicher Umfang der Erlaubnis (Spartenbezug der Erlaubnis) ... 127
6.3.2 Zeitlicher und räumlicher Umfang der Erlaubnis ... 129
6.4 Zulassungsvoraussetzungen des Geschäftsbetriebes ... 130
6.4.1 Erforderliche Unterlagen ... 131
6.4.1.1 Geschäftsplan ... 131
6.4.1.2 Bescheinigung des Sitzlandes ... 134
6.4.1.3 Bilanz sowie Gewinn- und Verlustrechnung ... 135
6.4.2 Kapitalausstattung ... 135
6.4.2.1 Eigenmittel ... 135
6.4.2.2 Solvabilitätsspanne ... 136
6.4.2.3 Garantiefonds ... 138
6.4.2.4 Organisationsfonds ... 139
6.4.2.5 Feste Kaution ... 139
6.4.2.6 Erleichterungen ... 140
6.4.3 Geschäftsführerqualifikation ... 141
6.4.3.1 Zuverlässigkeit ... 142
6.4.3.2 Fachliche Eignung ... 143
6.4.4 Niederlassungserfordernis ... 144
6.4.4.1 Anzeigepflichten- und Handelsregisterpflichten ... 145
6.4.4.2 Hauptbevollmächtigter ... 145
a) Vollmacht ... 146
b) Persönliche und fachliche Eignung ... 147
6.5 Die EG/EWR-weit konzentrierte Solvabilitätsaufsicht ... 148
6.6 Finanzaufsicht ... 150
6.6.1 Eigenmittelausstattung ... 150
6.6.2 Vermögensanlagen (Kapitalanlagen) ... 151
6.6.3 Bestandsübertragung ... 153
6.7 Ausdehnung des Geschäftsbetriebs ... 154
6.8 Widerruf der Erlaubnis ... 155
6.8.1 Widerrufsgründe ... 155
6.8.2 Wirkung des Widerrufs der Erlaubnis ... 157

6.9 Einschränkung des ausländischen Versicherungsgeschäftsbetriebs ... 158
6.9.1 Spartentrennung ... 158
6.9.2 Kumulverbot (Korrespondenzversicherungsverbot) ... 159
6.9.3 Rückversicherung ... 160
6.9.4 Verbot versicherungsfremder Geschäfte ... 160
6.9.5 Beschränkungen für die Lufttransporthaftpflicht- und internationale Transportversicherung ... 162
III. Recht der chinesischen Aufsicht über ausländische Versicherungsunternehmen ... 163
1. Die Entwicklung des chinesischen Versicherungsrechts ... 165
1.1 Vom Ende der Qing-Dynastie bis zur Guoming- Regierung ... 166
1.2 Nach der Gründung der Volksrepublik China ... 167
1.3 Nach der Öffnung und Reform der Volksrepublik China ... 167
2. Die Entwicklung des chinesischen Versicherungsaufsichtsrechts ... 170
2.1 Qing-Dynastie ... 171
2.2 Beiyiang-Regierung ... 171
2.3 Guoming-Regierung ... 171
2.4 Volksrepublik China ... 171
3. Organisation der Versicherungsaufsicht ... 173
3.1 Entwicklung der Versicherungsaufsichtsorganisation ... 173
3.2 Organisationen der Versicherungsaufsicht ... 174
3.2.1 CIRC ... 174
3.2.2 Die Aufsichtsgremien ... 175
3.2.3 Die Versicherungsvereinigungen ... 176
3.2.4 Die Kommunistische Partei Chinas (KPC) ... 177
4. Auswirkungen des GATS auf das chinesische Versicherungsaufsichtsrecht ... 179
4.1 Geschichte des Beitritts Chinas zur WTO ... 179
4.1.1 China gehört zu den ursprünglichen GATT-Vertragsstaaten ... 180
4.1.2 China zieht sich aus dem GATT zurück ... 180
4.1.3 China beantragt als Vertragspartner des GATT zugelassen zu werden ... 180
4.1.4 China beschleunigt den Beitrittsprozess ... 180
4.1.5 Die erfolgreiche bilaterale Vereinbarung mit den USA beschleunigt den Beitrittsprozess Chinas zur WTO ... 181
4.1.6 Wichtige bilaterale Verhandlungen zwischen China und der EG ... 182
4.1.7 Zum Schluss wird China ein Vollmitglied der WTO ... 183
4.2 Verpflichtungen Chinas im Versicherungssektor ... 183
4.2.1 Horizontale Verpflichtungen ... 183
4.2.2 Spezifische Verpflichtungen für den Versicherungssektor ... 184

4.2.2.1 Lizenzierung ... 184
4.2.2.2 Örtlicher Geltungsbereich ... 184
4.2.2.3 Lebensversicherung ... 185
4.2.2.4 Nicht-Lebensversicherung ... 185
4.2.2.5 Versicherungsmakler ... 186
4.2.2.6 Rückversicherung ... 186
4.2.2.7 Grenzüberschreitende Versicherungsdienstleistungen ... 187
4.2.2.8 Konsum im Ausland ... 187
4.3 Umsetzung der Verpflichtungen und deren Auswirkungen ... 187
4.3.1 Umsetzung ... 188
4.3.2 Auswirkungen ... 189
4.3.3 Weiter bestehende Probleme ... 191
5. Aufsicht über ausländische Versicherungsunternehmen ... 194
5.1 Zulässige Rechtsformen ausländischer Versicherungsunternehmen ... 195
5.1.1 Versicherungsunternehmen mit ausländischer Kapitalbeteiligung ... 196
5.1.1.1 Equity Joint Venture Versicherungsunternehmen (EJVV) – Gemeinschaftsunternehmen inländischer und ausländischer Versicherungsunternehmen ... 196
5.1.1.2 Wholly Foreign-Owned Versicherungsunternehmen (WFOV) – Versicherungsunternehmen mit rein ausländischer Kapitalbeteiligung ... 197
5.1.1.3 Zweigniederlassungen ausländischer Versicherungsunternehmen ... 198
5.1.2 Zweigniederlassungen der Versicherungsunternehmen mit ausländischer Kapitalbeteiligung ... 199
5.1.3 Repräsentanz der ausländischen Versicherungsorganisationen ... 199
5.2 Das Zulassungsverfahren ... 200
5.2.1 Versicherungsunternehmen mit ausländischer Kapitalbeteiligung ... 201
5.2.2 Zweigniederlassungen der Versicherungsgesellschaften mit ausländischer Kapitalbeteiligung ... 202
5.2.3 Repräsentanz der ausländischen Versicherungsorganisationen ... 203
5.3 Voraussetzung für die Errichtung von ausländischen Versicherungsunternehmen in China ... 203
5.3.1 Einzureichende Antragsunterlagen ... 204
5.3.1.1 Versicherungsunternehmen mit ausländischer Kapitalbeteiligung ... 204
5.3.1.2 Zweigniederlassungen der Versicherungsgesellschaften mit ausländischer Kapitalbeteiligung ... 207
5.3.1.3 Repräsentanz der ausländischen Versicherungsorganisationen ... 208
5.3.2 Erforderliches Stammkapital ... 209

5.3.3 Erforderliche Voraussetzungen für ausländische Investoren 211
5.3.3.1 Investor des ausländischen Versicherungsunternehmens 211
5.3.3.2 Investor der Zweigstelle eines ausländisch finanzierten VU 212
5.3.3.3 Investor für die Errichtung einer Repräsentanz 212
5.3.4 Qualifikationsanforderungen an vorgesehene leitende Mitarbeiter des ausländischen VU 213
5.4 Geschäftsbereich des Versicherungsgewerbes 214
5.4.1 VU mit ausländischer Kapitalbeteiligung 214
5.4.2 Repräsentanzbüro der ausländischen Versicherungsorganisationen 215
5.5 Einschränkung des Versicherungsgeschäfts 215
5.5.1 Geschäftsbereich des Versicherungsgewerbes 215
5.5.2 Gebietsbegrenzung 216
5.6 Finanzaufsicht 216
5.6.1 Kapitalausstattung 218
5.6.1.1 Garantiefonds 218
5.6.1.2 Rücklagen 218
5.6.1.3 Reservefonds 219
5.6.1.4 Wohlfahrtsfonds 219
5.6.1.5 Versicherungsschutzfonds 219
5.6.1.6 Eigenkapital 220
5.6.2 Sicherung der Zahlungsfähigkeit 220
5.6.3 Kapitalanlage 221
5.7 Auflösung von Versicherungsunternehmen mit ausländischer Kapitalbeteiligung 222
5.7.1 Freiwillige Auflösung 223
5.7.2 Befohlene Auflösung 224
5.7.3 Konkurs des Versicherungsunternehmens 224
5.7.4 Durchführung der Auflösung 225
IV. Vergleichendes Resümee 227
1. Spezifische Verpflichtungen im Rahmen des GATS 227
2. Zulässige Rechtsformen 229
3. Zulassungsverfahren 229
4. Erforderliche Unterlagen 230
5. Investor (Versicherungsunternehmen) 230
6. Qualifikation der leitenden Personen 231
7. Geschäftsumfang 232
8. Beschränkungen 232

9. Finanzaufsicht ... 233
10. Liquidation und Abwicklung ... 234

V. Zusammenfassung ... 235
1. Hintergründe der Gemeinsamkeiten des chinesischen und deutschen Versicherungsaufsichtsrechts für ausländische Versicherungsunternehmen ... 235
2. Hintergründe der Unterschiede des chinesischen und deutschen Versicherungsaufsichtsrechts für ausländische Versicherungsunternehmen ... 237
2.1 Ungleiche Sozial- und Wirtschaftsentwicklung ... 237
2.2 Unterschiedlicher Entwicklungsstand des Rechtssystems ... 238
2.3 Abweichende Politiksysteme ... 238
3. Perspektiven der weiteren Entwicklung des internationalen Versicherungsmarktzugangs ... 239
3.1 EU-Deutschland ... 240
3.2 China ... 242

Literaturverzeichnis ... 247

Abkürzungen

a. A.	anderer Ansicht
a.a.O	am angegebenen Ort
Abt.	Abteilung
AGBG	Gesetz zur Regelung des Rechts der Allgemeinen Geschäftsbedingungen
AIG	American International Assurance Company, Limited
AktG	Aktiengesetz
Anh.	Anhang
APEC	Asia Pacific Economic Cooperation
AuslUntG	Ausländisches Unternehmensgesetz
AVB	Allgemeine Versicherungsbedingungen
AVVaKC	Ausführungsbestimmungen der Vorschriften zur Beaufsichtigung über Versicherungsunternehmen mit ausländischer Kapitalbeteiligung der VR China
BaFin	Bundesanstalt für Finanzdienstleistungsaufsicht
BAG	Gesetz über die Einrichtung eines Bundesaufsichtsamtes für das Versicherungswesen
BAnz	Bundesanzeiger
BAV	Bundesaufsichtsamt für Versicherungswesen
Begr.	Begründung
Bem.	Bemerkung
BetrVG	Betriebsverfassungsgesetz
BGBl.	Bundesgesetzblatt
BGH	Bundesgerichtshof
BGHZ	Entscheidungssammlung des Bundesgerichtshofs in Zivilsachen
BMF	Bundesminister für Finanzen
BR-Druck.	Drucksache des Deutschen Bundesrats
C.M.L.R.	Common Market Law Review
Chinalife	China Life Insurance Company
ChinaRe.	China Reinsurance Company
CIRC	Chinesische Versicherungsaufsichts- und Verwaltungskommission (Versicherungsaufsichtsbehörde)
DSU	Dispute Settlement Understanding
DTI	Department for Trade and Industries

DVO	Durchführungsverordnung
EA	Europa-Archiv
EG	Europäische Gemeinschaft
EGV	Vertrag über die Gründung der Europäischen Gemeinschaft
EJVV	Equity Joint Venture Versicherungsunternehmen
ESF	European Services Form
EUV	Vertrag über die Europäische Union
EuZW	Europäische Zeitschrift für Wirtschaftsrecht
EVfRaV	Erklärungen zur Anwendung der „Verwaltungsvorschriften für Repräsentanzbüros der ausländischen Versicherungsorganisationen in China“ der CIRC
EWG	Europäische Wirtschaftsgemeinschaft
EWGV	Vertrag über die Gründung der Europäischen Wirtschaftgemeinschaft
EWR	Europäischer Wirtschaftsraum
FinDAG	Gesetz über die Bundesanstalt für Finanzdienstleistungsaufsicht
GATS	Allgemeines Übereinkommen über den Handel mit Dienstleistungen (General Agreement on Trade in Services)
GATT	Allgemeines Zoll- und Handelsabkommen (General Agreement on Tariffs and Trade)
GB	Geschäftsbericht
GesG	Gesellschaftsgesetz der VR China
GewO	Gewerbeordnung
GG	Grundgesetz
GNG	Verhandlungsgruppe für Güter (Group of Negotiations on Goods)
GNS	Verhandlungsgruppe für Dienstleistungen (Group of Negotiations on Services)
HGB	Handelsgesetzbuch
i.d.F.	in der Fassung
i.S.d.	im Sinne des
i.V.m.	in Verbindung mit
IMF	Internationaler Währungsfond (International Monetary Fund)

Int'lT.L.R.	International Trade Law and Regulation
ITO	Internationale Handelsorganisation (International Trade Organisation)
JWT	Journal of World Trade
JWTL	Journal of World Trade Law
KapAusstV	Verordnung über die Kapitalausstattung von Versicherungsunternehmen (Kapitalausstattungs-Verordnung)
KPC	Kommunistische Partei Chinas
m.a.W.	mit anderen Worten
m.w.N.	mit weiteren Nachweisen
MOFTEC	Ministry of Foreign Trade and Economic Co-operation
NAFTA	North American Free Trade Agreement
NJW	Neue Juristische Wochenschrift
NPC	National People's Congress
NVersZ	Neue Zeitschrift für Versicherungsrecht
NZZ	Neue Zürcher Zeitung
OECD	Organisation for Economic Cooperation and Development
OMC	Organisation Mondiale du Commerce
o.V.	ohne Verfasserangabe
PBOC	People's Bank of China
PICC	People's Insurance Company of China (Chinesische Volks-Versicherungsgesellschaft)
RabelsZ	Rabels Zeitschrift für ausländisches und internationales Privatrecht
RepAufsMaßnahmen	Regelungen zur Beaufsichtigung in China ansässiger Repräsentanzen ausländischer Finanzinstitute
RGBl.	Reichgesetzblatt
RGZ	Entscheidungen des Reichsgerichts in Zivilsachen
RIW	Recht der Internationalen Wirtschaft
RL	Richtlinie
RMB	Renminbi, chinesische Währungseinheit
Rn.	Randnummer (n)
SAIC	State Administration for Industry and Commerce
SVZ	Schweizerische Versicherungs-Zeitschrift
TNC	Ausschuss für Handelsverhandlungen (Trade Negotiations Committee)

TRIPS	Abkommen über handelsbezogene Aspekte der Rechte des Geistigen Eigentums (Agreement on Trade-Related Aspects of Intellectual Property Rights)
UNCTAD	United Nations Conference on Trade and Development
UnterG'06	Unternehmensgesetz der VR China von 2006
VAG	Versicherungsaufsichtsgesetz
VBfbMV	Vorläufige Bestimmungen für die Bestellung des hochrangigen Managers von Versicherungsorganisationen
VerAfp	Veröffentlichungen des Reichsaufsichtsamtes für die Privatversicherung
VerBAV	Veröffentlichung des Bundesaufsichtsamtes für das Versicherungswesen
VersG'95	Versicherungsgesetz der VR China von 1995
VersG'03	Versicherungsgesetz der VR China von 2003
VersG'09	Versicherungsgesetz der VR China von 2009
VersR	Versicherungsrecht
VersVerm	Versicherungsvermittlung
VerVW	Veröffentlichungen des Zonenamtes des Reichsaufsichtsamtes für das Versicherungswesen (Hamburg)
VfRaV	Verwaltungsvorschriften für Repräsentanzbüros der ausländischen Versicherungsorganisationen in China
Vorbem.	Vorbemerkung
VP	Versicherungspraxis
VR	Volksrepublik
VU	Versicherungsunternehmen
VVaG	Versicherungsverein auf Gegenseitigkeit
VVaKC	Vorschriften zur Beaufsichtigung über Versicherungsunternehmen mit ausländischer Kapitalbeteiligung der VR China
VVG	Versicherungsvertragsrecht
VW	Versicherungswirtschaft
VwVfG	Verwaltungsverfahrensgesetz
WFOV	Wholly Foreign-Owned Versicherungsunternehmen
W.P.R.	Wirtschaftsprivatrecht
WO	Welthandelsorganisation (World Trade Organization)
Yale J. Int'l L.	Yale Journal of International Law

ZERP	Zentrum für Europäische Rechtspolitik
ZfV	Zeitschrift für Versicherungswesen
ZVersWiss	Zeitschrift für die gesamte Versicherungswissenschaft

Einleitung

Das im Jahr 1947 geschaffene GATT gewann zwar zunehmend an Bedeutung im Hinblick auf die Welthandelsordnung für den grenzüberschreitenden Warenaustausch, jedoch fehlte eine vergleichbare Regelung im Dienstleistungsbereich trotz des Bedarfs des globalen Handels mit Dienstleistungen.[1] Diese Lücke wurde durch das am 1.1.1995 in Kraft getretene GATS gefüllt. Das GATS gehört neben GATT und TRIPS zu den Übereinkommen im Zuständigkeitsbereich der WTO. Wegen der zunehmenden internationalen Geschäfte der expandierenden Versicherungsunternehmen und Bankgesellschaften wurde im Dezember 1997 das Abkommen zur Liberalisierung des internationalen Finanzdienstleistungsverkehrs geschlossen. Das im März 1999 in Kraft getretenen Fünfte Protokoll des GATS für Finanzdienstleistungen ermöglichte eine internationale Liberalisierung des Versicherungszugangs zu den Märkten.

Die Entwicklung des internationalen Zugangs zu Versicherungsmärkten ist für ausländische Versicherer von Tag zu Tag wichtiger geworden. Die Versicherungswirtschaft als bedeutendes Element der Finanzwirtschaft eines Landes hat auch großen Einfluss auf die Sicherheit und Stabilität eines Landes. Durch die Ansammlung der Versicherungsprämien der Versicherten im Versicherungsmarkt des Gastlandes sammeln ausländische Versicherer Kapital, das ihr Stammkapital um ein Mehrfaches überschreitet und das sie im gesetzlich erlaubten Rahmen wieder investieren, um Profit zu erwirtschaften. Die Versicherungsaufsichtsbehörde des Gastlandes hat deshalb die Pflicht, die Aktivitäten der ausländischen Versicherer zu beaufsichtigen, um damit besonders die Interessen der Versicherten zu schützen. Deshalb wird in den Versicherungsgesetzen aller Länder der Marktzugang für ausländische Versicherungsunternehmen sorgfältig geregelt. Während der Öffnung des Versicherungsmarktes hat jedes Land aufgrund seiner Wirtschaftssituation den Marktzutritt für ausländische Versicherer auf unterschiedlichem Level begrenzt, um die Konkurrenzfähigkeit der inländischen Versicherer zu erhalten. Damit sollte verhindert werden, dass ausländisches Kapital die inländischen Versicherer übermäßig angreift und damit die Sicherheit und Stabilität des heimischen Landes gefährdet.

Gegenstand des Werks sind folgende Fragen:

Welche Marktzutrittsvoraussetzungen und Aufsichtsregelungen für den Geschäftsbetrieb bestehen für ausländische Versicherer in Deutschland und China, nachdem der internationale Versicherungsmarkt geöffnet wurde? Welche Konsequenzen hat das GATS für den Versicherungssektor? Welche Auswirkungen

---

1 Die Transaktionen im Dienstleistungssektor haben mit einem Handelsvolumen von über 4 Billionen Dollar einen Anteil von mehr als 21% aller Handelsbewegungen weltweit. Siehe Köhler, Das Allgemeine Übereinkommen über den Handel mit Dienstleistungen, S. 21.

hat das GATS auf das Versicherungsaufsichtsrecht für ausländische Versicherer in den WTO-Mitgliedern in Deutschland und China? Sind die umgesetzten Verpflichtungen Chinas für den Marktzugang ausländischer Versicherer nach dem Beitritt zur WTO ausreichend, um zur Anpassung an die wirtschaftliche und rechtliche Globalisierung beizutragen? Kann die von den Industrieländern gewünschte Marktöffnungspolitik den Forderungen der stärker werdenden Entwicklungsländer noch entsprechen, oder müssen die Bedürfnisse der Entwicklungsländer bei späteren WTO-Verhandlungen stärker berücksichtigt werden? Durch den Vergleich Untersuchung der chinesischen Aufsichtsregelungen für ausländische Versicherer und der Ausstattung des deutschen Versicherungsaufsichtsrechts für Versicherungsunternehmen von Drittstaaten wird die Fragestellung untersucht.

Das Werk ist in fünf Teile gegliedert. Im ersten Teil des Werks werden zunächst die Entstehungsgeschichte des GATS und die Verhandlungen über die Finanzdienstleistungen dargestellt. Anschließend werden die Regelungen des GATS analysiert und ihre Konsequenzen für den Versicherungssektor dargelegt.

In Teil 2 und 3 des Werks folgt die Beschreibung der Rechtslage des deutschen und des chinesischen Versicherungsaufsichtsrechts für ausländische Versicherungsunternehmen, in dem auch die entsprechenden GATS-Umsetzungen wie z.B. Zulassungsvoraussetzungen für den Geschäftsbetrieb, Einschränkungen des ausländischen Versicherungsgeschäftsbetriebs und die Finanzaufsicht vorgestellt werden. Außerdem werden die Entwicklung des Versicherungsaufsichtsrechts beider Länder dargestellt und die Auswirkungen des GATS auf das Versicherungsaufsichtsrecht der beiden Länder untersucht.

Die vergleichenden Untersuchungen des deutschen und chinesischen Versicherungsaufsichtsrechts für ausländische Versicherungsunternehmen folgen dann im Teil 4 dieses Werks. Anhand der Verpflichtungen von Deutschland und China für die Liberalisierung von Versicherungsdienstleistungen werden die Ähnlichkeiten und Unterschiede der Aufsichtsregelungen, die zulässigen Rechtsformen, die erforderlichen Unterlagen, die Qualifizierung leitender Personen, die Finanzaufsicht usw. analysiert.

Schließlich werden im Teil 5 die Hintergründe der Gemeinsamkeiten und Unterschiede des chinesischen und deutschen Versicherungsaufsichtsrechts für ausländische Versicherungsunternehmen näher betrachtet und Lösungsalternativen für die weitere Öffnung des Versicherungsmarkts beider Länder erörtert, einschließlich einiger Vorschläge, um das Versicherungsrecht für ausländische Unternehmen in China zu modernisieren, um der wachsenden Globalisierung und dem internationalen Recht gerecht zu werden.

I. GATS und seine Konsequenzen für den Versicherungssektor

GATS, das General Agreement on Trade in Services, ist ein Dienstleistungsübereinkommen, das unter der Verwaltung der Welthandelsorganisation WTO steht.

GATS ist eine völkerrechtlich verbindliche Rahmenregelung, die auf die Liberalisierung des internationalen Dienstleistungsverkehrs gerichtet ist. Mit der Rahmenregelung soll der internationale Dienstleistungshandel auf der Basis eines multilateralen Vertrages einer umfassenden und global wirkenden Liberalisierung zugeführt werden. Unter Liberalisierung wird der Abbau von Handelshemmnissen verstanden, die die Staaten als Teil ihres jeweiligen Außenhandelsregimes zur Reglementierung und Beschränkung des grenzüberschreitenden Handelsverkehrs aufrechterhalten.

Um den Dienstleistungshandel unter den WTO-Staaten zu liberalisieren und bestehende Handelshemmnisse abzubauen, haben die WTO-Mitglieder das völkerrechtliche Übereinkommen für den Dienstleistungshandel abgeschlossen. Das Dienstleistungsübereinkommen umfasst auch besondere Regelungen für Finanzdienstleistungen, unter die auch Versicherungen fallen.

Mit dem GATS haben die Mitglieder einen komplizierten, unter schwierigen Situationen beratenen, mehrstufigen Liberalisierungsmodus vereinbart, um der weiteren Verwirklichung des Wettbewerbs im globalisierten Dienstleistungshandel den Weg zu ebnen.[2] Die Hauptziele der Vereinbarung sind Liberalisierung des Marktzugangs, multilaterale Meistbegünstigung, Transparenz sowie der Grundsatz der Inländerbehandlung. Entsprechend dem Wunsch der Mitglieder sollen die Entwicklungsländer am Dienstleistungshandel zunehmend beteiligt werden, um eine fortschreitende Liberalisierung des internationalen Dienstleistungshandels zu erreichen.

Um die Liberalisierung offen zu legen, sind die Mitglieder verpflichtet, Listen zu erstellen und zu veröffentlichen, in denen ihre „Bestimmungen, Beschränkungen und Bedingungen" dargestellt sind. Soweit die Listen „Pflichten und Disziplinen" der Mitglieder enthalten, sind diese selbst völkerrechtlich verpflichtend. Für die WTO-Mitglieder ergeben sich daher in erste Linie aus dem GATS rechtliche Zwänge zur Änderung des jeweiligen nationalen Versiche-

---

2 Schmidt/Huppenbauer, Versicherungsaufsichtsrechtliche Anmerkungen zur Welthandelsorganisation (WTO) und zum Allgemeinen Übereinkommen über den Handel mit Dienstleistungen (GATS), VersR 1997, 1037.

rungsaufsichtssystems.[3] Durch die völkerrechtlich übernommenen Pflichten wurden die Hoheitsrechte der Mitglieder der WTO teilweise eingeschränkt.[4]

Im Folgenden werden die Regelungen für den Versicherungssektor dargestellt, die sich aus dem GATS und seiner Anlage zu Finanzdienstleistungen ergeben.

1. Vorgeschichte und Entstehung des GATS

Am 30. Oktober 1947 fanden die GATT[5]-Verhandlungen mit der Genfer Konferenz einen erfolgreichen Abschluss. Das von den Regierungen unterzeichnete Protokoll war das bisher einzige Handelsabkommen auf internationaler Ebene und stellte rechtsverbindliche Regeln zur Disziplinierung und Liberalisierung des Welthandels auf.[6]

Das GATT 1947 konzentrierte sich allein auf den Abbau wettbewerbsverzerrender Handelsschranken im Güterverkehr.[7] Dienstleistungen oder Auslandsinvestitionen wurden von den Regeln des GATT 1947 nicht erfasst.[8] Finanzdienstleistungen wurden vom Freihandelsmandat sogar explizit ausgeschlossen.[9] Der internationale Handel mit Dienstleistungen wurde erst im September 1986 zum Bestandteil offizieller multilateraler Verhandlungen als die Dienstleitungen in die neu eröffnete Uruguay-Runde der GATT-Vertragsparteien mit einbezogen wurden. Der Dienstleistungshandel beschäftigte jedoch bereits vor diesem Datum die Wirtschaftsexperten aus aller Welt.

1.1 Vom GATT zur WTO

Die Schaffung des GATT nach dem Zweiten Weltkrieg ging vor allem auf amerikanische Initiativen zurück. Die USA schlugen im Februar 1946 vor, dass eine ITO[10] als dritte Säule eines stabilen Weltwirtschaftssystem neben den IWF[11] und die Weltbank (World Bank) treten sollte, die auf der Staatenkonferenz von Bretton Woods (New Hampshire) im Juli 1944 gegründet worden waren.[12]

---

3 Hanisch, Auswirkungen des chinesischen WTO-Beitritts auf das Versicherungsaufsichtsrecht der V.R.China, S. 100.

4 Schmidt/Huppenbauer, Versicherungsaufsichtsrechtliche Anmerkungen zur Welthandelsorganisation (WTO) und zum Allgemeinen Übereinkommen über den Handel mit Dienstleistungen (GATS), VersR 1997, 1039.

5 Das Allgemeine Zoll- und Handelsabkommen, bekannter unter seiner englischen Abkürzung GATT (General Agreement on Tarifs and Trade).

6 Jackson, World Trading System, p. 34.

7 Vgl. Benedek, Rechtsordnung des GATT, S. 462; Bogdandy, RIW 1991, 55, 56.

8 Ipsen/Haltern, Reform des Welthandelssystems , S. 88.

9 Weber, Marktzugang von Auslandsbanken unter Berücksichtigung der neuen Regeln des GATS, S. 151.

10 Internationaler Handelsorganisation, (International Trade Organisation, ITO).

11 Internationale Währungsfonds (International Monetary Fund).

12 Hilf/Oeter, WTO-Recht – Rechtsordnung des Welthandels, S. 78.

Im Oktober des gleichen Jahres traten bereits achtzehn der neunzehn eingeladenen Länder in London zu einer ersten Vorbereitungskonferenz zusammen.[13] Schon auf der zweiten Vorbereitungskonferenz in Lake Succes (New York), konnte eine erste Fassung des GATT-Vertragstextes erarbeitet werden. Auf Vorschlag der USA wurden auf der dritten Konferenz in Genf im April 1947 neben dem Entwurf einer Charta für die Internationale Handelsorganisation auch Verhandlungen über gegenseitige Zollsenkungen und generelle Prinzipien im Zusammenhang mit tarifären Verpflichtungen geführt.[14] Die Verhandlungen fanden mit der Genfer Konferenz am 30. Oktober 1947 einen erfolgreichen Abschluss. Die Regierungen von 23[15] Staaten unterzeichneten das Protokoll über die vorläufige Anwendung des GATT ab dem 1. Januar 1948.[16]

Nach entsprechenden Vorarbeiten fand vom November 1947 bis März 1948 in Havanna die UNO-Konferenz für Handel und Beschäftigung statt. Die Unterzeichnung der sogenannten „Havanna-Charta" für die ITO erfolgte am 24. März 1948 durch insgesamt 54 Staaten. Das Abkommen enthielt umfassende Bestimmungen zur Neuregelung der internationalen Beziehungen auf den Gebieten des Handels, des Wettbewerbs, der Beschäftigung und der Entwicklungspolitik und sah die Errichtung der ITO als Sonderorganisation der Vereinten Nationen vor.[17] Jedoch konnte die „Havanna Charta" wegen des Verzichts der USA auf eine Ratifizierung nicht in Kraft gesetzt werden.

Nach dem endgültigen Scheitern der ITO blieb das multilaterale GATT-Abkommen als permanentes Provisorium übrig.[18] Das GATT 1947 übernahm in den folgenden Jahrzehnten immer mehr die Aufgaben, die ursprünglich der ITO zugedacht waren, und war damit maßgebend, zusammen mit IWF und Weltbank, an der erfolgreichen Neuordnung der Weltwirtschaft nach dem Zweiten Weltkrieg beteiligt.[19] Aber das GATT hatte keine eigene Organisationsstruktur, weil es als Provisorium nur den Zeitraum bis zur Gründung der ITO überbrücken sollte.

---

13 Die Sowjetunion folgte der Einladung nicht, weil sie meinte, die Vorbereitungszeit sei zu kurz gewesen. Aber der wirkliche Grund war, dass die damalige UdSSR an Außenhandelsverhandlungen nicht interessiert war. Senti, GATT-WTO. Die neue Welthandelsordnung nach der Uruguay-Runde, S. 10.

14 Siehe Weiß/Herrmann/Oeter, Welthandelsrecht, Rn. 93; Neugärtner, § 5 GATT 1947, in: Hilf/Oeter, WTO-Recht-Rechtsordnung des Welthandels, S. 78.

15 Australien, Belgien, Brasilien, Burma, Kanada, Ceylon (Sri Lanka), Chile, China, Cuba, CSSR, Frankreich, Indien, Libanon, Luxemburg, Niederlande, Neuseeland, Norwegen, Pakistan, Süd-Afrika, Süd-Rhodesien (Zimbabwe), Syrien, Großbritannien und die USA.

16 Köpernik, JuS 1976, 780.

17 Christians, Immaterialgüterrechte und GATT, S. 55; Köpernik, JuS 1976, 779 f.; Senti, GATT, 11.

18 Jackson, World Trade and the Law of GATT, 50 f.; Ott, GATT und WTO im Gemeinschaftsrecht, S. 8.

19 Hilf/Oeter, WTO-Recht, Rechtsordnung des Welthandels, S. 80.

Die Rechtsordnung des GATT 1947 hat sich nicht nur in materieller, sondern auch in institutioneller Hinsicht qualitativ weiter entwickelt.[20] Die Welthandelsordnung wurde in Handelsverhandlungen, auch Handelsrunden genannt, weiter entwickelt. Bisher haben im Rahmen des GATT acht Handelsrunden stattgefunden. Diese acht Handelsrunden wurden entweder nach dem Initiator oder dem Eröffnungsort benannt. Zuerst wurden vor allem die Aufnahme neuer GATT-Vertragspartner und der Abbau von Zöllen behandelt.

In der ersten Runde in Genf 1947 wurde die Reduktion des Zollniveaus um durchschnittlich 20% vereinbart sowie Verhandlungen auf bilateraler Basis zwischen den Vertragspartnern geführt. In der zweiten Runde in Annecy 1949 erfolgte eine zusätzliche Zollreduktion um 1 bis 2 Prozent der totalen Zollbelastung. Außerdem erfolgte die Vertragsunterzeichnung durch weitere zehn Staaten[21]. In der dritten Runde in Torquay 1950-1951 verteidigten die Briten ihre Commonwealth-Präferenzen mit dem Ergebnis, dass auch die übrigen Vertragspartner sich mit Zugeständnissen zurückhielten.[22] In der vierten Runde in Genf 1955-1956, in der auch Japan den GATT-Vertrag unterzeichnete, konnten keine weiteren Fortschritte in der Liberalisierung des Welthandels erzielt werden. In der fünften Runde in Genf 1961–1962 (Dillon-Runde) gab es neue Zollverhandlungen als Folge der Gründung der EWG und der dadurch aufkommenden Angst vor regionalen Zolldiskriminierungen.[23] In der sechsten Runde in Genf 1964-1967 (Kennedy-Runde) gab es den Vorschlag einer neuen Verhandlungsrunde durch die Amerikaner als Antwort auf das Erstarken der EWG, und das Zollniveau wurde um 30% bis 40% gesenkt. Es gab keine Berücksichtigung der nichttarifären Handelshemmnisse und keine Liberalisierung im Agrarbereich, und es gab erstmals Verhandlungen auf multilateraler Basis. In der siebten Runde in Genf 1973-1976 (Tokio-Runde) wurden erstmals der Abbau nichttarifärer Handelshemmnisse, dann auch Zollpräferenzen zugunsten der wirtschaftlich schwachen Länder und die Neuregelung des Dumping in Angriff genommen. Es erfolgte eine Reduktion der verbliebenen Zölle um rund 35%. Es gab eine Einigung über internationale Handelsabkommen für Getreide, Milchprodukte und Rindfleisch. Es erfolgte ein Abschluss von Kodizes über Dumping,

---

20 Über 200 Zusatzabkommen und Handelskodizes haben einen verschachtelten Normenkomplex entstehen lassen.

21 Dänemark, Dominikanische Republik, Finnland, Griechenland, Haiti, Liberia, Nicaragua, Schweden und Uruguay. Siehe Senti, GATT-WTO: Die neue Welthandelsordnung nach der Uruguay-Runde, S. 15.

22 Als neue Vertragspartner zeichneten Bundesrepublik Deutschland, Korea, Österreich, Peru, Philippinen und Türkei. Siehe Senti, GATT-WTO: Die neue Welthandelsordnung nach der Uruguay-Runde, S. 16.

23 Die Verhandlungsergebnisse blieben bescheiden. Neue Signatarstaaten waren Israel, Kambodscha und Portugal. Siehe Senti, GATT-WTO: Die neue Welthandelsordnung nach der Uruguay-Runde, S. 16.

Subventionen und öffentliches Beschaffungswesen sowie eine Annahme der Ermächtigungsklausel zur Gewährung von Zollpräferenzen zugunsten der wirtschaftlich schwachen Länder.

Mit diesen Veränderungen erhielt das GATT eine qualitative Erweiterung, die in der letzten Runde in Genf 1986-1993 (Uruguay-Runde) fortgesetzt wurde. Die bisherigen GATT-Bestimmungen über den Zollabbau, Beseitigung nichttarifärer Handelshemmnisse, Öffnung der Agrarmärkte, Neugestaltung der Abkommen über Textilien, handelsrelevante Investitionen, Ursprungsregeln, Dumping, Subventionen usw.[24] wurden weiter vertieft und erweitert. Dies geschah durch die Erweiterung der Welthandelsordnung über den Güterhandel hinaus auf die grenzüberschreitenden Dienstleistungen und den Schutz der geistigen Eigentumsrechte sowie den institutionellen Einbau in eine übergeordnete Welthandelsorganisation.[25]

Auf der Schlusskonferenz der Uruguay-Runde wurden vier Verfahrensbeschlüsse für die Übergangszeit bis zum Inkrafttreten des Übereinkommens zur Errichtung der WTO verabschiedet. Es ging um die Einrichtung eines WTO-Vorbereitungsausschusses, eine Finanzierungsvereinbarung und je einen Beschluss über die Voraussetzungen für die WTO-Mitgliedschaft sowie über die Schaffung eines Ausschusses für Handel und Umwelt.[26] Am 1. Januar 1995 trat das WTO-Übereinkommen in Kraft. Aus dem umfangreichen Vertragswerk der Uruguay-Runde sind hier insbesondere zwei Verträge von Bedeutung: das Allgemeine Abkommen über den Handel mit Dienstleistungen und das Übereinkommen zur Errichtung der Welthandelsorganisation.

1.2 Entstehungsgeschichte des GATS

Durch die zweite Erdölkrise verschlechterte sich zu Beginn der achtziger Jahre die Weltwirtschaftslage. Die Arbeitslosenquote stieg in der sich anbahnenden Rezession in vielen Ländern auf über 10% gegenüber 4% in den siebziger Jahren.[27] Dies führte weltweit zu einem neuen protektionistischen Verhalten vieler Staaten. Diese versuchten, ihre Verpflichtungen aus dem GATT zu umgehen.

---

24 Gleichzeitige Revision einzelner GATT-Bestimmungen über Staatsunternehmen und Schutzklauseln. Ausweitung des GATT auf die grenzüberschreitenden Dienstleistungen (GATS) und den Schutz der geistigen Eigentumsrechte (TRIPS). Schaffung der Welthandelsorganisation (WTO) als Dachorganisation des GATT, GATS und TRIPS. Abschluss der achten Handelsrunde am 15. Dezember 1993 in Genf und Unterzeichnung der Verträge am 15. April 1994 in Marrakesch. Siehe Senti, GATT-WTO: Die neue Welthandelsordnung nach der Uruguay-Runde, S. 17.

25 World Trade Organisation, WTO.

26 May, Die Uruguay-Runde: Verhandlungsmarathon verhindert trilateralen Handelskrieg, S. 76; Benedek, Einführung in die Ergebnisse der Uruguay-Runde, in: Thürer/Kux (Hrsg.), GATT '94 und die Welthandelsorganisation, 1996, S. 17 (22).

27 Senti, WTO, Rn. 174.

Insbesondere die USA bemühten sich darum, eine neue Welthandelsrunde zu eröffnen, die sich hauptsächlich mit einer stärkeren Integration der Entwicklungsländer, dem Agrarhandel und der Einbeziehung von Dienstleistungen und Investitionen in das GATT befassen sollte.[28] Auf der Jahrestagung des GATT vom 25. bis 28. November 1985 setzten die Vertragsparteien schließlich einen Vorbereitungsausschuss ein, der bis Juli 1986 Empfehlungen für die neue Welthandelsrunde ausarbeiten sollte. Die Empfehlungen sollten dann von der Ministerkonferenz von Punta del Este im September 1986 beschlossen werden.[29]

1.2.1 Dienstleistungshandel in der Havanna-Charta und in der OECD[30]

Das GATT 1947 behandelte nur den Warenverkehr, jedoch waren die Bereiche Landwirtschaft und Textilien im Grunde ausgenommen.[31] Auch andere wichtige Handelsbereiche wurden nicht berücksichtigt. So wurden auch keine generellen Regelungen für den Dienstleistungsverkehr aufgenommen, obwohl gerade dieser Bereich sich seit den sechziger Jahren wesentlich dynamischer entwickelte als der Warenverkehr und inzwischen etwa 30% des Welthandels ausmachte.[32]

Bereits in der Havanna-Charta von 1948 waren Rahmenbedingungen für den Dienstleistungshandel und den Abbau von Einschränkungen des Dienstleistungshandels vorgesehen.[33] Nach dem Scheitern der Charta gab es Bestrebungen, die Regelungen des GATT mittels einer weiten Auslegung des Begriffs Produkt[34] auf den Dienstleistungshandel auszudehnen.[35] Die US-amerikanische Initiative zog den Dienstleistungshandel in die multilateralen Handelsgespräche ein. Der Kongress[36] beauftragte den US-Präsidenten auch mit der Beseitigung

---

28 Vgl. May, Die Uruguay-Runde: Verhandlungsmarathon verhindert trilateralen Handelskrieg, S. 17.

29 Ebenda.

30 Organisation for Economic Cooperation and Development.

31 Pfaue, S. 316 und Jessen, S. 328, in: Hilf/Oeter.

32 Beise, Die Welthandelsorganisation (WTO) - Funktion, Status, Organisation, 2001, S. 56-57; May, Die Uruguay-Runde: Verhandlungsmarathon verhindert trilateralen Handelskrieg, S. 19; auch in: Economic Report of the President, January 1985, (GPO) Washinton, D.C. 1985, p. 114.

33 Art. 53 (1) der Havanna-Charta lautet wie folgt: "The members recognize that certain services, such as transportation, telecommunication, insurance and the commercial services of banks are substantial elements of international trade and that any restrictive business practices by enterprises engaged in these activities in international trade may have harmful effects (...)"; Vgl. auch Michaelis in: Hilf/Oeter, S. 381; Everard, Tade and Investment, S. 82.

34 Vgl. z.B. Art. II: 2 S.1, VI: S. 1 und XI: S. 1 GATT.

35 Jackson, Law of GATT, p. 257; Benedek, Rechtsordnung des GATT aus völkerrechtlicher Sicht, S.273 f.

36 Der US-Kongress 1974 verabschiedete unter dem Druck einiger großer US-amerikanischer Dienstleistungsanbieter den *Trade Act of 1974,* der neben anderen Inhalten die

von internationalen Beschränkungen des Dienstleistungshandels, und Dienstleistungen wurden *per definitionem* handelbar.[37] Es gelang der Carter-Administration dennoch nicht, den internationalen Handel mit Dienstleistungen in die bereits begonnenen GATT-Verhandlungen der Tokio-Runde (September 1973 – November 1976) nachträglich mit einzubeziehen. Die USA waren selbst noch ungenügend auf internationale Verhandlungen über Fragen des Dienstleistungshandels vorbereitet, und auch viele andere Probleme belasteten die Verhandlungen der Tokio-Runde.[38]

Aber auf Initiative der OECD kam es 1961 zur Verabschiedung des Code of Liberalisation of Current Invisible Operations und des Code of Liberalisation of Capital Movements.[39] Der Code of Liberalisation of Current Invisible Operations enthält im Anhang A ein Verzeichnis aller geregelten Dienstleistungen. Hierzu zählen schwerpunktmäßig Industrie-, Finanz-, Tourismus- und Transportdienstleistungen. Der Grundgedanke dieses Codex war, alle Beschränkungen für die aufgelisteten Dienstleistungen zwischen den Mitgliedstaaten zu beseitigen, vgl. Art. 1 lit. a). Es war den Mitgliedern allerdings möglich, sich durch Vorbehalte in großem Umfang den Liberalisierungspflichten entziehen.

1.2.2 Uruguay-Runde

Die USA bemühten sich bereits auf der Genfer Ministerkonferenz vom 15. November 1982 um die Eröffnung einer neuen Welthandelsrunde, die sich nach ihrer Vorstellung mit einer stärkeren Integration der Entwicklungsländer, mit dem Agrarhandel und mit der Einbeziehung von Dienstleistungen und Investitionen in das GATT befassen sollte.[40] Diese Pläne scheiterten jedoch am Widerstand der Entwicklungsländer und der EG. Jedoch waren die Bestrebungen der USA auf der Jahrestagung des GATT vom 25. bis 28. November 1985 erfolgreich. Es wurde ein Vorbereitungsausschuss eingesetzt mit der Maßgabe, bis Juli 1986 Empfehlungen für eine neue Welthandelsrunde auszuarbeiten. Am 20. September 1986 wurde die achte Welthandelsrunde (Uruguay-Runde) mit der Ministererklärung von Punta del Este von 74 Staaten eröffnet.[41]

US-Regierung autorisiert, an multilateralen Verhandlungen über die Liberalisierung des internationalen Handels teilzunehmen. Laut Section 102 (g3) des Gesetzes beinhaltet der Begriff „International Trade" nicht nur den Handel mit Waren, sondern auch den Handel mit Dienstleistungen. Siehe Eckert, Die Liberalisierung internationaler Finanzdienstleistungen durch das General Agreement on Trade in Services (GATS) unter besonderer Berücksichtigung internationaler Bankdienstleistungen, S. 52.

37 Feketekuty, International Trade in Services, pp. 299 ff.

38 Stadler, Liberalisierung, S. 267; vgl. Stahl, Yale J. Int'l L. 19 (1994), 406 ff.

39 Michaelis, in: Hilf/Oeter, S. 381.

40 May, Die Uruguay-Runde: Verhandlungsmarathon verhindert trilateralen Handelskrieg, S. 17.

41 Eckert, Die Liberalisierung internationaler Finanzdienstleistungen, S. 56; Stadler, Liberalisierung, S. 268.

1.2.2.1 Die Ministererklärung von Punta del Este

Zur Durchführung der Uruguay-Runde wurde das TNC [42] eingesetzt mit dem Ziel, die Welthandelsrunde in vier Jahren abzuschließen. Bis zum 31. Oktober 1986 sollte das TNC spätestens zusammentreten. Das TNC war durch eine Ministererklärung zur Durchführung der Verhandlungsrunde bevollmächtigt worden.

Die Ministererklärung selbst bestand aus zwei Teilen. Der erste Teil beschäftigte sich mit Verhandlungen über den Warenhandel, der zweite Teil mit Verhandlungen über den Dienstleistungsverkehr. Die Zweiteilung war ein Zugeständnis an die Entwicklungsländer,[43] um damit die zwischen den Industrieländern und Entwicklungsländern umstrittene Einbeziehung des Dienstleistungshandels in die multilateralen Handelsgespräche zu ermöglichen.[44]

Für jedes Thema, das von der Ministererklärung vorgegeben wurde, ist eine Arbeitsgruppe errichtet worden. Die Verhandlungsgruppe GNG[45] koordinierte

---

42 Ausschuss für Handelsverhandlungen (Trade Negotiations Committee).

43 Bei den Verhandlungen in der Uruguay-Runde über eine umfassende Regelung des internationalen Dienstleistungshandels wurden die Interessengegensätze zwischen den Industriestaaten und den Entwicklungsländern deutlich. Die USA, als Vertreter der Industriestaaten, sahen in einer Erweiterung des GATT auf den Dienstleistungshandel keine Probleme, da sie die Auffassung vertraten, dass in dem Text des Allgemeinen Zoll- und Handelsabkommens keine ausdrückliche Begrenzung auf den Warenhandel enthalten ist und deshalb die Anwendbarkeit des Vertrags und die Zuständigkeit des GATT als Institution durchaus möglich ist.
Wegen ihrer hochentwickelten Dienstleistungsindustrien drängten insbesondere die USA auf eine Erweiterung des Verhandlungsmandats, um die weitere Liberalisierung des Dienstleistungshandels im Rahmen des GATT durchzuführen. Die Entwicklungsländer vertraten jedoch die Ansicht, dass das Allgemeine Zoll- und Handelsabkommen nur auf den Warenhandel anwendbar ist. Sie traten wegen der mangelnden Wettbewerbsfähigkeit ihrer Dienstleistungsindustrien für eine Abschottung ihrer Dienstleistungsmärkte bis zum Erreichen einer aussichtsreicheren Wettbewerbsposition ein (infant industry-Argument). Deshalb verlangte auch eine Kerngruppe der Entwicklungsländer ein internationales Übereinkommen außerhalb des GATT.
Im Gegensatz zu den Industriestaaten, die sich von der Einleitung eines Liberalisierungsprozesses im Dienstleistungssektor auf der Grundlage eines multinationalen Rahmenvertrages wirtschaftliche Vorteile versprachen, wurden von den Entwicklungsländern dazu Bedenken geäußert. Ihrer Ansicht nach sind die weniger entwickelten Staaten nicht konkurrenzfähig gegenüber den Industriestaaten, da es sich bei vielen Dienstleistungen um technologieintensive Handelsaktivitäten handelt.
Der Konflikt wurde dadurch gelöst, dass man kompromisshaft die Handelsgespräche im Waren- und Dienstleistungssektor getrennt führte. Daher gab es selbstständige Verhandlungsgruppen für beide Bereiche.

44 Eckert, Die Liberalisierung internationaler Finanzdienstleistungen, S. 57; Behrens in: Hilf/Oeter, S. 88.

45 Group of Negotiations on Goods.

die 14 Arbeitsgruppen, die sich mit den einzelnen Themen des Warenverkehrs beschäftigten. Daneben gab es die Verhandlungsgruppe GNS[46] für den Dienstleistungshandel. Beide Verhandlungsgruppen unterstanden dem TNC. Die GNS trat am 27. Oktober 1986 zu ihrer ersten Sitzung zusammen. Sie einigte sich am 28. Januar 1987 auf ein Programm für die Anfangsphase der Verhandlungen, welches fünf Elemente beinhaltete:1. Präzisierung des Dienstleistungsbegriffes und Erstellung aussagekräftiger Statistiken; 2. Ausarbeitung allgemeiner Konzepte, auf denen die dem allgemeinen Ordnungsrahmen und sektorspezifischen Abkommen zugrunde liegenden Grundsätze und Normen beruhen sollten, und insbesondere die Überprüfung der Modelltauglichkeit der GATT-Terminologie, -Prinzipien und -Regeln; 3. Formulierung von sektorspezifischen Regeln innerhalb des allgemeinen Ordnungsrahmens; 4. Klärung des Verhältnisses zu bereits bestehenden sektorspezifischen internationalen Organisationen und Abkommen; 5. Identifizierung und Behandlung von staatlichen Maßnahmen, welche die Ausdehnung des Dienstleistungshandels unterstützen oder beschränken, sowie diesbezügliche Ausarbeitungen von Unterscheidungskriterien zwischen angemessenen und unangemessenen nationalen Bestimmungen.[47]

1.2.2.2 Montrealer Halbzeitkonferenz

Nach einer zweijährigen Initial- und Verhandlungsphase fand eine Halbzeitkonferenz der Minister *(mid-term review)* im Dezember 1988 in Montreal, Kanada statt. Auf dieser Konferenz konkretisierten die Verhandlungspartner das Mandat von Punta del Este und zogen eine erste Zwischenbilanz (Mid-Term Review Agreement).[48] Als relevanter Erfolg dieser Halbzeitkonferenz kann neben der offiziellen Verständigung auf die vier verschiedenen Erbringungsformen des Dienstleistungshandels[49] ein Kompromissvorschlag hinsichtlich der Form des zukünftigen Dienstleistungsabkommens angesehen werden. Dieser sah ein generelles Rahmenabkommen vor mit den allgemein anzuwendenden Regeln und Prinzipien. Dazu gab es dann ergänzend die verschiedenen sektorenspezifischen Anhänge (sectoral annexes), auf die diese Regeln und Prinzipien dann entsprechend anwendbar waren.[50]

Außerdem einigten sich die Minister auf ein zukünftiges Abkommen über Entwicklungsziele und „Entwicklungshilfe“: das Abkommen über die Aufnah-

---

46 Group of Negotiations on Services.

47 Für den genauen Inhalt des Arbeitsprogrammes siehe GATT, MTN.GNS/5 und auch Stadler, Liberalisierung, S. 272; Weber, Evolving International Regime, p. 40.

48 Marconini, Multilateral negotiation on trade in services: General concepts and the test of sector applications in: Development and South-South Cooperation 1990, 5, 8 ff.; Kakabadse, Ga. J.Int'L Comp.L.1989, 384, 388 f.

49 Zu den Erbringungsformen des GATS siehe unten 4.2.

50 The Ministerial Declaration of Montreal, Part II: Negotiations on Trade in Services (MTN.TNC/7 (Min), 40-43 (siehe Text in Stadler, Liberalisierung, S. 357 (Anhang II 9). Dazu etwa Marconini, in: Messerlin/Sauvant, Services in the World Economy, p. 23.

me der Entwicklungsländer. Vorschriften über die Berücksichtigung der Schwellen- bzw. Entwicklungsländer und deren Privilegierung im Verhältnis zu den Industrieländern[51] gewannen zunehmende Bedeutung innerhalb der Uruguay-Runde.

1.2.2.3 Brüsseler Ministerkonferenz

Vier Jahre nach Eröffnung der Uruguay-Runde trat die Schlusskonferenz der Minister am 3. Dezember 1990 in Brüssel zusammen. Bis dahin war ein weitreichender Konsens über den Dienstleistungshandel und andere Themen erreicht worden.[52] Den Brüsseler Verhandlungen lag ein Abkommensentwurf der GNS zugrunde, der erstmals mit „Das Allgemeine Dienstleistungsabkommen" tituliert war.[53] Allerdings gab es noch viel Dissens in Dienstleistungssektoren und insbesondere im Finanzdienstleistungsbereich zwischen den Verhandlungspartnern.[54] Die Konferenz scheiterte letztlich jedoch nicht wegen der Unstimmigkeiten im Dienstleistungsbereich, sondern vor allem wegen Agrarstreitigkeiten.[55]

1.2.2.4 Dunkel-Text

In Genf wurde während des ganzen Jahres 1991 nachverhandelt. Um den Stillstand in den Verhandlungsgruppen zu beenden, legte schließlich der damalige GATT-Generaldirektor *Arthur Dunkel* im Dezember 1991 auf der Sitzung des TNC einen Entwurf einer Schlussakte (*Draft Final Act Embodying the Results of the Uruguay Round of Multilateral Trade Negotiation*) vor, der darum „Dunkel-Text" genannt wurde. Die bisherigen Verhandlungsergebnisse wurden im Dunkel-Text zusammengefasst. Für die noch bestehenden Problemfelder schlug er einen Kompromiss vor. Der Entwurf eröffnete so den einzeln Ländern die Möglichkeit, Ausnahmen von der Meistbegünstigungsverpflichtung in einem Anhang geltend zu machen, in der Absicht, die Gegensätze der Vertragsparteien zu überwinden. Verhandelt wurde hauptsächlich über die Marktzugangsverpflichtungen der einzelnen Länder und deren Ausnahmen von der Meistbegünstigungsverpflichtung. Die Vertragsparteien konnten sich im Bereich der Finanz-

---

51 Diesbezüglich lautet § 5 der Ministerial Declaration: "(...) for individual developing countries should be included, (…)", und § 7(b): "(…) for individual developing countries for opening fewer sectors or liberalizing fewer types of transactions or in progressively extending market access in line with their development situation".

52 Siehe Senti, WTO, Rn. 260.

53 Draft Final Act Embodying the Results of the Uruguay Round of Multilateral Trade Negotiations, (MTN.TNC/W/35/Rev.1), Dec. 3, 1990, Annex II. Der Text des "Final Act" ist abgedruckt bei Stadler, Liberalisierung, S. 360 ff. (Anhang III).

54 Vgl. Stadler, Liberalisierung, S. 276.

55 Die EG widersetzte sich den amerikanischen Wünschen nach einer Kürzung der Exportsubventionen, der Marktzugangsbeschränkungen und nationalen Beihilfen um 75% bis 90% und war nur zu Kürzungen in Höhe von 30% bereit; dies war für die USA und andere Agrarexportländer nicht akzeptabel. Siehe May, S. 28.

dienstleistungen nicht einigen. Für diesen Bereich wurden Nachverhandlungen angesetzt.

1.2.2.5 Ministerkonferenz von Marrakesch

Die letzte Frist für die Beendigung der Uruguay-Runde bezüglich der Verhandlungen im Dienstleistungssektor ergab sich schließlich am 15. Dezember 1993 aus dem auslaufenden Verhandlungsmandat der amerikanischen Regierung zum Abschluss eines völkerrechtlichen Handelsabkommens.[56] Der erfolgreiche Abschluss der Uruguay-Runde drohte zuletzt noch an einzelstaatlichen Partikularinteressen im Bereich der audiovisuellen Dienstleistungen, an der Unflexibilität im Finanzdienstleistungssektor und der mangelnden Kompromissbereitschaft innerhalb der Europäischen Gemeinschaft zu scheitern. Der Durchbruch wurde schließlich geschaffen durch die bilaterale Verständigung zwischen der EG und den USA. Am 31. August 1993 eröffnete das TNC auf seiner Sitzung den letzten Abschnitt der Uruguay-Runde. Nach Prüfung der Verhandlungsresultate durch das TNC wurde der bereinigte Entwurf der Schlussakte (*Draft Final Act*) am 15. Dezember 1993 angenommen. Die Unterzeichnung der Schlussakte (*Final Act*) erfolgte in der Ministerkonferenz in Marrakesch (Marokko) am 15. April 1994, an der 117 Staaten[57] teilnahmen.

2. GATS und Welthandelsorganisation

2.1 Übereinkommen zur Errichtung der Welthandelsorganisation

Die Schlussakte von Marrakesch beinhaltet neben dem Abkommen zur Errichtung der Welthandelsorganisation (WTO-Übereinkommen) auch alle Ergebnisse der multilateralen Verhandlungen, die dem WTO-Übereinkommen formell angehängt sind.

Das WTO-Übereinkommen ist ein institutioneller Vertrag, der eine internationale Organisation gründet.[58] Es enthält Bestimmungen über die Institutionen der WTO, deren Aufbau, Aufgaben und Rechtsstellung sowie über die Beschlussfassung, den Bei- und Austritt von Mitgliedern und deren Rechte und

---

56 Die sogenannte „fast track authority" erlaubt es der amerikanischen Regierung, dem Kongress einen Gesetzentwurf vorzulegen, den dieser im Rahmen des Ratifizierungsverfahrens nur en bloc bestätigen oder ablehnen, nicht aber verändern oder ergänzen kann. Siehe Section 151 des Trade Act of 1974 (19 U.S.C. 2191).

57 Hierbei handelt es sich um die (Ende 1993) 114 GATT-Vertragsparteien (ohne das von den Vertragsverhandlungen ausgeschlossene frühere Jugoslawien) sowie die an den Verhandlungen teilnehmenden, (noch) nicht dem GATT angehörenden Staaten Algerien, China, Honduras und Paraguay, (vgl. GATT, Final Act Embodying the Result of the Uruguay Round of Multilateral Trade Negotiations, p. 16).

58 Weber, Marktzugang von Auslandsbanken, S. 156.

Pflichten.[59] Insgesamt setzt sich das WTO-Übereinkommen aus 16 multilateralen Handelsübereinkommen, unter anderem dem GATT 1994, dem GATS, dem TRIPS[60], und vier plurilateralen Handelsübereinkommen zusammen.[61] Das GATT 1994, die erste Säule, besteht aus dem alten GATT in der Fassung der Uruguay-Runde sowie 12 multilateralen Handelsabkommen, u.a. über den Agrarhandel, Textilien, Subventionen und Anti-Dumping. Die zweite und dritte Säule bilden die in der Uruguay-Runde ausgehandelten Abkommen GATS und TRIPS. Das WTO-Übereinkommen verfolgt das Prinzip des Einheitsabkommens.[62]

2.2 Das multilaterale Abkommen über den Dienstleistungshandel

Der zweite Teil der Schlussakte der Uruguay-Runde enthält das WTO-Übereinkommen und beinhaltet in seinem Annex 1B das GATS.[63] Das GATS ist das erste multilaterale Übereinkommen über Handel und Investitionen im Dienstleistungsbereich, das rechtlich durchgesetzt wird.[64] Es beruht auf drei Pfeilern, dem Rahmenabkommen, nationalen Listen und spezifischen Verpflichtungen sowie sektorspezifischen Anhängen.[65]

Beim Rahmenabkommen geht es um den eigentlichen Text des Übereinkommens. Es enthält die aus 29 Artikeln bestehenden Rahmenvorschriften zur Liberalisierung des internationalen Dienstleistungshandels und die Verfahrensvorschriften für die durchzuführenden multilateralen Verhandlungen. Das Rahmenabkommen soll die Interessen der Vertragsparteien auf der Grundlage der Gegenseitigkeit und des gemeinsamen Nutzens fördern.[66]

---

59 Ipsen/Haltern, Rule of Law in den internationalen Wirtschaftsbeziehungen, RIW 1994, 717, 720.

60 Übereinkommen über handelsbezogene Aspekte der Rechte des geistigen Eigentums.

61 Ott, GATT und WTO im Gemeinschaftsrecht, S. 17.

62 Art. II: 2 WTO-Übereinkommen regelt, dass das WTO-Übereinkommen auch die in den Anlagen 1, 2 und 3 enthaltenen multilateralen Handelsabkommen mit umfasst; siehe auch Oppermann, Die Europäische Gemeinschaft und Union in der Welthandelsorganisation, RIW 1995, 919, 922.

63 Bezüglich der Gliederung der Schlussakte, siehe Ipsen/Haltern, RIW 1994, 718.

64 Oppermann, Die Europäische Gemeinschaft und Union in der Welthandelsorganisation, RIW 1995, 919, 923.

65 Etter, Das Dienstleistungsabkommen der Uruguay-Runde und seine Bedeutung für die Schweiz, in: Cottier, GATT-Uruguay Runde, S. 97 f.; Hoekman, Services and Interllectual Property Rights in: Collins/Bosworth, The New GATS-Implication for the United States, p. 86.

66 Abs. 3 der Präambel des GATS.

Zum zweiten Pfeiler zählen die von den Staaten erstellten spezifischen Länderlisten.[67] Diese enthalten die Meistbegünstigungsausnahmen und konkrete sowie bindende Liberalisierungsverpflichtungen zur Gewährung von Marktzugang und Inländerbehandlung, die von den Mitgliedern des GATS sektorspezifisch in Listen (National Schedules of Specific Commitments) angenommen wurden. Diese Verpflichtungen entstehen nicht unmittelbar aus dem Übereinkommen, sondern aus bilateralen Verhandlungen über die einzelnen Dienstleistungssektoren.[68]

Den dritten Pfeiler bilden 8 Anhänge zum GATS, die überwiegend Sonderregeln für Finanz-, Telekommunikations- und Transportdienstleistungen enthalten.[69] Ergänzt werden die Vorschriften des GATS durch acht ministerielle Entscheidungen zum Dienstleistungshandel und die Vereinbarung über Verpflichtungen bezüglich Finanzdienstleitungen, die Bestandteil der Schlussakte der Uruguay-Runde geworden sind.[70]

Aus dem GATS-System sind speziell für den Versicherungssektor nachfolgende Teile maßgebend: die „Anlage zu Finanzdienstleistungen“[71], die „Zweite Anlage zu Finanzdienstleistungen“[72], der „Beschluss zu Finanzdienstleistungen“[73] und die „Vereinbarung über Verpflichtungen bei Finanzdienstleistungen“[74].

2.3 Institutionen der WTO und des GATS

Die WTO hat ihren Sitz in Genf und ist als Dachorganisation konzipiert.[75] Die WTO überwacht die Durchführung und Verwaltung aller im Rahmen der Uruguay-Runde abgeschlossenen multilateralen Übereinkommen.[76] Die Hauptaufgaben der WTO sind die Verwaltung der im Anhang enthaltenen multilateralen Handelsabkommen und die Förderung von deren Zielsetzungen. Außerdem

---

67 Das GATS schafft keinen Freihandel, sondern stellt einen Rahmen für eine geordnete schrittweise Liberalisierung des internationalen Dienstleistungshandels dar. Die konkreten Liberalisierungsverpflichtungen jedes Mitglieds werden in einzelnen Länderlisten festgehalten. Diese Listen beinhalten die sogenannten spezifischen Verpflichtungen jedes einzelnen Mitglieds.

68 Weber, Marktzugang von Ausländischen Banken, S. 159; hierzu “Bilateral, Request and Offer-Negotiations on a Country-by-Country Basis“ siehe Broadman, GATT: The Uruguay Round Accord on International Trade and Investment in Services, World Economy 17, 285.

69 Michaelis, GATS, in: Hilf/Oeter, S. 383.

70 In WTO, Results of the Uruguay Runde.

71 MTN/FA II. 1B, Annex on Financial Services.

72 MTN/FA II. 1B, Second Annex on Financial Services.

73 MTN/FA III. 7f, Decision on Financial Services.

74 MTN/FA III. 7e, Understanding on Commitments in Financial Services.

75 Eine Übersicht über die Struktur der Organisation enthält WTO Focus 1/1995, 5.

76 Art. III Abs. 1 WTO-Übereinkommen.

schafft die WTO den gemeinsamen institutionellen Rahmen für die Wahrnehmung der Handelsbeziehungen zwischen ihren Mitgliedern.[77] Sie dient ferner als Forum für Verhandlungen im Anwendungsbereich der bestehenden Handelsregelungen und für zukünftige Verhandlungsrunden.[78]

Im Gegensatz zum GATT-Abkommen von 1947 ist die WTO eine völkerrechtlich selbständige Organisation mit eigener Rechtspersönlichkeit.[79] Die WTO bleibt im Rahmen bewährter Traditionen des GATT 1947 und der klassischen internationalen Organisationen.

Die wichtigsten Organe der WTO sind in Art. IV WTO-Übereinkommen aufgeführt.[80] Auf der zentralen Ebene sind die Ministerkonferenz und der Allgemeine Rat. Die Ministerkonferenz ist das höchste Organ der WTO. Sie setzt sich aus Vertretern der Mitglieder zusammen und findet alle zwei Jahre statt. Der Allgemeine Rat ist das Hauptentscheidungsorgan, der etwa zehnmal im Jahr zusammentritt. Er ist das leitende Organ der WTO außerhalb der Sessionen der Ministerkonferenz und vorantwortet das tägliche Management. Außerdem können er oder einer der Trade Councils zur Erfüllung ihrer Aufgaben auch spezielle Arbeitsgruppen einsetzen.[81]

Der Allgemeine Rat nimmt auch die Aufgaben des in der Vereinbarung über Streitbeilegung vorgesehenen Streitbeilegungsgremiums wahr und tritt zusammen, um die Aufgaben des im Trade Policy Review Mechanismus (TPRM) vorgesehenen Organs zur Überprüfung der Handelspolitiken wahrzunehmen. Das Streitbeilegungsverfahren dient dem Zweck, den Schutz gegen einseitige Handelsbarrieren der Mitglieder zu verstärken, und durch den TPRM wird die Handelspolitik der Mitglieder überwacht. Das Sekretariat, dem der WTO-Generaldirektor vorsteht, ist für die laufenden Angelegenheiten zuständig.

Die wichtigsten sektoriellen Organe sind der Rat für den Warenhandel, der Rat für den Handel mit Dienstleistungen und der Rat für handelsrelevante Fragen des geistigen Eigentums. Neben dem Rat für den Handel mit Dienstleistun-

---

77 Art. II Abs. 1 WTO-Übereinkommen.

78 Art. III Abs. 2 WTO-Übereinkommen.

79 Art. VIII Abs. 1 WTO-Übereinkommen. Das GATT 1947 hat sich dagegen erst gewohnheitsrechtlich zu einer internationalen Wirtschaftsorganisation mit eigener Völkerrechtssubjektivität entwickelt.

80 Ipsen/Haltern, Rule of Law in den internationalen Wirtschaftsbeziehungen, RIW 1994, 717, 719.

81 Vgl. Art. IV: 5 und 6 WTO-Übereinkommen und Art. XXIV: 1 GATS. Es bestehen z.Z. die folgenden GATS-spezifischen Arbeitsguppen: Working Party on GATS Rules und Working Party on Professional Services. Stehen sektorielle Verhandlungen an, so kann der Dienstleistungsrat auch dazu Arbeitsgruppen zusammenstellen. So bestanden z.B. die Negotiating Group on Basis Telecommunications, die Negotiation Group on Movement of Natural Persons und die Negotiating Group on Marine Transport Services.
Vgl. Adamantopoulos, An Anatomy of the World Trade Organization, p. 34 f.

gen ist in institutioneller Hinsicht ein spezieller „Ausschuss für den Handel mit Finanzdienstleistungen“ hervorzuheben. Er überwacht die Anwendung der Grundregeln im Versicherungssektor.[82] Der Rat für den Dienstleistungshandel hat sich selbst eine Geschäftsordnung gegeben, die von Allgemeine Rat genehmigt wurde. Er verwaltet die Listen der spezifischen Verpflichtungen, sammelt die Notifikationen der Mitglieder und macht sie allgemein zugänglich. Weiter hat er das Funktionieren des GATS zu überwachen und Verhandlungsrichtlinien und Verfahren auszuarbeiten und zu verabschieden.[83] Daneben nimmt der Rat Funktionen im Rahmen der Verhandlungen zur Abänderung oder Rücknahme von spezifischen Verpflichtungen, im Streitbeilegungsverfahren und betreffend verschiedene allgemeine Verpflichtungen wahr.

3. Verhandlungen über Finanzdienstleistungen

Die Verhandlungen im Finanzdienstleistungsbereich für die Vertragsparteien der Uruguay-Runde trafen auf besondere Schwierigkeiten, was sich in der Schlussakte von Marrakesch widerspiegelt. Nach langjährigen Verhandlungen in der WTO wurde am 12. Dezember 1997 ein erstes dauerhaftes Abkommen zur Liberalisierung des internationalen Finanzdienstleistungsverkehres geschlossen.[84] Das Abkommen ist integrativer Bestandteil des GATS, in dem zahlreiche andere handelbare Dienstleistungen bereits im Verlauf der Uruguay-Runde des GATT zum Abschluss gebracht worden waren. Dieses dem GATS angefügte, separate und vorläufige Finanzdienstleistungsabkommen besteht aus dem Anhang über Finanzdienstleistungen[85], dem Zweiten Anhang über Finanzdienstleistungen[86], dem Beschluss zu Finanzdienstleistungen[87] und der Vereinbarung über Verpflichtungen für Finanzdienstleistungen[88]. Die Verhandlungen lassen sich grob in zwei Teile untergliedern: in die Verhandlungen der Uruguay-Runde über den GATS-Rahmenvertrag und in die Gespräche, die zu konkreten Liberalisierungszugeständnissen im Finanzdienstleistungssektor geführt wurden.

3.1 Rahmenvertrag in der Uruguay-Runde

Vor den Verhandlungen über die konkreten Liberalisierungszugeständnisse für den Finanzdienstleistungssektor wurden die Liberalisierungsverhandlungen im Finanzdienstleistungsbereich in der Uruguay-Runde erörtert.

---

82 Zu den Aufgaben des Finanzdienstleistungsausschusses, vgl. The Decision on Institutional Arrangements for the General Agreements on Trade in Services (GATT-Dok.), http://www.wto.org/english/tratop_e/serv_e/13-rlins_e.htm.

83 Wie z.B. in Art. XIX: 3 und Art. XXI: 5 GATS.

84 Werner, Das WTO-Finanzdienstleistungsabkommen, S. 1.

85 MTN/FA II.1B, Annex on Financial Services.

86 MTN/FA II.1B, Second Annex on Financial Services.

87 MTN/FA III.7f. Decision on Financial Services.

88 MTN/FA III.7e. Understanding on Commitments in Financial Services.

Bei den Liberalisierungsverhandlungen über Finanzdienstleistungen wurde bereits im April 1989 deutlich, dass die Verhandlungen in diesem sehr komplexen und hoch sensiblen Bereich – dasselbe galt für den Versicherungsbereich – außerordentlich schwierig und langwierig sein würden.[89] Die Arbeitsgruppe im Finanzdienstleistungssektor konnte sich im Dezember 1990 bei dem vorgesehenen Brüsseler Ministertreffen zum Abschluss der Uruguay-Runde nicht einigen, so dass lediglich ein leeres Blatt Papier mit der Überschrift „Finanzdienstleistungen" nach Brüssel übermittelt wurde.[90] Ein Grund für die Schwierigkeiten in diesem Bereich waren die grundsätzlich unterschiedlichen Auffassungen der Verhandlungsteilnehmer darüber, welcher Liberalisierungsgrad schließlich erreicht werden sollte, was u.a. auf die unterschiedliche Entwicklung der Finanzdienstleistungsindustrie in den verschiedenen Ländern zurückzuführen war. Japan und viele andere asiatische und unterentwickelte Länder wehrten sich stark gegen eine Öffnung ihrer Finanzmärkte, während die USA und die EG wegen der großen Einflussnahme ihrer Banken und Versicherungen eine weitreichende Handelsliberalisierung erreichen wollten.[91] Die unterentwickelten Länder befürchteten, dass ein freier Wettbewerb im Finanzdienstleistungsbereich zu starke negative Einflüsse auf ihre Finanz- und Währungspolitik haben würde und forderten, dass sowohl die Geschwindigkeit als auch das Ausmaß der zu erzielenden Liberalisierung vereinbar sein müssten mit den Grundstrukturen der jeweiligen nationalen und internationalen Kontrollsysteme im Finanzdienstleistungssektor; denn deren Fortbestand war für diese Länder von primärem Interesse.

Um den Interessengegensatz zwischen Industrie- und Entwicklungsländern abzumildern, bestand der Kompromiss schon im ersten Verhandlungsjahr nach Eröffnung der Uruguay-Runde darin, dass zwar das neue Verhandlungsthema nach dem Willen der Industrieländer weiterverfolgt wurde, dass aber das geplante Abkommen nach den Vorstellungen der Entwicklungsländer seinen Vertragsmitgliedern außerordentlich weit reichende Freiheiten bei der Gestaltung ihrer Liberalisierungszugeständnisse einräumen sollte.[92] Außerdem schlugen die USA im Jahr 1991 einen sogenannten *„Two-Track Approach"* vor, um eine strukturelle Trennung zwischen diesen nicht interessierten Ländern und denjenigen Ländern zu erreichen, die an einer umfangreichen Liberalisierung des Fi-

---

89 Kommentar von Joan Spero, Senior Exceutive bei American Express, auf der Konferenz des Royal Institute of International Affairs im Januar 1990 in London; vgl. auch Eckert, Liberalisierung internationaler Finanzdienstleistungen, S. 63.

90 Woodrow, Insurence Services, p. 63 f. Vgl. auch Völkel, Der Marktzugang ausländischer Versicherer – unter besonderer Berücksichtigung des Allgemeinen Dienstleistungsabkommens (GATS), S. 193.

91 Woodrow, Insurance Services, p. 62 f.

92 Werner, Das WTO-Finanzdienstleistungsabkommen, S. 7.

nanzdienstleistungshandels interessiert und zu einer weitreichenden Deregulierung ihrer nationalen Finanzmärkte bereit waren.[93]

An den Verhandlungen über das Dienstleistungsabkommen haben sich die Entwicklungsländer nur unter der Bedingung beteiligt, dass ihnen im Vertragstext ausdrücklich die Freiheit zugestanden würde, sich im Zweifelsfall auch gegen konkrete Liberalisierungsmaßnahmen entscheiden zu können. In den verschiedenen Verhandlungen, bei denen der Dunkel-Text des GATS-Rahmenvertrags vom Dezember 1991 wichtig war, hat man sich auch darauf geeinigt, dass die speziellen Freiheiten der Entwicklungsländer nicht nach dem Vorbild des GATT-Vertrags gestaltet werden sollten, in dem die Entwicklungsländer noch ausdrücklich einen Sonderstatus durch Regelungen zur „spezifischen und unterschiedlichen Behandlung" erhalten hatten.[94] Die entsprechenden Sonderregelungen sollten sich vielmehr durch den gesamten Vertragstext im Dienstleistungsabkommen ziehen. Die Sonderstellung der Entwicklungsländer wurde am deutlichsten ausgedrückt durch die Formulierung der zentralen Liberalisierungsverpflichtungen des Vertrags, Marktzugang (Art. XVI GATS) und Inländerbehandlung (Art. XVII GATS), als spezifische Vertragspflichten, die nur wirksam werden, wenn sich die Staaten auch ausdrücklich zu ihnen bekennen.

Die unbedingte Meistbegünstigung *(unconditional MFN),* als wichtigstes vertragliches Merkmal multilateraler Handelsabkommen, zwingt alle Unterzeichnerstaaten, alle übrigen Vertragsparteien untereinander gleich zu behandeln. Unklar war zunächst, wie mit der unbedingten Meistbegünstigung – der bekannten Grundregel des GATT – im Dienstleistungssektor umzugehen war, als der GATS-Rahmenvertrag gestaltet und die konkreten Liberalisierungszugeständnisse später verhandelt wurden.[95] Unbedingte Meistbegünstigung bietet viele Vorteile, aber ein besonderer Nachteil, der in den Beratungen des GATS-Rahmenvertrags eine zentrale Rolle spielte, besteht darin, dass diese Regelung die Tür für die Staaten weit öffnet, die es darauf anlegen, am multilateralen Liberalisierungsprozess ohne besondere eigene Liberalisierungszugeständnisse als Trittbrettfahrer *(free riders)* zu partizipieren.[96] Gegen Ende der Uruguay-Runde machten die Verhandlungsparteien zudem vermehrt von der Möglichkeit Gebrauch, Ausnahmen bezüglich des Prinzips der Meistbegünstigung in ihren Listen aufzunehmen, und schränkten dadurch die Liberalisierung im Be-

---

93 Der *„Two-Track Approach"* sah, als Zusatz zu dem *Annex on Financial Services*, einen weiteren Vertragstext vor, der den Rahmen und den Mechanismus für eine über den Inhalt des GATS-Rahmenabkommens hinausgehende Liberalisierung des Finanzdienstleistungssektors beinhalten sollte. Dieses Zusatzabkommen würde nur für diejenigen GATS-Mitglieder gelten, die sich ausdrücklich an diese weiterreichenden Liberalisierungsverpflichtungen binden. Vgl. Woodrow, Insurance Services, p. 64.

94 Werner, Das WTO- Finanzdienstleistungsabkommen, S. 9.

95 Werner, WTO-Finanzdienstleistungsabkommen, S. 10.

96 Werner, WTO-Finanzdienstleistungsabkommen, S. 11.

reich des Finanzdienstleistungshandels weiter ein.[97] Am Ende der Uruguay-Runde lagen Offerten von 76 Staaten vor.[98] Nachdem die USA die Verpflichtungsangebote der anderen Verhandlungspartner geprüft hatten, drohten sie im Oktober 1993 die Geltendmachung einer Ausnahme von der Meistbegünstigung nach Art. II GATS für einige Bereiche der Finanzdienstleistungen an, wenn einige Länder in diesem Bereich nicht inhaltlich verbesserte Liberalisierungsverpflichtungen eingehen.[99] Solche Verbesserungen waren vor Ende der Hauptverhandlungen nicht zu erwarten. Deshalb wurde der Zweite Anhang über Finanzdienstleistungen und der Beschluss zu Finanzdienstleistungen gleichzeitig mit der Unterzeichnung des WTO-Übereinkommens erstellt; damit waren die Voraussetzungen für Nachverhandlungen geschaffen.[100] Diese Fortsetzung der Verhandlungen im Finanzdienstleistungssektor sollte bis zum Ablauf von sechs Monaten das Inkrafttreten des GATS am 1. Januar 1995 ermöglichen.

Insgesamt ist durch den GATS-Rahmenvertrag ein Abkommen entstanden, das einer strengen Disziplinierung der Unterzeichnerstaaten in zwei Punkten ausweicht: zum einen bei der Festsetzung der konkreten Liberalisierungszugeständnisse und zum anderen bei der Pflicht zur unbedingten Meistbegünstigung. Um in den schwachen Regelungen des GATS-Rahmenvertrags zu möglichst konkreten Liberalisierungszugeständnissen zu gelangen, fiel die Hauptlast auf einen späteren Nachverhandlungsabschnitt, in dem zumeist in bilateralen Gesprächen über die eigentlichen Liberalisierungszugeständnisse gesprochen wurde.

3.2 Gespräche über Liberalisierungszugeständnisse

Das Dienstleistungsabkommen wurde unter Berücksichtigung von zwölf Dienstleistungsbranchen am 15. Dezember 1993 zum Abschluss gebracht und am 15. April 1994 als Teil der Schlussakte der Uruguay-Runde unterzeichnet. Der Finanzdienstleistungssektor jedoch gehörte zu einem von drei Dienstleistungsbereichen, für die die Verhandlungen vertagt werden mussten, da sich die

97 Derartige Meistbegünstigungsausnahmen sind letztlich gleichbedeutend mit unilateralen Beschränkungen des Dienstleistungshandels, da ein Land mittels dieses Instrumentes einzelne Dienstleistungssektoren oder -aktivitäten aus dem Liberalisierungsprozess ausschließen kann. Um den weitreichenden Geltungsbereich und damit den letztendlichen Wert der GATS-Liberalisierung nicht zu gefährden, sind derartige Meistbegünstigungsausnahmen grundsätzlich nur für besondere Fälle vorgesehen gewesen; Vgl. etwa Woodrow, Insurance Services, p. 65 (Anm. 26).

98 Völkel, Der Marktzugang ausländischer Versicherer, S. 201.

99 Kampf, A step in the right direction: the interim deal on financial services in the GATS, p. 158.

100 Barth/Huppenbauer, Die Liberalisierung der Versicherungsmärkte in der Welthandelsorganisation (I), VW 1995, 1550, 1552.

Verhandlungsparteien auf keine gemeinsame Lösung einigen konnten.[101] Kurz nach der Unterzeichnung der Schlussakte der Uruguay-Runde wurden die Liberalisierungsverhandlungen im Finanzdienstleistungssektor im Rahmen bilateraler Gespräche wieder aufgenommen. Im Mai 1994 schlugen die EG-Länder die Gründung einer informellen Arbeitsgruppe für diese weiteren Finanzdienstleistungsverhandlungen vor, welche im Juli 1994 von den Verhandlungsparteien unter der Bezeichnung „Interimsgruppe für Finanzdienstleistungen" („Interim Group on Financial Services") beschlossen wurde.[102] Das grundlegende Ziel der weiteren Verhandlungen war es, ein höheres Liberalisierungsniveau der Verpflichtungsangebote der Verhandlungsteilnehmer zu erreichen und Rücknahmen oder Verschlechterungen in diesem Bereich zu vermeiden.

Die Verhandlungen über konkrete Liberalisierungszugeständnisse für den Finanzdienstleistungssektor mussten insgesamt dreimal verschoben werden. Begründet waren die Verhandlungsverschiebungen durch die Anforderungen, die einige der vielen Unterzeichnerstaaten an die Liberalisierungszugeständnisse stellten, und die Erwartungen der USA, die während des gesamten Verhandlungsverlaufs deutlich höher waren als die der anderen Verhandlungsparteien.

Der erste Aufschub erfolgte im Dezember 1993, als Eingangszugeständnisse von insgesamt 76 Verhandlungsparteien vorlagen.[103] Die Abschlussverhandlungen wurden zu diesem Zeitpunkt auf Ende Juni 1995 verschoben. Die Verhandlungen über konkrete Liberalisierungszugeständnisse für den Finanzdienstleistungssektor hatten 1991 begonnen und liefen somit einige Zeit parallel zu den Beratungen des Rahmenvertrags.[104] Die Nachverhandlungen fanden im Frühjahr 1994 statt und wurden zuerst von einer provisorischen Gruppe für Finanzdienstleistungen und nachher vom regulären Ausschuss für Finanzdienst-

---

101 Bei den zwölf Bereichen, die in den GATS-Verhandlungen berücksichtigt wurden, handelt es sich um die folgenden: Luft- und Seetransport, Kultur und Sport, Gesundheit und Soziales, Tourismus, Finanzdienstleistungen, Dienstleistungen freier Berufe, Telekommunikation, Bauwirtschaft, Umwelt, Handel, Erziehung und Sonstiges. In den Bereichen Luft- und Seetransport, Telekommunikation und Finanzdienstleistungen mussten die Verhandlungen über den Abschluss der Uruguay-Runde hinaus verlängert werden.

102 Dieser Ausschuss trat zwischen März und Juli 1995 zu zehn offiziellen Verhandlungen zusammen (Kono, Negotiations on Financial Services, p. 4).

103 Werner, WTO-Finanzdienstleistungsabkommen, S. 14.

104 Die Überschneidungen, die ab 1991 zwischen den Beratungen des Rahmenvertrags und den Verhandlungen über die konkreten Liberalisierungszugeständnisse auftraten, zeigten sich besonders deutlich in den von der Fu-Lung-Gruppe abgehaltenen Gesprächen. Aus diesen Gesprächen ist einerseits der Anhang betreffs Finanzdienstleistungen des Rahmenvertrags hervorgegangen sowie andererseits das *Understanding on Commitments in Financial Services*, auf dessen Basis die Industriestaaten ihre Liberalisierungszugeständnisse unterbreitet haben. Zur Tätigkeit der Fu-Lung-Gruppe siehe Key 1997, p. 18.

leistungen begleitet. Bei den Liberalisierungszugeständnissen für den Finanzdienstleistungssektor zeigten sich die USA schon sehr frühzeitig als hartnäckiger Verhandlungspartner. Die USA hatten schon im Frühjahr 1992 angekündigt, dass sie beabsichtigten, eine zeitlich begrenzte Meistbegünstigungsausnahme für den Finanzdienstleistungssektor vorzusehen. Aufgrund der Kritik von zahlreichen Verhandlungsparteien über diese Maßnahme wandelten die USA die breite Meistbegünstigungsausnahme im Oktober 1994 in den sogenannten Zwei-Stufen--Ansatz *(two-tier approach)* um, durch den die breite Meistbegünstigungsausnahme jedoch letztlich nur modifiziert wurde.[105] Bei weiteren derartigen Maßnahmen führten die USA eine entsprechende Ausnahme in ihrer Länderliste auf: Marktzugang und Inländerbehandlung wurden neu auftretenden Versicherungsgesellschaften nur gewährt, wenn der Heimatstaat ebenso verfuhr. Dagegen meinten einige Mitglieder, sie könnten den Umfang ihrer spezifischen Verpflichtungen nur beibehalten, wenn andere Mitglieder ihrerseits wesentlich verbesserte Angebotslisten machen.

Demgegenüber waren im Verlauf der Finanzdienstleistungsverhandlungen die asiatischen Schwellenländer keine maßgeblich verbesserten und demnach auch für die USA zufrieden stellenden Liberalisierungsverpflichtungen in Finanzdienstleistungssektoren eingegangen.[106] Außerdem verbanden sie das Eingehen stärkerer Liberalisierungsverpflichtungen mit einem verbesserten Angebot im Bereich der Freizügigkeit von natürlichen Personen durch die Industriestaaten.[107] Wegen der gegenläufigen Interessen zwischen den Industrieländern und Schwellen- und Entwicklungsländern, geringer Liberalisierungszugeständnisse sowie des innenpolitischen Drucks der USA[108] erteilten die USA am Vor-

---

105 Wener, WTO-Finanzdienstleistungsabkommen, S. 16.

106 Vgl. Graham, U.S. Offer on Financial Services, Financial Times in W.P.R. v. 17. März 1995, p. 12; Pearse, Danger of Falling at the Trade Fence, Financial Times in W.P.R. v. 11. April 1995, p. 6. Diese Drohung wurde von den USA bis zum Ablauf der Verlängerungsfrist am 30. Juni 1995 mehrmals wiederholt. (Williams, Slow Progress in Financial Services Talk, Financial Times in W.P.R. v. 19. Mai 1995, p. 1).

107 Wang, Yi, Most-favoured-nation treatment under the general Agreement on Trade in Services and its application in financial services, p. 111 f.

108 Die unilaterale Ausrichtung der amerikanischen Handelspolitik artikulierte sich bereits im Finanzdienstleitungssektor deutlich. Seit Ende der 80er Jahre waren im amerikanischen Kongress verschiedene Gesetzesinitiativen entstanden, die die amerikanische Handelspolitik für den Finanzdienstleistungssektor entsprechend ausrichten sollten. Die Gesetzvorlagen zum *Fair Trade in Financial Services Act* (da sie nicht Gesetzeskraft erlangt haben, sind sie *Fair Trade in Financial Services Bills* geblieben) hatten letztlich zwar keine Mehrheiten im amerikanischen Kongress gefunden, jedoch machte die lebhafte Diskussion, die diese Vorschläge unter den Parlamentariern auslöste, deutlich, dass die WTO-Verhandlungen keineswegs die einzige handelspolitische Option waren, die in den USA zu Beginn der 90er Jahre für den Finanzdienstleistungssektor in Erwägung gezogen wurde. Die USA hatten auf unilateraler Ebene in einem eng definierten Bereich Reziprozitätsklauseln auch bereits zum Einsatz gebracht. Das *Schumer*

abend vor Ablauf der Verhandlungsfrist einem multilateralen Finanzdienstleistungsabkommen eine Absage. Damit war die erste Verlängerungsfrist im Juni 1995 abgelaufen.

Der zweite Aufschub verlängerte die Verhandlungen um einen Monat, von Ende Juni auf Ende Juli 1995. Schließlich wurde mit dem dritten Aufschub der Termin auf den Dezember 1997 festgesetzt.

Angesichts des drohenden erneuten Scheiterns der Verhandlungsrunde ergriff die EG- Delegation die Initiative. Sie versuchte eine Rettungsaktion, um Rücknahmen und Verschlechterungen der Liberalisierungsverpflichtungen anderer Länder zu verhindern und trotz des Ausstieges der USA das Zustandekommen eines multilateralen Finanzdienstleistungsabkommens zu ermöglichen. Am 30. Juni 1995 schlug die EG die Schaffung eines zeitlich begrenzten Interimsabkommens vor, das die spezifischen Bestimmungen für die Modifikation der Länderlisten gemäß dem zweiten Anhang über Finanzdienstleistungen und dem Beschluss zu Finanzdienstleistungen bis 28. Juli 1995 verlängerte.[109] Das Interimsabkommen bestand aus den geänderten Länderlisten der spezifischen Verpflichtungen und den definitiven Listen der Ausnahmen von der Meistbegünstigungsverpflichtung. Sie wurden dem zweiten Protokoll angehängt und ersetzten oder ergänzten die bisherigen Listen der betroffenen Mitglieder.[110] Nur wenige Stunden nach dem Vorschlag der EG wiesen die USA darauf hin, dass sie im neuen Verhandlungsjahr ihre vertretene Position nicht innerhalb der nächsten 28 Tage ändern würden.[111] Sie legten abermals eine breite Meistbegünstigungsausnahme für den Finanzdienstleistungssektor vor. Dieses Angebot war nicht als Zustimmung zum Vertrag zu verstehen, sondern vielmehr als dessen deutliche Ablehnung.[112] Nach Ausscheiden der USA verlagerte die EG den Schwerpunkt ihrer Verhandlungsgespräche auf die asiatischen Handelsnationen, um diese zu überzeugen, dass weitere Verbesserungen ihrer Liberalisierungsangebote und die damit verbundene Teilnahme an einem multilateralen Handelsabkommen vorteilhafter seien als bilaterale Abkommen mit der „Dienstleistungsmacht“ USA.[113] Durch das besondere diplomatische Engagement, das die EG entfaltete, hatte sie die Verhandlungen mehrmals vor dem Scheitern bewah-

---

Amendment zum Handelgesetz von 1988 (auch *Primary Dealer Act*) und dessen Anwendung gegenüber Japan wird dargestellt bei Bayard/Elliott 1994, S. 273.

109 WTO/S/L/6; Kuhn, Die Deregulierung am Beispiel der Lebensversicherung, SVZ 46 (1996), S. 111-116; Second Protocol to the General Agreement on Trade in Services of 21 July 1995, WTO-OMC, Geneva 6 October 1995, pp. 1 ff.

110 Vgl. Ziff. 1 Zweite Protokoll zum GATS.

111 Vgl. Frankfurter Rundschau v. 1. Juli 1995, S. 12, „Galgenfrist im Streit über Finanzdienstleistungen“; Friedman, EU Isolates U.S. on Open-Market Deal, International Herald Tribune in W.P.R. v. 3. Juli 1995, p. 2.

112 Werner , WTO-Finanzdienstleistungsabkommen, S. 17.

113 Eckert, Die Liberalisierung internationaler Finanzdienstleistungen, S. 77.

ren können.[114] Am Freitag, dem 28. Juli 1995, am Tag des Ablaufes der zweiten Verlängerungsfrist, wurde das Finanzdienstleistungspaket auf der zehnten Sitzung des Finanzdienstleistungsausschusses von der EG und 28 weitern Ländern, die alle innerhalb der letzten 18 Monate ihre ursprünglichen Liberalisierungsangebote vom 15. Dezember 1993 entscheidend verbessert hatten, ohne die USA, Kolumbien und Mauritius, in Form eines Ergänzungsprotokolls zum GATS förmlich in Genf verabschiedet.[115] Durch diese Vereinbarung wurden die ausgehandelten Liberalisierungsverpflichtungen auf der Basis der Meistbegünstigung aufrechterhalten. Dieses Protokoll sollte am 1. August 1996 in Kraft treten,[116] aber die Verhandlungsführer hatten weitere Verhandlungen für 1997 vereinbart, da auch die mit diesem Protokoll erreichten Vereinbarungen nicht ausreichend waren.[117]

In Bezug auf die Befristung des Interimsabkommens wurden im April 1997 erneut Verhandlungen über Finanzdienstleistungen aufgenommen. Das Ziel der Verhandlungen war es, dass der Zustand der Jahre 1995 bis 1997 nun in eine definitive Lösung überführt wurde. Zum Ende des Ablaufs der dritten Verlängerungsfrist, im Dezember 1997, war es zunächst unklar, ob die USA dem Abkommen zustimmen würden.

Für die Zustimmung zum Vertragsabschluss kam schließlich eine Entscheidungshilfe für die Regierung von den Interessenvertretungen der amerikanischen Finanzwirtschaft. Am 12. Dezember 1997 schickten die amerikanischen Interessenvertretungen des Finanzdienstleistungssektors einen Brief an die einschlägigen Ausschüsse im Senat und im Repräsentantenhaus mit dem Inhalt, das Abkommen enthalte bedeutende Handelsmöglichkeiten für die amerikanische

114 Beispielweise merkte der Vorsitzende des WTO-Ausschusses zu Finanzdienstleistungen, der Kanadier Frank Swedlove, angesichts des Zustandekommens der Interimslösung im Juli 1995 an: „The EC has shown great leadership over the past month in response to the US decision of the end of June... Without these efforts, the negotiations on financial services would have certainly led to failure.“, WTO: PRESS/19, 28 July 1995, http://trade.wtosh.com/english/news_e/pres95_e/addpr2.htm.

115 Befristete WTO-Regelung für den Finanzbereich, NZZ v. 27. Juli 1995, p. 10; US Against Them. Die GATS-Mitglieder, die diesem Finanzdienstleistungspakt angehören, sind: Australien, Brasilien, Kanada, Chile, Tschechien, die Dominikanische Republik, Ägypten, die EU und ihre 15 Mitgliedstaaten, Hong Kong, Ungarn, Indien, Indonesien, Japan, Südkorea, Kuwait, Mexiko, Marokko, Norwegen, Pakistan, die Philippinen, Polen, Singapur, die Slowakische Republik, Südafrika, die Schweiz, Thailand, die Türkei und Venezuela, The Economist v. 29 Juli 1995, pp. 53 f.

116 Vgl. WTO, Press Release 18, 26.7.1995; NZZ v. 29/30. Juli 1995, S. 9, “Formalisierung des WTO-Finanzdienstpaktes“.

117 The Results of the Financial Services Negotiations under the General Agreement on Trade in Services, www.wto.org/serves/finance_background.htm.

Finanzdienstleistungsindustrie.[118] Außerdem wurden die Verhandlungen der letzten Tage und Wochen sicherlich auch von der Finanzkrise in Asien beeinflusst, die im Dezember 1997 schon deutlich spürbar wurde. Entgegen der früheren Aussage der Handelsbeauftragten, aber in Übereinstimmung mit den Anstrengungen, die der Internationale Währungsfonds zur Eindämmung der Krise unternahm, haben die USA einige der ASEAN-Staaten aufgefordert, sich besonders wegen der Krise zu mehr Öffnungsmaßnahmen zu entscheiden.[119] Verschiedene Fraktionen innerhalb der amerikanischen Verhandlungsdelegation nutzten die Finanzkrise, um unterschiedlichen Interessen die z.T. gegensätzlich waren, Nachdruck zu verleihen. Schließlich wurde am 12. Dezember 1997 ein neues Finanzdienstleistungsabkommen geschlossen. Damit konnte nach Ansicht der WTO die Gefahr gebannt werden, dass der Finanzdienstleistungssektor vom GATS abgekoppelt werden könnte.[120] Das Abkommen enthält 56 Offerten von 70 Staaten (die Offerten der EG-Staaten werden als eine gezählt), die dem Fünften Protokoll[121] angehängt wurden.[122] Nicht nur die USA, sondern auch Indien

---

118 Werner, WTO-Finanzdienstleistungsabkommen, S. 19.
Dieser Brief trägt die Unterschriften von der Coalition of Service Industries, der Securities Industry Association, des American Council of Life Insurance, dem Investment Company Institute, der National Association of Insurance Brokers, des International Insurance Council sowie der Bankers Association for Foreign Trade. Siehe Inside U.S. Trade von 15.12.1997, p. 7. (Industry Letter on Financial Services Deal“).

119 Zu der Meinungsäußerung Barshefskys, die USA müssten ihre Erwartungen an die Verhandlungen aufgrund der Finanzkrise in Asien zurücknehmen, siehe Inside U.S. Trade von 28.11.1997, p. 14: „We are interested in further progress recognizing however, that we need to be sensitive to the current situation in Asia. We are working with our trading partners one on one to determine what realistically can be done at this juncture." Zu den Erfolgen der USA, die Finanzkrise zu benutzen, um zu besseren Zugeständnissen zu gelangen, sowie zu den Bemühungen des Internationalen Währungsfonds in dieser Angelegenheit siehe Inside U.S. Trade vom 5.12.1997, S. 24; Financial Times vom 10.12.1997, p. 13 sowie New York Times, vom 14.12.1997, p. 1.

120 WTO, Press Release, 12. Dezember 1997, Statement by Director-General Renato Ruggiero on the Agreement on Financial Services: "Nations representing over 95% of the trade in banking, insurance, securities and financial information have brought financial services into the realm of international rules. It is through these international rules, agreed by all our members, that business can best gain the certainty needed to plan their future international activities."; WTO, Press/86, 15 December 1997, Successful conclusion of the WTO's financial services negotiations.

121 WTO/S/L/45 (97-5441), Fifth Protocol to the General Agreement on Trade in Services, Geneva 3 Dezember 1997; ABl. L 20/53 vom 27.2.1998; BGBl. 1999 II, S. 314 ff.

122 Es geht um folgende Staaten: Ägypten, Australien, Bahrain, Bolivien, Brasilien, Bulgarien, Chile, Costa Rica, die Dominikanische Republik, Ecuador, El Salvador, die EG und ihre 15 Mitgliedstaaten, Ghana, Honduras, Hong Kong-China, Indien, Indonesien, Island, Israel, Jamaika, Japan, Kanada, Kenya, Kolumbien, Kuwait, Macau, Malaysia, Malta, Mauritius, Mexico, Neuseeland, Nicaragua, Nigeria, Norwegen, Pakistan, Peru, die Philippinen, Polen, Rumänien, die Schweiz, Senegal, Singapur, Slowenien, Sri

und Thailand haben ihr Beharren auf ausgiebige MFN-Ausnahmen aufgegeben und gewähren nun Meistbegünstigung im Rahmen der spezifischen Verpflichtungen. Die Zahl der Mitglieder, die im Finanzdienstleistungsbereich spezifische Verpflichtungen eingegangen sind, stieg mit dem Inkrafttreten des Fünften Protokolls zum 1. März 1999 auf 102 Länder.[123] Die dem Fünften Protokoll angehängten Schedules of Spezific Commitments und die Exemption List der ratifizierten Staaten haben deren bestehende Listen im Finanzsektor abgelöst. Die Mitglieder waren angehalten, ihr bisheriges Verpflichtungsniveau bis zum Inkrafttreten des Fünften Protokolls aufrecht zu erhalten und nichts zu unternehmen, was ihren zukünftigen Verpflichtungen zuwiderlaufen könnte.[124]

Die WTO-Mitglieder haben sich, um die Dienstleistungsliberalisierung weiter voranzubringen, auf Richtlinien für Verhandlungen zur Übernahme weiterer spezieller Verpflichtungen im Sinne der GATS-Artikel XVI und XVII geeinigt und auch einen Zeitplan für diese Verhandlungen festgelegt,[125] der dann in der Erklärung der WTO-Ministerkonferenz von Doha am 14.11.2001 bestätigt wurde.[126]

4. Anwendungsbereich des GATS

Das GATS findet auf alle Maßnahmen von Mitgliedern Anwendung (Art. I Abs. 1 GATS), die den Handel mit Dienstleistungen beeinflussen. Zwar sind in Art. I Abs. 2 und 3 die Begriffe „Handel“ und „Maßnahmen“ definiert, aber es wird nicht näher festgelegt, was unter einer Dienstleistung im Sinne des GATS zu verstehen ist.

4.1 Der Begriff der Dienstleistung

Der Begriff der „Dienstleistungen“ gemäß Art. I Abs. 3 lit. b) GATS umfasst jede Art von Dienstleistungen in jedem Sektor, die in Ausübung hoheitlicher Gewalt erbracht wird. Das GATS erfasst alle Dienstleistungen, einschließlich solcher, die durch technische Innovationen erst zukünftig Gestalt annehmen. Ausgenommen vom Anwendungsbereich des GATS sind solche Dienstleistungen, die im Rahmen der Ausübung hoheitlicher Gewalt und weder auf einer

---

Lanka, Südkorea, Südafrika, Thailand, Tschechien, Türkei, Tunesien, Ungarn, Uruguay, Venezuela, die Vereinigten Staaten von Amerika und Zypern.

123 Non-attributable summary of the main improvements in the new financial services commitments, http://www.wto.org/english/news_e/news98_e/finsum.htm, Stand: 19 December 2002.

124 WTO, Press/120, 15 February 1999, The WTO's financial commitments will enter into force as scheduled; WTO/S/L/44 (97-5431), Decision adopting the Fifth Protocol to the General Agreement on Trade in Services, 12. Dec. 1997, Ziff. 2.

125 Über weitere Verhandlungen siehe unten 5.6.2.

126 The Results of the Financial Services Negotiations under the General Agreement on Trade in Services, http://www.wto.org/services/finance_background.htm.

kommerziellen Basis noch im Wettbewerb mit anderen Dienstleistungserbringern erbracht werden (Art. I Abs. 3 lit. c).

Die Begriffsbestimmung in Art. I Abs. 3 lit. b) bezeichnet keine Legaldefinition des Dienstleistungsbegriffs, denn in den Wirtschaftswissenschaften fehlt eine klare Abgrenzung zwischen Dienstleistungen und Waren.[127] Auf eine allgemeingültige Definition konnten sich die Vertragsparteien im Verlauf der Uruguay-Runde nicht einigen.[128] Auch ist es in der Spruchpraxis der WTO-Streitbeilegungsorgane bis jetzt zu keiner Präzisierung des Begriffs gekommen.[129] Ebenso wenig hat der Begriff des Dienstleistungshandels bisher eine Konkretisierung durch bilaterale Abkommen und völkerrechtliche Praxis erfahren.[130]

Mangels einer Legaldefinition müssen sich die Verhandlungsparteien daher jeweils im Einzelnen über Definitionen einer kommerziellen Aktivität als einer Dienstleistung im Sinne des GATS einigen. Während der GATS-Verhandlungen klassifizierte das GATT-Sekretariat die Dienstleistungssektoren in einer Liste auf Basis des Klassifizierungssystems der Vereinten Nationen.[131] Die Liste enthält 155 verschiedene Kategorien von Dienstleistungen, die in folgende zwölf Gruppen aufgeteilt sind:

- unternehmerische und berufsbezogene Dienstleistungen,
- Kommunikationsdienstleistungen,
- Bau- und Montagedienstleistungen,
- Vertriebsdienstleistungen,
- Bildungsdienstleistungen,
- Umweltdienstleistungen,
- Finanzdienstleistungen,
- medizinische und soziale Dienstleistungen,
- Tourismus- und Reisedienstleistungen,
- Dienstleistungen im Bereich Erholung, Kultur, Sport,
- Transportdienstleistungen,
- sonstige nicht aufgeführte Dienstleistungen.[132]

Dieser Katalog ist umfassend und stellt einen globalen Konsens dar über die Frage, was zum gegenwärtigen Zeitpunkt in der wirtschaftlichen Realität als

127 Koehler, GATS, S. 90 und ausführlich auf S. 28-33.

128 Vgl. Barth, EuZW 1994, 455, auch Falke, Normung und Dienstleistungen, S. 41.

129 Michaelis, in: Hilf/Oeter, S. 385.

130 Koehler, GATS, S. 28.

131 GATT-Dok. MTN/GNS/W/120 vom 10.7.1991. Die Liste orientiert sich weitgehend an der Provisional Central Product Classification der Vereinten Nationen: Department of International Economic and Social Affairs, Statistical Office of the United Nations, Series M No. 77, New York 1991; im Jahr 1998 wurde Vision 1.0 der Central Product Classification erstellt.

132 Falke, Normung und Dienstleistungen, S. 41.

Dienstleistung zu verstehen ist. Dieser Katalog löst das Abgrenzungsproblem für den Moment insoweit, als eine wirtschaftliche Aktivität nach wenigstens einer dieser Klassifikationen als Dienstleistung gilt. Falls sich aufgrund neuer technologischer Entwicklungen oder veränderter Marktstrategien „neue“ Dienstleistungskategorien herausbilden, muss die Anwendbarkeit des GATS neu verhandelt werden.[133]

4.2 Formen der Dienstleistungserbringung

Der Anwendungsbereich des GATS ist nicht nur in Bezug auf die internationalen Dienstleistungsgeschäfte, sondern auch in Hinblick auf die verschiedenen Erbringungsformen des internationalen Dienstleistungsverkehrs außerordentlich weit gefasst. In Art. XVI Abs. 1 GATS werden die Staaten dazu aufgefordert, für jedes Geschäft, das sie in den Länderlisten vermerken, Angaben zu den vier verschiedenen Formen der Dienstleistungserbringung zu machen. Diese vier Formen des Art. I Abs. 2 lit. a) bis d) unterscheiden sich nach der Herkunft des Dienstleistungserbringers bzw. des Dienstleistungsempfängers und dem Grad der Anwesenheit an Ort und Stelle zum Zeitpunkt der Erbringung der Dienstleistung.[134] Die „Erbringung einer Dienstleistung“ umfasst nach Art. XXVIII lit. b) GATS die Produktion, den Vertrieb, die Vermarktung, den Verkauf und die Bereitstellung der Dienstleistung. Die Anteile, die die vier verschiedenen Erbringungsformen am gesamten Dienstleistungshandel haben, werden nur sehr grob abgeschätzt. Die größten Umsätze werden mit der grenzüberschreitenden Lieferung (41,0%) und der kommerziellen Präsenz (37,8%) gemacht. Mit erheblichem Abstand folgt der Dienstleistungskonsum im Ausland (19,8%) und – nahezu bedeutungslos – die zeitweise Arbeitsmigration von Dienstleistungserbringern (1,4%).[135]

Modus 1: Grenzüberschreitende Erbringung – cross-border supply

---

133 Koehler, GATS, S. 90.

134 Allgemeiner zu den Erbringungsformen Weiss, The General Agreement on Trade in Services 1994, pp. 1190-1193; Koehler, GATS, S. 92-96; WTO, Guidelines for the Scheduling of Specific Commitments under the General Agreement on Trade in Services, adopted by the Council for Trade in Services on 23 March 2001, S/L/92, 28 March 2001, Nos. 26-34; Europäsche Kommission, Transparenz: Erklärung zu den Verhandlungen über den Dienstleistungssektor im Rahmen der Doha-Entwicklungsagenda, Juli 2002, S. 10 f.; Martini, Die WTO und die rechtliche Entwicklung der Dienstleistungsfreiheit in den Mitgliedstaaten, S. 82-88; Zdouc, Legal Problems Arising under the General Agreement on Trade in Services, pp. 98-105; Ohler, Handel mit Dienstleistungen, in: Weiß/Herrmann /Ohler, Welthandelsrecht, S. 359-362; Falke, Normung und Dienstleistungen, S. 43.

135 WTO, Assessment of Trade in Services: the Participation of Developing Countries, Communication from Argentina to the Council for Trade in Services, Special Session, p. 4; Falke, Normung und Dienstleistungen, S. 43.

Nach Art. I Abs. 2 lit. a) GATS versteht man unter dem Handel mit Dienstleistungen zunächst, dass eine Dienstleistung „aus dem Hoheitsgebiet eines Mitglieds im Hoheitsgebiet eines anderen Mitglieds“ erbracht wird. Die grenzüberschreitende Erbringung einer Dienstleistung verlangt von den Dienstleistungsanbietern (Erbringern) und –Verbrauchern (Nutzern) keinen Ortswechsel. Nur die Dienstleistung selbst überschreitet die Grenze, Erbringer und Nutzer verbleiben in ihren Heimatstaaten, z.B. ein in den USA ansässiges Versicherungsunternehmen schließt mit einer in Deutschland ansässigen Gesellschaft einen Rückversicherungsvertrag. Die grenzüberschreitende Erbringung von Dienstleistungen entspricht mehr oder weniger der Grundform des Handels mit Waren.

Modus 2: Nutzung im Ausland – consumption abroad

Ein weiterer Fall von Dienstleistungshandel ist gemäß Art. I Abs. 2 lit. (b) GATS derjenige, dass die Dienstleistung „im Hoheitsgebiet eines Mitglieds an den Dienstleistungsnutzer eines anderen Mitglieds“ erbracht wird. Diese Form ist definiert als die Dienstleitungserbringung mittels der grenzüberschreitenden Bewegung des Dienstleistungsverbrauchers (Nutzers) an den Ort des Dienstleistungsanbieters. Beispielsweise eine Familie aus Deutschland (ein Dienstleistungsnutzer) nimmt bei ihrem Urlaub auf Hawaii Bankdienstleistungen einer amerikanischen Bank in Anspruch. Der Konsument fragt die Dienstleistung im Ausland nach, um beispielsweise eine Bildungseinrichtung oder ein Krankenhaus zu besuchen. In diese Kategorie gehören auch die Fälle, in denen eine dem Dienstleistungsempfänger gehörende Sache über die Grenze verbracht wird, damit sie bearbeitet wird (beispielsweise Reparatur oder Umrüstung). Im Regelfall entstehen sowohl für die grenzüberschreitende Erbringung als auch für diese einfache Form des Dienstleistungsverkehrs kaum Probleme.

Modus 3: Gewerbliche Niederlassung – commercial presence

Dieser Fall eines „Handels mit Dienstleistungen“ betrifft die Erbringung einer Dienstleistung „durch einen Dienstleistungserbringer mittels kommerzieller Präsenz im Hoheitsgebiet eines anderen Mitglieds“. Gemäß Art. XXVIII lit. d) GATS ist unter dem Begriff der kommerziellen Präsenz jede Art der geschäftlichen oder beruflichen Niederlassung zu verstehen. Das heißt, die Erbringung der Dienstleistungen erfolgt über Niederlassungen von Dienstleistungserbringern, die ihren Firmensitz in einem anderen Mitgliedsland des GATS haben.

Für Modus drei gilt in gleicher Weise wie für Modus zwei, dass die Dienstleistung die Grenze nicht überschreitet, sondern auf dem Territorium eines anderen WTO-Mitglieds erbracht wird.[136] Auch diese Erbringungsform zielt auf eine dauerhafte Erbringung von Dienstleistungen. Ein Beispiel hierfür ist das Dienstleistungsangebot von Banken und Versicherungsunternehmen in ihren Auslandsniederlassungen an Privat- und Geschäftskunden. Mit dieser Erbrin-

136 Falke, Normen und Dienstleistungen, S. 44; vgl. McGovern, International Trade Regulation, § 31.111.

gungsform wird der gesamte Bereich der Dienstleistungserbringung im Weg der ausländischen Direktinvestitionen erfasst.[137] Einige sprechen in diesem Zusammenhang sogar von einem „multilateralen Investitionsabkommen für Dienstleistungen".[138] Art. XXVIII lit. d) GATS erwähnt bezüglich der Niederlassungsform des Erbringers im Territorium eines anderen GATS-Mitgliedes zum einen die Errichtung, den Erwerb oder die Fortführung einer juristischen Person[139] und zum anderen die Errichtung oder Fortführung einer Zweigstelle oder einer Repräsentanz.[140] Die Voraussetzungen für die Errichtung einer Niederlassung oder Zweigstelle beziehungsweise für die Ausführung der Dienstleistung richten sich nach dem Recht des aufnehmenden Gastlandes. Für die künftige Entwicklung dürfte dem Modus 3 für die Erbringungsweise von Dienstleistungen eine besondere Bedeutung zukommen.

Modus 4: Präsenz natürlicher Personen – presence of natural persons

Schließlich ist unter Handel mit Dienstleistungen auch die Erbringung von Dienstleistungen „durch einen Dienstleistungserbringer eines Mitglieds mittels Präsenz natürlicher Personen eines Mitglieds im Hoheitsgebiet eines anderen Mitglieds" zu verstehen. Diese Erbringungsform meint die Grenzüberschreitung als eine „zeitweilige Bewegung von natürlichen Personen" zum Zweck der Erbringung einer Dienstleistung in einem anderen Mitgliedstaat.[141] Diese Tatbestandsvariante erfordert die vorübergehende Grenzüberschreitung des Dienstleistungserbringers oder seiner Angestellten, ohne dass eine Niederlassung erforderlich wird. Beispiel 1: Eine Versicherungsgesellschaft will eine Tochtergesellschaft in einem anderen Mitgliedsland eröffnen, so dass viele Verhandlungen zur Errichtung dieser Niederlassung erforderlich sind. Zu diesem Zweck reist ein Repräsentant der Gesellschaft in den anderen Staat. Beispiel 2: Ein deutsches Versicherungsunternehmen entsendet Mitarbeiter in seine Auslandsniederlassung in China.

Zur weiteren Eingrenzung des Modus 4 ist darüber hinaus die Anlage für grenzüberschreitenden Verkehr natürlicher Personen heranzuziehen. Im Anhang der Verpflichtungslisten der WTO-Mitglieder für den grenzüberschreitenden Verkehr natürlicher Personen werden Geschäftsreisende (business visitors – BV), Personen, die zum Aufbau der Niederlassungen einreisen, innerbetrieblich versetzte Beschäftigte in Auslandsniederlassungen (intracorporate transferees – IC), Spezialisten und Dreimonatspersonen (contractual service suppliers – CSS) unterschieden. Über spezifische Verpflichtungen können Mitglieder gemäß dem

137 Hoekman, Assessing the General Agreement on Trade in Service, in: Martin/Winters (Hrsg.), pp. 327, 329.
138 Falke, Normen und Dienstleistungen, S. 44.
139 Art. XXVIII lit. d) i) GATS.
140 Art. XXVIII lit. d) ii) GATS.
141 Vgl. Eckert, Liberalisierung internationaler Finanzdienstleistungen, S. 114; vgl. Koehler, GATS, S. 94.

Übereinkommen verhandeln. Die spezifischen Verpflichtungen betreffen den grenzüberschreitenden Verkehr aller Kategorien von natürlichen Personen, die Dienstleistungen nach dem Übereinkommen erbringen. Die natürlichen Personen, für die eine solche spezifische Verpflichtung gilt, erhalten die Erlaubnis, die Dienstleistung im Einklang mit den Bedingungen der betreffenden Verpflichtung zu erbringen. Ein Mitglied kann selbst Maßnahmen zur Regelung der Einreise oder des vorübergehenden Aufenthalts natürlicher Personen in seinem Territorium treffen.

4.3 Der Begriff der Maßnahme

Gemäß Art. I Abs. 1 findet das GATS Anwendung auf Maßnahmen der Mitglieder, die den Handel mit Dienstleistung beeinträchtigen.[142] Unter Maßnahmen sind alle denkbaren Handelshemmnisse für den Dienstleistungshandel zu verstehen.[143] Da eine Maßnahme entsprechend der Begriffsbestimmung des Art. XXXVIII lit. a) von allen GATS-Mitgliedern unabhängig davon vorgenommen wird, ob eine Maßnahme in Form eines Gesetzes, einer sonstigen Vorschrift, einer Regel, eines Beschlusses, eines Verwaltungshandelns oder in sonstiger Form getroffen wird, ist jegliches staatliche Handeln, das sich auf den Handel mit Dienstleistungen auswirkt, erfasst. Daher lässt sich der Anwendungsbereich des GATS nicht durch die Wahl einer bestimmten Form für eine staatliche Maßnahme umgehen. Die allgemeinen Begriffsbestimmungen haben den Vorteil, dass auch solche Handelsbarrieren vom Geltungsbereich des GATS erfasst werden, die sich erst durch kommende Entwicklungen der Handelspolitik der GATS-Mitglieder ergeben. Somit können diese Handelsbarrieren dann zum Gegenstand multilateraler Liberalisierungsverhandlungen gemacht werden.[144]

Weiterhin wird der Begriff „Maßnahmen der Mitglieder" in Art. I Abs. 3 lit. a) Satz 1 GATS definiert. Maßnahmen können von zentralen, regionalen oder örtlichen Regierungen und Behörden erlassen werden. Aber auch Maßnahmen nichtstaatlicher Stellen sind erfasst, soweit sie in „Ausübung der ihnen von zentralen, regionalen oder örtlichen Regierungen oder Behörden übertragenen Befugnisse" getroffen werden. Nach Art. I Abs. 3 lit. a) Satz 2 GATS hat jedes Mitglied die ihm zur Verfügung stehenden angemessenen Maßnahmen zu tref-

---

142 Die deutsche Übersetzung des rechtverbindlichen englischen Originaltextes „affecting" mit „beeinträchtigen" verengt den Anwendungsbereich des GATS in fälschlicher Weise. In den Anwendungsbereich des GATS fallen alle Maßnahmen, die den Handel mit Dienstleistungen in irgendeiner Weise beeinflussen, auch wenn sie ihn nicht beeinträchtigen. Daraus folgt, dass es keine abschließende Festlegung derjenigen Maßnahmen gibt, die sich auf den Handel mit Dienstleistungen auswirken, vielmehr alle für den Einzelfall bedeutsamen Umstände zu berücksichtigen sind. Siehe Falke, Normung und Dienstleistungen, S. 49.

143 Koehler, GATS, S. 99; Zdouc, Legal Problems, pp. 108 f.

144 Koehler, GATS, S. 100.

fen, um die Einhaltung dieser Pflichten und Verpflichtungen durch die regionalen und örtlichen Regierungen und Behörden sowie nichtstaatlichen Stellen in seinem Territorium zu gewährleisten. Das GATS unterscheidet nicht zwischen dem rein privaten Bereich und Handlungen staatlicher Akteure. Die Mitglieder treffen daher unabhängig davon, wie die Kompetenzverteilung zwischen privaten und öffentlichen Stellen und in regionaler Hinsicht geregelt ist, umfassende Gewährleistungspflichten.[145]

Schließlich ergibt sich aus Art. XXVIII lit. c) GATS eine nähere Spezifizierung des Begriffs Maßnahmen bezüglich aller Erbringungsformen von Dienstleistungen. Die Regelbeispiele in dieser Vorschrift sind als solche nur beispielhaft zu verstehen; keinesfalls erschöpfen sie den weiten Maßnahmenbegriff.[146] Die sich auf die Erbringung der Dienstleistungen in allen erfassten Erbringungsformen beziehenden Maßnahmen, können sowohl den Dienstleistungserbringer betreffen, als auch beim Konsumenten ansetzen, in dem sie den Kauf, die Bezahlung oder die Nutzung einer Dienstleistung reglementieren. Darüber hinaus sind Regelungen im Zusammenhang mit der Erbringung einer Dienstleistung erfasst, die den Zugang zu und die Nutzung von Dienstleistungen betreffen, die die Mitglieder der Öffentlichkeit allgemein anbieten müssen.

5. Regelungen des GATS

Das GATS führt nach dem Muster des GATT verbindliche und durchsetzbare Rahmenregelungen für den Handel mit Dienstleistungen ein. Die vereinbarten Regelungen setzen sich aus mehreren Tatbestandselementen zusammen und sind auch für das multilaterale Finanzdienstleistungsabkommen beziehungsweise die Versicherungsdienstleistungen von Bedeutung. Besondere Bedeutung haben Art. I bis XXIX des Rahmenabkommens, die Anhänge zu Meistbegünstigungsausnahmen und Finanzdienstleistungen sowie das *Understanding on Commitments in Financial Services*. Weitere bedeutende Elemente des Rahmenabkommen des GATS sind die von den Mitgliedern individuell konfigurierten Listen zu konkreteren Liberalisierungszugeständnissen sowie zu Meistbegünstigungsausnahmen.

Die allgemeinen Verpflichtungen des GATS unterteilen sich in zwei Kategorien: unbedingte Verpflichtungen und bedingte Verpflichtungen. Unbedingte Verpflichtungen gelten für alle Mitglieder und alle Dienstleistungssektoren, bestehen also unabhängig von den spezifischen Verpflichtungen jedes einzelnen Mitglieds in den einzelnen Sektoren. Dazu gehören die Meistbegünstigungspflicht, die Bestimmungen bezüglich der Transparenz (teilweise), die innerstaatlichen Regulierungen (teilweise), Monopole, Handelspraktiken und die Bestimmungen bezüglich der Anerkennung ausländischer Zulassungsvorschriften

145 Falke, Normungen und Dienstleistungen, S. 49.
146 Michaelis, in: Hilf/Oeter, S. 391.

und -verfahren. Dagegen gelten bedingte Verpflichtungen für das einzelne Mitglied nur in Hinsicht auf jene Dienstleistungstätigkeiten, die in einer der Listen der spezifischen Verpflichtungen aufgeführt sind.

Die spezifischen Verpflichtungen beziehen sich auf drei Kernbestimmungen des GATS-Abkommens: Marktzugang, Inländerbehandlung und zusätzliche Verpflichtungen. Ferner enthält das GATS neben Vorschriften mit materiellen Rechten und Pflichten auch programmatische Bestimmungen, die Ziele und Verfahren für weitere Verhandlungen betreffen.

Im Folgenden werden die wichtigsten Elemente unter dem GATS und dem Finanzdienstübereinkommen für die Versicherungsdienstleistungen dargestellt, wie Meistbegünstigung, Transparenz, Marktzugang, nationale Regulierung, Begünstigung der Entwicklungsländer und fortschreitende Liberalisierung.

5.1 Meistbegünstigung

Das Kernstück des Dienstleistungsabkommens ist das in Teil II festgehaltene Prinzip der Meistbegünstigung. Das Prinzip der Meistbegünstigung beruht auf der Idee des Freihandels, einen Verhaltensstandard zu beschreiben, der bestimmte Formen wirtschaftlicher Diskriminierung verbietet und zur Gleichbehandlung von Staaten auffordert.[147] Laut Präambel des WTO-Übereinkommens ist das Ziel der Vertragsparteien, mit dem Abschluss des WTO-Vertragswerks zur „Beseitigung der Diskriminierung in den internationalen Handelsbeziehungen“ beizutragen. Zur Erreichung dieses Ziels wird das im GATT entwickelte Handelssystem, welches das Prinzip der Meistbegünstigung enthält, von der WTO übernommen. Im Rahmen des GATT 1947 untersagt die ursprüngliche Meistbegünstigungsklausel die Diskriminierung von Warenimporten aufgrund des Herkunftslandes.[148]

GATS hat den aus dem Warenhandel bekannten Meistbegünstigungsgrundsatz in modifizierter Form auf den Dienstleistungshandel übertragen. Art. II Abs. 1 GATS legt den Grundsatz der Meistbegünstigung fest, wonach sich die Vertragspartner verpflichten, alle Dienstleistungen und Dienstleistungserbringer eines anderen Vertragspartners nicht schlechter zu behandeln als die Dienstleistungen und Dienstleistungserbringer irgendeines anderen Vertragspartners.[149] Die Meistbegünstigung stellt sicher, dass Vorteile, die irgendeinem Lande gewährt werden, auch allen anderen WTO-Mitgliedern zugute kommen. Sie be-

---

147 Vgl. Benedek, Rechtsordnung des GATT, S. 435; Jackson, World Trading System, p. 124.

148 Vgl. Art. I Abs. 1 GATT; betroffen sind in erster Linie Schutzzölle sowie Ein- und Ausfuhrabgaben.

149 Springer, GATS and the Kyoto Mechanism: Open Market for Climate Change Migration Services? Schweizerische Zeitschrift für international Wirtschaftsbeziehungen, 2000, Heft I, Zürich S. 65 ff.; Eiteljörge, Marktzutrittsformen im internationalen Handel und die WTO, S. 61.

zieht sich dabei nicht nur auf das Produkt der Dienstleistung, sondern auch auf Produzenten und Dienstleistungserbringer, während das GATT die Meistbegünstigungsbehandlung lediglich in Bezug auf die Kategorie der Waren anordnet. Bezüglich der möglichen Anmeldung von individuellen Ausnahmen von dem Meistbegünstigungsgrundsatz des GATS lassen sich zwei Kategorien, nämlich sektorspezifische und horizontale Meistbegünstigungsausnahmen, unterscheiden.[150]

5.1.1 Unbedingte Meistbegünstigung (Most Favoured Nation Treatment)

Die unbedingte Meistbegünstigung (Art. II) ist die tragende Bestimmung des GATS. Sie gehört im Rahmen des GATS zu den wenigen Vorschriften, die ohne konkrete Liberalisierungsverpflichtungen auf alle Dienstleistungssektoren anwendbar sind. Die Pflicht zur Meistbegünstigung legt Art. II Abs. 1 GATS fest. Danach muss jedes Mitglied „den Dienstleistungen und Dienstleistungserbringern irgendeines anderen Mitgliedes sofort und bedingungslos eine Behandlung gewähren, die nicht weniger günstig ist als diejenige, die er gleichen Dienstleistungen und Dienstleistungserbringern eines anderen Landes gewährt." Das bedeutet beispielsweise, Land A darf unter gleichen Bedingungen ein Land B nicht besser oder schlechter behandeln, als es jedes andere Drittland behandelt. Das Land B hat außerdem das Recht auf alle Handelskonzessionen, die Land A Drittländern gewährt; und weiterhin ist Land A dazu verpflichtet, alle staatlichen oder administrativen Maßnahmen zu unterlassen, durch die Land B im Vergleich zu Drittländern benachteiligt werden könnte.[151]

Die Mitglieder sind durch die unbedingte Meistbegünstigung dazu verpflichtet, bezüglich aller unter das GATS fallenden Maßnahmen den Dienstleistungen oder Dienstleistungserbringern eines anderen WTO-Mitgliedes die gleichen Vorteile sofort und bedingungslos einzuräumen, die sie den Dienstleistungen oder Dienstleistungserbringern eines anderen Landes gewähren. Die Gleichbehandlung aller Dienstleistungen und Dienstleistungserbringer anderer Mitglieder ist sofort und bedingungslos zu gewähren. Wie im GATT sind auch im GATS die Begriffe der sofortigen Meistbegünstigung und der bedingungslosen Meistbegünstigung so aufzufassen, dass die Gleichbehandlung gleichzeitig gegenüber allen Handelspartnern zu gewähren ist und zwar ohne zeitlichen Verzug.[152] Das heißt insbesondere, dass die multilaterale Ausweitung von Han-

---

150 Bezüglich der möglichen Anmeldung von individuellen Ausnahmen von dem Meistbegünstigungsgrundsatz ergeben sich beträchtliche Unterschiede zwischen dem GATT und dem GATS, obwohl man wegen der Regelungen des Meistbegünstigungsgrundsatzes in Art. II des GATS und Art. I Abs. 1 des GATT in beiden Verträgen schließen könnte, dass die Struktur dieser Verpflichtung identisch ist.

151 Knorr/Tegge, p. 220.

152 Zu Art. I des GATT Senti, GATT als System der Welthandelsordnung, S. 106.

delsvorteilen zwischen einzelnen GATS- Mitgliedern gleichzeitig erfolgen muss und nicht zeitlich nacheinander. Schließlich hat die Meistbegünstigung bedingungslos zu erfolgen, d.h. dass die Gleichbehandlung ohne Anspruch auf Gegenleistung gewährt wird.[153] Die „bedingungslose" oder auch absolute Meistbegünstigung steht im Gegensatz zu der noch in den zwanziger Jahren des vergangenen Jahrhunderts praktizierten „bedingten" Meistbegünstigung. Danach traten Handelsvorteile nur dann gegenüber Drittländern in Kraft, wenn diese „angemessene" Gegenleistungen anzubieten hatten.[154]

Im Einzelfall ergibt sich aus einer vergleichenden Gegenüberstellung, ob die einem GATS-Mitglied eingeräumte Behandlung dem Grundsatz der unbedingten Meistbegünstigung entspricht. Maßstab der zu gewährenden Gleichbehandlung ist die Behandlung, die nicht weniger günstig ist als diejenige, die den Dienstleistungen und Dienstleistungserbringern eines anderen gewährt wird. Es kommt also nicht nur auf die Handelsbedingungen an, die das betreffende GATS-Mitglied anderen GATS-Mitgliedern gewährt.[155] Als Maßstab wird vielmehr die Behandlung jedes anderen Landes herangezogen, und das für den Vergleich maßgebliche „andere Land" in Sinne von Art. II Abs. 1 kann dabei sowohl ein GATS-Mitglied als auch ein Drittstaat sein.

Nicht geklärt ist, wann eine Dienstleistung als „gleich" i.S.d. Art. II GATS angesehen werden kann. Im Rahmen des GATT, das in gleicher Weise die Gleichbehandlung mit „gleichwertigen" Waren verlangt, bewegt sich die Definition zwischen zwei Definitionen.[156] Entsprechend der ersten Definition sind Dienstleistungen „gleich", wenn die zu vergleichenden Dienstleistungen tatsächlich identisch sind. Die andere sieht Dienstleistungen als „gleich" an, wenn die Leistungen auf dem betreffenden Markt in ständiger Konkurrenz stehen.[157] Entsprechend der liberalen Ausrichtung des Abkommens wird allgemein dahingehend tendiert, den Begriff der Gleichartigkeit möglichst weit zu fassen und deshalb das Kriterium des Konkurrenzverhältnisses zur Bewertung heranzuziehen.[158]

Eine unbedingte Meistbegünstigung kann so zu einem beträchtlichen Ungleichgewicht der gegenseitigen Rechte und Pflichten führen.[159] Sie benachteiligt also Staaten, die per se über ein liberales Außenhandelsregime verfügen,

153 Koehler, GATS, S. 105.

154 Senti, GATT als System der Welthandelsordnung, S. 106; vgl. auch Küng, Das Allgemeine Abkommen über Zölle und Handel (GATT), S. 11.

155 Senti, GATT als System der Welthandelsordnung, S. 106.

156 Senti, GATT als System der Welthandelsordnung, S. 109; Koehler, GATS, S. 104.

157 McGovern, Internatinal Trade Regulation, § 8.122; Jackson, World Trade and Law of GATT, pp. 260 ff.

158 Senti, GATT System der Welthandelsordnung, S. 109;
McGovern, International Trade Regulation, §. 31. 121.

159 Berrisch, S. 16.

gegenüber solchen Staaten, deren Märkte für Wettbewerber ausländischer Herkunft nur unter erschwerten Bedingungen zugänglich sind. Die wirtschaftliche und rechtliche Heterogenität der Mitgliedsländer erschweren eine gleichmäßige „Multilateralisierung“ von Handelspräferenzen. Die Meistbegünstigung allein führt selbst keine Öffnung der Märkte herbei. Durch sie werden keine liberalisierten Bedingungen bei den ausländischen Konkurrenten geschaffen. Das Prinzip bewirkt mithin eine Ausweitung der bereits bestehenden Handelsbedingungen.

5.1.2 Bedingte Meistbegünstigung

Die Verpflichtung zur unbedingten Ausdehnung von Handelskonzessionen ermöglicht zum Beispiel protektionistisch eingestellten Ländern einen sogenannten „free ride“. Trittbrettfahrer („free rider“) kommen über die Meistbegünstigungsklausel in den Genuss kostenloser Vorteile.[160] Insbesondere waren die USA, mit dem Verweis auf das Problem der Trittbrettfahrer, nicht bereit, eine Meistbegünstigungspflicht ohne Einschränkungen zu akzeptieren; durch eine solche Verpflichtung hätten alle Teilnehmer der Uruguay-Runde unkontrollierten Zugang zu Schlüsselbereichen des amerikanischen Dienstleistungssektors bekommen. Die USA wollten den Zugang ausländischer Dienstleistungsanbieter vielmehr von entsprechenden Gegenleistungen der Partnerländer abhängig machen, da es zu große Unterschiede im Niveau der Offenheit einzelner Märkte gibt.[161]

Auch die EG befürwortete aus ähnlichen Gründen eine Einschränkung des Meistbegünstigungsstandards. Sie hatte ursprünglich eine „Nichtanwendungsklausel“ vorgeschlagen, um den Druck auf jene Staaten zu erhöhen, deren Märkte für ausländische Unternehmen nur schwer zugänglich sind. Demnach sollten die Vertragsparteien Ländern, die keine Konzessionsbereitschaft zeigten, die wenigstens ihrem Entwicklungsstand entsprach, die Weitergabe von Handelsvorteilen verweigern dürfen.[162]

Sowohl die USA als auch die EG forderten einen Ausnahmetatbestand für den Fall, dass ein Handelspartner trotz Zumutbarkeit seinen Liberalisierungsverpflichtungen nicht nachkommt. Im Ergebnis läuft das auf eine bedingte Meistbegünstigungsklausel hinaus.[163] Das Konzept der bedingten Meistbegüns-

---

160 Curzon-Prize p. 21, 24: “Free riders take a free ride on the MFN (i.e. Most Favoured Nation) clause. Siehe auch oben Teil I, 3.3.1.

161 Schott/Buurman, The Uruguay Round, An Assessment, p. 100; Sitzungsprotokoll der Verhandlungsgruppe Dienstleistungen vom 16. und 23.3.92, GATT–Dok. MTN.GNS/47 von 12.5.92, S. 3, Nr. 11 und S. 7, Nr. 22.

162 Vgl. Vorschag der EG zu Non-Discrimination in the Multilateral Framework for Trade in Services (GATT-Dok.), p. 3, Nr. 4.

163 Weber, Marktzugang von Auslandsbanken, 1996, S. 176.

tigung erlaubt eine differenzierte Behandlung verschiedenartiger Staaten.[164] Es ist ein Druckmittel, das den Anreiz zur Marktöffnung erhöht und damit die Liberalisierung vorantreibt.[165] Die bedingte Meistbegünstigung stimmt mit dem Prinzip der völkerrechtlichen gegenseitigen Begünstigung überein. Das Zugeständnis bestimmter Begünstigungen (z.B. die Einräumung eines Niederlassungsrechts) ist dabei an die Gewährung gegenseitiger Liberalisierungsverpflichtungen geknüpft.[166]

Entsprechend GATS gibt es zwei Arten der bedingten Meistbegünstigung: zum einen durch die horizontalen (allgemeinen) Ausnahmen und zum anderen durch die spezifischen Ausnahmen.

5.1.2.1 Horizontale Ausnahmen

Unter horizontalen Ausnahmen versteht man, dass dauerhafte Ausnahmen nicht weiter verhandlungsbedürftig sein sollen und damit bestimmte Arten von Vereinbarungen sich von der Multilateralisierungswirkung ausnehmen lassen, unabhängig davon, welcher Dienstleistungssektor betroffen ist.[167] Zu dem Bereich der horizontalen Ausnahmen gehören Ausnahmen über den kleinen Grenzverkehr[168], Ausnahmen zum Schutz nationaler öffentlicher Interessen, die Aussetzung der Kompensationspflicht und Übereinkünfte über die wirtschaftliche Integration.[169] Außerdem fallen darunter auch Ausnahmen der Doppelbesteuerungsabkommen und der Anerkennung ausländischer Qualifikationen.[170]

a) Kleiner Grenzverkehr

Im unmittelbaren Grenzverkehr haben Mitgliedstaaten die Möglichkeit, den angrenzenden Regionen "Vorteile zu gewähren, um, beschränkt auf unmittelbare Grenzgebiete, den Austausch von örtlich erbrachten und begrenzten Dienstleistungen zu erleichtern". Nachbarstaaten schließen Verträge, um den Dienstleistungsverkehr im Bereich der unmittelbaren Grenzgebiete zu liberalisieren. Diese Verträge sind von der Anwendung der Meistbegünstigung nach Art. II Abs. 3 GATS ausgeschlossen. Voraussetzung hierfür ist, dass die Dienstleistungen örtlich produziert und konsumiert werden. Ausnahmen nach Art. II Abs. 3 GATS sind im Gegensatz zu denjenigen nach Art. II Abs. 2 GATS zeitlich unbegrenzt. Zugeständnisse zur Verbesserung der wirtschaftlichen Zusammenarbeit in regi-

164 Ausführlich zur bedingten Meistbegünstigung Brößkamp, S. 26/25; Stahl, 19 Yale J.Int'l L.1994, 403, 405.

165 Feketekuty, S. 222; Stadler, S. 323; Jackson, International competition, p. 27.

166 Brößkamp, S. 37 verwendeter Terminus „reziproke Meistbegünstigung".

167 Barth, EuZW 1994, 455, 456.

168 Zum grenznahen Verkehr bzw. zum so genannten „Kleinen Grenzverkehr" siehe Senti, WTO als System und Funktionsweise der Welthandelsordnung, S. 574.

169 McGovern, Internatonal Trade Regulation, § 31,131.

170 Michaelis, in: Hilf/Oeter, S. 409.

onal begrenzten Randzonen, die im Rahmen solcher Vereinbarungen gegebenen werden, müssen nicht auf andere Handelspartner angewendet werden.

b) Wirtschaftliche Integration

Auch das GATS ermöglicht wie schon das GATT 1947 die Umgehung der Meistbegünstigung zum Vorteil von integrierten Wirtschaftsräumen.[171] Art. V GATS (Wirtschaftsintegration), der in Anlehnung an Art. XXIV GATT geschaffen wurde, stellt eine Ausnahme von der Meistbegünstigung dar. Diese Bestimmung lässt es zu, unter bestimmten Bedingungen eine wirtschaftliche Integrationszone, analog zur Freihandelszone oder Zollunionen im GATT, zu bilden. Im Rahmen einer wirtschaftlichen Integrationszone werden weiterreichende Liberalisierungsmaßnahmen gewährt. Die Ausnahmenregelung zur „Wirtschaftlichen Integration" aufgrund des Art. V GATS bewirkt, dass Mitgliedstaaten von Zollunionen und Freihandelszonen interne Handelsvorteile nicht außenstehenden Drittstaaten gewähren müssen.[172] Diese Möglichkeit ist an gewisse Bedingungen geknüpft: Ein Integrationsabkommen im Sinne von Art. V GATS muss einen substantiellen Teil des Dienstleistungshandels zwischen den Vertragsparteien abdecken, was sowohl das Handelsvolumen als auch die vier Erbringungsarten und die sektorielle Abdeckung betrifft (Art. V Abs. 1 GATS).

Für den Binnenmarkt und die zahlreichen Abkommen der EG ist die horizontale Ausnahme der wirtschaftlichen Integration besonders wichtig.[173] Die Aufnahme der Ausnahmen von Art. V GATS war eine grundsätzliche Bedingung für die EG, damit sie überhaupt einem Abschluss des Dienstleistungsabkommens zustimmen konnte und deren Mitglieder der WTO beitreten konnten.[174] Art. V GATS lässt die Integrationsabkommen mit der wichtigen Einschränkung prinzipiell zu, dass sie über einen substantiellen sektoralen Wirkungsbereich verfügen müssen. Im Großen und Ganzen ist die Passage in Art. V GATS so verfasst, dass alle bestehenden Regionalabkommen mit dieser Regelung vereinbar sind. Der EG-Binnenmarkt dürfte die Kriterien des Art. V GATS problemlos erfüllen können.[175]

In den Satzungen multilateraler Handelsabkommen werden die regionalen Integrationsabkommen auch nur deshalb erwähnt, weil diese Abkommen durch die Eingrenzung ihrer Liberalisierungsmaßnahmen auf einen streng abgegrenz-

---

171 Vgl. einerseits Art. V Abs. 1 und 2 GATS, andererseits Art. XXIV Abs. 4 und 5 GATT 1947.

172 Barth, Das Allgemeine Übereinkommen über den Dienstleistungshandel (GATS), EuZW 1994, 455, 456; Errens, Auswirkungen des GATS-Abkommens auf den Beruf des Rechtsanwaltes, in: EuZW 1994, 460 ff.

173 Barth, Das Allgemeine Übereinkommen über den Dienstleistungshandel (GATS), EuZW 1994, 455, 456.

174 Wyss, Bankdienstleistungen im Allgemeinen Dienstleistungsabkommen der WTO: Auswirkungen auf das schweizerische Bankenrecht, S. 67.

175 Ein anderes Beispiel ist das NAFTA–Abkommen.

ten Kreis von Staaten den unbedingten Meistbegünstigungsgrundsatz regelmäßig verletzen.[176] Es handelt sich hier aber keinesfalls nur um eine Schwachstelle, die die regionalen Integrationsabkommen nach Ansicht der WTO besitzen. Durch die Diskriminierung von Drittländern kommt es durch diese Abkommen zu handelsumlenkenden Effekten, die sie auch aus Sicht der Wohlfahrtstheorie problematisch erscheinen lassen.[177]

c) Doppelbesteuerungsabkommen

Art. XIV GATS regelt allgemeine Ausnahmen. Entsprechend lit. d) dieses Artikels dürfen Mitglieder unter Einhaltung seiner Bedingungen selbst in Bereichen, in denen sie Verpflichtungen bezüglich der Inländerbehandlung eingegangen sind, im Sinne von Art. VII (Inländerbehandlung) diskriminierende Maßnahmen anwenden. Jedoch wird vorausgesetzt, dass eine gerechte oder wirksame Festsetzung oder Erhebung direkter Steuern in Bezug auf Dienstleistungen oder Dienstleistungserbringer anderer Mitglieder gewährleistet ist. Ebenso ist es entsprechend Art. XIV lit. e) GATS möglich, Dienstleistungen und Anbieter aus Mitgliedsländern, mit denen ein Doppelbesteuerungsabkommen abgeschlossen wurde oder die Vertragspartei eines ähnlichen internationalen Übereinkommens sind, unterschiedlich zu behandeln. Unberührt bleibt der Abschluss neuer bilateraler Doppelbesteuerungsabkommen. Eine Pflicht zur Weitergabe der Vorteile an andere Mitglieder kann daraus nicht entstehen. Dagegen sind einseitige Steuererleichterungen für ausländische Dienstleistungen und Anbieter bestimmter Länder nicht von der Meistbegünstigung ausgenommen.[178]

d) Wahrung öffentlicher Interessen und der Sicherheit

Den Mitgliedern ist es gemäß Art. XIV GATS gestattet, um bestimmte abschließend aufgezählte elementare Rechtsgüter zu schützen, von den geltenden Regeln für den Handel mit Dienstleistungen abzuweichen. Denn GATS–Maßnahmen der Mitglieder können zur Wahrung öffentlicher Interessen von allen allgemeinen Pflichten, Disziplinen und spezifischen Verpflichtungen abweichen.[179] Artikel XIV lit. a) bis c) GATS enthält eine Aufstellung von politischen Zielen, zu deren Realisierung den Mitgliedern auf Instrumente der Regulierung zurückgreifen dürfen, die normalerweise verboten sind. Danach dürfen Mitglieder solche Maßnahmen ergreifen, die erforderlich sind, um die öffentliche Moral oder die öffentliche Ordnung aufrechtzuerhalten, Leben oder Ge-

---

176 Hoekman, Services and Intellectual Property Rights, in: Collins/Bosworth, The New GATS – Implications for the United States, p. 96; Werner, Das WTO-Finanzdienstleistungsabkommen, S. 28.

177 Bhagwati, Regionalism and multilateralism: an overview, in: de Melo, (ed.), New Dimensions in Regional Integration, Cambridge 1993, pp. 22 ff.

178 Cottier, Der bilaterale Gestaltungsspielraum der Schweiz und der Europäischen Union im Rahmen der Welthandelsorganisation, S. 61.

179 Michaelis, in: Hilf/Oeter, S. 409.

sundheit von Menschen, Tieren oder Pflanzen zu schützen, um irreführende und betrügerische Geschäftspraktiken zu verhindern, um Daten- und Persönlichkeitsschutz sowie um (Produkt-) Sicherheitsmaßnahmen einzuführen oder durchzusetzen. Solche Maßnahmen dürfen jedoch nicht in einer Weise angewendet werden, die ein Mittel zu willkürlicher oder unberechtigter Diskriminierung unter Ländern, in denen gleiche Bedingungen herrschen, oder eine verdeckte Beschränkung für den Handel mit Dienstleistungen darstellen würde. Obwohl die hier angesprochenen Maßnahmen in erster Linie zur Rechtfertigung der Verweigerung der Inländerbehandlung für ausländische Dienstleitungen herangezogen werden können, bietet sich Art. XIV GATS auch als Rechtfertigungsgrundlage für die Ungleichbehandlung von Dienstleistungen verschiedener Vertragsparteien an.[180]

Mit anderen Worten: in einem solchen Fall gilt das Prinzip der Meistbegünstigung nicht, soweit dies nicht zu einer willkürlichen oder unberechtigten Diskriminierung führt oder eine verdeckte Beschränkung für den Dienstleistungsverkehr darstellt. Die Mitgliedstaaten müssen nachweisen, dass gegenüber den ergriffenen handelsbeschränkenden Maßnahmen kein milderes, gleich wirksames Mittel zur Verfügung steht, um das angestrebte Ziel zu erreichen.[181] Das Verbot einer willkürlichen oder ungerechtfertigten Diskriminierung betrifft zwei Fälle: Entweder meint es eine Ungleichbehandlung von WTO-Mitgliedern angesichts gleicher Verhältnisse oder es meint eine formale Gleichbehandlung angesichts ungleicher Bedingungen. Es ist daher flexibel zu handhaben. [182]

Weiterhin sind gemäß Art. XIVbis Maßnahmen und Dienstleistungen, die die öffentliche Sicherheitspolitik betreffen, ebenfalls ausgenommen; zumal insbesondere im Dienstleistungssektor oftmals sensible militärische Interessen der Staaten betroffen sind.[183] Nach Art. XIVbis Abs. 1 b) i) ist der Bereich der Dienstleistungen, die direkt oder indirekt der Versorgung einer militärischen Einrichtung dienen, einer generellen Ausnahme vom Geltungsbereich des Übereinkommens unterworfen. Mitglieder können ferner Maßnahmen aufgrund ihrer Verpflichtungen aus der Charta der Vereinten Nation zur Wahrung des Weltfriedens und der internationalen Sicherheit unter Ausschluss der Meistbegünstigung annehmen und durchsetzen.[184]

Maßstab für die Frage, ob abweichende Maßnahmen noch als vertragskonform gelten können, ist die Behandlung von Dienstleistungen in Ländern, in de-

---

180 Völkel, Der Marktzugang ausländischer Versicherer, S. 224.

181 Ausführlich dazu Falke, Normung und Dienstleistungen, S. 135; siehe auch Nicolaïdis/Trachtmam, From Policed Regulation to Managed Recognition in GATS, pp. 256 f.; Ohler, Handel mit Dienstleistungen, S. 381.

182 Stoll/Schorkopf, WTO – Welthandelsordnung und Welthandelsrecht, S. 65.

183 Hoekman, Safeguard Provisions and International Trade Agreements Involving Services, in: The World Economy 16 (1993), pp. 29, 38.

184 Art. XIVbis lit.c GATS.

nen „gleiche Bedingungen“ herrschen. Für die Auslegung und Beurteilung von Fragen betreffend Art. XIV GATS – aber auch Art. XIVbis GATS – kann auf die bisherige Praxis der Panels zu den Art. XX bzw. XXI GATT 1947 zurückgegriffen werden.[185] Zur Interpretation der mitgliedstaatlichen Maßnahmen zur Wahrung der öffentlichen Ordnung ist bspw. zur konsequenten Umsetzung der Entscheidungspraxis der Streitbeilegungsgremien zu der verwandten Vorschrift des Art. XX GATT in einer offiziellen erläuternden Fußnote vermerkt, dass die Ausnahmeregelungen in Bezug auf die öffentliche Ordnung nur in Anspruch genommen werden können, „wenn eine wirkliche, ausreichend schwerwiegende Bedrohung der Grundwerte der Gesellschaft vorliegt“.

Besonderheiten bei Versicherungsdienstleistungen sind im Bereich des Daten- und des Persönlichkeitsschutzes zur Verhinderung irreführender, betrügerischer Geschäftspraktiken und zur Regelung der Folgen von Leistungsstörungen zu beachten. Auch bei Maßnahmen zum Schutz von Konsumenten kommt die Ausnahmebestimmung von Art. XIV lit. c) GATS in Betracht.

e) Anerkennung ausländischer Qualifikationen

Die Anerkennung ausländischer Berufsqualifikationen durch die einzelnen Staaten ist von hoher Bedeutung für die Liberalisierung der Dienstleistungsmärkte. Bei der Anerkennung von ausländischen Qualifikationsanforderungen zur Erfüllung nationaler Zulassungsvoraussetzungen von Dienstleistungsanbietern, die ein Land einem anderen gewährt, gibt es nach Art. VII GATS die bedingte Meistbegünstigung. Dadurch muss die Anerkennung nicht automatisch auf andere Mitgliedsländer ausgedehnt werden. Weil Übereinstimmung darüber besteht, dass multilaterale Verhandlungen über die Anerkennung von Berufsqualifikationen bei den großen Unterschieden in den nationalen Regelungen wenig aussichtsreich erscheinen, geht Art. VII GATS einen anderen Weg: Bilaterale Verhandlungen sollen eine Abstimmung in dieser Frage dezentralisieren und vereinfachen; dabei wird jedoch gleichzeitig eine Öffnung der bilateralen Vereinbarungen für interessierte Dritte vorgesehen und so auf eine umfassendere Regelung abgezielt.[186]

Nach Art. VII Abs. 1 GATS sind Ausbildungen oder Berufserfahrungen, die die Anforderungen oder die Zulassungen oder Beglaubigungen, die in einem bestimmten Land erworben, erfüllt bzw. erteilt worden sind, anzuerkennen, soweit die Zwecke der Normen oder Kriterien für die Ermächtigung, Zulassung oder

185 Vgl. bspw. WT/DS58/AB/R, United States – Import prohibition of certain shrimp and shrimp products.

186 Vgl. Koehler, GATS, S. 112 f.; Martini, Die WTO und die rechtliche Entwicklung der Dienstleitungsfreiheit in den Mitgliedstaaten – unter besonderer Berücksichtigung des Telekommunikationsbereiches, S. 105;
Senti, WTO: System und Funktionsweise der Welthandelsordnung, S. 583 f.; Pitschas, Allgemeines Übereinkommen über den Handel mit Dienstleistungen, S. 525-528.

Beglaubigung von Dienstleistungserbringern vollständig oder teilweise erfüllt werden. Es besteht die Möglichkeit, dass ein Mitglied frei ist, die in einem anderen Land erworbenen Qualifikationen anzuerkennen, ohne dieses Zugeständnis unverzüglich und bedingungslos auf alle anderen Mitglieder auszuweiten.[187] Die Anerkennungen sollen gegenseitig und auf direkte Weise erfolgen oder über bilaterale Vereinbarungen mit einzelnen Handelspartnern. Jedoch lässt Art. VII Abs. 2 GATS die länderweise Anerkennung allein unter der zwingenden Bedingung zu, dass das Land, das solche Vereinbarungen und Absprachen trifft, anderen interessierten GATS-Mitgliedern ausreichende Gelegenheit gibt, „über den Beitritt zu einer solchen Vereinbarung oder Absprache zu verhandeln oder ähnliche mit ihm auszuhandeln". Ein Mitglied, dessen Anerkennung einer ausländischen Qualifikation auf einem autonomen Entscheid beruht, muss jedem anderen WTO-Mitglied ausreichend Gelegenheit geben, nachzuweisen, dass die Ausbildungen, Berufserfahrung, Zulassungen, Beglaubigungen oder Anforderungen, die in seinem Hoheitsgebiet erworben bzw. erfüllt worden sind, anzuerkennen sind.[188] Dieser Nachweis dürfte regelmäßig nur den WTO-Mitgliedern gelingen, die ein vergleichbares Regulierungsniveau wie das betreffende WTO-Mitglied aufweisen.[189]

Die gegenseitige Anerkennung von Berufsqualifikationen darf nicht in einer für andere Staaten diskriminierenden Weise erfolgen. Gemäß Art. VII Abs. 3 GATS dürfen die Anerkennungsmaßnahmen bei der Anwendung der Normen oder Kriterien für die Ermächtigung, Zulassung oder Beglaubigung von Dienstleistungserbringern kein Mittel zur Diskriminierung zwischen verschiedenen Ländern oder eine verdeckte Beschränkung des Handels mit Dienstleistungen darstellen. Außerdem sind gegenseitige Vereinbarungen und Absprachen zwischen WTO- Mitglieder dem GATS-Rat zu melden.

Darüber hinaus sind die Mitglieder gemäß Art. VII Abs. 4 GATS verpflichtet, den Rat für den Handel mit Dienstleistungen über die bereits bestehenden Vereinbarungen zur Anerkennung ausländischer Berufsqualifikationen zu unterrichten sowie jeweils darüber Auskunft zu geben und ihr Interesse an der Teilnahme an solchen Verhandlungen zu bekunden, bevor diese in eine entscheidende Phase eintreten. Diese Vorschrift verstärkt die bereits in Art. III GATS festgelegte Verpflichtung zur Transparenz.[190] Damit wird sowohl bezweckt, dass sich möglichst viele WTO-Mitglieder an entsprechenden Vereinbarungen beteiligen, als auch, dass die Vereinbarungen nicht zu Nachteilen für Dienstleistungserbringern anderer, an den Übereinkommen nicht beteiligter WTO-Mitglieder führen.

187 Senti, WTO: System und Funktionsweise der Welthandelsordnung, S. 583.
188 Art. VII Abs. 2 Satz 2 GATS.
189 Falke, Normung und Dienstleistungen, S. 139.
190 Koehler, GATS, S. 113.

Ferner verpflichtet Art. VII Abs. 5 GATS, die Anerkennung von Zulassungserfordernissen, Ausbildung oder Berufserfahrung „soweit wie möglich auf multilateral vereinbarte Kriterien“ zu stützen. Dabei sollen die Mitglieder „in geeigneten Fällen mit entsprechenden zwischenstaatlichen und nichtstaatlichen Organisationen“ zusammenarbeiten, um „gemeinsame internationale Normen und Kriterien für die Anerkennung sowie gemeinsame internationale Normen für die Ausübung der entsprechenden gewerblichen Tätigkeiten und Berufe im Dienstleistungsbereich zu erarbeiten und anzunehmen“. Unterschiedliche Anerkennungsmethoden und -praktiken der WTO-Mitglieder bergen die Gefahr, zu Nachteilen für die Dienstleistungserbringer anderer WTO-Mitglieder zu führen. Um dieser Gefahr zu begegnen, müssen in den genannten Bereichen multilaterale Kriterien und Standards entwickelt werden, gegebenenfalls auch berufsständischer Natur und möglichst weltweiten Zuschnitts.[191] Im Mai 1997 wurden Leitlinien zum Abschluss von Vereinbarungen über die gegenseitige Anerkennung von Berufsqualifikationen im Bereich Rechnungs- und Wirtschaftsprüfung vom Rat verabschiedet.[192] Damit sollte interessierten Regierungen ein Leitfaden zur Erleichterung ihrer Verhandlungen an die Hand gegeben werden.

5.1.2.2 Spezifische Ausnahmen

Art. II Abs.1 GATS definiert die Meistbegünstigungspflicht im GATS nicht als eine „bedingte“ Pflicht; vielmehr sieht Art. II Abs. 2 GATS i.V.m. dem *„Annex on Article II Exemptions“*[193] für die Mitglieder das Recht vor, zeitlich begrenzte Meistbegünstigungsausnahmen hinsichtlich konkreter „Maßnahmen“ (i.S.d. Definition in Art. XXVIII (a) GATS) anzumelden, die mit dem Grundsatz der unbedingten Meistbegünstigung unvereinbar sind. Das heißt, diese konkreten Maßnahmen, nämlich spezifische Ausnahmen von der Meistbegünstigung, die im Hauptvertragstext nicht enthalten sind, nehmen eine Sonderstellung ein. Unter den Bedingungen des Art. II Abs. 2 GATS und der Anlage zu Ausnahmen von Art. II GATS ist es den einzelnen Vertragspartnern unbenommen, selbst diskriminierende Marktbarrieren und einseitige Handelsmaßnahmen aufrechtzuerhalten. Reziprozitätsklauseln und andere restriktive Vorschriften, die mit dem Prinzip der unbedingten Meistbegünstigung nicht vereinbar sind, müssen lediglich in einem bestimmten Verzeichnis aufgelistet werden. Bei den sogenannten „Negativlisten“ beabsichtigt ein GATS-Mitglied, gegenüber einem anderen Staat einen Handelsvorteil zu erhalten oder zu gewähren, der nur gegenüber

191 Falke, Normung und Dienstleistungen, S. 139.

192 WTO adopts guidelines for recognition of qualifications in the accountancy sector, Press Release 73/1997; http://www.wto.org/english/news_e/press97_e/pr73_e.htm.

193 Text in GATT– Results of the Uruguay Round, S. 352.

diesem und nicht gegenüber anderen GATS-Mitgliedern gelten soll, und dies ist ihm folglich möglich.[194]

In die Länderlisten werden die spezifischen Ausnahmen eingetragen (sog. Negativlisten). Als Voraussetzung gilt allerdings, dass entsprechende Ausnahmelisten vor dem Inkrafttreten des Abkommens beim GATS-Rat hinterlegt worden sind. Jedes Mitglied durfte bis zum Inkrafttreten des WTO-Übereinkommens am 1.1.1995 frei beschließen, welche nationalen Maßnahmen der Verpflichtung zur unbedingten Meistbegünstigung widersprachen und auf diese Weise eine Eintragung in der Ausnahmenliste erforderlich machten. Unklar ist, ob neu beitretende ursprüngliche Nicht-GATT-Mitglieder auch von dieser Erstellung der Ausnahmenlisten profitieren können. Richard Senti, einer der besten Kenner des Welthandelsrechts, argumentiert in Anlehnung an Yi Wang, dass davon auszugehen sei, dass neu beitretenden Staaten das Recht der Erstellung einer individuellen Ausnahmeliste zustehe, da das WTO-Übereinkommen keine Unterschiede in Bezug auf die Rechte und Pflichten zwischen Gründerstaaten und Neumitgliedern mache.[195]

Gemäß Art. IX Abs. 3 WTO-Übereinkommen muss ein spezielles Verfahren für die Erteilung einer Ausnahmegenehmigung (Waiver) erfolgreich durchlaufen werden.[196] Ein Waiver ist grundsätzlich befristet. Ist er für länger als ein Jahr eingeräumt, wird er einer jährlichen Überprüfung unterzogen.[197] Durch einen Waiver kann demgemäß in Zukunft nur die Ministerkonferenz in Zusammenarbeiten mit dem Rat für den Handel mit Dienstleistungen einen Mitgliedstaat von seinen Verpflichtungen aus dem GATS entbinden.[198]

Die Ministerkonferenz, die aus Vertretern aller Mitglieder besteht,[199] bestimmt über die Gewährung einer zeitlich begrenzten Ausnahmegenehmigung durch Beschluss. Für einen solchen Beschluss ist eine Dreiviertelmehrheit notwendig; er ist auch nur zulässig, wenn das Land, welches die Meistbegünsti-

---

194 Wartenweiler, Vertragswerk für den Dienstleistungshandel – Neues Dossier multilateraler Verhaltensregeln, in: Gemperle/Zeller/Wartenweiler (Hrsg.), Die Ergebnisse der Uruguay-Runde – Vom GATT zur WTO, S. 27, 29 f.; Hoekman, Assessing the General Agreement on Trade in Services, in: Martin/Winters (eds.), The Uruguay-Round and the Development Economy, Cambridge: Cambridge University Press, 1996, pp. 327-329.

195 Wang, Yi, Most-Favoured-Nation Treatment under the General Agreement on Trade in Services – And it's Application in Financial Services, in: Journal of World Trade, Vol. 30 (1996), 50; Senti, Das Allgemeine Dienstleistungsabkommen, S. 74.

196 Zur Erteilung von sog. „waiver“ Yüksel, GATT/WTO-Welthandelssystem, S. 91f.

197 Art. IX Abs. 4 WTO-Übereinkommen. Für die ihn beanspruchende Vertragspartei ist dies mit einem hohen beständigen Begründungs- und Rechtfertigungsaufwand verbunden. Der Anpassungsdruck auf das durch den Waiver begünstigte Mitglied wird demzufolge auf die Dauer sehr groß.

198 Ähnliches gilt für die Befreiung von Verpflichtungen aus anderen Multilateralen Handelsabkommen.

199 Art. IV Abs. 1 WTO-Übereinkommen.

gungsausnahme beantragt, „außergewöhnliche Umstände“ geltend machen kann.[200] Weder im WTO-Übereinkommen noch im GATS oder den Anlagen ist aber geregelt, unter welchen Voraussetzungen außergewöhnliche Umstände vorliegen, die eine Befreiung von den Pflichten nach Art. II Abs. 2 GATS rechtfertigen. Es ist abzusehen, dass aufsichtsrechtliche Erwägungen im Versicherungssektor im Regelfall „außergewöhnliche Umstände“ darstellen, welche eine nachträgliche Beschränkung des Marktzugangs rechtfertigen.

Ferner unterliegen alle Ausnahmen in den Negativlisten einer zeitlichen und inhaltlichen Überprüfung.[201] Dem Rat für den Handel mit Dienstleistungen obliegt es, spätestens fünf Jahre nach Inkrafttreten des WTO-Übereinkommens eine Inhaltskontrolle durchzuführen; er überprüft dabei, ob die Umstände fortbestehen und welche davon die Notwendigkeit der jeweiligen Ausnahme begründen.[202] Der Rat hat zwar nicht die Ermächtigung, eine Meistbegünstigungsausnahme für unzulässig zu erklären, durch diesen Überprüfungsmechanismus ist aber zumindest der Zwang vorhanden, alle Ausnahmen zu begründen.[203]

Darüber hinaus sind Ausnahmen, die in den Länderlisten aufgeführt sind, grundsätzlich entsprechend Ziff. 6 der Anlage auf zehn Jahre befristet. Denn die GATS-Mitglieder melden jeweils diese Ausnahmen bezüglich bestimmter Vereinbarungen mit anderen Staaten in einzelnen Dienstleistungssektoren an, die als sektorspezifische Meistbegünstigungsausnahmen bezeichnet werden.[204] Insgesamt unterbreiteten 61 WTO-Mitglieder solche Listen.[205]

Schließlich haben alle WTO-Mitglieder von den länderspezifischen Ausnahmelisten Gebrauch gemacht. Insbesondere sind zahlreiche Maßnahmen in den Sektoren Seetransport, audiovisuelle Dienstleistungen und Finanzdienstleistungen von der Meistbegünstigung freigestellt worden, wovon allein für den Finanzdienstleistungssektor 51 Ausnahmemaßnahmen bestehen.[206] Für den Bereich des Versicherungssektors hat die EG lediglich eine Ausnahme vom Grundsatz der Meistbegünstigung angemeldet.[207] Die Maßnahmen, die auf dem Abkommen zwischen der Europäischen Gemeinschaft und der Schweiz betreffend die Direktversicherung mit Ausnahmen der Lebensversicherung beruhen, unterliegen demnach nicht dem Grundsatz der Meistbegünstigung. Von Seiten

200 Art. IX Abs. 3 WTO-Übereinkommen.

201 Ziff. 3 der Ausnahmen von Artikel II.

202 Ziff. 3 und 4 der Anlage zu Ausnahmen von Artikel II.

203 McGovern, International Trade Regulation § 32, 121.

204 Koehler, GATS, S. 109.

205 Senti, WTO: System und Funktionsweise der Welthandelsordnung, S. 575; Wang, Yi, Most-Favoured-Nation Treatment under the General Agreement on Trade in Services – And its Application in Financial Services, in: Journal of Word Trade, Vol. 30, Nr. 1 (1996), 102.

206 Michaelis, in: Hilf/Oeter, S. 401.

207 Liste der Ausnahmen von Art. II GATS in: ABl. L 20/52 vom 27.1.1999.

der EG wurde erklärt, die Dauer dieser Ausnahmen sei als unbegrenzt beabsichtigt. Weitere Ausnahmen von Art. II GATS wurden nicht getroffen.

5.2 Marktzugang

Der freie Zugang zu ausländischen Märkten ist ein essentielles Ziel, um die Liberalisierung des internationalen Dienstleistungshandels zu erreichen. Deshalb wurde schon in der „Erklärung von Montreal“ gefordert, dass alle Vorschriften beseitigt werden sollen, die Nachteile für den Handel mit Dienstleistungen mit sich bringen.[208] Im GATS wird diese Forderung an mehreren Stellen aufgegriffen.[209] In Bezug auf den Marktzugang ist der Art. XVI GATS die zentrale Norm im Bereich der spezifischen Verpflichtungen. Daneben gibt Art. XVIII GATS den Mitgliedstaaten die Möglichkeit, sich zusätzlicher Verpflichtungen zur Marktöffnung zu unterwerfen.

5.2.1 Spezifische Verpflichtungen

Im Gegensatz zu der oben genannten alle Mitglieder verpflichtenden Meistbegünstigungsklausel sind die Bestimmungen über den „Marktzugang“ und die unten erwähnte „Inländerbehandlung“ nicht für Mitglieder allgemein verbindlich, sondern das Ergebnis von länder- und situationsspezifischen Zugeständnissen.[210] Diese Zugeständnisse sind in den Listen der spezifischen Verpflichtungen zusammengefasst. Die Listen beinhalten eine Aufzählung von Dienstleistungstätigkeiten, für welche ein Mitglied spezifische Verpflichtungen eingeht. Bei einer in den Listen nicht aufgeführten Dienstleistung ist das Mitglied unter Berücksichtigung der allgemeinen GATS- und WTO-Verpflichtungen frei, bestehende Handelshemmnisse beizubehalten oder einzuführen. Die Liste der spezifischen Verpflichtungen ordnet den einzelnen Verpflichtungen ein bestimmtes Niveau der Liberalisierung des Dienstleistungshandels zu, zu dem sich jedes Mitglied verpflichtet. Sie „binden“ die Mitglieder insofern, als sie einem Verbot gleichkommen, neue Maßnahmen einzuführen, die den Marktzugang zusätzlich einschränken oder ausländische Dienstleistungen oder Dienstleistungserbringer diskriminieren.

Teil III des GATS enthält Bestimmungen über die eigentlichen Liberalisierungsverpflichtungen, insbesondere die Pflicht zur Gewährung von Marktzugang und Inländerbehandlung. Solche Verpflichtungen über Dienstleistungen des Mitglieds sind jedoch von zuvor eingegangenen spezifischen Verpflichtungen abhängig.[211] Zusätzlich sollen sie dafür sorgen, dass Marktzugang und In-

208 Vgl. Erklärung von Montreal, 7b: “The adverse effects of all laws, regulations and administrative guidelines should be reduced (.....) to provide effective market access.”

209 Vgl. z.B. Art. XIX Abs. 1 S. 2 und Abs. 2 S. 2, Art. XVI, Art. XX Abs. 1 lit. a) GATS.

210 Senti, WTO: System und Funktionsweise der Welthandelsordnung, S. 589.

211 Michaelis, in: Hilf/Oeter, S. 394.

länderbehandlung nicht durch Maßnahmen unterlaufen werden, die nicht explizit vom Verbot mengenmäßiger Marktzugangsschranken erfasst werden.

Marktzugang und Inländerbehandlung sind die spezifischen Vertragspflichten, die die grundsätzlichen Vorgaben beinhalten, nach denen Liberalisierungszugeständnisse unterbreitet werden können. Obwohl diese beiden Pflichten im Vertrag nicht ganz genau abgegrenzt sind und sich teilweise überschneiden,[212] kann man vereinfacht sagen, dass es beim Marktzugang hauptsächlich darum geht, ob und in welcher Form Unternehmen zum Markt zugelassen werden, und dass die Inländerbehandlung Ausübungsbeschränkungen von Unternehmen betrifft. Bei der Abgrenzung der spezifischen Vertragspflichten von Marktzugang und Inländerbehandlung treten Probleme auf, was sogar im Vertragstext selbst Erwähnung findet. In Art. XX Abs. 2 GATS werden die Verhandlungsparteien aufgefordert, Liberalisierungszugeständnisse, die nicht eindeutig einer der beiden Vertragspflichten zugeordnet werden können, als Marktzugangsbeschränkungen zu behandeln.

5.2.2 Der Begriff des Marktzugangs

Das GATS enthält keine Legaldefinition des Marktzugangs, obgleich es um die Grundvoraussetzung des Handels mit Dienstleistungen geht.[213] Anstelle einer konkreten Definition des Begriffs des Marktzugangs stellt Art. XVI Abs. 2 GATS eine Liste von Marktzugangsbeschränkungen auf, die ein Mitgliedstaat grundsätzlich in bestimmten Dienstleistungssektoren, in denen es die Verpflichtungen des Marktzugangs eingeht, abschaffen und in Zukunft unterlassen soll. Die Marktzugangsbeschränkungen sind daher nur dann gestattet, wenn sie in Hinblick auf die jeweils betroffene Erbringungsform in der Liste aufgeführt sind.[214] Daher wird der Marktzugang nur unter dem Vorbehalt der in der Liste aufgeführten Beschränkungen gewährt.[215]

Hieraus lässt sich im Umkehrschluss ableiten, dass im Sinne des GATS ein freier Marktzugang die Freiheit der Wahl zwischen den vier Erbringungsformen

212 Eine ausführliche Darstellung der Definitionen von Marktzugang und Inländbehandlung und ihre Schwächen gibt Mattoo, National Treatment in the GATS: Corner-Stone or Pandora's Box?, JWT 31 (1) 1997, 107-135.

213 Koehler, GATS, S. 124; auch Weiss, The General Agreement on Trade in Services 1994, C.M.L.R. 1995, 1177 1204, Marktzugang setzt gesetzlich und tatsächlich voraus, dass die Regulierung eines Mitglieds im eigenen Hoheitsgebiet die Betätigung der Dienstleistungserbringer anderer Mitglieder erlaubt und dieser Betätigung keine unüberwindbareren Hindernisse entgegenstehen.

214 Reiterer, The New Areas of the WTO: GATS, TRIMs, TRIPS, in: Breuss (ed.), p. 21, 32.

215 Etter, Das Dienstleistungsabkommen der Uruguay-Runde und seine Bedeutung für die Schweiz, in: Cottier (Hrsg.), S. 91, 99.

in einem Dienstleistungssektor bedeutet, wobei keine der in Art. XVI Abs. 2 GATS genannten Maßnahmen die Dienstleistungserbringung beschränken darf.[216]

Gesetzt den Fall, ein Mitglied nimmt einen Dienstleistungssektor in seine Verpflichtungsliste auf und bietet nur diejenigen Beschränkungen der verschiedenen Erbringungsformen in diesem Sektor auf der Liste an, wie sie seiner derzeitigen innerstaatlichen Rechtslage entsprechen. Art. XVI GATS bewirkt in diesem Fall nur eine Bindung des betroffenen Mitglieds an diese Bedingungen und führt nicht zu einer Erweiterung oder Verbesserung der augenblicklich geltenden Marktzugangsbedingungen für ausländische Erbringer auf diesem nationalen Dienstleistungsmarkt.

Der Marktzugang ist im GATS vielmehr Gegenstand einer sogenannten spezifischen Verpflichtung.[217] Art. XVI GATS selbst enthält deshalb nicht die Verpflichtung jedes Mitglieds, den Dienstleistungen und Dienstleistungserbringern anderer Mitglieder Marktzugang nach Maßgabe einer individuellen Liste zu gewähren. Alle Mitglieder sind verpflichtet, alle diese Maßnahmen in dieser Liste transparent zu machen, die nicht mit Art. XVI Abs. 2 GATS übereinstimmen. Diese Maßnahme darf von dem betroffenen Mitglied nicht mehr angewendet werden, wenn es dieser Rechtspflicht zur Offenlegung der Beschränkungen nicht nachkommt.

5.2.3 Umfang der spezifischen Verpflichtungen

Die Mitglieder können den Umfang der mit der spezifischen Verpflichtung eingegangenen Bindung im Einzelnen steuern. Zuerst soll die Entscheidung darüber, ob ein Sektor oder Subsektor überhaupt in die Liste aufgenommen werden soll, getroffen werden. Dann wird für die Marktöffnung eine von Art. I Abs. 2 GATS erfasste Form der Dienstleistungserbringung festgelegt. Die Beschränkung des Marktzugangs ist schließlich von den Mitgliedern in die Liste nach Art. XVI Abs. 1 und Art. XX Abs. 1 lit. a) GATS aufzunehmen.

Art. XVI GATS ist also dispositiver Natur,[218] d.h. die Ausgestaltung des Vertragsinhalts unterliegt der freien Entscheidung der Mitglieder. Sie dürfen die Sektoren auswählen, in denen sie Liberalisierungsverpflichtungen übernehmen. Die Wahl der Vorbehalte ist aber beschränkt auf die in Art. XVI Abs. 2 GATS abschließend aufgezählten Typen von Marktzugangsschranken.[219] Aber die Formulierung „Bestimmungen, Beschränkungen und Bedingungen" in Art. XVI Abs. 1 GATS schließt die Möglichkeit auch andersartiger Vorbehalte nicht aus. Diese „Bestimmungen, Beschränkungen und Bedingungen" werden vom Begriff

216 Hoekman, The World Economy 15 (1992), 707, 719; Hoekman/Sauvé, Liberalizing Trade in Services, p. 31.

217 Michaelis, in: Hilf/Oeter, S. 392.

218 Siehe Verdross/Simma, S. 40 f.

219 Beschluss des GATT-Rats vom 23.3.2001, Guidelines for the Scheduling of Specific Commitments under the GATS, WTO-Dok. S/L/92 vom 28.3.2001, para. 11.

der Maßnahmen, die von Art. I Abs. 3 GATS in einem denkbar weiten Sinne definiert werden, eingeschlossen. Denn in Art. XVI Abs. 2 werden die dort aufgeführten Marktzugangsschranken als Maßnahmen bezeichnet. Wird keine der in Art. XVI Abs. 2 aufgeführten Maßnahmen beibehalten, dann wird in einem Subsektor vollständiger Marktzugang in Sinne der Art. XVI Abs.1 GATS gewährt. Inwieweit die Mitglieder auf diese Weise den Ordnungsrahmen des GATS ausfüllen und Art und Umfang der Marktöffnung in einem oder mehreren Dienstleistungssektoren rechtlich verbindlich festlegen,[220] unterliegt ihrer Souveränität.

Außerdem ergibt sich der Umfang der in Art. XVI festgelegten spezifischen Verpflichtungen aus diesem Artikel. Entsprechend dem Grundsatz der „fortschreitenden Liberalisierung" sollen die Mitglieder den Umfang ihrer Verpflichtungen sukzessive erweitern".[221] Dies geschieht durch den Abbau ihrer ursprünglich vorbehaltenen Restriktionen und Handelsschranken. Das GATS leitet zu diesem Zweck einen Prozess der beständigen Liberalisierung ein.[222] Demgemäß nahmen die Mitglieder auch nach Abschluss der Uruguay-Runde an aufeinander folgenden Verhandlungsrunden teil.[223]

5.2.4 Mindeststandard

Gemäß Art. XVI Abs. 1 wird das Mitglied durch eine spezifische Verpflichtung in der Regulierung des Marktzugangs gebunden. Mit der spezifischen Verpflichtung wird ein Mindeststandard bezüglich des Marktzugangs gesetzt.[224] Entsprechend diesem Artikel ist jedes Mitglieds verpflichtet, den Dienstleistungen und Dienstleistungserbringern eines anderen Mitglieds den Marktzugang zu einem bestimmten Dienstleistungssektor nach Maßgabe der in seiner Liste vereinbarten und festgelegten Bestimmungen, Beschränkungen und Bedingungen zu gewähren. Dienstleistungen und Dienstleistungserbringer anderer Mitglieder dürfen nicht ungünstiger behandelt werden, als es in der Liste festgelegt worden ist. Eine Lösung von einer solchen Bindung kann im Einzelfall nur innerhalb des Verfahrens gemäß Art. XXI GATS erfolgen. Diese allgemeine Verpflichtung zur Marktöffnung gilt grundsätzlich im Hinblick auf alle Erbringungsformen, also auch für die hier im Vordergrund stehenden Niederlassungsvorgänge. Die

220 WTO, Press Release No. 18 vom 26.07.1995, pp. 2-3: "The services schedules, each of which amounts to a legally-enforceable, binding undertaking on the part of the Member concerned, contain commitments on individual services sectors and services activities which define the conditions for access to the market."

221 Art. XIX Abs. 4 GATS.

222 Abs. 3 der Präambel iVm Art. XIX Abs. 1 GATS.

223 Die erste dieser Runden sollte spätestens fünf Jahre nach Inkrafttreten des WTO-Übereinkommens, also am 1.1.2000 beginnen.

224 Martini, Die WTO und die rechtliche Entwicklung der Dienstleistungsfreiheit in den Mitgliedstaaten unter besonderer Berücksichtigung des Telekommunikationsbereiches, S. 199.

festgelegten Marktzugangsbedingungen legen mithin einen Mindeststandard fest, dessen Niveau das jeweilige GATS-Mitglied nicht unterschreiten darf.[225]

Der allgemeine Grundsatz der Marktöffnung erfährt seine Konkretisierung also erst durch den Inhalt der nationalen „Listen spezifischer Verpflichtungen". Das Eingehen einer spezifischen Marktzugangsverpflichtung führt zu einem Verbot einer Reihe bestimmter Typen von Marktzugangsschranken. Derartige Maßnahmen dürfen nur dann beibehalten oder eingeführt werden, wenn sie in die individuelle Liste (Positivliste) des Mitglieds als Vorbehalt eingetragen worden sind. Die nationalen Verpflichtungslisten normieren damit einen Mindeststandard für die Behandlung ausländischer Unternehmen. Nach Art. XVI Abs. 2 sind folgende Maßnahmen des Mitgliedes nicht gestattet, wenn in seiner Liste nichts anderes festgelegt ist:

- Beschränkungen der Anzahl der Dienstleistungserbringer in Form von Quoten, Monopolen, Exklusivrechten oder Bedürfnisnachweisen,
- Beschränkungen des Gesamtwertes der Dienstleistungsgeschäfte oder des Betriebsvermögens,
- Beschränkungen der Gesamtzahl der Dienstleistungen oder des Gesamtvolumens erbrachter Dienstleistungen,
- Beschränkungen der Zahl der Beschäftigten eines Dienstleistungsanbieters oder in einem Dienstleistungssektor,
- Beschränkungen in der Wahl der Dienstleistungsunternehmensform und
- Beschränkungen ausländischer Unternehmensbeteiligungen durch prozentuale Höchstgrenzen oder für den Gesamtwert einzelner sowie zusammengefasster ausländischer Investitionen.

Die grundsätzlichen Verbote quantitativer Beschränkungen knüpfen an mengenmäßige Beschränkungen des Art. XI des GATT an. Mengenmäßige Beschränkungen werden danach bezüglich der Aus- und Einfuhr von Waren untersagt. Doch unterscheidet sich Art. XVI Abs. a) bis d) des GATS von Art. XI des GATT erheblich. In Art. XI des GATT ist unter mengenmäßigen Beschränkungen eine Form der Diskriminierung gegenüber ausländischen Produkten zu verstehen. In Gegensatz dazu stellt Art. XVI Abs. a) bis d) des GATS Formen nicht-diskriminierender Marktzugangsbeschränkungen dar, d.h. Beschränkungsmaßnahmen, die den Zugang zu einem nationalen Markt eines Dienstleistungssektors für ausländische und inländische Dienstleistungserbringer gleichermaßen beeinträchtigen.[226] Jedoch stellen sie keine Anforderungen an die

225 McGovern, International Trade Regulation, § 31, 161.

226 Nicht-Diskriminierung heißt: keine ausschließliche Geltung gegenüber ausländischen Dienstleistungserbringern, so etwa Hoekman/ Sauvé, Liberalizing Trade in Services, p. 23.

Qualität oder die Sicherheit der Dienstleistung.[227] Wichtig ist dies deshalb, weil hieran offenbar wird, dass der vom GATS angestrebte Liberalisierungsprozess nicht nur eine Marktöffnung gegenüber ausländischen Anbietern mit sich bringt, sondern auch eine gewisse Liberalisierung gegenüber inländischen Anbietern verlangt.[228]

Sofern die Mitglieder in ihren Listen nichts anderes festgelegt haben, beurteilt sich die Rechtmäßigkeit nationaler Zugangsschranken nach Art. XVI Abs. 2 GATS.[229] Die beiden Beschränkungen der Dienstleistungserbringung nach Art. XVI Abs. 2 lit. e) und f) GATS betreffen die Maßnahmen, die bestimmte Arten rechtlicher Unternehmensformen beschränken oder vorschreiben, sowie Begrenzungen der Beteiligung ausländischen Kapitals an dienstleistungsrelevanten Investitionsprojekten. Es ist fraglich, ob diese Maßnahmen als Marktzugangsbeschränkungen betrachtet werden können, da beide Beschränkungen im Hinblick auf die Ungleichbehandlung der ausländischen mit den inländischen Anbietern untersagt werden.[230] Diese Frage zählt jedoch zum Regelungsgegenstand der Inländerbehandlung (Art. XVII GATS). Sinnvoller wäre eine Einordnung der unter Art. XVI Abs. 2 lit.e) und f) GATS gefassten Verbote unter Art. XVII GATS gewesen.[231]

5.2.5 Änderung spezifischer Verpflichtungen

Eine Änderung oder Rücknahme von Listenverpflichtungen gestattet Art. XXI Abs. 1 GATS frühestens drei Jahre nach Inkrafttreten des WTO-Abkommens. Das Änderungsverfahren für Verpflichtungen des Mitglieds ist in diesem Artikel selbst sowie sekundärrechtlich durch eine Entscheidung des Rates für den Handel mit Dienstleistungen geregelt.[232] Auch ist ein Mitglied verpflichtet, die Änderungen und Rücknahmen seiner Absichten und Verpflichtungen nach diesem Artikel dem Rat für den Handel mit Dienstleistungen bekanntzugeben.

---

227 Vgl. GATS-Rat, Guidelines for the Scheduling of Specific Commitment under the GATS, WTO, WTO-Dok. S/L/92 vom 28.3.2001, para. 8.

228 Vgl. Hoekman, Assessing the General Agreement on Trade in Services, in: Martin/Winters, pp. 327, 334 f.

229 Art. XVI Abs. 2 lit. e) und f) GATS.

230 Dass diese Verbote auf die Gleichbehandlung ausländischer und inländischer Anbieter gerichtet sind, wird insbesondere an Art. XVI Abs. 2 lit. f) GATS erkennbar. Ist z.B. die prozentuale Beteiligung eines ausländischen Anbieters an einer Investition begrenzt, sind seine Wettbewerbschancen im Vergleich zu einem unbegrenzt investierenden Inländer erheblich schlechter.

231 Hoekman/Sauvé, Liberalizing Trade in Services, p. 33.

232 WTO-Dok. S/L/79 vom 19.9.1999 i.V.m. Commitment on Specific Commitments, WTO-Dok. S/CSC/W/21 vom 19.7.1999, vgl. zum GATS-Rat unter Rn. 114.

Sofern dies gemäß Art. XXI Abs. 2 lit. a) GATS von den Änderungen und Rücknahmen „betroffene Mitglieder“[233] beantragen, muss das ändernde Mitglied mit ihnen in Verhandlungen eintreten. Diese Verhandlungen zielen auf eine Einigung über notwendige Ausgleichsmaßnahmen ab. Ausgleichmaßnahmen sind ferner auf der Grundlage der Meistbegünstigung zu treffen. In den Verhandlungen und Einigungen streben die beteiligten Mitglieder an, ein Maß gegenseitiger vorteilhafter Verpflichtungen aufrechtzuerhalten, das günstiger ist als das in den Listen spezifischer Verpflichtungen vor Aufnahme dieser Verhandlungen vorgesehene Maß.

Änderungen der Liste erfordern Kompensationsverhandlungen mit den betroffenen Mitgliedern. Falls keine Einigung erzielt wird, kann ein betroffenes Mitglied ein Schlichtungsverfahren einleiten.[234] Der Schiedsspruch ist für alle betroffenen Mitglieder verbindlich, und zwar unabhängig von der tatsächlichen Beteiligung eines Mitglieds am Verfahren. Wird der Schiedsspruch von einem Land missachtet, ist der betroffene Handelspartner berechtigt, Gegenmaßnahmen einzuleiten und „im Wesentlichen gleichwertige Vergünstigungen“ zu ändern oder zurückzunehmen. Um die Liberalisierung stetig auszubauen, sind die Vertragspartner entsprechend Art. XIX GATS verpflichtet, in regelmäßigen Abständen über den weiteren Abbau der Handelshemmnisse zu verhandeln.

5.3 Inländerbehandlung

Wie der Marktzugang ist die Inländerbehandlung im GATS nicht als allgemeine Pflicht, sondern als spezifische Verpflichtung ausgestaltet worden.[235] Das Konzept der Inländerbehandlung ist in Art. XVII Abs. 1 GATS enthalten. Zur Anwendung der Inländerbehandlung ist es notwendig, dass ein Mitglied sowohl einen (Sub-)Sektor in seiner Positivliste aufführt als auch keine der in der Liste ausdrücklich festgelegten Vorbehalte dagegen spricht. Das GATS beinhaltet selbstverständlich keinen abschließenden Katalog von absolut verbotenen Beeinträchtigungen der Inländerbehandlung, wie ihn Art. XVI Abs. 2 GATS für den Marktzugang vorsieht. Vorbehalte der Mitglieder beziehen sich hauptsächlich auf die Staatsangehörigkeit der Angestellten des Dienstleistungserbringers, den Erwerb von Grundeigentum oder steuerliche Privilegien für heimische Anbieter.[236] Das GATS unterscheidet sich hier vom GATT; denn dieses sieht eine individuelle Abdingbarkeit der Inländerbehandlung nach Art. III GATT nicht vor.

---

233 „Betroffenes Mitglied“ ist ein Mitglied, dessen Handelsvorteile aufgrund dieses Abkommens durch eine nach Art. XXI Abs. 1 lit b) GATS notifizierte geplante Änderung oder Rücknahme betroffen sein können.

234 Senti, WTO als System und Funktionsweise der Welthandelsordnung, S. 593; vgl. WTO-Dok. S/CSC/W/21 vom 19.7.1999, paras. 7 ff.

235 Art. XVII Abs. 1 GATS.

236 WTO (ed.), Market Access: Unfinished Business, studies 6, 2001.

5.3.1 Gleichbehandlung

Die Gleichbehandlung ausländischer und inländischer Dienstleistungen wird durch die Definition der Inländerbehandlung präzisiert. Gemäß Art. XVII Abs. 1 GATS ist unter dem Gebot der Inländerbehandlung die Pflicht eines Mitglieds zu verstehen, den Dienstleistungen und Dienstleistungserbringern eines anderen Mitglieds bezüglich aller Maßnahmen, welche die Erbringung von Dienstleistungen betreffen, eine Behandlung zu gewähren, die nicht weniger günstig ist als die, die es seinen eigenen Dienstleistungen und Dienstleistungserbringen gewährt.[237] Somit gilt in allen Dienstleistungssektoren, die ein Mitglied in seine Liste der spezifischen Verpflichtungen aufnimmt, die Pflicht zur Gleichbehandlung von inländischen und ausländischen Dienstleistungsprodukten und -produzenten.

Jedes Mitglied ist im Rahmen des Art. XVI GATS in Hinblick auf die Inländerbehandlung berechtigt, auf seiner Liste Vorbehalte zu von ihm ausgewählten Subsektoren anzumelden. Diese sogenannte nationale Regelung entgegen der grundsätzlichen Geltung des Gleichbehandlungsgrundsatzes führt dazu, dass ausländische Dienstleistungserbringer schlechter gestellt werden. Die Vorbehalte sind jeweils in Bezug auf die vier möglichen Erbringungsformen anzugeben. Dies bedeutet, dass im Einzelfall konkretisiert werden muss, dass als Folge nationaler Regelungen eine bestimmte Erbringungsform eingeschränkt wird und dass dadurch eine Benachteiligung ausländischer Dienstleistungen oder Dienstleistungserbringer gegenüber inländischen Konkurrenten entsteht.

Außerdem wird im GATS nicht weiter geregelt, unter welchen Umständen in Art. XVII GATS die eigenen Dienstleistungen und Dienstleistungserbringer eines Mitgliedslandes und die anderer Mitgliedsländer als gleich anzusehen sind.[238] Das Panel und der Appellate Body hatten außerdem in der Streitbeilegungspraxis nicht die Gelegenheit, das Erfordernis der Gleichheit auszulegen.[239] Allerdings verwies das Panel, wie z.B. im Fall EC-Bananas, auf die Vorbildfunktion von Art. III GATT, nach dem entsprechend ständiger Streitbeilegungspraxis gleiche Wettbewerbsbedingungen für gleichartige inländische und ausländische Waren gefordert werden.[240] Im gegebenen Fall sah das Panel die Vorbildfunktion nicht als hinreichend berücksichtigt an.[241] Das Panel führte in EC-Bananas aus, dass die Dienstleistungserbringer in dem Maße als gleich an-

237 Vgl. Mestmäcker, Free Trade in Services: Regional and Global perspectives, in: Friedman/Mestmäcker (eds.), Rules for Free Trade, pp. 9, 20 f.; Vigano, National Treatment in Trade in Services and Developing Countries, in: Dike/Petersmann (eds.), pp. 288 ff.

238 Michaelis, in: Hilf/Oeter, S. 398.

239 Ebenda.

240 Siehe, EC – Bananas, WT/DS27/AB/R, WTO-Panel, para. 7.302. Der Appellate Body schloss sich dieser Interpretation an, paras. 244, 246.

241 Verhoosel, National Treatment and WTO Dispute Settelment, 2002, p. 61; Zdouc, Legal Problems, pp. 163 ff.

zusehen seien, in dem sie gleiche Dienstleistungen anbieten.[242] Es wird insbesondere bemängelt, dass die Erbringungsmodalitäten des Art. I Abs. 2 GATS unberücksichtigt geblieben seien. Entsprechend dem Wortlaut der Entscheidung des Panels würde dies bedeuten, dass ein ausländisches multinationales Unternehmen, welches eine kommerzielle Präsenz errichtet (Modus 3), eine Gleichbehandlung mit einer inländischen natürlichen Person verlangen kann, soweit beide gleiche Dienstleistungen erbringen. Da man aber Einschnitte in die regulatorische Autonomie der Mitglieder vermeiden will, wird verlangt, dass vorrangig die Charakteristika der Dienstleitungserbringer selbst zu betrachten sind.

5.3.2 Keine ungünstigere Behandlung

Gegenüber der de jure Gleichbehandlung[243] stellt Art. XVII Abs. 2 und 3 GATS einen de facto Gleichbehandlungsmaßstab auf.[244] Gemäß Art. XVII Abs. 2 GATS kann die Gleichbehandlung entweder durch formal identische oder formal unterschiedliche Behandlung gewährt werden. Eine solche Behandlung nach Art. XVII Abs. 3 GATS gilt als weniger günstig, wenn sie den eigenen Dienstleistungen und Dienstleistungserbringern bessere Wettbewerbsbedingungen verschafft als den gleichen Dienstleistungen und Dienstleistungserbringern anderer Mitgliedstaaten. So ist z.B. die Gleichbehandlung de jure gewährleistet, wenn eine gesetzliche Abgabe für eine bestimmte Versicherungstätigkeit für alle in dem Hoheitsgebiet ansässigen Versicherungsgesellschaften gilt. Falls sich aber herausstellt, dass de facto nur ausländische Versicherungsgesellschaften wegen ihres Status als Auslandsniederlassungen diese Tätigkeit ausführen, so stellt die Erhebung dieser Abgabe eine faktische Ungleichbehandlung dar.[245]

In Art. XVII GATS ist die Tatsache zu berücksichtigen, dass bezüglich der Inländerbehandlungspflicht die Behandlung inländischer und ausländischer Dienstleistungen und Dienstleistungserbringer nicht danach bewertet werden darf, ob sie formal „identisch" ist, sondern ob sie tatsächlich gleiche Wettbewerbsbedingungen eröffnet. Das heißt, es sind die wirtschaftlichen Auswirkungen einer staatlichen Maßnahme zu berücksichtigen. In einigen Bereichen kann eine Diskriminierung nicht nur in einer formal unterschiedlichen Behandlung

---

242 EC – Bananas, WT/DS27/AB/R, WTO-Panel, para. 7.322. Diese Feststellung hatte der Appelate Body nicht zu überprüfen.

243 Eine de jure - Gleichbehandlung ausländischer mit inländischen Waren zu realisieren ist in Art. III des GATT der Maßstab. Dies bedeutet, dass ausländische und inländische Waren rechtlich denselben Abgaben und sonstigen Belastungen ausgesetzt sein sollen. Siehe Hoekman, The World Economy 15 (1992), pp. 707, 720; Wartenweiler, Vertragswerk für den Dienstleistungshandel – Neues Dossier multilateraler Verhaltensregeln, in: Gemperle/Zeller/Wartenweiler (Hrsg.), S. 27, 30 f.

244 Vgl. Barth/Putscher, Liberalisierung der Finanzdienstleistungen im Rahmen des GATT, Die Bank 1994, S. 132, 134; Hoekman/Sauvé, Liberalizing Trade in Services, World Bank Discussion Papers, The World Bank, p. 42.

245 Vgl. Koehler GATS, S. 130.

der Begünstigung liegen. Eine solche de jure-Ungleichbehandlung ist dann gegeben, wenn eine Maßnahme ausdrücklich an die Staatsangehörigkeit bzw. -zugehörigkeit des Dienstleistungserbringers anknüpft.[246] Aus diesem Grund manifestiert Art. XVII Abs. 2 und 3 GATS eine Pflicht zu einer gleichwertigen Behandlung, die de facto und de jure gleichwertige Wettbewerbsbedingungen sicherstellt.[247] Da dieses Prinzip der „gleichwertigen Wettbewerbsbedingungen" nicht genau definiert ist, findet sich hier ein beträchtliches Streitpotenzial in Form unterschiedlicher Auslegungen durch die Mitglieder des GATS.[248] Das GATS hat hier deshalb den in der Streitbeilegung zu Art. III GATT formulierten Standard übernommen. Naturgegebene Wettbewerbsnachteile, die sich nur aus der ausländischen Abstammung der Dienstleistungen oder Dienstleistungserbringer ergeben, müssen die Mitglieder aber nicht ausgleichen (vgl. Fußnote 10 zum GATS).[249] So muss ein Mitglied z.B. fehlende Sprachkenntnisse der Dienstleistungserbringer nicht dadurch ausgleichen, dass es die Regulierungen in allen Amtssprachen der WTO-Mitglieder veröffentlicht.

5.3.3 Verhältnis zwischen Inländerbehandlung und Marktzugang

Zwischen den spezifischen Verpflichtungen zum Marktzugang einerseits und der Inländerbehandlung andererseits besteht nur auf den ersten Blick eine klare Abgrenzung. Art. XVI GATS reguliert die Zulässigkeit von mengenmäßigen Beschränkungen des internationalen Dienstleistungsmarktzugangs gegenüber allen ausländischen Bewerbern. Im Gegensatz dazu schützt Art. XVII GATS die Dienstleistungen und Dienstleistungserbringer anderer Mitglieder vor Diskriminierungen am Maßstab der inländischen Wettbewerber.

In der Praxis ist jedoch die Zuordnung einer staatlichen Maßnahme zu den Regelungsbereichen der „doppelfunktionalen Maßnahmen", nämlich der Maßstab diskriminierender mengenmäßiger Beschränkungen, nicht trennscharf durchzuführen.[250] Diese Sachlage berücksichtigt Art. XX Abs. 2 Satz 1 GATS insofern, als dass Maßnahmen, die sowohl mit Art. XVI GATS (Marktzugang) als auch mit Art. XVII GATS (Inländerbehandlung) nicht vereinbar sein können, in der jeweiligen Positivliste der spezifischen Verpflichtungen in der Spalte für mengenmäßige Marktzugangsbeschränkungen eingetragen werden. In diesem Fall gilt nach der Regelung des Art. XX Abs. 2 Satz 2 GATS ein Eintrag zu Art. XVI GATS auch als Bedingung oder Qualifikation zu Art. XVII GATS.[251] Wird

246 Michaelis, in: Hilf/Oeter, S. 399.
247 Eckert, Die Liberalisierung internationaler Finanzdienstleistungen, S. 143.
248 Dazu UNCTAD, Outcome, p. 167.
249 Michaelis, in: Hilf/Oeter, S. 399.
250 Vgl. Koehler, GATS, S. 130.
251 Falls ein Fall vorliegt, in dem eine staatliche Maßnahme in einem Dienstleistungssektor als Beschränkung einer Erbringungsform unter dem Aspekt des Marktzugangs und der

eine diskriminierende mengenmäßige Beschränkung ausdrücklich von einem Mitglied von seiner spezifischen Marktzugangsverpflichtung ausgenommen, so ist Art. XVI GATS als *lex specialis* (Sondergesetz) zu betrachten.[252] Die Inländerbehandlung aus Art. XVII GATS wird daneben nicht angewendet.

5.4 Transparenz

Eine erhebliche Handelsbarriere für den internationalen Dienstleistungshandel sind mangelnde Informationen über die rechtlichen Rahmenbedingungen. Die daraus resultierende Verunsicherung können die Dienstleistungserbringer auf dem jeweiligen nationalen Markt häufig für sich nutzen. Dies reduziert die Voraussagbarkeit der Markterfordernisse und begünstigt die ungerechte Behandlung ausländischer Anbieter.[253] Daher wurde eine Rechtspflicht zur Transparenz als Vorgabe für die Präambel des GATS geschaffen, in der Transparenz neben der fortschreitenden Liberalisierung als eine der Bedingungen zur Erweiterung des Handels mit Dienstleistungen genannt wird.[254]

Das Transparenzprinzip in Art. III GATS ist in seiner Bedeutung nicht zu unterschätzen, weil die genannten Bestimmungen und Streitschlichtungsmechanismen nicht wirken können, wenn die konkreten Praktiken und Gesetze der Mitglieder nicht bekannt sind.[255] Die GATS-Mitglieder sind verpflichtet, alle innerstaatlichen Gesetze, Regulierungen und allgemein anwendbaren Vorschriften sowie alle internationalen Abkommen, die den Handel mit Dienstleistungen betreffen, spätestens bei ihrem Inkrafttreten zu veröffentlichen oder anderweitig bekanntzumachen.[256] Diese Verpflichtung wurde in Anlehnung an Art. X Abs. 1 des GATT geschaffen.[257] Lediglich vertrauliche Informationen sind nach Art. IIIbis GATS von der Veröffentlichungspflicht ausgenommen. Vertrauliche Informationen, deren „Offenlegen die Durchsetzung von Gesetzen“ behindert, „dem öffentlichen Interesse“ widerspricht oder „die berechtigten kommerziellen Interessen bestimmter öffentlicher oder privater Unternehmen“ schädigt, müssen von den Mitgliedern nicht zur Verfügung gestellt werden.

Inländerbehandlung anzusehen ist, haben die Staaten in der Spalte zur Inländerbehandlung meistens auf die Regelung in der Spalte zum Marktzugang besonders verwiesen.

252 Feketekuty, Assessing and Improving the Architecture of GATS, in: Stern/Sauvé (eds.), GATS 2000, p. 85 (95 f.); Krajewski, National Regulation, p. 115 f.

253 Etter, Das Dienstleistungsabkommen der Uruguay-Runde, in: Cottier (Hrsg.), S. 91, 98; Schott/Buurman, The Uruguay Round, An Assessment, p. 103.

254 Koehler, GATS, S. 111.

255 Gétaz, GATS – Das General Agreement on Trade in Service: Anwaltliche Dienstleistungen in den WTO- Mitgliedsländern, S. 9.

256 Art. III Abs. 1 und 2 GATS.

257 Vgl. den dazu ähnlichen Wortlaut von Art. III Abs. 1 Satz 1 und 2 des GATS und Art. X Abs. 1 Satz 1 und 2 des GATT.

Als weitere Verpflichtung zur Transparenz hat jedes WTO-Mitglied alle neuen Gesetze, Regelelemente, Änderungen bisheriger Rechtsgrundlagen und anderen Rechtsakte, die für den Dienstleistungshandel bedeutend sind, umgehend und mindestens einmal jährlich dem Rat für den Handel mit Dienstleistungen mitzuteilen.[258]

Darüber hinaus besteht eine Auskunftspflicht nach Art. III Abs. 4 GATS zwischen den WTO- Mitgliedstaaten. Jedes Mitglied ist verpflichtet, alle Anfragen von anderen Mitgliedern über alle allgemein geltenden Maßnahmen oder internationale Übereinkünfte i.S.v. Art. III Abs. 1 GATS zu beantworten. Zwar haben die einzelnen Länder im Verlauf der ersten zwei Jahre nach Inkrafttreten der WTO-Auskunftsstellen zugunsten der anderen WTO-Mitglieder (für Dienstleistungsbelange) zu errichten. Jedoch ist einzelnen Mitgliedern aus der Gruppe der Entwicklungsländer keine starre Frist zur Einrichtung ihrer Auskunftsstellen vorgegeben worden; es werden flexible Lösungen angestrebt. Mit der Einrichtung von Auskunftsstellen wurde über das GATT allerdings hinausgegangen. Generell gilt, dass die GATS-Mitglieder nicht nur Auskünfte über die eigene Rechtslage erteilen sollen, sondern auch darlegen können, ob und inwieweit der Dienstleistungshandel von dritter Seite beeinträchtigt wird.[259]

Bei der Rechtsfolge der Verpflichtung zur Transparenz geht es um die Frage, ob eine transparentere Rechtslage durch Art. III GATS tatsächlich entsteht, sofern die Geheimhaltung der „vertraulichen Informationen" nach Art. III ^{bis} GATS, die Vorteile von der eigentlichen Öffnung des Marktes des Mitglieds versprechen, gestattet ist.[260] Außerdem greift die Transparenz zur Verpflichtung weniger bei Industriestaaten, in denen die Transparenz von Praktiken und Normen gang und gäbe ist, sondern viel eher bei wirtschaftlich schwächeren Staaten, die ein entsprechendes Transparenzniveau aus finanziellen Gründen bisher nicht angestrebt haben.[261] In der mangelnden Transparenz außenwirtschaftlicher Regelungen kommt oft auch ein abweichendes Grundverständnis staatlichen Handelns zum Ausdruck.

5.5 Begünstigung der Entwicklungsländer

In der Präambel des Dienstleistungsübereinkommens ist eine Absichtserklärung über die vermehrte Beteiligung der Entwicklungsländer am grenzüberschreitenden Dienstleistungshandel enthalten. Ihr Dienstleistungspotenzial soll über die Ausweitung der Kapazität der Entwicklungsländer und über die Verbesserung ihrer Wettbewerbsfähigkeit verwirklicht werden. Das GATS stellt nicht nur dieses Ziel auf, sondern fokussiert damit zugleich die seiner Verwirklichung die-

258 Art. III Abs. 3 GATS.

259 Koehler, GATS, S. 111.

260 Koehler, GATS, S. 111-112.

261 Senti, WTO als System und Funktionsweise der Welthandelsordnung, S. 579.

nenden Übereinkommen innerhalb der WTO, die in unterschiedlicher Weise und unterschiedlichem Umfang den Interessen der Entwicklungsländer dienen sollen. Art. IV GATS regelt den vermehrten Einbezug und die zunehmende Beteiligung der Entwicklungsländer am weltweiten Dienstleistungshandel, was aber stets im Rahmen eingegangener spezifischer Verpflichtungen (Teile III und IV des GATS-Übereinkommen) bleiben muss.

5.5.1 Definition der Entwicklungsländer

Eine eindeutige Definition des Begriffs „Entwicklungsländer" wird weder im GATT noch im GATS gegeben. Entsprechend Art. XVIII Abs. 1 GATT gilt der Begriff „Entwicklungsländer" für jene Länder, „deren Wirtschaft nur einen niedrigen Lebensstandard zulässt und sich in den Anfangsstadien der Entwicklung befindet."[262]

Um für ein Land den Status als Entwicklungsland zu bejahen, müssen die Vertragsparteien selbst feststellen, ob die Wirtschaft eines GATT-Mitgliedes nur einen niedrigen Lebensstandard zulässt.[263] Hierbei ist zu berücksichtigen, dass ein Land sich nicht nur dann im Anfangsstadium der Entwicklung befindet, wenn die wirtschaftliche Entwicklung gerade erst begonnen hat, sondern auch dann, wenn es seine Wirtschaft industrialisiert, um eine übermäßige Abhängigkeit von der Grundstoffproduktion zu beseitigen.[264]

Einigkeit herrscht wohl darüber, dass die Mitgliedstaaten der OECD als Industriestaaten gelten.[265] Neben den OECD-Mitgliedstaaten sind auch jene Staaten zu den Industriestaaten zu rechnen, die in den letzten Jahren eine relativ starke Industrialisierung erfahren haben, die sogenannten New Industrialized Countries (NIC's).[266] Mithin lässt sich im Gegenschluss feststellen, dass zum potentiellen Kreis der Entwicklungsländer jene Länder zu zählen sind, die weder Mitglieder der OECD sind noch in den letzten Jahren eine relativ starke Industrialisierung erfahren haben.

Die VR China ist unter der Bedingung, dass sie den Status eines Entwicklungslandes enthält, am 11. November 2001 in die WTO als 143. Vollmitglied eingetreten. China ist nicht Mitglied der OECD. Obwohl China in den letzten zwei Jahrzehnten eine relativ starke Industrialisierung erfahren hat, ist die wirt-

---

262 So die deutschsprachige Übersetzung bei Benedek, 1998, S. 90; vgl. auch Senti, in: Sautter (Hrsg.), Konsequenzen neuerer handelspolitischer Entwicklungen für die Entwicklungsländer, S.19 f.; Senti, GATT als System der Welthandelsordnung, S. 321 f. Dieser Begriff erhält in Anlage I zum GATT-Text unter Nr. 1 und 2 eine weitere Erläuterung.

263 Anlage I zu Art. XVIII GATT Nr. 1.

264 Anlage I zu Art. XVIII GATT Nr. 2.

265 Koehler, GATS, S. 138; Senti, in: Sautter (Hrsg.), Konsequenzen neuerer handelspolitischer Entwicklungen für die Entwicklungsländer , S. 19 f.

266 Senti, in: Sautter (Hrsg.): Konsequenzen neuerer handelspolitischer Entwicklungen für die Entwicklungsländer, S. 19.

schaftliche Entwicklung innerhalb China sehr uneinheitlich. Während einzelne Branchen in einzelnen Regionen des Landes ein Niveau erreicht haben, das bereits jetzt zu einer weltweit dominierenden Stellung geführt hat (z.B. Spielwaren-, Bekleidungs- und Schuhhersteller in den östlichen Küstenprovinzen), haben sich andere Bereiche in anderen Regionen, insbesondere die Landwirtschaft in den Binnenprovinzen, noch kaum entwickelt. Darauf, dass der überwiegende Teil der chinesischen Bevölkerung im letzteren Bereich tätig ist, gründet China vor allem seine Forderung nach Gewährung des Status als Entwicklungsland.

Die ungenaue Definition des Begriffs „Entwicklungsländer" ist zu kritisieren. Dieser Begriff sollte mittels objektiver Kriterien bestimmt werden, um eine gewisse Transparenz zu schaffen, welche Länder zu dieser Gruppe gehören und welche nicht. Insofern besteht noch ein gewisser Nachbesserungsbedarf bei Art. IV GATS.

5.5.2 Berücksichtigung der Interessen der Entwicklungsländer

Die Verbesserung der Marktsituation der Entwicklungsländer soll über eine weitere Öffnung und Liberalisierung der Märkte der Industriestaaten erfolgen. Die Interessen der Entwicklungsländer, die sich zunehmend am weltweiten Dienstleistungshandel beteiligen, werden durch die Begrenzung des Anwendungsbereichs des Art. IV GATS berücksichtigt. Gemäß Art. IV Abs.1 lit. a) und b) GATS soll eine Stärkung der Kapazität und Leistungsfähigkeit sowie der Wettbewerbsfähigkeit der inländischen Dienstleistungen der Entwicklungsländer durch ausgehandelte spezifische Verpflichtungen der verschiedenen Mitglieder erfolgen. Außerdem soll dies unter anderem durch den Zugang zu Technologien auf kommerzieller Grundlage und einen verbesserten Zugang zu Vertriebswegen und Informationsnetzen erreicht werden. Ferner lässt Art. IV lit. c) GATS zu, den Marktzugang in Sektoren und Erbringungsformen zu liberalisieren, die für die Entwicklungsländer von besonderem Ausfuhrinteresse sind.

Die Berücksichtigung der Interessen der Entwicklungsländer wird in Art. IV Abs. 2 GATS näher konkretisiert. Danach sind sowohl die entwickelten als auch die anderen Mitgliedsländer verpflichtet, innerhalb von zwei Jahren nach Inkrafttreten des WTO-Übereinkommens Kontaktstellen für Dienstleistungsanbieter aus den Entwicklungsländern zu schaffen. Diese Kontaktstellen bieten Information über kommerzielle und technische Aspekte für die Erbringung von Dienstleistungen, die Registrierung, die Anerkennung und den Erwerb beruflicher Qualifikationen ebenso wie für die Verfügbarkeit von Dienstleistungen im jeweiligen Mitgliedsland. Die Entwicklungsländer sind besonders am Ausbau ihrer inländischen infrastrukturellen Rahmenbedingungen interessiert, daneben aber auch an technologischer Ausrüstung, an einem einfacheren und effektiveren Zugang zu den internationalen Vermarktungssystemen im Dienstleistungssektor sowie an der Ausweitung des Handels auf jene Sektoren, in denen sie international konkurrenzfähig sind.[267] Durch Art. IV GATS werden diese besonderen Interessen zwar berücksichtigt; die Industrieländer sind allerdings nicht dazu verpflichtet, den Entwicklungsländern solche Zugeständnisse zu machen, die sie anderen GATS- Mitgliedern nicht einräumen.

Schließlich regelt Art. IV Abs. 3 GATS eine Vorrangstellung für die am wenigsten entwickelten Mitgliedsländer. Die Mitgliedsländer, die am wenigsten entwickelt sind, werden bei der Durchführung der Art. IV Abs. 1 und 2 GATS als vorrangig behandelt. Wegen ihrer besonderen wirtschaftlichen Lage und ihrer Bedürfnisse im Entwicklungs-, Handels- und Finanzbereich sind die gravierenden Probleme der am wenigsten entwickelten Länder in Bezug auf die Annahmen ausgehandelter spezifischer Verpflichtungen besonders zu berücksichtigen.

5.5.3 Entwicklungshilfe

Durch die effektive Orientierung an den jeweiligen Interessen der Entwicklungsländer bei der Liberalisierung des Dienstleistungshandels führt das GATS zu einer erfolgreichen Entwicklungspolitik. Der Handel soll für die Entwicklungsländer vorrangig Wohlfahrtseffekte und nicht Hilfe bringen.[268] Dieser Ansatz mag zu kritisieren sein. Sicherlich kann Entwicklungspolitik aber auch nicht ausschließlich nur durch Handelsbeziehungen realisiert werden, weil dabei die Gefahr besteht, dass soziale Gesichtspunkte unberücksichtigt bleiben. Eine gute Entwicklungspolitik sollte deshalb auch Hilfe beinhalten. Hierfür bietet dann die WTO ein geeignetes Forum.

Mit dem steigenden Selbstwertgefühl der Entwicklungsländer wird die Entwicklungshilfe im Sinne der „Hilfe zur Selbsthilfe“ immer wichtiger. In diesem Zusammenhang ist auch die „Entwicklungshilfe“ des GATS positiv zu sehen. Den Interessen der Entwicklungsländer werden weder eine Entwicklungspolitik, die nur aus Handelsbeziehungen, noch eine Entwicklungspolitik, die nur aus Hilfen besteht, gerecht. Im Rahmen seiner Möglichkeiten kann also auch das GATS zur steigenden Wohlfahrt in den Entwicklungsländern beitragen.

5.6 Fortschreitende Liberalisierung

Das GATS ist die maßgebliche völkerrechtliche Rahmenregelung für den internationalen Dienstleistungsverkehr. Mit dem Abschluss des GATS im Jahr 1994 ist erst ein Einstieg in die Liberalisierung des Dienstleistungsverkehrs gelungen, dem weitere Schritte folgen sollen, die vom Rat für den Handel mit Dienstleis-

267 Mark/Helleiner, Trade in Services, S. 4 f.; Schott/Mazza, JWTL 1986, 259 f.

268 Dieser Ansatz könnte dazu führen, dass die starken Industriestaaten, welche die internationale Handelspolitik beherrschen, durch ihre Politik eine Unterwerfung der Entwicklungsländer herbeiführen. Dies kann nur, zumindest teilweise, durch eine aktive und geschlossene Teilnahme der Entwicklungsländer an der internationalen Handelspolitik verhindert werden.

tungen und den ihm zugeordneten Ausschüssen vorbereitet werden. Gemäß den Artt. XIX, XX und XXI GATS soll eine fortschreitende Liberalisierung des internationalen Dienstleistungshandels zwischen den Mitgliedstaaten erreicht werden.

5.6.1 Allgemein

Das GATS zielt auf eine fortschreitende Liberalisierung des Handels mit Dienstleistungen. Dies bringt besonders deutlich der 4. Erwägungsgrund in der Präambel des GATS zum Ausdruck: „in dem Wunsch, so bald wie möglich einen stetig zunehmenden Grad der Liberalisierung des Handels mit Dienstleistungen durch aufeinander folgende Runden multilateraler Verhandlungen zu erreichen mit dem Ziel, die Interessen aller Beteiligten auf der Grundlage des gemeinsamen Nutzens zu fördern und ein insgesamt ausgeglichenes Verhältnis von Rechten und Pflichten unter angemessener Berücksichtigung der nationalen politischen Zielsetzungen zu gewährleisten."

Einen fortschreitenden Liberalisierungsprozess sehen die Art. XX und XXI GATS durch die Weiterentwicklung der Listen mit den spezifischen Verpflichtungen vor. Dagegen trifft Art. XIX GATS Regelungen bezüglich weiterer Verhandlungsrunden, in denen durch weitere spezifische Verpflichtungen in Handelsrunden der Liberalisierungsprozess vorangetrieben werden soll. Zusätzlich zu denjenigen inhaltlichen Vorgaben für die Verhandlungen, die im GATS-Text selbst vorgegeben sind, hat gemäß Art. XIX Abs. 3 GATS der Rat für den Handel mit Dienstleistungen Richtlinien für jede Verhandlungsrunde auszuarbeiten.

5.6.1.1 Zeitpunkte weiterer Liberalisierungsverhandlungsrunden

In Sinne einer „built-in agenda" schreibt Art. XIX Abs. 1 Satz 1 GATS weitere Verhandlungsrunden vor, die spätestens fünf Jahre nach Inkrafttreten des WTO-Übereinkommens beginnen und danach regelmäßig stattfinden sollen, um schrittweise einen höheren Stand der Liberalisierung zu erreichen. Dadurch wird eine stetige Weiterentwicklung der Liberalisierung festgelegt, unabhängig von den Resultaten der Bestandsanalyse und der Bewertung der bisher erreichten Ergebnisse.[269] Diese konkretisierte Abfassung der Norm legt also die Zeitpunkte weiterer Liberalisierungsverhandlungsrunden fest. Danach musste die erste Liberalisierungsrunde spätestens am 1.1.2000 beginnen, denn das WTO-Übereinkommen ist am 1.1.1995 in Kraft getreten. Diese Pflicht wurde von den Mitgliedern erfüllt.

Außerdem weichen die Formulierungen in Art. XIX Abs. 1 Satz 1 GATS und Art. XXVIIIbis Abs. 1 Satz 2 GATT in dem Punkt eines konkreten Zeitrahmens voneinander ab.[270] Die Verhandlungen über den Abbau von Zöllen für den

---

269 Falke, Normung und Dienstleistungen, S. 80.

270 Vgl. den rechtlichen Originaltext des Übereinkommens bei WTO: Legal Text, p. 529; auch den deutschen Text in BGBl. 1951 II, S. 173 f.

Bereich des Warenhandels in Art. XXVIIIbis Abs. 1 Satz 2 GATT können „von Zeit zu Zeit" stattfinden, während Art. XIX Abs. 1 Satz 1 GATS einen konkreten Zeitpunkt für weitere Liberalisierungsrunden vorsieht.

5.6.1.2 Ziel des Aushandelns spezifischer Verpflichtungen

Das Ziel der Verhandlungen wird in Art. XIX Abs. 1 Satz 2 GATS dahingehend formuliert, die nachteiligen Auswirkungen von Maßnahmen auf den Handel mit Dienstleistungen zu vermindern oder zu beseitigen, um dadurch einen effektiveren Marktzugang zu erreichen. Dieser Prozess soll gemäß Art. XIX Abs. 1 Satz 3 GATS auf das weitere Ziel gerichtet sein, die Interessen aller Beteiligten auf der Grundlage des gemeinsamen Nutzens zu fördern und ein insgesamt ausgeglichenes Verhältnis von Rechten und Pflichten zu gewährleisten. Dadurch haben die Verhandlungen prinzipiell dem Grundsatz der Reziprozität zu folgen.

Auch schreibt Art. XIX Abs. 4 GATS vor, dass der Prozess der schrittweisen Liberalisierung in jeder Runde durch bilaterale[271], plurilaterale[272] oder multilaterale[273] Verhandlungen mit dem Ziel vorangebracht wird, den allgemeinen Umfang der spezifischen Verpflichtungen zu vergrößern. Dadurch entstehen zusätzliche Verhandlungsziele, die sich direkt aus dem GATS-Text ableiten lassen.

5.6.1.3 Regeln für das Aushandeln spezifischer Verpflichtungen

Die Mitglieder erhalten durch das GATS einen hohen Grad an Flexibilität bezüglich des konkreten Ausmaßes der Öffnung ihrer Dienstleistungsmärkte, welche historisch bedingt einem dichten Netzwerk nationaler Regelungen unterliegen. Außerdem können in den Sektoren, die grundsätzlich für den Weltmarkt geöffnet werden, Beschränkungen beibehalten werden, falls entsprechende Einschränkungen in die Listen aufgenommen wurden.

Wegen der flexiblen Struktur des GATS, der es den einzelnen Staaten ermöglicht, das konkrete Ausmaß der Liberalisierung in den zu liberalisierenden Sektoren und Erbringungsarten selbst zu bestimmen, spricht man auch von einem „bottom up"- oder „Positivlisten"- Ansatz.[274] In Artt. XIX, XX und XXI GATS werden einige grundlegende Prinzipien für die weiteren Liberalisierungsverhandlungsrundern festgelegt.

---

271 Verhandlungen zwischen zwei WTO-Mitgliedern.

272 Verhandlungen, an denen ein beschränkter Kreis von mehr als zwei WTO-Mitgliedern teilnehmen.

273 Verhandlungen, an denen alle WTO-Mitglieder teilnehmen.

274 Fritz, Die Bewertung der GATS-Verhandlungen im Rahmen der Wissensgesellschaft, S. 14; zum Vergleich des Top-Dow-Ansatzes (Negativliste) mit dem Bottom-Up-Ansatz (Positivliste) Feketekuty, pp. 97-99.

a) Berücksichtigung der nationalen Interessen der Mitglieder

Nach Art. XIX Abs. 2 Satz 1 GATS finden nicht nur allgemein, sondern auch in einzelnen Sektoren Liberalisierungsprozesse statt, unter angemessener Berücksichtigung der nationalen politischen Zielsetzungen und des Entwicklungsstandes der einzelnen Mitglieder. Die nationalen politischen Zielsetzungen, die berücksichtigt werden, sind nicht auf einen bestimmten Kanon von Allgemeininteressen eingeschränkt.[275] Denn die beteiligten Verhandlungspartner stellen die Ergebnisse durch Aushandeln im Konsens fest. So bietet auch der Ausdruck „angemessen" keine ausreichende Festlegung, die verhindert, dass nationale politische und wirtschaftliche Interessen ins Spiel gebracht werden. Allerdings können sich im Verlauf der Verhandlungen durch den gegenseitigen Interessenausgleich neue Zwänge ergeben. Außerdem handelt es sich in Art. XIX Abs. 2 Satz 1 GATS nicht nur um spezifische Verpflichtungen für einzelne Dienstleistungssektoren, sondern auch um horizontale Verpflichtungen, die für alle Sektoren gelten und somit den weiteren Liberalisierungsprozess und die Übersichtlichkeit des erarbeiteten Regelwerkes beeinflussen.

Art. XIX Abs. 2 Satz 2 GATS betont auf besondere Weise die Interessen der Entwicklungsländer. Jedes einzelne Entwicklungsland hat die Möglichkeit, flexibel in Bezug auf den Liberalisierungsprozess zu reagieren. Dazu wird ihnen die Möglichkeit eingeräumt, eine geringe Zahl von Sektoren zu öffnen, wenige Arten von Transaktionen zu liberalisieren, schrittweise und in Abhängigkeit von ihrem Entwicklungsstand den Marktzugang zu erweitern. Wenn sie ausländischen Dienstleistungserbringern den Zugang zu ihren Märkten gewähren, können sie dies von der Erfüllung von Bedingungen abhängig machen, die darauf ausgerichtet sind, die in Art. IV GATS genannten Ziele zu erreichen. So könnte man z.B. einen entsprechenden Dienstleistungsmarkt für ausländische Konkurrenz erst dann öffnen, wenn eine Verbesserung seiner Infrastruktur erreicht wurde.

Die Regel von Art. XIX Abs. 2 Satz 2 GATS ist eine Ausnahme von dem aus dem GATT[276] bekannten Prinzip der Reziprozität, die den Entwicklungsländern gewährt wird.[277] Bezüglich der Geschwindigkeit des Liberalisierungsprozesses wird den Entwicklungsländern eine größere Flexibilität zugestanden. Daraus könnte man im Gegenschluss die Folgerung ziehen, dass von den in

275 Falke, Normungen und Dienstleistungen, S. 81.

276 Allgemein zum Prinzip der Reziprozität siehe, Senti, GATT – System der Welthandelsordnung, S. 63 f.; Herdegen, Wirtschaftsrecht, § 7, Rn. 14.

277 Das GATS knüpft mit der Formulierung von Art. XIX Abs. 1 Satz 3 an das aus dem GATT bekannte Prinzip der Reziprozität an. Das Prinzip der Wechselseitigkeit bedeutet, dass die Zugeständnisse der Mitglieder untereinander ausgewogen sein sollen, ohne den einen oder anderen Partner zu bevor- oder zu benachteiligen, Martini, Die WTO und die rechtliche Entwicklung der Dienstleistungsfreiheit in den Mitgliedstaaten, S. 123.

wirtschaftlicher Hinsicht entwickelten Mitgliedern der WTO eine wesentlich stärkere Liberalisierung unter Beachtung des Prinzips der Reziprozität erwartet wird.

b) Festlegung der Verhandlungsrichtlinien und -verfahren

Gemäß Art. XIX Abs. 3 Satz 1 GATS sind für jede Liberalisierungsrunde Verhandlungsrichtlinien und –Verfahren festzulegen. Um solche Richtlinien zu erarbeiten, wird vom Rat für den Handel mit Dienstleistungen eine Bewertung des Handels mit Dienstleistungen allgemein und nach Sektoren im Hinblick auf die Ziele des GATS einschließlich der in Art. IV Abs. 1 GATS genannten Ziele vorgenommen.[278] Die Verhandlungsrichtlinien sollen nach Art. XIX Abs. 3 Satz 3 GATS auch festlegen, wie die von den Mitgliedern seit den vorhergehenden Verhandlungen autonom getroffenen Liberalisierungsmaßnahmen behandelt werden und welche besondere Behandlung die am wenigsten entwickelten Mitgliedsländer gemäß Art. IV Abs. 3 GATS[279] erfahren sollen.[280]

Die Verhandlungsrichtlinien und -verfahren wurden im März 2001 für die Anfang 2005 vom Rat für den Handel mit Dienstleistungen abzuschließende Liberalisierungsrunde verabschiedet.[281] Daneben sind gleichzeitig die Formalien für die spezifischen Verpflichtungsangebote[282] zu regeln. Zu beachten ist außerdem das im 4. Erwägungsgrund der Präambel des GATS verankerte Recht der WTO-Mitglieder, die Erbringung von Dienstleistungen in ihrem Hoheitsgebiet zu regeln und neue Vorschriften hierfür einzuführen, um ihre nationalen po-

278 Art. XIX Abs. 3 Satz 2 GATS.

279 Gemäß Art. IV Abs. 3 GATS sind die schwerwiegenden Probleme der am wenigsten entwickelten Länder in Bezug auf die Annahme ausgehandelter spezifischer Verpflichtungen angesichts ihrer besonderen wirtschaftlichen Lage und ihre Bedürfnisse im Entwicklungs-, Handels-, und Finanzbereich besonders zu berücksichtigen. Zu den Anforderung des GATS bezüglich einer zunehmenden Beteiligung der Entwicklungsländer , vgl. Koehler, GATS, S. 138-142; Senti, WTO als System und Funktionsweise der Welthandelsordnung, S. 580.

280 Die Länder, die von den Vereinten Nationen als die am wenigsten entwickelten Länder anerkannt sind, müssen gemäß Art. XI Abs. 2 des WTO-Übereinkommens Verpflichtungen und Zugeständnisse nur soweit übernehmen, wie diese mit ihren jeweiligen Entwicklungs-, Finanz- und Handelserfordernissen oder ihrer administrativen und institutionellen Leistungsfähigkeit verträglich sind.

281 Guidelines and Procedures for the Negotiations on Trade in Services, adopted by the Special Session of the Council for Trade in Services on 28 March 2001, S/L/93, 29 March 2001. Vgl. auch die Presseerklärung v. 2.4.2001, zugänglich unter http://www.wto.org/english/news_e/pres01_e/pr217_e.htm.

282 Guidelines for Scheduling of Specific Commitments under the General Agreement on Trade in Services, adopted by the Council for Trade in Services on 23 March 2001, S/L/92, 28 March 2001.

litischen Ziele zu erreichen.[283] Einen Ausschluss von irgendwelchen Dienstleistungssektoren oder Erbringungsarten soll es vor den Verhandlungen nicht geben.[284] Grundlage der Verhandlungen soll der letzte Stand der spezifischen Verpflichtungen sein.[285]

c) Festlegung der spezifischen Verpflichtungen in einer Liste

Gemäß Art. XX Abs. 1 GATS werden die spezifischen Verpflichtungen, die nach Teil III zu übernehmen sind, von jedem Mitglied in einer Liste festgelegt. Jede Liste enthält für die Sektoren, für die derartige Verpflichtungen übernommen werden, folgende Angaben: Bestimmungen, Beschränkungen und Bedingungen für den Marktzugang; Bedingungen und Qualifikationen für die Inländerbehandlung; Zusagen hinsichtlich zusätzlicher Verpflichtungen; gegebenenfalls den Zeitrahmen für die Durchführung derartiger Verpflichtungen und den Zeitpunkt des Inkrafttretens derartiger Verpflichtungen.[286]

Gemäß Art. XX Abs. 3 GATS werden die Listen spezifischer Verpflichtungen dem GATS nach Abschluss der Verhandlungen beigefügt und bilden einen wesentlichen Bestandteil dieses Übereinkommens.

Die Mitglieder können selbständig festlegen, in welchen Sektoren sie überhaupt spezifische Verpflichtungen übernehmen wollen. Darüber hinaus können sie mögliche Beschränkungen des Marktzugangs oder der Inländerbehandlung in ihrer Liste eintragen, die sowohl die horizontalen Verpflichtungen, die sich auf alle Sektoren erstrecken, als auch die sektorspezifischen Verpflichtungen betreffen können. Die Eintragungen sind nach den vier Erbringungsarten unterteilt. Maximal 1.240 Eintragungen pro Mitglied können vorgenommen werden bei 155 Dienstleistungssektoren, vier Erbringungsarten und der Möglichkeit, Beschränkungen des Marktzugangs und der Inländerbehandlung einzutragen, und dazu besteht auch die Möglichkeit, Zusagen bezüglich einzelner Verpflichtungen einzutragen.[287] Falls ein Mitglied in einem Sektor, für den es spezifische Verpflichtungen übernimmt, Marktbeschränkungen, wie sie in Art. XVI Abs. 2 GATS angeführt sind, aufrecht erhalten will, muss dies in der Liste auch dann aufgeführt werden, wenn dies sowohl für inländische als auch für ausländische Anbieter gilt.[288]

---

283 Guidelines and Procedures for the Negotiations on Trade in Services, adopted by the Special Session of the Council for Trade in Services on 28 March 2001, S/L/93, 29 March 2001, Rz. 1.

284 Ebenda, Rz. 5.

285 Ebenda, Rz. 10.

286 Art. XX Abs. 2. GATS.

287 Falke, Normung und Dienstleistungen, S. 87.

288 Guidelines and Procedures for the Negotiations on Trade in Services, adopted by the Special Session of the Council for Trade in Services on 28 March 2001, S/L/93, 29 March 2001, No. 8.

Wenn eine wirtschaftliche Bedürfnisprüfung durchgeführt werden soll, sind die dabei verwendeten Kriterien aufzuführen.[289] In die Listen sind nur die Maßnahmen aufzunehmen, die im Ergebnis zur Diskriminierung der ausländischen Anbieter führen.[290] Zusätzliche spezifische Verpflichtungen müssen Mitglieder in ihre Listen nach Art. XVIII Satz 2 GATS aufnehmen, wenn sie solche in Art. XVIII GATS genannten spezifischen Verpflichtungen eingehen, damit sie für alle anderen Mitglieder erkennbar sind und alle Dienstleistungserbringer davon profitieren können.[291] Bis jetzt ist von der Möglichkeit zusätzlicher Verpflichtungen nur im Bereich der Basis-Telekommunikationsdienste und für Finanzdienstleistungen Gebrauch gemacht worden.[292]

d) Änderung der Listen mit spezifischen Verpflichtungen

Zur Änderung der Listen mit spezifischen Verpflichtungen sind die sehr strengen Voraussetzungen des Art. XXI GATS zu beachten. Ein Mitglied kann nach dem Verfahren dieses Artikels seine Liste ändern und damit seine in der Liste aufgeführten Verpflichtungen. Außerdem werden Verfahren zur Berichtigung oder Änderung der Listen von dem Rat für den Handel mit Dienstleistungen festgelegt.

5.6.2 Forderungen und Angebote im Bereich der Versicherungen

Auch nach dem Finanzabkommen 1997 gab es noch verschiedene Handelsbarrieren. Deshalb versuchte die EG in den laufenden GATS-Verhandlungen, wichtige Einschränkungen bei der Unternehmensgründung im Finanzdienstleistungsbereich zu beseitigen, um bestimmte grenzüberschreitende Aktivitäten wie Rückversicherung und die Beschaffung von Finanzinformationen zu liberalisieren, sowie auch Rahmenbedingungen anzuregen, die die Marktzugangsverpflichtungen festigen.

Die Verhandlungen über die fortschreitende Liberalisierung des internationalen Dienstleistungshandels dauern an, obwohl z.B. die Regeln für die Ergreifung von Notmaßnahmen spätestens drei Jahre nach Inkrafttreten des WTO-Übereinkommens hätten wirksam werden sollen.[293] Nunmehr beabsichtigen die

---

289 Ebenda.

290 Guidelines and Procedures for the Negotiations on Trade in Services, adopted by the Special Session of the Council for Trade in Services on 28 March 2001, S/L/93, 29 March 2001, Attachment 1 No. 1.

291 Köhler, GATS, S. 131; Martini, Die WTO und die rechtliche Entwicklung der Dienstleistungsfreiheit in den Mitgliedstaaten, S. 119; Pitschas, Allgemeines Übereinkommen über den Handel mit Dienstleistungen, S. 535 f.

292 European Commission, Welthandelsorganisation: Entwicklungsagenda von Doha, – WTO-Verhandlungen über den Dienstleistungsverkehr, S. 57-69, 100-103.

293 Pitschas, GATS-Liberalisierung des internationalen Dienstleistungshandels, RIW, 2003, 683.

WTO-Mitglieder, diese Verhandlungen noch vor den Verhandlungen über neue spezifische Verpflichtungen abzuschließen.[294]

Über neue spezifische Verpflichtungen der WTO-Mitglieder begannen die Verhandlungen im Einklang mit der „built-in-agenda" im Jahr 2000. Mit der Ministererklärung wurde die vierte WTO-Ministerkonferenz in Doha am 14.11.2001 beendet.[295] Die Erklärung verpflichtete die WTO-Mitglieder dazu, bis zum 30.6.2002 an die anderen WTO-Mitglieder erste Forderungen nach spezifischen Verpflichtungen zu stellen und bis zum 31.3.2003 erste Angebote für eigene spezifische Verpflichtungen abzugeben.[296]

Am 1.8.2004 setzte der Allgemeine Rat mit dem Beschluss über das Arbeitsprogramm der Doha Development Agenda neue Impulse für die Dienstleistungsverhandlungen und setzte einen Prozess in Gang, um die abgegebenen Angebote zu verbessern.[297] Darin wurde die Abgabe der revidierten Angebote bis Mai 2005 gefordert. Außerdem wurden Mitglieder, die noch kein Angebot abgegeben hatten, aufgefordert, dieses sobald wie möglich zu tun.

Auf der Ministerkonferenz in Hongkong vom 13. bis 18 Dezember 2005 wurden die spezifischen Verhandlungen mit dem Ziel, den Rahmen der Verpflichtungen in Bezug auf Branchen und Modalitäten zu erweitern und ihre Qualität zu verbessern, fortgesetzt.[298] Wegen der aufgetretenen Schwierigkeiten wurden die Verhandlungen auf das Jahr 2006 verschoben. Bis zum März 2006 wurden 20 Forderungskataloge der WTO-Mitglieder eingereicht. Diese bezogen sich hauptsächlich auf die Bereiche, Finanzen, Telekommunikation, Energie und Bau, die besonders die Industrieländer interessierte. Über diese Forderungen liefen die plurilaterale Verhandlungen bis zum März 2006.

Nach den Verhandlungen über die ersten Forderungen haben 69 WTO-Mitglieder erste Angebote bis zum 31.3.2003 eingereicht, und bis zum

294 Siehe Guidelines and Procedures for the Negotiations on Trade in Services, S/L/93 vom 29.3.2001, Abschnitt II.

295 Doha WTO Ministerial 2001: Ministerial declaration, WT/MIN(01)/DEC/1, 20 November 2001, http://www.wto.org/english/thewto_e/minist_e/min01_e/mindecl_e.htm#ldcs.

296 Die Erklärung bezieht noch die Liberalisierungsverhandlungen in die gesamte Doha-Verhandlungsrunde ein mit der Folge, dass erstere nicht losgelöst von den Verhandlungen in anderen Bereichen geführt werden können und wie diese bis zum 1.1.2005 abgeschlossen sollen. Siehe Rdnr. 45 ff. der Ministererklärung, WT/MIN(01)/DEC/1, 20 November 2001.

297 Summary of the EC's Requests to the Countries in the Service Negotiations under the DDA, S. 2, Brussels, 24 January 2005. http://europa.eu.int/comm/trade/services/pr290403_en.htm.

298 GATS-Verhandlungen. Aktueller Stand, Notiz an die GUE/NGL-Fraktion, 8.3.2006, http://schweiz.attac.org.

19.5.2005 folgten 30 revidierte Angebote[299] sowie 20 Forderungen der WTO-Mitglieder bis zum März 2006. Darunter waren auch die Angebote der EU und von China.

Eine weitere geplante neue Verhandlung im Juli 2006 wurde ohne neuen Termin vertagt, obwohl einige Mitglieder neue Forderungen einzureichen versuchten. Wegen der unterschiedlichen Auffassungen der Industrieländer über Agrarexportsubventionen scheiterten die geplanten endgültigen Verhandlungen Ende 2006.[300]

Vom 30. November bis zum 2. Dezember 2009 war die Siebte Ministerkonferenz in Genf geplant.[301] Die Sitzung stand unter dem Motto "Die WTO, das multilaterale Handelssystem und das gegenwärtige weltweite Wirtschaftsumfeld" und befasste sich damit nicht direkt mit weiteren Handelserleichterungen. Man hatte sich von vorneherein keine großen Ziele gesetzt. Es ging hauptsächlich darum, im Umfeld der globalen Krisen und im Vorfeld der Weltklimakonferenz von Kopenhagen, die Bedeutung der Organisation hervorzuheben. Als Fazit kann man sagen, dass die Siebte Ministerkonferenz ohne Ambition gescheitert ist. Damit ist nach Seattle 1999 und Cancún 2003 eine weitere WTO-Ministerkonferenz gescheitert.[302]

5.6.2.1 Forderung und Angebot der EG

Nach den Verhandlungen über Finanzdienstleistungen Ende 1997 übernahm die EG umfassende Verpflichtungen im Versicherungssektor.[303] Bei den Verpflichtungen im Modus 3 der gewerblichen Niederlassung betrafen die Beschränkungen vor allem die direkten Zweigniederlassungen von Drittstaaten-VU. Die Tochtergesellschaften von Drittstaaten-VU genießen in vollem Umfang die Vorteile des Europäischen Binnenmarktens. Bei grenzüberschreitenden Dienstleistungserbringungen (Modus 1) wurden folgende Verpflichtungen bezüglich

---

299 Australien, Bahrain, Brasilien, Kanada, Chile, China, Chinese Taipei, Kolumbien, Ägypten, EG and ihre Mitgliedstaaten, Honduras, Hong Kong, China, Island, Indien, Japan, Korea, Liechtenstein, Macao China, Malaysia, Mexiko, Neuseeland, Norwegen, Peru, Singapur, Surinam, Schweiz, Thailand, Türkei, Vereinigte Staaten, Uruguay, http://www.wto.org/english/tratop_e/serv_e/s_negs_e.htm.

300 Zhang Xiangcheng, Dienstleistungshandel der WTO und China des 21 Jahrhunderts, Direktor der Abteilung der WTO vom Handelsministerium Chinas, 6.9.2007, http://tradeinservices.mofcom.gov.cn/index.shtml?method=view&id=5812

301 WTO: 2009 NEWS ITEMS, 26.5.2009, GENERAL COUNCIL, WTO to hold 7th Ministerial Conference on 30 November-2 December 2009. http://www.wto.org/english/news_e/news09_e/gc_chair_stat_26may09_e.htm.

302 Michael Frein, Peter Fuchs und Tobias Reichert, 7. WTO-Ministerkonferenz - ohne Ambitionen gescheitert, http://www.schattenblick.de/infopool/politik/wirtsch/pwkon160.html.

303 European communities and their Member States, Schedule of specific commitments, Supplement 4, GATS/SC/31/Suppl. 1 Rev. 1.

von unmittelbar aus Drittländern erbrachten Dienstleistungen festgelegt: Rückversicherung, Seeverkehrs- und Luftfahrtversicherung (mit einigen Beschränkung in Österreich, Dänemark, Finnland, Deutschland, Italien und Portugal), versicherungsbezogene Hilfsdienstleitungen. Bei der vorübergehenden Einreise natürlicher Personen (Modus 4) bestehen die gleichen Verpflichtungen wie in allen anderen Sektoren, wobei in einigen Fällen, z.B. für Manager oder Vorstandsmitglieder eines Unternehmens, ein Wohnsitz- oder Staatsangehörigkeitserfordernis gilt.

Nach der vierten WTO-Ministerkonferenz stellte die EG Anfang Juli 2002 bei 109 WTO-Mitgliedern ihre ersten Forderungen auf verbesserten Marktzugang im Dienstleistungssektor.[304] Dieser Katalog enthielt auch Forderungen bezüglich Finanzdienstleistungen bzw. den Versicherungssektor. Die EG war bestrebt, ihre Forderungen an den Entwicklungsstand der jeweiligen Entwicklungsländer anzupassen; so enthielten ihre Forderungen an diese Länder zum einen eine geringere Anzahl an Sektoren als bei den Industrieländern, und zum anderen waren nicht alle Modalitäten der Dienstleistungserbringung einbezogen.

Am 10.6.2003 hat die EG ihr erstes Angebot für neue spezifische Verpflichtungen bei der WTO eingereicht. Sie hat nachdrücklich betont, ihr Angebot enthalte die Rücknahme von Ausnahmen vom Meistbegünstigungsgrundsatz und neue spezifische Verpflichtungen im horizontalen und sektoralen Abschnitt der konsolidierten Liste.[305] Jedoch behält sich die EG ausdrücklich vor, ihr Angebot jederzeit zu modifizieren. In Bezug auf die Ausnahmen vom Meistbegünstigungsgrundsatz bot die EG nur wenige Konzessionen an. Außerdem offerierte sie im horizontalen Abschnitt der Liste vor allem neue spezifische Verpflichtungen für Modus 4 der Dienstleistungserbringung.[306] Im Bereich der Finanzdienstleistungen vervollständigte das überarbeitete Angebot den schon vorhandenen Marktzugang zum EG-Markt für ausländische Finanzinstitute. Im Ergebnis können diese Institute ihre Geschäfte ohne jegliche Diskriminierung in allen Sektoren aufbauen und betreiben, natürlich unter Berücksichtigung allgemeiner vernünftiger Auflagen. So besteht z.B. die Möglichkeit, alle Bank- und Versicherungsdienstleistungen ausländischer Finanzinstitute durch Zweigstellen oder Tochtergesellschaften anzubieten. Darüber hinaus können wirklich internationale Dienste wie die Rückversicherung direkt aus dem Mutterland angeboten

---

304 Vorwort des für Handel zuständigen Mitglieds der EG-Kommission Pascal Lamy, in: Anträge der WTO-Mitglieder an die EG und ihre Mitgliedstaaten auf verbesserten Marktzugang für Dienstleistungen, Konsultationspapier, http://europa.eu.int/comm/trade/services/index.en.htm.

305 WTO-Dok. S/DCS/W/EEC vom 22.4.2003 (unter Einbeziehung der drei EG-Mitgliedstaaten Finnland, Österreich und Schweden, die zum Zeitpunkt der Erstellung der ursprünglichen EG-Liste noch nicht Mitgliedstaaten der EG waren).

306 Siehe zu dem Angebot der EG in allen Sektoren den summarischen Überblick der Kommission unter http://europa.eu.int/comm/trade/services/pr290403_en.htm.

werden. Außerdem ist in technischer Hinsicht geplant, eine Reihe von Beschränkungen abzuschaffen die z. B. die Rechtsform der Errichtung oder den Geschäftsumfang betreffen.[307]

Am 20.4.2005 hat die EG ihren Vorschlag für das überarbeitete Angebot für die Doha-Verhandlungen im Dienstleistungssektor vorgelegt.[308] Dieses überarbeitete Angebot fußt auf dem 2003 vorgelegten umfangreichen ersten Angebot der EG. Die im Jahr 2003 für 15 EU-Mitgliedstaaten[309] eingegangenen Verpflichtungen wurden auf 25 Mitgliedstaaten[310] ausgedehnt. In einigen Bereichen wurden die Marktzugangsmöglichkeiten noch verbessert. Dieses Angebot galt aber nur unter dem Vorbehalt, dass andere WTO-Mitglieder ebenfalls substantielle Angebote vorlegen. Am 2.6.2005 hat die EG dann das überarbeitete Angebot für der Doha-Verhandlungen im Dienstleistungssektor vorgelegt,[311] welches grob darlegt, wie die EG auf die erweiterte Öffnung des Dienstleistungsmarktes vorbereitet ist. Obwohl das EU-Angebot sehr umfangreich war und auch den Wunsch der Entwicklungsländer nach freiem Marktzugang berücksichtigte, schützte es eigene öffentliche Dienstleistungen wie Ausbildung, Gesundheit und audiovisuelle Dienstleistungen. Für Finanzdienstleistungen eröffnete das Angebot zusätzlich eine weitere Ausdehnung des Marktzugangs für eine Vielzahl von Finanzdienstleistungen bzw. Versicherungsdienstleistungen für die gesamte EG (einschließlich der neuen Mitgliedstaaten). Ansonsten entsprach es im Bereich Finanzdienstleistungen dem Angebot von 2003.[312]

Während der multinationalen Verhandlungen über Dienstleistungen am 28.2.2006 übergab die EG gemeinsame Forderungen für den Finanzsektor.[313] Diese Forderungen sollten helfen, EG-Finanzdienstleistungsfirmen die Mög-

---

307 Summary of the Commission's Proposal for the EC's Services Offer, http://europa.eu.int/comm/trade/services/pr290403_en.htm.

308 Doha-Entwicklungsrunde: Die Europäische Kommission stellt ihr überarbeitetes Angebot für den Dienstleistungssektor vor – Brüssel, den 20. April 2005, http://europa.eu.int/comm/trade/services/pr290403_en.htm.

309 Nämlich Australien, Belgien, Italien, Germany, Irland, Dänemark, Luxemburg, Spanien, Niederlande, Frankreich, Finnland ,Portugal, Griechenland, Schweden und Vereinigtes Königreich.

310 Nämlich Österreich, Belgien, Italien, Deutschland, Irland, Dänemark, Luxemburg, Spanien, Niederlande, Frankreich, Finnland, Portugal, Griechenland, Schweden, Großbritannien, Tschechien, Ungarn, Slowakei, Zypern, Estland, Litauen, Lettland, Malta, Polen und Slowenien. Aber Zypern, Estland, Litauen, Lettland, Malta, Polen, Slowenien übernahmen keine Verpflichtungen im Finanzdienstleistungssektor.

311 The Doha Development Agenda, Summary of the EU's revised offer in the Doha negotiations, Brussels, 2 June 2005, www.//ec.europa.eu/trade/issues/newround/doha_da/memo020605_en.htm.

312 Vgl. des Angebot von 2003 "Summary of the Commission's Proposal for the EC's Services Offer" und des Angebot von 2005 "The Doha Development Agenda, Summary of the EC's revised offer in the Doha negotiations".

313 http://www.esf.be/003/009.htm.

lichkeit zu schaffen, Unternehmen im Ausland zu errichten oder in speziellen Fällen Dienstleistungen direkt in anderen Ländern von der EG aus zu erbringen. Sie sollten außerdem dazu beitragen, die Diskriminierung von ausländischen Unternehmen und andere Handelshemmnisse zu beseitigen sowie eine einheitliche Klassifizierung der Finanzdienstleistungen zu schaffen. Diese gemeinsamen Forderungen stellten nicht das Recht eines jeden Landes in Frage, die Stabilität und Integrität seines Finanzsystems in Übereinstimmung mit den jeweiligen GATS-Maßnahmen zu schützen.

5.6.2.2 Angebot von China

Am 10.11.2001 ist auf der 4. WTO-Ministerkonferenz in Doha der Beschluss über die offizielle Aufnahme Chinas in die WTO einstimmig angenommen worden, und gem. Teil 3 Nr. 2 des der Entscheidung beigefügten Beitrittsprotokolls[314] ist China seit dem 11.12.2001 offizielles WTO-Mitglied. Mit dem Beitritt verpflichtete sich China, die sich aus dem GATS ergebenden allgemeinen und spezifischen Verpflichtungen im Versicherungsbereich einzuhalten.[315]

Entsprechend dem § 15 der Doha Ministererklärung vom 14.11.2001[316] legte China am 5.9.2003 dem Rat mit Handelsdienstleistungen sein erstes Angebot vor,[317] dem am 22.7.2005 ein revidiertes Angebot folgte.[318]

Diese beiden Angebote wurden abgegeben unter dem Vorbehalt eines positiven Ausgangs der Verhandlungen, einschließlich der Entwicklung der neuen geplanten Disziplinen des GATS, sowie der Bereitschaft der Verhandlungspartner, Angebote zu unterbreiten, die auch China zufriedenstellen können. Für den Versicherungssektor enthielten die Angebote keine wesentlichen Änderungen gegenüber dem 2001 vorgelegten Angebot Chinas, wobei eigentlich nur die schon umgesetzten Beitrittsverpflichtungen Chinas zur WTO für die Übergangszeit (von 2001 bis 2006) berücksichtigt wurden. Danach hat China im Versicherungssektor das Angebot dann noch verbessert, was die Beschränkungen für ausländische Versicherungsunternehmen in Bezug auf Geschäftsumfang, Geschäftsort, Kunden und Geschäftslizenz sowie den ausländischen Anteil an Joint Ventures betraf.[319] Jedoch beschränkte das Angebot immer noch den Marktzugang für ausländische Versicherungsmakler. Der Bereich der Rechtsschutzversicherung war für ausländische Versicherungsunternehmen noch geschlossen. Ausländische Lebensversicherungsgeschäfte konnten nur über Joint Ventures mit maximal 50% Auslandskapital betrieben werden. Zusätzlich war der Geschäftsumfang für ausländische Versicherungsunternehmen begrenzt.

---

314 WTO-Dokument WT/L/432.

315 Detaillierte Verpflichtungen siehe Teil IV, 4.1 und 4.2.

316 WT/MIN(01)/DEC/1.

317 TN/S/O/CHN, (03-4880), 15. 9.2003.

318 WTO- Dok. TN/S/O/CHN/Rev.1.7.2005.

319 Siehe „Revised Offer“ Chinas, TN/S/CHN/Rev.,1.7.2005.

Für das ESF entsprach das revidierte Angebot dem ursprünglichen in diesem Sektor.[320] Das ESF wollte jedoch eine weitere Öffnung des chinesischen Versicherungsmarktes, ähnlich wie die Forderung der EG an China im Versicherungsbereich,[321] im Modus 1 und 2 alle Verpflichtungen zu übernehmen, im Modus 3 zur Gründung auch Versicherungssyndikate (associations of underwriters) zuzulassen, die gesetzlichen Versicherungen für ausländische Gesellschaften zu öffnen, für Lebensversicherungen die Einrichtung vom Niederlassungen rein ausländisch finanzierte Versicherungsunternehmen zu erlauben sowie alle Bereiche für Maklergeschäfte ausländischer Versicherungsunternehmen freizugeben.

6. Konsequenzen für den Versicherungssektor

Das am 1.1.1995 in Kraft getretene GATS schließt auch Finanzdienstleistungen und damit Versicherungen ein.[322] Anforderungen an die Aktivitäten der Mitglieder der WTO auf dem Gebiet des Versicherungsdienstleistungshandels sind in einem speziellen *Annex on Financial Services* erfasst[323] und haben den Zweck, die Rahmenvorschriften des GATS auf Finanzdienstleistungen durch partielle Modifizierungen zu übertragen.[324] Ziff. 1 lit. a) legt den Anwendungsbereich der Anlage anhand des Begriffes der „Finanzdienstleistungen" fest, welcher auf dem allgemeinen Dienstleistungsbegriff im Rahmenabkommen (Art. I Abs. 1 GATS) basiert. In Ziff. 5 lit. a) wird der Begriff der Finanzdienstleistung ausführlich mitunter bis an die Grenze zur Tautologie definiert. Die versicherungsrelevanten Dienstleistungen werden dann in einer nicht ganz vollständigen Liste aufgeführt. Hierher gehören alle Erstversicherungen (Lebens- und Nicht-Lebensversicherungen)[325], die Rückversicherung[326], die Versicherungsvermittlung (ob als Makler oder als Agent)[327] sowie versicherungsbezogene Dienste (Versicherungsberatung, versicherungsmathematische Tätigkeiten, Risikoanalyse, Schadensabwicklung).[328]

---

320 GATS 2000 Request from the EC and its Member States to the People's Republic of China, http://www.esf.be/pdfs/countries/China%202003.pdf.

321 Ebenda.

322 Vgl. Werner, Das WTO-Finanzdienstleistungsabkommen, S. 1; Heiss/Schnyder, in Kronke/Melis/Schnyder (Hrsg.), Handbuch Internationales Wirtschaftsrecht von, S. 142.

323 Vgl. Barth/Huppenbauer, Die Liberalisierung der Versicherungsmärkte in der Welthandelsorganisation, VW 1995, 1550 (1552, 1628).

324 Weber, Transparenzgebot und Verbraucherinformation, VersR 2003, 148-153.

325 Ziff. 5 lit. a) i des Annex spricht von „direct insurance".

326 Ziff. 5 lit. a) ii des Annex spricht von („reinsurance and retrocession).

327 Ziff. 5 lit. a) iii des Annex.

328 Ziff. 5 lit. a) iv des Annex.

Der Geltungsbereich wird durch Ziff. 1 lit. b) des Annex eingeschränkt, der Art. I Abs. 3 lit. b) GATS (hoheitliche Dienstleistungserbringung)[329] für den Bereich der Finanzdienstleistungen genauer definiert. Demzufolge ist das Abkommen insbesondere nicht auf soziale Sicherungs- und öffentliche Pensionssysteme anzuwenden.[330] Derartige Dienstleistungen können auch durch Finanzdienstleiter angeboten werden (Stichwort: substitutive Versicherungen).[331]

Bei der Anwendung der Rahmenregelungen des GATS auf Finanzdienstleistungen bzw. auf den Versicherungssektor sind die wichtigen Rahmenregelungen des GATS auf Versicherungsdienstleistungen zu übertragen.

6.1 Meistbegünstigungsklausel

Die Meistbegünstigungsklausel wird zu Recht als das eigentliche Fundament der WTO und als die wichtigste Grundregel des Dienstleistungshandels bezeichnet. Die Meistbegünstigungsklausel ist sowohl ein allgemeines Prinzip des Völkerrechts als auch ein Instrument des internationalen Dienstleistungshandels. Als Prinzip des Völkerrechts legt sie Hoheitsgleichheit der verschiedenen Länder bei den Handelsmaßnahmen fest. Als Instrument des internationalen Dienstleistungshandels stellt sie eine Beratungsgrundlage für konkurrierendes internationales Dienstleistungshandeln zur Verfügung.

6.1.1 Unbedingte Meistbegünstigung

Gemäß Art. II und anderer Artikel[332] des GATS erstreckt sich der Anwendungsbereich der Meistbegünstigungsklausel wegen des engen Zusammenhangs mit Versicherungsdienstleistungen auch auf die versicherungsbezogenen Dienstleistungen. Diese umfassen Aktivitäten von Versicherungsvertretern, Versicherungsmaklern, Versicherungssachverständigen und Versicherungsaktuaren sowie Computerdienste, Fernübertragungsdienste, Finanzwesen, Versicherungsbewertung, Versicherungsrecht, Versicherungsbuchhaltung u.a.[333] Die Meistbegünstigungsklausel ist automatisch auf alle solche Versicherungssektoren anwendbar. Die Meistbegünstigung ist nicht nur auf die versicherungsbezogenen Dienstleistungen selbst, sondern auch auf die versicherungsbezogenen Dienstleistungserbringer anwendbar, m.a.W., auf Versicherungsvertreter, Versicherungsmakler, Versicherungssachverständige, Finanzexperten, Computerexperten, Risikoanalysten, Rechtsanwälte für Versicherung, Versicherungsbuchhalter, Versicherungsgutachter und andere Experten der Versicherung.

---

329 Ziff. I Abs. 3 lit. b) GATS spricht von Dienstleistungen, welche in Ausübung von „govermental authority“ erbracht werden.

330 S. den für den Versicherungssektor besonders wichtigen Ziff. 1 lit. b) ii des Annex.

331 Ziff. 1 lit. c) des Annex.

332 Artt. VII Abs. 3, VIII Abs. 1, X Abs. 1, XII Satz 2 lit. a), XIV, XVI Abs. 1, und XXI Abs. 2.

333 Ziff. 5 lit. a) iv des Annex.

Die Meistbegünstigung ist eine allgemeine Verpflichtung der Mitglieder der WTO. Sie hat jedoch auch Grenzen entsprechend den allgemeinen Ausnahmen in Art. XIV GATS wie z.B. bei Gefährdung der öffentlichen Ordnung oder Moral. Die auf diesen Ausnahmen begründeten Maßnahmen des Versicherungsdienstleistungshandels eines Mitgliedes dürfen aber nicht zu einer willkürlichen oder ungerechtfertigten Diskriminierung von Mitgliedstaaten, in denen „gleiche Bedingungen“ herrschen, führen.[334] Gleiches gilt auch für Maßnahmen die sich auf den Schutz der Zahlungsbilanz gemäß Art. XII GATS gründen.[335]

Hinsichtlich der Monopoldienstleistungen auf dem Markt der Versicherungs- und versicherungsbezogenen Dienstleistungen ist jedes Mitglied der WTO nach der Meistbegünstigungsklausel verpflichtet, zu gewährleisten, dass ein Dienstleistungserbringer mit Monopolstellung (soweit vorhanden) im Hoheitsgebiet des Mitglieds entsprechend der Gleichheit der Rechte und Pflichten die Versicherungs- und versicherungsbezogenen Dienstleistungen anbietet. Er darf auch nicht in einer Weise handeln, die mit den Pflichten des Mitglieds nach Art. II GATS sowie mit dessen spezifischen Verpflichtungen nicht vereinbar ist.[336]

Außerdem kann die Meistbegünstigungsklausel nicht nur Maßnahmen regeln, die von dem Mitglied in seiner spezifischen Verpflichtungsliste übernommen wurden, sondern auch Ausgleichsmaßnahmen außerhalb der spezifischen Verpflichtungsliste, soweit sie Versicherungsdienstleistungen betreffen.[337] Eine Ausgleichsmaßnahme ist zulässig, wenn: in einem Streitbeilegungsverfahren eine Entscheidung gegen eine Partei ergangen ist und diese Partei dieser Entscheidung nicht Folge leistet und die andere Partei deshalb eine Ausgleichsmaßnahme beantragt. Die Ausgleichsmaßnahmen müssen dabei in einem abgestuften Verhältnis zueinander stehen. Zunächst soll die mildeste Ausgleichsmaßnahme ausgewählt werden, während die Intensität der Ausgleichsmaßnahme bei Untätigbleiben der anderen Partei stufenweise erhöht werden kann.[338]

6.1.2 Bedingte Meistbegünstigungsklausel

Die oben genannte Analyse lässt erkennen, dass die Meistbegünstigungsklausel im ganzen Bereich der Versicherungs- und versicherungsbezogenen Dienstleistungen gilt und ein wichtiger Hebel für die Liberalisierung des Handels mit Versicherungsdienstleistungen geworden ist. Jedoch ist bei der Anwendung der Meistbegünstigungsklausel zu beachten, dass das Niveau der Versicherungs- und versicherungsbezogenen Dienstleistungen der betreffenden Mitglieder der

334 Vgl. Art. XIV Satze 1 GATS.

335 Vgl. Art. XII Abs. 2, Art. X Abs. 1 GATS.

336 Vgl. Art. VIII Abs. 1 GATS.

337 Vgl. Art. II Abs. 2; Art. XXI Abs. 2 GATS.

338 Art. 22 DSU, http://www.wto.org/english/res_e/booksp_e/analytic_index_e/dsu_08_-e.htm#article22.

WTO sehr unterschiedlich ist. Daher schließt das GATS, welches diese Niveauunterschiede berücksichtigt, zwei weitere Bestimmungen ein, und zwar Meistbegünstigungsausnahmen und spezifische Ausnahmen.

6.1.2.1 Horizontale Ausnahmen

Jedes Mitglied kann sich im Einzelfall auf horizontale Ausnahmen von den allgemeinen Verpflichtungen der Meistbegünstigung berufen. Bei der Anwendung der Meistbegünstigung im Versicherungsdienstleistungsbereich werden entsprechend Art. II Abs. 3, Art. V Abs.1 GATS und anderer Artikel[339] folgende drei Ausnahmen besonders berücksichtigt:

- Erstens: Ausnahme der Erleichterung der Dienstleistungen im unmittelbaren Grenzverkehr.[340] Für die Erleichterung des Einkaufs der Versicherungsprodukte von Staatsangehörigen und Gesellschaften aneinander angrenzender Mitglieder der WTO kann ein Mitglied dem angrenzenden Mitglied eine besondere Behandlung der Versicherungsdienstleistungen und Versicherungsdienstleistungserbringungen anbieten. Diese besondere Behandlung muss nicht als Meistbegünstigung gegenüber anderen Mitgliedern der WTO Anwendung finden.
- Zweitens: Ausnahmen der wirtschaftlichen Integration. Der Versicherungsdienstleistungshandel kann durch verschiedene bilaterale Vereinbarungen, multilaterale Vereinbarungen oder regionale Organisationen beschränkt sein. Ein Beispiel ist der europäische Binnenmarkt für Versicherungen mit dem Inkrafttreten der sogenannten drei EG-Richtliniengenerationen.[341] Entsprechend dieser Richtlinien kann ein Versicherungsunternehmen die Zulassung zum Geschäftsbetrieb im EG-Binnenmarkt von der Aufsichtsbehörde im Zuständigkeitsbereich des Sitzlandes bekommen.[342] Die Zulassung im Sitzland verkörpert dann einen "single license" (sogenannten „Europäischen Pass"), indem sie Zulassung zu den Versicherungsmärkten in der gesamten EG bzw. im gesamten EWR verschafft.[343] Deshalb ist diese

339 Artt. XIII, XIV, XXI GATS.

340 Art. II Abs. 3 GATS.

341 Erste Richtlinie Nicht–Lebensversicherung v. 24.7.1973, ABl. L 228 v. 16.8.1973, 3; Zweite Richtlinie Nicht–Lebensversicherung v. 22.6.1988, ABl. L 172 v. 4.7.1998, 1; Dritte Richtlinie Nicht–Lebensversicherung v. 18.6.1992, ABl. L 228 v. 11.8.1992, 1, Die drei Lebensversicherungs-Richtlinien wurden durch Richtlinie 2002/83/EG des EP und des Rates v. 5.11.2002 über Lebensversicherungen (Richtlinie Lebensversicherung), ABl. L 345 v. 19.12.2002, 1 aufgehoben.

342 Art. 6 Erste Richtlinie Nicht–Lebensversicherung i.d.F. gem. Art. 4 Dritte Richtlinie, Nicht-Lebensversicherung, ABl. L 228 v. 11.8.1992 ; Art. 4 Richtlinie Lebensversicherung, ABl. L 345 v. 19.12.2002, 1.

343 Art, 7 Erste Richtlinie Nicht–Lebensversicherung i.d.F. gem. Art. 5 Dritte Richtlinie Nicht-Lebensversicherung, ABl. L 228 v. 11.8.1992, 1.

Behandlung für Mitglieder außerhalb der EU und des EWR nicht automatisch gültig.

- Drittens: Falls die in der Streitbeilegung über Versicherungsdienstleistungshandel unterliegende Partei nach dem Ergebnis des Schiedsverfahrens ihre angefochtenen Maßnahmen nicht ändert oder ihre Pflichten im Versicherungsdienstleistungsbereich zurücknimmt, so kann ein betroffenes Mitglied, das Partei in dem Schiedsverfahren war, seine Maßnahmen entsprechend ändern oder Teile seiner Pflichten im Versicherungsdienstleistungshandel gegen die unterliegende Partei zurücknehmen. So wird sichergestellt, dass die unterlegene Partei in der Streitbeilegung über den Versicherungsdienstleistungshandel keinen Nutzen erreichen kann, der nicht in Übereinstimmung mit dem Ergebnis des Schiedsverfahrens wäre.[344]

6.1.2.2 Spezifische Ausnahmen

Wenn Mitglieder der WTO bei der Durchführung der Meistbegünstigung in Schwierigkeiten geraten sind, dürfen sie einschlägige Regelungen des GATS über das Recht der spezifischen Ausnahmen in ihre Verpflichtungen übernehmen.

Gemäß Art. II Abs. 2 GATS kann jedes Mitglied seine eigenen Maßnahmen als spezifische Ausnahmen in eine „Anlage zu Ausnahmen von Artikel II" einfügen. Offensichtlich schwächt dieser Artikel die Meistbegünstigungsklausel ab. Zum Beispiel hatten die USA, die als liberalisiertes Land genannt worden sind, vor einiger Zeit in vielen Dienstleistungsbereichen einschließlich des Versicherungsdienstleistungshandels Ausnahmen in der „Anlage zu Ausnahmen von Artikel II" eingeführt; damit zwangen sie die anderen Länder, ihre Versicherungsmärkte usw. zu öffnen.[345] Jedoch wird von der WTO erwartet, diese spezifischen Ausnahmen soweit wie möglich zu begrenzen, um die Gültigkeit der Meistbegünstigung zu garantieren.[346]

Außerdem legt das GATS die Bedingungen der spezifischen Meistbegünstigungsausnahmen fest, soweit sie nicht auf materiellem, sondern auf formellem Recht basieren. Nach dem Inkrafttreten der WTO-Übereinkommen werden neue Listen der Ausnahmen von der Meistbegünstigung, die von einem Mitglied vorgelegt werden, dem Verfahren der Ausnahmegenehmigung (waiver) gemäß Art. IX Abs. 3 und 4 des WTO-Übereinkommens unterworfen.[347] Das Verfahren der Ausnahmegenehmigung ist sehr streng. Für einen solchen Beschluss für die Erteilung einer Ausnahmegenehmigung ist eine Dreiviertelmehrheit der Mitglieder

344 Art. 22 DSU, http://www.wto.org/english/res_e/booksp_e/analytic_index_e/dsu_08_-e.htm#article22.

345 Wie/Wang, Versicherungsregelungen des GATS und internationale Konvention, S. 207.

346 Ebenda, S. 206.

347 Siehe oben 5.1.2.2, spezielle Verfahren für die Erteilung einer Ausnahmegenehmigung.

notwendig. Denjenigen Mitgliedern, die ein niedriges Niveau in den Versicherungsdienstleitungen haben, wird es durch dieses Verfahren sehr schwer gemacht, ihr Ziel - Ausnahmen von der Meistbegünstigung im Versicherungsbereich - zu erreichen.

Zusammengefasst ist die Meistbegünstigung ein allgemeines Prinzip, an dem von den Mitgliedern der WTO im Bereich der Versicherungsdienstleistungen festgehalten werden muss. Seine Merkmale sind allgemein, umfassend und bedingungslos. Aber, wie immer in solchen empfindlichen Bereichen der Versicherungsdienstleistungen, ist es bei der Durchführung aufgrund der möglichen Ausnahmenregelungen unterschiedlich, wie Mitglieder der WTO die Meistbegünstigungsklausel durchführen. Dies ist sowohl ein Kompromiss der Uruguay-Runde als auch ein typisches Merkmal der gegenseitigen Begünstigung als moderne Ausprägung der Meistbegünstigung.

6.2 Inländerbehandlung

Die Inländerbehandlung erfordert, dass die ausländischen Versicherungsdienstleistungen und Versicherungserbringer im Vergleich zu den inländischen Versicherungsdienstleistungen und Versicherungserbringern gleich behandelt werden. Die Inländerbehandlung ist in Art. XVII GATS geregelt. Nach Art. XVII Abs. 1 GATS kann im Versicherungsbereich z.B. jedes Mitglied eine oder mehrere Erbringungsformen des Versicherungsdienstleistungsverkehrs aus den vier Formen grenzüberschreitende Erbringung, Nutzung im Ausland, gewerbliche Niederlassung und Präsenz natürlicher Personen auswählen, um Inländerbehandlung für die Versicherungsdienstleistungen und Versicherungserbringer anderer Mitglieder zu gewähren. Doch muss hierfür eine spezifische Verpflichtungsliste erstellt werden. Für die nicht in der Liste aufgeführten Erbringungsformen der Versicherungsdienstleistungen kommt Inländerbehandlung für die Versicherungsdienstleistungen und Dienstleistungserbringer eines anderen Mitgliedslandes nicht in Betracht.

Man sieht aus Artikel XVII Abs. 2 und 3, dass es bei der Inländerbehandlung des GATS nicht auf formal identische Behandlung ankommt, sondern auf gleiche Wettbewerbsbeschränkungen. Sie verkörpert dann einen zentralen Glaubenssatz der WTO, die Nichtdiskriminierung der WTO: „Wettbewerb des Marktes und gleiche Chancen". Im Versicherungsdienstleistungssektor muss ein Mitglied jedem anderen Mitglied dieselben Wettbewerbsbedingungen gewähren, die es seinen eigenen Unternehmen gewährt. Eine formal identische Behandlung der anderen Mitglieder mit den eigenen Unternehmen reicht nicht aus, wenn das Mitglied in der Realität bessere Wettbewerbsbedingungen für seine eigene Versicherungsdienstleistungen und Versicherungsdienstleistungserbringer gegenüber denen der anderen Mitglieder gewährt.

Sicherlich ist unter Inländerbehandlung des GATS zu verstehen, dass ein Mitglied den Versicherungsdienstleistungen und Versicherungsdienstleistungserbringern eines anderen Mitgliedes eine Behandlung gewährt, die nicht ungünstiger ist als für die inländischen. Mit dem Gebot der Inländerbehandlung ist aber auch eine günstigere Behandlung von Versicherungsdienstleistungen und Versicherungsdienstleistungserbringern anderer Mitglieder vereinbar. Dieser Fall kommt in der Praxis oft vor.

6.3 Transparenz

Transparenz ist eine weitere Verpflichtung des GATS. Jedes Mitglied muss Transparenz hinsichtlich seiner innerstaatlichen Gesetze, Regulierungen und allgemeinen anwendbaren Vorschriften herstellen. Der Transparenz kommt im Versicherungsdienstleistungssektor besondere Bedeutung zu, da Versicherungsdienstleistungen im Gegensatz zu Waren keine greifbaren Dinge sind.

Gemäß dem Transparenzprinzip (Art. III GATS) haben die Mitglieder im Bereich der Versicherungsdienstleistungen den Rat für den Handel mit Dienstleistungen umgehend und mindestens einmal jährlich zu unterrichten über die Einführung neuer oder die Änderung bestehender Versicherungsgesetze, Vorschriften, Versicherungsbestimmungen und Versicherungsaufsichtsregelungen, die den Handel mit Versicherungsdienstleistungen, soweit er den eingegangenen spezifischen Verpflichtungen unterliegt, wesentlich betreffen. Außerdem ist jedes Mitglied verpflichtet, mindestens eine Auskunftsstelle einzurichten, die andere Mitglieder auf deren Ersuchen über die einschlägigen Regelungen informieren.

Die Transparenz ist gemäß Art. III ^{bis} GATS begrenzt, um nicht durch die Offenlegung von vertraulichen Informationen die Durchsetzung von Gesetzen zu behindern oder dem öffentlichen Interesse bzw. berechtigten kommerziellen Interessen eines Versicherungsdienstleistungserbringers zu schaden. Ein Mitglied ist deshalb nicht verpflichtet, vertrauliche Information bezüglich staatlicher und kommerzieller Geheimnisse und der nationalen Sicherheit im Bereich des Handels mit Versicherungsdienstleistungen offen zu legen. M.a.W., die Einführung von Transparenz hängt wesentlich von der staatlichen Bereitschaft und Fähigkeit ab, diesem Ziel Ressourcen zu widmen. Durchführung von Transparenz im Bereich des Handels mit Versicherungsdienstleistungen kann die angemessene Konkurrenz im Versicherungsdienstleistungshandel fördern und den Handel für Versicherungsdienstleistungen erweitern. Jedoch betrifft die Frage der Transparenz auch staatliche und kommerzielle Geheimnisse und die nationale Sicherheit eines Mitglieds der WTO. Deswegen müssen Ausnahmen vom Grundsatz der Transparenz festgelegt werden, die diesen wichtigen Interessen Rechnung tragen.

6.4 Zunehmende Beteiligung der Entwicklungsländer

Art. IV GATS zielt auf eine zunehmende Beteiligung der Entwicklungsländer. Damit sollen die Verschiedenheit und Ungleichheit zwischen den Entwicklungsländern und den entwickelten Ländern im Bereich der Versicherungsdienstleistungen im GATS berücksichtigt werden, um eine zunehmende Beteiligung der Entwicklungsländer am internationalen Handel mit Dienstleistungen zu garantieren.

Entsprechend den Bestimmungen Art. 4 Abs. 1 GATS soll ein Mitglied mit einem hohen Niveau der Versicherungsdienstleistungen die zunehmende Beteiligung am Welthandel von Mitgliedern, die niedrige Niveaus der Versicherungsdienstleistungen haben, ermutigen und fördern. Dafür sind detaillierte spezifische Verpflichtungen auszuhandeln.

Gemäß Art. IV Abs. 1 lit. a) GATS ist den WTO-Entwicklungsländern Zugang zu Technologie auf kommerzieller Grundlage zu gewähren, um bei der Verbesserung des Managements des Versicherungsgeschäfts zu helfen, die Leistungsfähigkeit und Wettbewerbsfähigkeit zu verbessern, sowie das Wachstum des Versicherungsprämien-Einkommens zu fördern, um somit die Stärke des Versicherungsgeschäfts der WTO-Entwicklungsländer insgesamt zu erhöhen.

Gemäß Art. IV Abs. 1 lit. b) GATS soll ferner den WTO-Entwicklungsländern auch bei der Markteinführung und der Verbesserung von Informationsnetzen geholfen werden. Dies soll Versicherungsagenturen neben der Verbesserung der Vertriebskanäle für traditionelle Versicherungen, auch den Aufbau von neuen Vertriebskanälen für moderne Versicherungsarten wie z.B. Bankversicherung, Netzversicherung usw. ermöglichen, um so die Konkurrenzfähigkeit ihrer Versicherungsprodukte zu erhöhen.

Gemäß Art. IV Abs. 2 GATS sind die entwickelten Länder sowie die Entwicklungsländer mit einer relativen Überlegenheit im Bereich der Versicherungsdienstleistungen verpflichtet, Kontaktstellen einzurichten, damit Versicherungsdienstleistungen und Versicherungsdienstleistungserbringer – Versicherer, Rückversicherer, Versicherungsvermittelter usw. der Entwicklungsländer nicht aufgrund fehlender Informationen über dem Versicherungsmarktzugangs benachteiligt werden. Dazu zählen Informationen betreffend:

- -das innerstaatliche Versicherungsgeschäft, die Versicherungstechnologie und die Nachfragesituation des Versicherungsmarkts usw. des betreffenden Mitglieds, soweit das Mitglied einen hohen Standard bei Versicherungsdienstleistungen hat;
- -die Bedingungen der Qualifikation für Versicherungsdienstleistungen und versicherungsbezogene Dienstleistungen und die Verfahren der Registrierung der Versicherungsgesellschaften und Versicherungsvermittlungsorganisation sowie den Erwerb beruflicher Qualifikation für Versicherungserbringer;
- -die einschlägige Versicherungsdienstleistungstechnologie, soweit das Mitglied einen hohen Standard bei Versicherungsdienstleistungen hat.

Art. IV Abs. 3 GATS macht außerdem deutlich, dass den am wenigsten entwickelten WTO-Ländern bei der Entwicklung des Versicherungsmarktes ein besonderer Vorrang eingeräumt werden soll. Hierbei sind besonders ihre wirtschaftliche Lage sowie ihre Bedürfnisse im Entwicklungs-, Handels- und Finanzbereich bei den ausgehandelten spezifischen Verpflichtungen zu berücksichtigen. Eine solche eine besondere Behandlung der WTO-Entwicklungsländer ist für eine zukünftige ausgeglichene Entwicklung des Handels mit Versicherungsdienstleistungen notwendig, da drei Viertel der WTO-Mitglieder Entwicklungsländer sind und die Geschichte und ökonomische Entwicklung bisher von Ungleichgewichten zum Nachteil der Entwicklungsländer geprägt war.

6.5 Marktzugang

Hinsichtlich des Markzugangs im Bereich der Versicherungsdienstleistungen hat jedes Mitglied der WTO den Versicherungsdienstleistungen und Versicherungserbringern eines anderen Mitgliedes eine Behandlung zu gewähren, die nicht weniger günstiger ist als die, die in seiner Liste für den Versicherungsmarkt vorgesehen ist, sobald er in seiner Liste die Marktzugangsverpflichtung über einige Sektoren der Versicherungsdienstleistungen für andere Mitgliedsländer aufgenommen hat.

Artikel XVI Abs. 1 GATS stellt zunächst klar, dass im Bereich des Handels mit Versicherungsdienstleistungen Marktzugang keine allgemeine Verpflichtung der Mitglieder der WTO ist. Daher kann jedes Mitglied der WTO nach der konkreten Situation seines eigenen Versicherungsmarktes mit anderen Mitgliedern die Öffnungsweise des Marktes in diesem Bereich selbst aushandeln. Der Marktzugang für eine Versicherungsdienstleistung in einem anderen Mitgliedsland kann z.B. folgendermaßen erfolgen:

- Gründung einer neuen Versicherungsgesellschaft,
- Gründung einer Niederlassung der Versicherungsgesellschaft oder
- lediglich Angebot von Versicherungsdienstleistungs-Produkten, wobei es nicht nötig ist, in dem anderen Land eine Versicherungsgesellschaft einzurichten, viel mehr kann das Angebot der Versicherungsdienstleistungs-Produkte über Versicherungsmakler oder ein internationales Verbindungsnetz erfolgen.

Diese - und weitere - Varianten eröffnen daher Abstufungen der Marktöffnung, über die das gewährende Mitgliedsland seinen Marktzugang steuern kann.

Ferner bestimmt Art. XVI Abs. 1 GATS auch, dass jedes Mitglied für den Bereich des Handels mit Versicherungsdienstleistungen spezifische Listen aufstellen muss, die Details des Marktzugangs hinsichtlich Sektoren, Methoden und Umfang enthalten. Die Details werden dabei zwischen den Mitgliedsländern untereinander ausgehandelt. In den Prüfungs- und Genehmigungsverfahren betreffend die Versicherungsdienstleistungen und Versicherungsdienstleistungserbringer muss jedes Mitglied für seinen eigenen Markt gegenüber den anderen

Mitgliedern die Behandlung strikt an diesen Listen ausrichten. Z.B. muss ein Mitglied, das einem anderen Mitglied für die Erbringung von Versicherungsdienstleistungen gewerbliche Niederlassungen in seinem Land einzurichten erlaubt, diese Erlaubnis auf alle anderen Mitglieder ausdehnen.

Außerdem gilt entsprechend Art. XVI Abs. 2 GATS für den Handel mit Versicherungsdienstleistungen, wenn ein Mitglied der WTO einem anderen Mitglied in einem oder mehreren der vier Dienstleistungsformen (grenzüberschreitende Erbringung, Nutzung im Ausland, gewerbliche Niederlassung und Präsenz natürlicher Person) Zugang zu seinem Versicherungsmarkt gewährt, dann darf dieses Mitglied keine der in Art. XVI Abs. 2 GATS aufgeführten Beschränkungsmaßnahmen[348] aufrechterhalten oder einführen, wenn in seiner Liste nichts anderes festgelegt wurde.

Das heißt, dass ein Mitglied den Marktzugang nicht aus der Erwägung heraus beschränken darf, dass Versicherungsunternehmen und –vermittlungsorganisationen bereits zahlreich in seinem Markt vorhanden sind. Genauso wenig kann es eine zulässige Erwägung sein, den Marktzugang deshalb zu beschränken, weil die ausländischen Versicherungsunternehmen eine Obergrenze beim Versicherungsprämieneinkommen erreicht haben. Unzulässig ist auch die Einführung einer Obergrenze hinsichtlich der Gesamtzahl oder des Gesamtvolumens der Dienstleistungen der Versicherungsdienstleistungen und versicherungsbezogenen Dienstleistungen, die von Versicherungsunternehmen und erbringern versicherungsbezogener Dienstleistungen (z.B. Unternehmen für Computerdienste, Fernübertragungsdienste, Finanzwesen, Versicherungsaktuare und Rechtanwälte usw.) der anderen Mitglieder in seinem Land angeboten werden. Auch eine Obergrenze hinsichtlich der Gesamtzahl der ausländischen Angestellten, die von ausländischen Versicherungsunternehmen eingestellt werden, oder des Anteils der Gehälter von ausländischen Angestellten, ist unzulässig. Ferner ist es unzulässig, den Marktzugang auf Unternehmen bestimmter Rechtsformen oder auf Gemeinschaftsunternehmen zu begrenzen. Schließlich ist auch nicht erlaubt, eine Höchstgrenze für die Beteiligung ausländischen Kapitals festzusetzen, weder prozentual noch gemessen am Gesamtwert.

Allerdings bleibt es, wie schon erwähnt, den Mitgliedern unbenommen, den Marktzugang zwischen ihnen restriktiver auszuhandeln, womit dann auch die genannten Beschränkungen erlaubt wären. Voraussetzung ist aber die Aufnahme der konkreten Restriktionen in die Liste. So hat z.B. China bei den Beitrittsverhandlungen mit der WTO Vereinbarungen mit den USA, der EG und anderen Mitgliedern der WTO getroffen, dass ausländische Versicherungsunternehmen nur in bestimmten Unternehmensformen (Joint Venture) im chinesischen Versicherungsmarkt Versicherungsgeschäfte betreiben dürfen. Außerdem darf der

348 Siehe oben 5.2.4. Marktzugang – Mindeststandard.

Anteil der Beteiligung der ausländischen Versicherungsunternehmen 50% nicht überschreiten.

Darüber hinaus ist es den Mitgliedstaaten der EU gestattet, den Marktzugang nach Maßgabe der Situation an ihren jeweiligen Versicherungsmärkten zu beschränken, so etwa, wenn es bereits eine erhebliche Anzahl von einheimischen Unternehmen gibt bzw. wenn das Angebot an Versicherungsdienstleistungen die Nachfrage deutlich übersteigt. Gegenüber Versicherungsunternehmen außerhalb von EU und EWR ist daher ausnahmsweise eine Bedarfsprüfung bei Versicherungsgeschäften zulässig.

6.6 Fortschreitende Liberalisierung

Unter fortschreitender Liberalisierung ist zu verstehen, dass die Mitglieder der WTO durch bi-, pluri- bzw. multilaterales Aushandeln die Hindernisse für den internationalen Dienstleistungshandel stufenweise verringern und aufheben, um die Liberalisierung der Dienstleistungen zu fördern. Die fortschreitende Liberalisierung ist ein wichtiges Prinzip des GATS auf der Grundlage der Gleichheit, des gegenseitigen Nutzens und eines ausgeglichenen Verhältnisses zwischen Rechten und Pflichten. Dabei ist der gegenwärtigen Ungleichheit im Handel mit Dienstleistungen sowie der eingeschränkten Fähigkeit der Entwicklungsländer zur Öffnung ihrer Heimatmärkte Rechnung zu tragen.

Mit der Festlegung dieser Regelung verfügt das GATS über die Merkmale der Öffnung und Entwicklung.[349] Die Mitglieder der WTO können nach der Regelung der fortschreitenden Liberalisierung im Rahmen des GATS über dienstleistungsbezogene Gegenstände verhandeln, z.B. über Subventionen, staatliche Einkäufe, Maßnahmen zur Marktstabilisierung, Qualifikation der Dienstleistungen, technische Standards, Zulassungssysteme usw., um den Handel mit Dienstleistungen zu liberalisieren.

Der Abschnitt „Fortschreitende Liberalisierung" des GATS umfasst drei Bestimmungen: Aushandeln spezifischer Verpflichtungen (Art. XIX), Listen spezifischer Verpflichtungen (Art. XX) und Änderung der Listen (Art. XXI).

Entsprechend Art. XIX Abs. 1 GATS sollen im Bereich des Handels mit Versicherungsdienstleistungen die Mitglieder auf der Grundlage der gegenseitigen Begünstigung und des gegenseitigen Nutzens sowie eines ausgeglichenen Verhältnisses zwischen Rechten und Pflichten regelmäßige Verhandlungsrunden durchführen, um nachteilige Auswirkungen von Maßnahmen auf den Handel mit Versicherungsdienstleistungen zu vermeiden oder zu beseitigen. Dies dient der Beschleunigung der Öffnung der Versicherungsmärkte der Mitglieder, weil schrittweise alle Versicherungsdienstleistungen von allen Versicherungsdienstleistungserbringern der WTO in den Versicherungsmärkten aller Mitglieder grenzenlos angeboten werden. Hinter dieser Regelung steht der Gedanke, dass

349 Wie/Wang, Versicherungsregelungen des GATS und internationale Konvention, S. 217.

die Herstellung eines globalen Versicherungsmarktes nur Hand in Hand mit einer effektiven Konkurrenz der Versicherungsdienstleistungen und Versicherungsdienstleistungserbringer aus allen Ländern im Interesse aller WTO-Mitglieder möglich ist.

Nach Art. XIX Abs. 2 GATS muss es den Entwicklungsländern erlaubt werden, auf der Grundlage der Berücksichtigung ihrer eigenen nationalen politischen Zielsetzung schrittweise Zugangsmaßnahmen zu ihren Versicherungsmärkten zu treffen, soweit deren Versicherungsdienstleistungssektor unterentwickelt ist. Gewähren die Mitglieder der Entwicklungsländer ausländischen Versicherungsdienstleistungserbringern Zugang zu ihren Versicherungsmärkten, ist ihnen zu erlauben, dass sie dabei im Wege der Verhandlung zusätzliche Bedingungen zur Zugangsbegrenzung einführen. Beispiel: Wenn ausländische Versicherungsunternehmen im Versicherungsmarkt eines Entwicklungslandes Versicherungsgeschäfte betreiben, kann dieses verlangen, dass jene in der Form des Joint Venture auftreten; ferner kann dabei eine prozentuale Höchstgrenze der Beteiligung ausländischer Investitionen an dem Joint Venture Versicherungsunternehmen vereinbart werden.

Nach Art. XIX Abs. 3 GATS ist es für die fortschreitende Liberalisierung des Versicherungsdienstleistungshandels erforderlich, dass die Verhandlungsrichtlinien und -verfahren vom Rat für den Handel mit Dienstleistungen für jede Verhandlungsrunde vorher festgelegt werden. Sie werden auf der Basis der Liberalisierungsmaßnahmen, die von den Mitgliedern seit den vorhergehenden Verhandlungen getroffen wurden, erarbeitet. Die Verhandlungen über Versicherungsdienstleistungen – sowohl bilaterale als auch multilaterale Verhandlungen – sollen in jeder Runde ein höheres Liberalisierungsziel erreichen, indem die Begrenzungen im Wege der Verhandlungen reduziert werden (Art. XIX Abs. 4 GATS). Zudem soll für jede Runde der Liberalisierung des Versicherungsdienstleistungshandels die besondere Behandlung der am wenigsten entwickelten Länder unter den Mitgliedern berücksichtigt werden (Art. XIX Abs. 3 Satz 3 GATS).

Gemäß Art. XX GATS müssen alle spezifischen Verpflichtungen, die von den Mitgliedern in jeder Verhandlungsrunde im Bereich des Handels für Versicherungsdienstleistungen verhandelt werden, in den Listen deutlich eingetragen werden. Beispiel: Betreffend den Zugang zum Versicherungsmarkt für ausländische Versicherungsdienstleistungen und Versicherungsdienstleistungserbringer erlaubt ein Mitglied die vier Formen der Versicherungsdienstleistungen (grenzüberschreitende Erbringung, Nutzung im Ausland, gewerbliche Niederlassung und Präsenz natürliche Personen); erlaubt ausländischen Versicherungsunternehmen, in seinem Markt Versicherungsgeschäfte zu betreiben; erlaubt die Tätigkeit von ausländischen Versicherungsexperten in seinem Versicherungsmarkt, um den Betrieb des Versicherungsgeschäftes sicher zu stellen; legt zusätzliche Bedingungen und Begrenzungen fest für bestimmte Arten der

Versicherungsdienstleistungen der ausländischen Versicherungsprodukte und des Versicherungskapitals in seinem Versicherungsmarkt; bestimmt Qualifikationen und Bedingungen der Inländerbehandlung für ausländisches Versicherungskapital in seinem Versicherungsmarkt usw. Alle oben genannten spezifischen Verpflichtungen müssen vom jeweiligen Mitglied in seinen Listen deutlich aufgeführt sein.

Mit zunehmender Dauer der Liberalisierungsverhandlungen im Bereich des Handels für Versicherungsdienstleistungen werden die Beschränkungen für Versicherungsdienstleitungen und Versicherungsdienstleistungserbringer der anderen Mitglieder in den Listen eines Mitglieds weiter abgebaut werden. Gleichzeitig werden die Verpflichtungen, die von den Mitgliedern insbesondere den Entwicklungsländern beim Zugang zum Versicherungsmarkt gewährt werden, immer zahlreicher.

Artikel XXI GATS dient zum Ausgleich der Folgen der fortschreitenden Liberalisierung, wenn Mitglieder die in die Listen aufgenommenen Verpflichtungen ändern oder zurücknehmen. In der Hauptsache enthalten die Regelungen Ausgleichmaßnahmen, die vom ändernden Mitglied einerseits und vom „betroffenen Mitglied“[350] andererseits in den Verhandlungen getroffen werden können. In diesen Verhandlungen muss dabei beachtet werden, dass die Mitglieder die Änderung oder die Zurücknahme der spezifischen Verpflichtungen auf der Grundlage der gegenseitigen Begünstigung vereinbaren. Dass heißt, dem betroffenen Mitglied ist seitens des ändernden Mitglieds ein angemessener Ausgleich für die Änderung und Zurücknahme zu gewähren.

Beispiel: Ein Mitglied ändert die vorher in seine Liste aufgenommen Verpflichtungen. Mitglied erlaubte ursprünglich ausländischen Versicherungsunternehmen, das Versicherungsgeschäft in der Rechtsform des Joint Venture in seinem Markt zu betreiben, wobei der Beteiligungsanteil der ausländischen Versicherungsunternehmen an dem Joint Venture 51% überschreiten durfte. Nunmehr lautet die Verpflichtung: Der Beteiligungsanteil der ausländischen Versicherungsunternehmen an Joint Ventures darf 50% nicht überschreiten. Diese Änderungen setzen voraus, dass ihr seitens der betroffenen Mitglieder zugestimmt wird. Anderenfalls dürfen die betroffenen Mitglieder ihre ähnlichen Verpflichtungen, die vorher in ihre Listen für das ändernde Mitglied aufgenommen wurden, auch zurücknehmen.

Wenn ein Mitglied vor Ablauf der vorgesehenen Verhandlungsfrist über die Änderung oder Zurücknahme mit den betroffenen Mitgliedern keine Einigung erzielt, so können die betroffenen Mitglieder die Angelegenheit einem Schieds-

---

350 Art. XXI Abs. 2 lit. a) definiert „betroffenes Mitglied “ folgendermaßen„ Auf Antrag eines Mitglieds, dessen Handelsvorteile aufgrund diese Übereinkommens durch eine nach Absatz 1 Buchstabe b notierte geplante Änderung oder Rücknahme betroffen sein können“.

verfahren unterwerfen.[351] Das ändernde Mitglied kann seine Verpflichtung nicht ändern oder zurücknehmen, bevor es Ausgleichsmaßnahmen für betroffene Mitglieder im Bereich des Handels mit Versicherungsdienstleistungen entsprechend dem Ergebnis des Schiedsverfahrens getroffen hat.[352]

6.7 Versicherungsaufsichtsrecht

Die enge Verflechtung der Handelspolitik mit dem Aufsichtsrecht in den Beratungen des GATS-Rahmenvertrags verdient besondere Beachtung. Die Verhandlungen durften die Autonomie der Staaten im Bereich des Rechts zur Aufsicht über nationalstaatliche Wirtschaftspolitik nicht beeinträchtigen. Daher ging es vor allen um die Frage, wie die Souveränitätsrechte mit den sonstigen Vertragsregelungen in Einklang zu bringen seien.[353]

Bei der Festlegung der Souveränitätsrechte bestand das größte Problem darin, dass zum einen die Autonomie der Staaten zu gewährleisten war, und zum anderen die entsprechenden Ausnahmeregelungen nicht Möglichkeiten eröffnen sollten, die Vertragspflichten, insbesondere die Liberalisierungszugeständnisse, zu umgehen.[354] Die bis jetzt geschaffenen Regelungen werden diesem Erfordernis aber nur teilweise gerecht. Obwohl die Souveränitätsrechte durch den Vertrag im Allgemeinen als gesichert gelten, sieht man bei genauer Betrachtung der entsprechenden Vertragsregelungen, dass die Reichweite dieser Rechte nicht genau definiert wurde.[355]

Für den Bereich des Aufsichtsrechts[356] stützen sich die Souveränitätsrechte außerdem auf Ziff. 2 der Anlage zu Finanzdienstleistungen. Ziff. 2 lit. a) dieser Anlage gestattet einem Mitglied ausdrücklich, Maßnahmen zum Schutz von Sparern, Versicherungsnehmern, Investoren etc. und Anlegern oder zur Sicherung der Integrität und Stabilität seines Finanzsystems zu ergreifen.[357] Darüber hinaus finden sich Ausführungen zu diesem Thema auch in verschiedenen anderen Teilen des Vertrags, zum Beispiel in der Präambel. Danach steht es den Unterzeichnerstaaten prinzipiell frei, bei der Gestaltung der Regulierung ihrer Dienstleistungsbranchen nach nationalen wirtschaftspolitischen Zielen und Prioritäten zu verfahren. Denn die Gewährleistung der Autonomie bei der binnen-

351 Art. XXI Abs. 3 lit. a) des GATS.
352 Art. XXI Abs. 4 lit. a) des GATS.
353 Werner, Das WTO-Finanzdienstleistungsabkommen, S. 28.
354 Werner, Das WTO-Finanzdienstleistungsabkommen, S. 28.
355 Werner, Das WTO-Finanzdienstleistungsabkommen, S. 29.
356 Dieser Bereich schließt auch die Währungspolitik ein.
357 Der erste Halbsatz von Ziff. 2 der Anlage zu Finanzdienstleistungen, durch den die Souveränitätsrechte der Staaten im Bereich des Aufsichtsrechts begründet werden, ist auch unter dem Begriff „prudential carve out“ bekannt. Eine ähnliche Einschränkung des Meistbegünstigungsgrundsatzes erlaubt Art. 1410, NAFTA: Each Party may recognize prudential measures of another Party.

wirtschaftlichen Regulierung zählt bereits zu einer der Grundvoraussetzungen. Die Reichweite der Souveränitätsrechte der einzelnen Staaten wird vor allem durch den zweiten Satz von Ziff. 2 lit. a) der Anlage zu den Finanzdienstleistungen festgelegt, nach dem die Unterzeichnerstaaten verpflichtet sind, die Souveränitätsrechte nicht zur Umgehung der eigentlichen Vertragspflichten zu benutzen. Das Recht zu innerstaatlichen Regelungen wird in Artikel VI GATS garantiert.

Weiter ist zu beachten, dass für nationale Aufsichtsmaßnahmen im Rahmen des GATS nur eine eingeschränkte Kontrolle vorgesehen ist. Das gilt, obwohl Art. VI Abs. 4 GATS den Rat für den Handel mit Dienstleistungen ermächtigt, objektive Kriterien für die Rechtmäßigkeit besonderer Qualifikations- und Zulassungserfordernisse aufzustellen. Denn trotz der Erarbeitung einheitlicher Kriterien bleibt eine Umgehung der allgemeinen Pflichten aus dem Rahmenabkommen durchaus möglich.[358] Im Zweifel entscheidet die Generalklausel des Art. XIV GATS; diese Vorschrift untersagt innerstaatliche Maßnahmen lediglich insoweit, als sie ein Mittel zu willkürlicher oder unberechtigter Diskriminierung unter Ländern sind, „in denen gleiche Bedingungen herrschen". Angesichts der in der Regel sehr verschiedenen Rechts- und Wirtschaftsstrukturen im Versicherungssektor ist der Nachweis ungleicher Bedingungen relativ leicht zu führen.

Zur Förderung der internationalen Zusammenarbeit in Aufsichtssachen wurde für den Finanzdienstleistungsbereich in Ziff. 3 lit. a) Anlage zu den Finanzdienstleistungen den Mitgliedern explizit das Recht eingeräumt, aufsichtsrechtliche Maßnahmen anderer Staaten anzuerkennen.

Es handelt sich hierbei um den sogenannten „prudential carve-out". Eine weitere Liberalisierung des internationalen Handels im Bereich der Versicherungsdienstleistungen ist in Zukunft nur durch eine verstärkte Zusammenarbeit der Aufsichtsbehörden durch gegenseitige Anerkennung möglich. D.h. wenn die nationalen Aufsichtsbehörden nicht zusammenarbeiten, können sich international tätige Versicherungsunternehmen der Kontrolle entziehen. So können sich im internationalen Vergleich unterschiedliche Anforderungen an das Zulassungsverfahren ergeben. Bei der Anerkennung sind die Staaten grundsätzlich frei, die Anerkennungskriterien festzulegen. Sie können einseitig anerkennen, bilaterale oder plurilaterale Anerkennungsverträge abschließen oder die Anerkennungsvoraussetzungen harmonisieren. Die weitgehende Autonomie in Anerkennungsfragen ist im stark regulierten Versicherungssektor sehr bedeutsam. Mitglieder mit einem hohen aufsichtsrechtlichen Standard, die eine weitere Liberalisierung im Bereich der Versicherungen anstreben, sind nun in der Lage, Anerkennungsabkommen abzuschließen, die es ihnen ermöglichen, Anbietern

358 Weber, Marktzugang von Auslandsbanken, S. 180.

oder Versicherungsdienstleistungen den Marktzutritt GATS-konform zu verweigern, wenn deren Länder nicht den gleichen Standard erfüllen.

Das Instrument der Anerkennung ermöglicht es einem Mitglied außerdem, selektiv auf Teilbereiche seiner Souveränität zu verzichten und Maßnahmen eines anderen Mitglieds als auch für sein Hoheitsgebiet als geltend anzuerkennen.

7. Fazit

Die Entstehung des GATS war eine logische Folge des raschen Wachstums des internationalen Dienstleistungshandels nach dem 2. Weltkrieg und den Dienstleistungshandelskonflikten zwischen den Ländern in der Zeit des Wirtschaftsabschwungs nach 1980. Jedes Land führte Handelsbarrieren ein, um die eigenen Interessen zu schützen. Dies behinderte die Entwicklung eines internationalen Dienstleistungshandels. Deshalb wurde vor allem von den im Dienstleistungshandel führenden Industrieländern, angeführt von den USA, ein internationales Dienstleistungshandelsabkommen verlangt, um die allmählich heftiger werdenden Konflikte im internationalen Dienstleistungshandel zu beheben und natürlich auch um ihre Dienstleistungen in den Entwicklungsländern, die im Bereich des Dienstleistungshandels schwach waren, vermarkten zu können. Daraufhin wurde der internationale Dienstleistungshandel als Verhandlungsgegenstand in die Uruguay-Runde eingebracht. Aufgrund der besonderen Zugeständnisse der Industrieländer zugunsten der Entwicklungsländer z.B. im Bereich der Finanzdienstleistungen einigten sich schließlich die Industrie- und die Entwicklungsländer auf das GATS, welches dann am 1. 1. 1995 in Kraft trat. Integrativer Bestandteil des GATS ist auch das am 12. Dezember 1997 abgeschlossene Abkommen zur Liberalisierung des internationalen Finanzdienstleistungsverkehres (Banken, Versicherungen und Wertpapiere).

Das GATS ist für den Bereich des internationalen Dienstleistungsverkehrs die entscheidende völkerrechtliche Rahmenregelung. Es schafft einen multilateralen Rahmen von Grundsätzen und Regeln für den Handel mit Dienstleistungen, um den Handelspartnern bei der Liberalisierung ihres Dienstleistungshandels zu helfen. Durch weitere aufeinanderfolgende Runden von multilateralen Verhandlungen soll eine immer weitere Liberalisierung des Dienstleistungshandels erreicht werden.

Fundamentale Bestandteile des GATS sind die „Allgemeinen Verpflichtungen“ und die „Spezifischen Verpflichtungen“, die die Mitglied einhalten müssen. Soweit ein Staat das GATS-Abkommen unterschrieben hat, ist er entsprechend den im Vertrag enthaltenen „Pflichten und Disziplinen“ völkerrechtlich verpflichtet. Allerdings ergab sich aus dem GATS nicht ipso jure eine Liberalisierung des internationalen Dienstleistungshandels bzw. eine Öffnung der Dienstleistungsmärkte der WTO-Mitglieder. Um dieses zu erreichen, mussten die WTO-Mitglieder erst durch die Übernahme von spezifischen Verpflichtungen den Dienstleistungen und Dienstleistungserbringern aus anderen WTO-Mitgliedern den Zugang zu ihren Dienstleistungsmärkten ermöglichen.

Für den Bereich der Versicherungen heißt das, dass die Mitglieder der WTO zum einen die im GATS enthaltenen allgemeinen Verpflichtungen: Meistbegünstigung, Transparenz, zunehmende Beteiligung der Entwicklungsländer, und Forschreitende Liberalisierung einhalten müssen, zum anderen aber innerhalb des GATS über den Grad ihres Zugangs zu ihren Versicherungsmärkten und das Maß der Inländerbehandlung auf ihren Versicherungsmärkten nach Maßgabe der spezifischen Verpflichtungen selbst bestimmen können. Die Mitglieder der WTO müssen ihre spezifischen Verpflichtungen für den Versicherungsbereich in die einen (kleineren) horizontalen und einen (größeren) versicherungssektoralen Abschnitt enthaltenden Listen eintragen. Die Eintragungen in den Listen legen fest, welche Bestimmungen, Bedingungen, Beschränkungen, Qualifikationen und Vorbehalte für den Marktzugang und die Inländerbehandlung sowie sogenannte zusätzliche Verpflichtungen – unterteilt nach den vier Modalitäten der Dienstleistungen (grenzüberschreitende Erbringung, Nutzung im Ausland, gewerbliche Niederlassung und Präsenz natürlicher Personen) – im Versicherungssektor gelten.

Ein Kernstück des GATS ist das Prinzip der Meistbegünstigung. Bei den GATS-Verhandlungen führte letztlich der Streit über den „free ride“ (unbedingte Meistbegünstigung) im GATT zu den Ausnahmeregelungen (bedingte Meistbegünstigung, GATS Art. II Abs. 2). Im Vergleich zum GATT berücksichtigen die Ausnahmen der Meistbegünstigung des GATS sowohl den objektiven Bedarf der verschiedenen Sektoren des Dienstleistungshandels und die komplizierte Verwaltung des Dienstleistungshandels als auch die Interessen von Entwicklungsländern mit einem niedrigen Entwicklungslevel des Dienstleistungshandels. Durch die Festlegung dieser Besonderheit hatten die WTO-Mitglieder die Möglichkeit, Versicherungsdienstleistungen und Versicherungsdienstleistungserbringern von bestimmten WTO-Mitgliedern eine bessere Behandlung einzuräumen als gleichartigen Versicherungsdienstleistungen und Versicherungsdienstleistungserbringern anderer WTO-Mitglieder[359] Diese Klausel ist besonders nützlich für die Mitglieder, die ihren Dienstleistungsmarkt nicht öffnen wollen. Mitglieder, die ihren Dienstleistungsmarkt öffnen wollen, haben aber das Problem wie man bei einer Liberalisierung für den Marktzugang mit dem Druck der Schutzzollpolitik von Interessengruppen aus dem Inland umgehen soll.

Die Ausnahmeregelungen des GATS führen auch dazu, dass die unbedingte Meistbegünstigung in der Praxis zu einer bedingten Meistbegünstigung wird.

---

359 Die Souveränität der Mitglieder ist in Art. VI GATS implizit und auch für Finanzdienstleistungen ausdrücklich bezüglich der Maßnahmen auf dem Gebiet der Aufsicht festgeschrieben.

Das Ziel der Meistbegünstigungsklausel kann durch willkürliche Festlegungen und mögliche Änderungen der Ausnahmeregelungen ins Gegenteil verkehrt werden. Es wird damit indirekt eine Ausweitung bereits bestehender Handelshindernisse von internationalen Versicherungsdienstleistungen bewirkt.

Bei der Anwendung der Meistbegünstigungsklausel soll sowohl das Ziel der Liberalisierung des Versicherungsdienstleistungshandels als auch die ungleiche Entwicklung des Versicherungsdienstleistungshandels jedes Landes berücksichtigt werden. Generell gilt, dass ein Fortschritt der Liberalisierung beim Handel mit Versicherungsdienstleistungen nur erzielt werden kann, wenn die bedingte Meistbegünstigung von den Verhandlungspartnern bedingungslos eingehalten wird.

Während die Meistbegünstigung massgebend für den Marktzugang eines ausländischen VU ist, bezieht sich die Inländerbehandlung auf die Gleichbehandlung von ausländischen VU bei der Ausübung des Versicherungsgeschäfts. Die Ausgestaltung der Inländerbehandlung ist besonders für die Entwicklungsländer wichtig, da manche Dienstleistungen als sensitiv angesehen werden im Hinblick auf die nationale Sicherheit oder die Staatswirtschaft und man sich nicht in die Abhängigkeit von ausländischen Firmen begeben will.

Meistbegünstigung und Inländerbehandlung sollen einen fairen Wettbewerb ermöglichen, werden aber auch als Druckmittel für andere Länder benutzt. So kann ein Staat eine liberalere Inländerbehandlung davon abhängig machen, dass andere Länder Beschränkungen beim Marktzugang aufheben. Die Inländerbehandlung sollte von jedem Mitglied sorgfältig entsprechend seinem Entwicklungsstand und nicht willkürlich festgelegt werden. Viele Entwicklungsländer gewähren anfänglich eine besonders liberale Inländerbehandlung um ausländisches Kapital und Technologien sowie gut ausgebildetes Personal ins Land zu holen. Falls diese Begünstigungen später wieder zurückgenommen werden, kann es durch den dann möglichen Abzug ausländischer Unternehmen zu einer Schädigung der gesamten Wirtschaft kommen.

Eine fortschreitende Liberalisierung des Dienstleistungshandels ist das Kompromissergebnis des Meinungsstreits[360] zwischen den Industrieländern und den Entwicklungsländern über die Art der Liberalisierung. Der Dienstleistungshandel ist in den meisten Dienstleistungssektoren von westlichen Konzernen, die über moderne Dienstleistungen mit hoher und komplizierter Technologie verfügen, monopolisiert worden. Falls der Handel mit Dienstleistungen schnell völlig liberalisiert würde, würden die Entwicklungsländer ihre noch geringe Wettbewerbsstärke im internationalen Dienstleistungshandel verlieren und dies zu einer

---

360 Die traditionale Theorie hält eine völlige Handelsliberalisierung für eine „Win-Win"-Situation, von der alle Seiten profitieren. Nach der neuen Handelsschutztheorie ist es, besonders bei unterschiedlich entwickelten Handelspartnern, nicht wahrscheinlich dass bei einer Handelsliberalisierung beide Partner gewinnen und die Weltwohlfahrt erhöht wird. http://www.teachhelper.com/2009/0913/12034_2.html.

Schädigung der inländischen Wirtschaft sowie zu einer Senkung des Wohlstandes des Entwicklungslandes führen.

Bei den GATS-Verhandlungen haben die Entwicklungsländer erreicht, dass die Belange der Entwicklungsländer besonders berücksichtigt werden sollen, damit die Entwicklungsländer sich weiter an der Liberalisierung des Dienstleistungshandels beteiligen. Die weitgehende Flexibilität für Entwicklungsländer gemäß Art. 19 Abs. 2 GATS ist jedoch nur eine formale Bevorzugung und eine Art politischer Beaufsichtigung. Die allgemein gehaltenen Verpflichtungen, die keine genau detailliert festgelegten Maßnahmen enthalten, haben den Entwicklungsländern nicht wirklich geholfen. Wichtig wäre es rational substanzielle Maßnahmen für die Entwicklung des Entwicklungslandes in weiteren Verhandlungen entsprechend den Zielen des GATS festzulegen.

Das GATS bietet einen gewissen Antrieb sowie einen systematischen Organisationsrahmen zur weiteren Liberalisierung des Dienstleistungshandels. Viele Inhalte des GATS stammen aus dem GATT. Wegen der Kompliziertheit und der Spezialität des Dienstleistungshandels ist das GATS jedoch noch nicht vollkommen. Deshalb soll das GATS durch weitere Verhandlungen für die praktische Anwendung ständig verbessert werden. Alle Veränderungen des internationalen Versicherungsdienstleistungshandel durch das GATS haben nicht nur Auswirkungen auf den Handel mit internationalen Versicherungsdienstleistungen sondern auch auf Versicherungsdienstleistungen selbst und auf die gesamte Wirtschaft eines jeden Mitgliedstaates. Sowohl Mitglieds- als auch Nichtmitgliedsstaaten sollen versuchen sich dem geänderten Handel mit internationalen Versicherungsdienstleistungen anzupassen, um seinen Versicherungsdienstleistungshandel langfristig und stabil zu entwickeln.

II. Das Recht der deutschen Versicherungsaufsicht

Das Versicherungsaufsichtsrecht ist öffentliches Recht. Es regelt das Rechtsverhältnis des Staates zu den einzelnen seiner Aufsicht unterstehenden Versicherungsunternehmen. Es beruht mithin auf einem Über- und Unterordnungsverhältnis. Die Rechtsquellen des Versicherungsaufsichtsrechts gehören nicht zu den privatrechtlichen Rechtsquellen des Versicherungsrechts.

Im Folgenden werden die Versicherungsaufsicht im Allgemeinen, die Entwicklung des deutschen Versicherungsaufsichtsrechts sowie die verschiedenen Systeme der Versicherungsaufsicht und die Organe der Versicherungsaufsicht in Deutschland dargestellt. Außerdem werden die Auswirkungen des GATS auf das deutsche Versicherungsaufsichtsrecht sowie die Aufsicht über Drittstaaten-VU näher erläutert.

1. Allgemeines zur Versicherungsaufsicht

Der Begriff der Versicherung ist weder im Versicherungsvertragsgesetz (VVG) noch im Versicherungsaufsichtsgesetz (VAG) definiert.[361] Eine Versicherung liegt vor, wenn durch einen privaten Vertrag in einer Gefahrengemeinschaft mit gleichartigen Risiken ein Leistungsanspruch gegen den Versicherer zugunsten des Versicherungsnehmers begründet wird, bei dem sich ein Risiko in einem Schadensfall verwirklicht.

Die Versicherungsaufsicht ist die staatliche Beaufsichtigung der Tätigkeit von Versicherungsunternehmen, die im staatlichen Hoheitsgebiet tätig sind. Ihr Zweck ist, im Interesse der Versicherten die Entstehung, den Geschäftsbetrieb und die Auflösung der Versicherungsunternehmen zu überwachen.[362] Das Versicherungsaufsichtsrecht ist die Gesamtheit der Rechtsnormen, die die Basis des Aufsichtsverhältnisses darstellen. Es regelt das Aufsichtsverhältnis des Staates zu den Versicherern, die auf seinem Gebiet tätig sind, und bestimmt, nach welchen Aspekten eine aufsichtsrechtliche Überwachung des Versicherungsbetriebes durchzuführen ist und in welchem Ausmaß der Staat auf den Ablauf des Geschäftsbetriebes von Versicherungsunternehmen Einfluss nimmt.[363]

361 Van Bühren, Versicherungsrecht in der anwaltlichen Praxis, S. 17.

362 Vgl. Frey, P., Versicherungsaufsicht, VW 1986, S. 756; Boss, Systeme der Staatsaufsicht, S. 23; Mahr, Einführung in die Versicherungswirtschaft, S. 382.

363 Vgl. Boss, Systeme der Staatsaufsicht, S. 23; Goldberg/Müller, VAG, Vorbem. zu § 1 VAG, Der Begriff Aufsicht und der jüngere Begriff Überwachung soll synonym verwendet werden, als Rechtsbegriffe sind sie aber voneinander zu unterscheiden; vgl. hierzu insbes. Gröschner, Das Überwachungsrechtsverhältnis, S. 46 u. 120, der die traditionelle Eigenständigkeit des Versicherungsrechts respektiert und die Überwachung

Der Grund für die Beaufsichtigung des Versicherungswesens ist nicht nur in der besonderen Schutzbedürftigkeit des speziellen Versicherungsverhältnisses zwischen den beiden Vertragsparteien Versicherer und Versicherungsnehmer zu sehen, sondern auch in der historischen Entwicklung. Im 19. Jahrhundert führten Missstände in der Versicherungswirtschaft der Industriestaaten zu einer Pflichtaufsicht. So kam es z.B. in der ersten Hälfte des 19. Jahrhunderts in England und den nordamerikanischen Staaten zu katastrophalen Zusammenbrüchen vieler Versicherungsunternehmen und damit einhergehend zum Vertrauensverlust in der Bevölkerung mit nachhaltigen Wirkungen für die dortige Versicherungsbranche.[364]

Diese Eindrücke und Erfahrungen des Auslands beeinflussten Deutschland. Als eine nationale Versicherungsaufsicht geschaffen wurde, fanden diese Eindrücke und Erkenntnisse Eingang in das 1901 neu geschaffene deutsche Versicherungsaufsichtsgesetz, welches dadurch einer Art gewerbepolizeilichem Regelungswerk nahe kam.[365] Demgemäß spricht die amtliche Begründung zum VAG aus dem Jahr 1901 davon, dass man aufgrund der Erfahrungen in der Vergangenheit das Verhältnis zwischen Versicherer und Versicherungsnehmer einer staatlichen Aufsicht unterwerfen wollte.[366]

Ziel der Aufsicht ist der Schutz der Belange der Versicherten.[367] Der Versicherungsnehmer tritt durch seine Beiträge in Vorleistung und vertraut darauf, dass der Versicherer seinen vertraglichen Verpflichtungen in einem eventuellen Versicherungsfall nachkommt. Kommt ein Versicherer den vertraglichen Verpflichtungen nicht nach, so wird nicht nur das einzelne Versicherungsverhältnis beschädigt, sondern dies hat auch negative Auswirkungen für die gesamte Versicherungswirtschaft.[368] Die Einhaltung der Verpflichtungen durch den Versicherer ist daher von erheblicher wirtschaftlicher, sozialer und ethischer Bedeutung. Die Versicherten können durch eine effektive Versicherungsaufsicht vor den Gefahren, die dem Versicherungswesen immanent sind, geschützt werden. Als Gefahrenquelle sind hierbei nicht nur die Handlungen des Unternehmens selbst, sondern auch von außen kommende Gefahren anzusehen. Für diesen

der Versicherungsunternehmen nicht in seine Dogmatik des Überwachungsrechtsverhältnisses einbezieht (S. 128); Kollhosser, in: Prölss, VAG-Kommentar, § 81 VAG, Rn. 7.

364 Boss, Systeme der Staatsaufsicht, S. 33 ff.; Büchner F. in: 50 Jahre materielle Versicherungsaufsicht, Bd. I, S. 1 ff.

365 Fahr/Kaulbach, vor § 1 VAG, Rdn. 8; vgl. Kraus, Versicherungsaufsichtsrecht, S. 26.

366 In der amtlichen Begründung heißt es: „Dem Entwurf liegt die Auffassung zugrunde, dass das öffentliche Interesse an einer gedeihlichen und soliden Entwicklung des Versicherungswesens in besonders hohem Grade beteiligt ist und dem Staate die Pflicht besonderer Fürsorge auf diesem Gebiet auferlegt." Kraus, Versicherungsaufsichtsrecht, S. 26.

367 Stein, Die Wirtschaftsaufsicht, S. 10; vgl. Angerer, ZfV 1987, 590; vgl. Achterberg/Püttner, Bes. VerwR, Bd. I, Rdn. 397 f.

368 Müller, Die europäische Integration im Versicherungswesen, Rd. 345.

Schutzgedanken lassen sich im VAG mehrere Anhaltspunkte finden (z.B. § 8 Abs. 1 Nr. 2, § 81a VAG).

Für eine Beaufsichtigung des Versicherungswesens ist aber auch die zentrale Stellung und Struktur der Versicherungswirtschaft im Wirtschaftsleben von Bedeutung.[369] Dieser Wirtschaftszweig hat im wirtschaftlichen Zusammenhang eine Schlüsselfunktion, da er naturgemäß eine große Kapitalsammelstelle bildet. Eine staatliche Aufsicht muss dafür sorgen, dass diese wichtigen gesellschaftlichen Funktionen nachhaltig erhalten bleiben. Dementsprechend ist die Struktur und die sensible Stellung der Versicherungswirtschaft innerhalb der Wirtschaftsordnung ein ausschlaggebender Grund für die Beaufsichtigung durch den Staat.[370] Dabei hat die Versicherungssaufsicht heute zu berücksichtigen, dass ihre Aufgabe neben der Sicherung der gesamtwirtschaftlichen Ordnung auch die Erhaltung individueller wirtschaftlicher Freiräume sicherstellen muss.[371]

2. Entwicklungsgeschichte der Versicherungsaufsicht in Deutschland

Die durch das Reichsgesetz über die privaten Versicherungsunternehmen vom 12. Mai 1901 in Deutschland eingeführte staatliche Versicherungsaufsicht ist das Ergebnis einer längeren Entwicklung.[372] Die staatliche Aufsicht basiert zum einen auf gesetzgeberischen Ansätzen, Erfahrungen und Anregungen aus dem In- und Ausland und zum anderen aus deutschen theoretisch-wissenschaftlichen Überlegungen.[373]

2.1 Entstehung der Versicherungsaufsicht

Die moderne Versicherungsaufsicht in Deutschland geht auf das Reichsgesetz über die privaten Versicherungsunternehmen vom 12. Mai 1901 zurück.

2.1.1 Anfänge der Versicherungsaufsicht

Das Bedürfnis einer Beaufsichtigung des Versicherungswesens entwickelte sich Anfang des 19. Jahrhunderts mit und aus der Entstehung des privaten Versicherungswesens.[374] In den deutschen Ländern wurde die Beaufsichtigung privater Versicherungsunternehmen sehr unterschiedlich gehandhabt, da es unterschied-

---

369 Boss, System der Staatsaufsicht, S. 16.

370 Fikentscher, Wirtschaftsrecht, Bd. II, S. 466; vgl. Boss, Systeme der Staatsaufsicht, S. 23, S. 14.

371 Dreher, VersR 93, 1443 (1452).

372 Büchner, in: 50 Jahre materielle Versicherungsaufsicht, Bd. I, 1952, S. 1-48; Tigges, Geschichte der Versicherungsaufsicht, 1985.

373 Koch, Der Weg zur einheitlichen Staatsaufsicht über Versicherungsunternehmen in Deutschland, in: 100 Jahre materielle Versicherungsaufsicht in Deutschland, S. 5.

374 Vgl. Tigges, Geschichte der Versicherungsaufsicht, S. 20; vgl. Büchner, in: 50 Jahre materielle Versicherungsaufsicht, Bd. I, 1952, S. 1.

liche Differenzierungen der Versicherungszweige gab und auch die Versicherungsgesellschaften unterschiedliche Erscheinungsformen aufwiesen. Dies machte eine länderübergreifende Tätigkeit der Versicherungsunternehmen fast unmöglich.

So gab es auf dem Gebiet der Versicherungsaufsicht in Deutschland eine erhebliche rechtliche Zersplitterung, während die USA, Österreich und die Schweiz auf diesem Gebiet erhebliche Fortschritte erreichten.[375] In der Mitte des 19. Jahrhunderts beschloss man, ein einheitliches Versicherungsaufsichtsgesetz zu schaffen. Der Durchbruch erfolgte im Jahr 1869 auf einer Konferenz des Norddeutschen Bundes. Dort kam man überein, die Gesetzgebung für das Versicherungswesen zu vereinheitlichen.[376] Dies wurde in Art. 4 der Verfassung des Norddeutschen Bundes festgelegt. Dies war aber dann wegen der Gründung des deutschen Kaiserreichs hinfällig.[377]

2.1.2 Gesetz über die privaten Versicherungsunternehmen im Kaiserreich

Mit den Bestrebungen zur Schaffung eines einheitlichen deutschen Versicherungsaufsichtsgesetzes wurde die uneinheitliche Lage im Bereich des Versicherungswesens beendet. Dies erfolgte durch das Aufgehen des Norddeutschen Bundes im Deutschen Kaiserreich im Jahr 1871 und die Übernahme des Art. 4 der Verfassung des Norddeutschen Bundes in die Reichsverfassung.[378]

Die Gesetzgebung über das Versicherungswesen wurde Reichsangelegenheit, und damit war der Grundstein für ein gemeinsames Versicherungsaufsichtsgesetz gelegt.[379] Als Vorbild für die rechtliche Ausgestaltung dienten das Schweizer VAG von 1885 und das österreichische VAG aus dem Jahr 1880.[380] Ein erster Gesetzentwurf wurde Ende 1898 veröffentlicht.[381] Einen ersten - bereits gut gelungenen - Entwurf eines Reichsgesetzes für die privaten Versicherungsun-

---

375 Vgl. Büchner, in: 50 Jahre materielle Versicherungsaufsicht, Bd. I, 1952, S. 36-40.

376 Büchner, in: 50 Jahre materielle Versicherungsaufsicht, Bd. I, 1952, S. 1; Tigges, Geschichte der Versicherungsaufsicht, S. 64; vgl. Fromm/Goldberg, Einleitung VAG-Kommentar, Anm. II. A.

377 Tigges, Geschichte der Versicherungsaufsicht, S. 64; vgl. Fromm/Goldberg, Einleitung VAG-Kommentar, Anm. II. A.

378 Büchner, Die Abgrenzung der Finanzaufsicht von der sonstigen Rechtsaufsicht im deutschen Versicherungsrecht, S. 7.

379 Vgl. Kraus, Versicherungsaufsichtsrecht, S. 5 f.; Tigges, Geschichte der Versicherungsaufsicht, S. 64.

380 Büchner F., in: 50 Jahre materielle Versicherungsaufsicht, Bd. I, S. 1(6); vgl. Tigges, Geschichte der Versicherungsaufsicht, S. 7.

381 Reichsanzeiger Nr. 280 vom 26. November 1989. Siehe Fromm/Goldberg, Einleitung VAG-Kommentar, Anm. II. 1.

ternehmen erarbeitete Tonio Bödiker.[382] Dieser Entwurf liegt letztlich dem Aufsichtsgesetz von 1901 zugrunde. Nach Annahme durch den Bundesrat wurde der geänderte Entwurf als zweiter Regierungsentwurf am 14. November 1900 dem Reichstag vorgelegt. Der Entwurf wurde in drei Lesungen am 2. Mai 1901 vom Reichstag angenommen und am 12. Mai 1901 als *„Reichsgesetz über die privaten Versicherungsunternehmen"* bekannt gegeben.[383] Am 1. Januar 1902 trat dieses Gesetz durch Kaiserliche Verordnung in Kraft.[384]

2.2 Die Entwicklung des VAG bis zur Novelle von 1931

Um eine stabile Basis für die Geschäftstätigkeit der Unternehmen zu schaffen, wurde das Reichsgesetz für private Versicherungsunternehmen in der Zeit von 1901 bis 1914 reformiert. Es ging hauptsächlich darum, Aufsichtsgrundsätze zu erarbeiten, übereinstimmende allgemeine Versicherungsbedingungen anzustreben sowie Vorarbeiten für ein einheitliches Versicherungsvertragsgesetz zu leisten.[385]

Mit dem Zusammenbruch des Deutschen Kaiserreichs im Jahr 1918 erfuhr die Versicherungsaufsicht einschneidende Veränderungen. Diese Veränderungen in den Krisenjahren[386] machten sich nicht nur in der Umbenennung des Aufsichtsamtes in „Reichsaufsichtsamt für Privatversicherung", sondern auch durch markante Änderungen im VAG bemerkbar. Eine Änderung brachte das Gesetz zur Ergänzung des VAG vom 24. Oktober 1917: es stellte Unternehmen, die den Grundkredit durch Übernahme des Hypothekenschutzes fördern, von der Aufsicht nach dem VAG frei.[387] Eine größere Änderung erfolgte am 19. Juli 1923 als Folge der Inflationszeit.[388] Um gegen die damalige Rezession anzukämpfen, wurden unter anderem die Vorschriften über Kapitalanlagen geändert und das Begünstigungs-/Provisionsabgabeverbot in das VAG aufgenommen.[389]

---

382 Die Reichs-Versicherungsgesetzgebung von 1898 hat auch die Sozialversicherungsgesetze maßgebend gestaltet. Tonio Bödiker (1843-1907) ist deshalb mit Recht als deren Vater bezeichnet worden.

383 Koch, Der Weg zur einheitlichen Staatsaufsicht über Versicherungsunternehmen in Deutschland, in: 100 Jahre materielle Versicherungsaufsicht in Deutschland, S. 23.

384 Vgl. RGBl. I, S. 139; vgl. Fromm/Goldberg, Einleitung VAG-Kommentar, Anm. II.; vgl. Kraus, Versicherungsaufsichtsrecht, S. 6.

385 Ruge Thorsten, Die Entwicklung des Versicherungsaufsichtsrechts bis zur Novelle von 1931, in: 100 Jahre materielle Versicherungsaufsicht in Deutschland, Bd. I, S. 28.

386 Die Krisenjahre waren von 1914 bis 1923. In den Krisenjahren entwickelte sich das Reichsversicherungsgesetz weiter. Entgegen den seinerzeitigen Prognosen wirkte sich der Erste Weltkrieg auf die Versicherungswirtschaft nicht einschneidend aus, vielmehr verliefen deren Geschäfte weitgehend normal. Siehe Starke, 50 Jahre Bd. III, S. 22 f.

387 Fromm/Goldberg, VAG-Kommentar, S. 4.

388 Fromm/Goldberg, VAG-Kommentar, S. 4; vgl. Eichler/Finke, Rechtsquellen des Versicherungsrechts, S. 43.

389 Büchner, in: 50 Jahre materielle Versicherungsaufsicht, Bd. I, S. 1 (22).

Mit dem Ende der Inflation begann die Zeit des Wiederaufbaus (1923 bis 1930). Eine weitere größere Veränderung des VAG ergab sich durch das Änderungsgesetz vom 30. März 1931.[390] Die Änderungen betrafen insbesondere die Vorschriften über die Prüfer und die Bestellung eines Treuhänders für den Deckungsstock. Außerdem wurde die Aufsichtsbehörde dazu verpflichtet, mindestens alle fünf Jahre eine Prüfung vorzunehmen.[391] Zusätzlich erfuhr die Bestandsübertragung in § 14 VAG eine neue Regelung: eine Zustimmung der Versicherungsnehmer nach § 415 BGB war nicht mehr nötig.[392] Außerdem war das Gesetz mit der Überschrift *„Gesetz über die Beaufsichtigung der privaten Versicherungsunternehmen und Bausparkassen"* im Reichsgesetzblatt neu zu veröffentlichen.[393] Nach entsprechenden Änderungen und neuen Paragraphen wurde das *„Gesetz über die privaten Versicherungsunternehmen"* vom 12. Mai 1901 (RGBl. 139) am 6. Juni 1931 als *„Gesetz über die Beaufsichtigung der privaten Versicherungsunternehmen und Bausparkassen"* [394] bekannt gemacht.[395] Durch das Änderungsgesetz wurde die „materielle Staatsaufsicht" - damit wesentlich erweitert und vertieft.[396]

2.3 Die Entwicklung des VAG in der Zeit der nationalsozialistischen Diktatur

Mit der im Jahre 1933 einsetzenden Epoche des Nationalsozialismus begann für die Versicherungswirtschaft und Versicherungsaufsicht ein neuer Zeitabschnitt. Die im Jahr 1933 bestehende Versicherungsaufsicht passte nicht in das neue wirtschaftspolitische Konzept des Nationalsozialismus. Doch blieb das Aufsichtswesen im Dritten Reich zunächst von tiefgreifenden Änderungen verschont. Die Gesetzgebungstätigkeit beschränkte sich in den ersten Jahren nach der Machtergreifung auf dem Gebiet des Versicherungsaufsichtsrechts auf vergleichsweise geringfügige Änderungen, während die Novellierung des Versicherungsaufsichtsgesetzes von 1937 zu grundlegenden Wandlungen führte. Durch das Änderungsgesetz vom 5. März 1937[397] wurden erst im Jahre 1937 einschneidende Änderungen im VAG vorgenommen. Eine der wichtigsten Modifizierungen war die Änderung der Versagungsgründe nach § 8 VAG.[398] Es konnten nunmehr die Unfähigkeit eines Geschäftsleiters sowie der mangelnde

390 Fromm/Goldberg, Einleitung VAG-Kommentar, S. 5; vgl. Eichler/Finke, Rechtsquellen des Versicherungsrechts, S. 43.

391 Eichler/Finke, Rechtsquellen des Versicherungsrechts, S. 44.

392 Büchner, in: 50 Jahre materielle Versicherungsaufsicht, Bd. I, S. 1 (29).

393 Fromm/Goldberg, Einleitung VAG-Kommentar, S. 6.

394 VAG, RGBl. I, 315, ber. 750.

395 Richter, Privatversicherungsrecht, S. 36.

396 Büchner, in: 50 Jahre materielle Versicherungsaufsicht, Bd. I, 1952, S. 1 (26).

397 Fromm/Goldberg, Einleitung VAG-Kommentar, S. 7.

398 Eichler/Finke, Rechtsquellen des Versicherungsrechts, S. 45.

Bedarf für die Zulassung eines neuen Versicherungsunternehmens zu einer Versagung der Zulassung führen. Außerdem wurde der § 81a in das VAG neu eingefügt. Er ermächtigte die Aufsichtsbehörde, einen Geschäftsplan zu ändern oder gar aufzuheben, falls dies notwendig erschien, um die Belange der Versicherten zu wahren.[399]

Eine wesentliche Änderung des VAG erfolgte im Zuge der Verordnung zur Vereinheitlichung der Versicherungsaufsicht vom 28. Februar 1943.[400] Die Aufsicht erfuhr dadurch eine weitere Konzentration und Kompetenzerweiterung. So wurde z.B. die Fachaufsicht über öffentlich-rechtliche Versicherungsunternehmen dem Reichaufsichtsamt für das Versicherungswesen übertragen, während die Dienstaufsicht bei den zuständigen Landebehörden blieb. Die Satzungen aller öffentlich-rechtlichen Versicherungsunternehmen genehmigte von da an der Reichswirtschaftsminister, soweit er nicht die Aufsicht bei anderen Reichsbehörden beließ.[401] Die Aufsichtsbehörde wurde in das „Reichsaufsichtsamt für das Versicherungswesen" umbenannt. Die vielfältigen Änderungen des VAG und die unzureichende verwaltungsrechtliche Kontrolle bewirkten, dass das Wesen der Versicherungsaufsicht verändert wurde. Die Versicherungswirtschaft wurde schrittweise unter Loslösung von rechtsstaatlichen Grundsätzen immer weiter in eine „totale Kommandowirtschaft" hineingeführt.[402] Sie wurde zum Instrument der Wirtschaftslenkung in einem nationalsozialistischen Herrschaftssystem.[403]

2.4 Wiederaufbau der Aufsicht nach dem Zweiten Weltkrieg und Anfänge der Bundesrepublik Deutschland

Nach dem Zusammenbruch des Dritten Reichs am 8. Mai 1945 endete auch die Tätigkeit des Reichsaufsichtsamtes und ging die zentrale Staatsgewalt in Deutschland auf die Alliierten über.[404] Die Militärregierungen in den Besatzungszonen entfalteten zunächst jedoch keinerlei Aufsichtstätigkeit, so dass in der unmittelbaren Nachkriegszeit ein Aufsichtsvakuum bestand.[405] Ende 1945 wurde in den drei westlichen Besatzungszonen und in Berlin mit dem Wiederaufbau der Versicherungsaufsicht begonnen. Dabei verfolgten die Besatzungs-

399 Büchner, in: 50 Jahre materielle Versicherungsaufsicht, Bd. I, 1952, S. 1 (32).

400 Fromm/Goldberg, Einleitung VAG-Kommentar, S. 8.

401 § 2 Abs. 3 VO 1943.

402 Schmidt, in: Prölss, VAG-Kommentar, 11. Aufl., Vorbem. Rn. 3.

403 Angerer, Grundlinien der Versicherungsaufsicht, in: Mannheimer Vorträge zur Versicherungswissenschaft, Bd. 31, S. 7.

404 Vgl. Büchner, in: 50 Jahre materielle Versicherungsaufsicht, Bd. I, S. 1 (36); Büchner, Die Abgrenzung der Finanzaufsicht von der sonstigen Rechtsaufsicht in deutschen Versicherungsaufsichtsrecht, S. 10.

405 Starke, in: 50 Jahre materielle Versicherungsaufsicht, Bd. III, S. 45.

mächte jedoch unterschiedliche Konzeptionen. In der französischen und amerikanischen Besatzungszone wurde die Beaufsichtigung dem jeweiligen Finanzministerium der Länder übertragen.[406]

In der britischen Besatzungszone wurde auf Anregung des Hamburger Versicherungskreises durch die Verordnung Nr. 23 mit Wirkung vom 5. März 1946 eine zentrale Versicherungsaufsichtsbehörde für den britischen Besatzungsbereich errichtet.[407] Berlin als gemeinsame Besatzungszone aller Siegermächte hatte ein eigenes Aufsichtsamt, das an die Weisungen der Alliierten Kommandantur gebunden war.[408] Die Veränderungen in der Versicherungsaufsicht folgten den Veränderungen der politischen Lage. Im Jahre 1947 schlossen sich die britische und amerikanische Zone zum Vereinigten Wirtschaftsgebiet zusammen. So wurde die Versicherungsaufsicht vom britischen Zonenamt auf die Landesregierungen übertragen,[409] da die Versicherungsaufsicht in der britischen Besatzungszone nicht in die Zuständigkeit der zentralen Verwaltung dieses Wirtschaftsgebietes fiel. Mit Beginn des Kalten Krieges rückten die Westmächte immer näher zusammen, wohingegen die sowjetisch besetzte Zone (Ost-Deutschland) ihre eigenen Wege ging.[410] Dadurch wurde eine einheitliche Lösung unmöglich.

---

406 Fromm/Goldberg, Einleitung VAG-Kommentar, Anm. II. G; Büchner, in: 50 Jahre materielle Versicherungsaufsicht, Bd. I, S. 1 (32).

407 Büchner, in: 50 Jahre materielle Versicherungsaufsicht, Bd. I, 1952, S. 1 (37); Kraus, Versicherungsaufsichtsrecht, S. 8.

408 Kraus, Versicherungsaufsichtsrecht, S. 9.

409 VO Nr. 182, VerVW 1949, S. 65.

410 Am 9. Juni 1945 etablierte sich die Sowjetische Militäradministration Deutschland (SMAD) in der sowjetisch besetzten Zone Deutschlands (SBZ). In der SBZ wurde eine staatliche Versicherungsanstalt für jedes Land bzw. jede Provinz errichtet. Am 7. Oktober 1949 wurde die Deutsche Demokratische Republik (DDR) gegründet und es trat die Verfassung der DDR in Kraft. Nach drei Tagen wurden die Verwaltungsaufgaben auf die provisorische Regierung der DDR übertragen, die SMAD wurde von der Sowjetischen Kontrollkommission abgelöst. Nach der Verstaatlichung des Versicherungswesens begann die zunehmende Zentralisierung. Sie begann mit der Gründung des „Deutschen Aufsichtsamts für das Versicherungswesen vom 9. August 1950 (GBl. S. 831). Mit seiner Gründung entfiel die Versicherungsaufsicht der Länder. Die Zentralisierung und Verstaatlichung der Versicherungswirtschaft war mit der Einrichtung der Deutschen Versicherungsanstalt abgeschlossen. Das neue Versicherungsunternehmen war nunmehr ein staatliches Monopolunternehmen für den Abschluss aller Arten von freiwilligen Versicherungen und Pflichtversicherungen in der DDR. Die Deutsche Versicherungsanstalt wurde mit Wirkung vom 1. Januar 1969 in „Staatliche Versicherung der DDR“ umbenannt. Nach dem Fall der Mauer trat das Statut der „Staatlichen Versicherung der DDR“ durch Ministerratsbeschluss vom 8. März 1990 am 1. Mai 1990 außer Kraft. Eine neue Rechtslage schuf der am 18. Mai 1990 zwischen der Bundesrepublik Deutschland und der DDR abgeschlossene Staatsvertrag, der zwischen beiden Staaten, beginnend mit dem 1. Juli 1990, eine Währungs-, Wirtschafts- und Sozialunion vorsah.

Die Zersplitterung im Nachkriegsdeutschland hatte zur Folge, dass durch die unterschiedlichen Auffassungen der Aufsichtsbehörden und voneinander abweichenden Entscheidungen die Behandlung der Versicherten regional unterschiedlich war. Dies stellte insbesondere für die überregional operierenden Unternehmen eine große Belastung dar und förderte den Wunsch nach einer einheitlichen Aufsichtsbehörde.

Mit der Gründung der Bundesrepublik Deutschland, bestehend aus der britischen, französischen und amerikanischen Besatzungszone, und dem Inkrafttreten des Grundgesetzes war die Grundlage für die Schaffung einer einheitlichen Aufsichtsbehörde geschaffen. Art. 74 Abs. 1 Nr. 11 GG, demzufolge das "privatrechtliche Versicherungswesen" Gegenstand der konkurrierenden Gesetzgebung des Bundes ist, eröffnete die Möglichkeit einer bundesgesetzlichen Neuregelung der Versicherungsaufsicht.

Ein Sonderausschuss, der die Versicherungsaufsicht über das vereinigte Wirtschaftsgebiet koordinierte, wurde am 1. April 1949 eingerichtet.[411] Der Sonderausschuss übte seine Tätigkeit bis zur Errichtung des BAV aus. Zwei Monate später erfolgte die Gründung einer gemeinsamen Versicherungsaufsicht unter dem Namen „Zonenamt des Reichsaufsichtsamtes für das Versicherungswesen in Abwesenheit (mit der Wahrnehmung der Versicherungsaufsicht der Länder der britischen Zone beauftragt)" durch Beschluss der Länder[412] vom 28. Juni 1949.[413] Die Fraktionen der Regierungsparteien legten dem Bundestag am 6. Februar 1950 den Entwurf eines Gesetzes über die Einrichtung eines Bundesaufsichtsamtes für das Versicherungs- und Bausparwesen vor.[414] Das Gesetz ist am 3. August 1951 verkündet worden und am nächsten Tag in Kraft getreten.[415] Am 1. April 1952 nahm das Bundesaufsichtsamt für das Versicherungswesen (BAV) seine Arbeit in Berlin auf. Gemäß §§ 2-4 BAG (Gesetz über die Einrichtung eines Bundesaufsichtsamtes für das Versicherungswesen) war das BAV nunmehr für die Aufsicht über die privaten Versicherungsunternehmen sowie die öffentlich-rechtlichen Wettbewerbsversicherungsunternehmen, die über den Bereich eines Landes hinaus tätig sind, zuständig.

Die Grundkonzeption des Versicherungsaufsichtsrechts, wie es sich in den ersten fünfzig Jahren seines Bestehens entwickelt hatte, blieb auch nach der Er-

---

Nach der Wiedervereinigung wurde das BAV auch für die DDR-Versicherten zuständig. Die „Ost-Abteilung" des BAV konnte schon zum 1. Oktober 1992 ihre Tätigkeit einstellen. Dabei sollte das westdeutsche Versicherungsrecht schrittweise eingeführt werden.

411 Fromm/Goldberg, Einleitung VAG-Kommentar, Anm.II.G; Büchner, in: 50 Jahre materielle Versicherungsaufsicht, Bd. I, S. 1 (37).

412 Nordrhein-Westfalen, Niedersachsen, Schleswig-Holstein, Hamburg und Bremen.

413 Fromm/Goldberg, Einleitung VAG-Kommentar, Anm. II. G.

414 Ebenda.

415 Ebenda.

richtung des Bundesaufsichtsamts in den ersten beiden Jahrzehnten erhalten.[416] Eine wichtige Modifikation erfuhr es mit dem „Gesetz über Bausparkassen vom 16. November 1972.[417] Mit diesem am 1. Januar 1973 in Kraft getretenen Gesetz wurden die Befugnisse der BAV eingeschränkt, da die privaten und öffentlichen Bausparkassen einer einheitlichen Aufsicht durch das Bundesaufsichtsamt für das Kreditwesen unterstellt wurden.

In den folgenden Jahren wurden das VAG wie auch die Versicherungsaufsicht als Institution mehrfach geändert, wobei die gravierendsten Änderungen auf das europäische Recht zurückgehen.

2.5 Harmonisierung des europäischen Binnenmarktes für Versicherungsdienstleistungen

Das VAG hat in seiner mehr als hundertjährigen Geschichte viele Änderungen erfahren, die heute aber eigentlich nur noch von historischem Interesse sind. Die aktuelle Fassung des VAG wurde viel mehr von den Entwicklungen in der EWG[418] und in der EG bestimmt.

Der EWGV[419] hatte zunächst den Charakter einer wirtschaftlichen Programmverfassung einer völkerrechtlichen Gemeinschaft.[420] Nunmehr beinhaltet er die sozialen, gesellschaftlichen und wirtschaftlichen Grundgedanken dieser Gemeinschaft und ist maßgeblich für die Ausgestaltung der nationalen Versicherungsaufsicht in den EU-Mitgliedstaaten. Um dem angestrebten Ziel eines vereinigten Europa näherzukommen, wurde zu Beginn der 70er Jahre die Notwendigkeit einer Harmonisierung des Bereichs der Versicherungsaufsicht der einzelnen Mitgliedstaaten deutlich.[421] Das Aufsichtswesen war in den Mitgliedstaaten sehr unterschiedlich gestaltet, und zwar seinem Umfang und seiner Natur nach.[422]

---

416 Wöhrle, in: 100 Jahre materielle Versicherungsaufsicht in Deutschland, S. 75.

417 Ebenda, S. 78.

418 Europäische Wirtschaftsgemeinschaft. Das deutsche Privatversicherungsrecht basiert auch auf dem Versicherungsrecht der EWG und der EG. Siehe Beckmann/Matusche-Bechmann, Versicherungsrechts-Handbuch, § 1 Einführung Rn. 67.

419 Vertrag über die Gründung der Europäischen Wirtschaftsgemeinschaft.

420 Schmidt, in: Prölss, VAG-Kommentar, Vorbem. Rn. 17.

421 Der EWG-Vertrag verbietet z.B. jede Diskriminierung aus Gründen der Staatsangehörigkeit (Art. 7); er hat die Beseitigung der Beschränkungen der Niederlassungsfreiheit und der Dienstleistungsfreiheit (Art. 52-60) zum Ziel ebenso wie die Herstellung eines freien Kapitalverkehrs (Art. 67-73).

422 Beispielsweise bestand eine Aufsicht über alle Versicherungszweige nur in Frankreich, Italien und Luxemburg. In den anderen Mitgliedstaaten, z.B. in Deutschland, bestanden Ausnahmen, z.B. blieben die Transport- und die Kursverlustversicherung aufsichtsfrei; auch in den Niederlanden unterlag nur die Lebensversicherung einer Aufsicht, während in Belgien lediglich die Lebens-, Arbeits- und Kfz-Haftpflichtversicherung beaufsichtigt wurden.

Der EGV[423] fordert nicht nur einen schrittweise Abbau von Beschränkungen, die der Ausübung der Grundfreiheiten entgegenstehen, sondern auch eine Angleichung der innerstaatlichen Rechts- und Verwaltungsvorschriften, soweit dies für die Errichtung und das Funktionieren des Gemeinsamen Marktes erforderlich ist.[424] Die Harmonisierung von Rechtsvorschriften der Mitgliedstaaten erfolgt regelmäßig durch Richtlinien. Obwohl Richtlinien direkte Bindungswirkung haben, lassen sie den Mitgliedstaaten Spielraum für die Mittel und die Form der Umsetzung.[425] Es bedurfte vieler kleiner Schritte, um grenzüberschreitende Aktivitäten von Versicherungsunternehmen zu erleichtern und die rechtlichen Hindernisse abzubauen.

Der Koordinierungsprozess wurde mit einer Reihe von Richtlinien eingeleitet. Von 1973 bis heute hat die EG sieben Hauptrichtlinien erlassen, die für eine Angleichung der Versicherungsaufsicht maßgeblich waren. Es handelt sich bei den Richtlinien um die Ersten, Zweiten und Dritten Richtlinien zur Koordinierung der Rechts- und Verwaltungsvorschriften für die Direktversicherung. Jede dieser Generationen enthält je eine Richtlinie für die Schadenversicherung (hier: Nicht-Lebensversicherung) und für die Lebensversicherung. Auch gibt es für die einzelnen Versicherungsgruppen spezielle Richtlinien.

2.5.1 Erste Richtliniengeneration

Am 18. Dezember 1961 verabschiedete der Rat der EWG zwei „Allgemeine Protokolle“ zur Aufhebung der Beschränkung der Niederlassungsfreiheit und des freien Dienstleistungsverkehrs. Die Niederlassungsfreiheit sollte in Kraft treten, sobald die Vorschriften über die Aufnahme und Ausübung der Versicherungstätigkeit koordiniert waren; die Dienstleistungsfreiheit, sobald die Niederlassungsfreiheit verwirklicht war. So hatten die ersten Richtlinien im Versicherungssektor die Niederlassungsfreiheit zum Gegenstand. Erst im Jahr 1973[426] verabschiedete der Ministerrat für den Bereich der Direktversicherung die bereits im allgemeinen Programm vorgesehene Richtlinie zur Niederlassungsfrei-

423 Vertrag zur Gründung der Europäischen Gemeinschaft in der konsolidierten Fassung des Vertrags von Amsterdam vom 8.4.1998, BGB1. 1998 II, S. 387, 456; vormals Vertrag zur Gründung der Europäischen Wirtschaftsgemeinschaft vom 25.3.1957, BGBl. 1957 II, S. 766 i.d.F. vom 2.9.1994, BGB1. 1994 II, S. 2022.

424 Art. 3 lit. h), 94 EGV.

425 Vgl. Art. 249 Abs. 3 EGV; Völkel, Der Marktzugang ausländischer Versicherer, S. 25.

426 Erste Richtlinie des Rates (73/239/EWG) zur Koordinierung der Rechts- und Verwaltungsvorschriften betreffend die Aufnahme und Ausübung der Tätigkeit der Direktversicherung (mit Ausnahme der Lebensversicherung), AB1. L 228/3 vom 24.7.1973 und Richtlinie des Rates (73/240/EWG) zur Aufhebung der Beschränkungen der Niederlassungsfreiheit auf dem Gebiet der Direktversicherung mit Ausnahme der Lebensversicherung, AB1. L 228/20 vom 24.7.1973, im Folgenden 1. RL-S.

heit für die Schadenversicherung und für die Lebensversicherung erst 1979.[427] Diese ersten Richtlinien waren der erste entscheidende Schritt auf dem Weg zur Verwirklichung der Niederlassungsfreiheit, und auf ihnen basierten alle folgenden Schritte zur Schaffung eines gemeinsamen Versicherungsmarktes.[428]

Um die Niederlassungsfreiheit zu verwirklichen, legen die Richtlinien für die Schadenversicherung und die Lebensversicherung ein einheitliches Zulassungssystem für die Aufnahme der Versicherungstätigkeit und für die Einrichtung einer Zweigniederlassung fest.[429] Die Aufnahme der Versicherungstätigkeit macht jeder Mitgliedstaat gemäß der ersten Richtlinien-Generation von einer behördlichen Zulassung abhängig.[430] Die einheitlichen Zulassungsbedingungen sahen vor, dass Versicherungsunternehmen nur in bestimmten Rechtsformen gegründet werden können.[431] Die Versicherungsunternehmer mussten einen Tätigkeitsplan vorlegen, der die geplanten Versicherungsbedingungen zu enthalten sowie Aufschluss über die Rückversicherung zu geben hatte.[432] Zur Vereinheitlichung der Zulassung wird die Zulassung für jeden Versicherungszweig gesondert erteilt.[433]

Bei einer Niederlassung (Agentur oder Zweigniederlassung) wird eine erneute Zulassung durch den Mitgliedstaat der Niederlassung erforderlich.[434] In diesem erneuten Zulassungsverfahren sind in erster Linie Bescheinigungen der zuständigen Behörden des Sitzlandes betreffend die zulässigen Versicherungszweige und die vorhandene Solvabilität[435] und ein Tätigkeitsplan vorzulegen; zudem ist ein Hauptbevollmächtigter zu benennen, der die Niederlassung gerichtlich und gegenüber Dritten vertritt.[436]

Als Kernstück bestimmt die erste Richtliniengeneration außerdem Vorschriften über die Finanzausstattung der Versicherungsunternehmen in Form einer einheitlichen Solvabilitätsspanne.[437] Die Versicherungsunternehmen sollten

427 Erste Richtlinie des Rates (79/267/EWG) zur Koordinierung der Rechts- und Verwaltungsvorschriften über die Aufnahme und Ausübung der Direktversicherung (Lebensversicherung), ABl. L 79/63 vom 13.3.1979, im Folgenden 1. RL-L.

428 Vgl. Loheac, Der Binnenmarkt für Versicherungen: Chancen, Grenzen, Perspektiven, VW 1994, 116; Hübner/Matusche-Beckmann, Auswirkungen des Gemeinschaftsrechts auf das Versicherungsrecht, EuZW 1995, 264.

429 Loheac, Der Binnenmarkt für Versicherungen: Chancen, Grenzen, Perspektiven, VW 1994, 1116. Vgl. Kapitel II Abschn. A der 1. RL-S und Titel II der 1. RL-L.

430 Vgl. Art. 6 der 1. RL–S und Art. 6 der 1. RL–L.

431 Art. 8 der 1. RL–S und Art. 8 der 1. RL–L.

432 Art. 9 und 11 der 1. RL–S und Art. 9 und 11 der 1. RL–L.

433 Art. 7 Abs. 2 der 1. RL–S und Art. 7 Abs. 2 der 1. RL–L.

434 Art. 10 Abs. 1 der 1. RL–S und Art. 10 Abs. 1 der 1. RL–L.

435 Art. 10 Abs. 1 lit. b) der 1. RL–S und Art. 10 Abs. 1 lit. b) der 1. RL–L.

436 Art. 10 Abs. 1 lit. d) der 1. RL–S und Art. 10 Abs. 1 lit. d) der 1. RL–L.

437 Müller, Versicherungsbinnenmarkt, Rn. 26; Hübner/Matusche-Beckmann, Auswirkungen des Gemeinschaftsrechts auf das Versicherungsrecht, EuZW 1995, 264.

verpflichtet werden, Eigenmittel in Höhe „einer mit Rücksicht auf den Gesamtumfang ihrer Geschäftstätigkeit ausreichenden Solvabilitätsspanne" zu bilden.[438] Für die Höhe der damit von der Intensität des laufenden Geschäftsbetriebs abhängigen Eigenmittelausstattung ist bei der Nicht-Lebensversicherung der jeweils höhere Wert eines Beitrags- oder eines Schadenindexes maßgeblich.[439] Bei der Lebensversicherung sind im Wesentlichen die mathematischen Reserven (die Deckungsrückstellung und die um Kostenanteile verminderten Beitragsbeträge) und die Versicherungssumme zur Bestimmung des riskierten Kapitals als Berechnungsgrundlagen heranzuziehen; die Solvabilitätsspanne muss für den Regelfall 4% der mathematischen Reserven zuzüglich 3% des riskierten Kapitals betragen.[440] Die Solvabilitätsprüfung für den gesamten Bereich der Geschäftstätigkeit eines Versicherungsunternehmens wurde der Aufsichtsbehörde im Sitzland zugewiesen,[441] die nun die Verantwortung für die finanzielle Sicherheit eines Versicherungsunternehmens gegenüber allen Mitgliedstaaten trägt.[442] Die Aufsichtszuständigkeit wurde zum ersten Mal zwischen den Aufsichtsbehörden des Sitz- und Tätigkeitslandes aufgeteilt, wobei die Aufsicht über die Solvabilität grundsätzlich zum Zuständigkeitsbereich der Sitzlandaufsichtsbehörde gehört.[443]

Ferner erlaubte die erste Richtliniengeneration es den Mitgliedstaaten, ihre nationalen Aufsichtssysteme in der Substanz unverändert fortzuführen. Damit blieben Art und Umfang der Aufsicht sowohl für die Bedingungs- als auch die Finanzaufsicht in den Mitgliedstaaten unterschiedlich geregelt. In Deutschland blieb die materielle Staatsaufsicht über alle tätigen Versicherungsunternehmen und auch alle ausländischen Niederlassungen bestehen.[444]

Die erste Richtliniengeneration schaffte nicht nur eine Harmonisierung wesentlicher Aufsichtsnormen, sondern auch durch die Einführung einer EG-wieten Solvabiliätsregelung bedeutsame Voraussetzungen für die Wahrnehmung der Niederlassungsfreiheit. Sie stellt einen wesentlichen Schritt zur Verwirklichung der Niederlassungsfreiheit in der Europäischen Wirtschaftsgemeinschaft dar.

---

438 Art. 16 bzw. 18 der 1. RL–S und Art.16 bzw.18 der 1. RL–L.

439 Art. 16 der 1. RL–S; Ausführlich Angerer ZfV 1974, 326 (328 ff.).

440 Art. 18 und 19 der 1. RL–L.

441 Art. 14 der 1. RL–S und Art.16 der 1. RL–L.

442 Vgl. Angerer, Perspektiven und Entwicklungen der Versicherungsaufsicht im Rahmen der Europäischen Gemeinschaft, ZfV 1989, 6.

443 Vgl. Art. 14 der 1. RL–S und Art. 16 der 1. RL–L; Müller, Versicherungsbinnenmarkt, Rn. 26.

444 Schmidt, Die Deregulierung der Versicherungsaufsicht und die Versicherungsvermittlung in Deutschland, S. 51; Michaels, Neuorientierung der Versicherungsmärkte bei veränderten rechtlichen Rahmenbedingungen, VW 1990, 1395.

Die Richtlinie für Schadenversicherung wurde durch das Durchführungsgesetz vom 18.12.1975[445] in das deutsche Versicherungsaufsichtsrecht umgesetzt. Danach wurde die Richtlinie für die Lebensversicherung durch das 14. VAGÄndG[446] vom 29. März 1983 umgesetzt.

2.5.2 Zweite Richtliniengeneration

Die Verwirklichung der Dienstleistungsfreiheit im Versicherungssektor erwies sich als schwierig. Während einige Länder die Notwendigkeit einer Beaufsichtigung grundsätzlich bestritten, verlangten andere Länder mit einem restriktiven Aufsichtssystem (speziell Deutschland) die Kontrolle der Tätigkeit der Versicherungsunternehmen im grenzüberschreitenden Dienstleistungsverkehr. Die Kommission kam schließlich zu der Ansicht, dass es grundsätzlich einer einheitlichen Beaufsichtigung bedarf.[447]

Die Bemühungen der Kommission, die erforderlichen Voraussetzungen für die Einführung der Dienstleistungsfreiheit mit einer zweiten Richtliniengeneration zu schaffen, begannen zeitgleich mit den Arbeiten zur Verwirklichung der Niederlassungsfreiheit.[448] Denn die Kommission meinte, die Dienstleistungsfreiheit könne nur verwirklicht werden, wenn das Sitzlandprinzip allgemein gelte.[449] Schließlich brachte das Versicherungsurteil des EuGH vom 4. Dezember 1986 den Durchbruch.

In diesem Urteil in der Rs. 205/84 (Kommission/Deutschland) stellte der EuGH fest, dass jede ständige Präsenz eines Unternehmens auf dem Gebiet eines Mitgliedstaates einer Agentur oder Zweigniederlassung gleichzustellen ist und damit die Vorschriften über die Niederlassungsfreiheit Anwendung finden. Dies gilt auch, wenn diese Präsenz nicht die Form einer Zweigniederlassung oder einer Agentur angenommen hat, sondern lediglich durch ein Büro wahrgenommen wird, das von dem eigenen Personal des Versicherungsunternehmens oder von einer Person geführt wird, die zwar unabhängig, aber beauftragt ist, auf Dauer für dieses Unternehmen wie eine Agentur zu handeln.[450] Mit dem Ablauf der Übergangszeit wurden die Bestimmungen über den freien Dienstleistungs-

---

445 Erstes Durchführungsgesetz/EWG zum VAG vom 18.12.1975, BGBl. 1975 I, S. 3139 ff.

446 Vierzehntes Gesetz zur Änderung des Versicherungsaufsichtsgesetzes vom 29. März 1983, BGB1. 1983 I, S. 377.

447 Donhauser, Das Versicherungsaufsichtsrecht und der europäische Binnenmarkt, in: 100 Jahre materielle Versicherungsaufsicht in Deutschland, Bd. I, S. 132.

448 Vgl. Badenhoop, Binnenmarkt der Versicherungen bis 1992?, VW 1987, 626; Müller, Versicherungsbinnenmarkt, Rn. 32.

449 Da die Niederlassungsfreiheit nur die Ausländerdiskriminierung verbietet, während die Dienstleistungsfreiheit das Recht zur Betätigung in allen Ländern der Gemeinschaft ist. Siehe Donhauser, Das Versicherungsaufsichtsrecht und der europäische Binnenmarkt, in: 100 Jahre materielle Versicherungsaufsicht in Deutschland, Bd. I, S. 132.

450 EuGH Urteil v. 4.12.1986 – Rs. 205/84 (Kommission/Deutschland), Slg. 1986, 3755, Rn. 21, Vgl. Art. 3 der 2. RL-S.

verkehr auch für die Versicherungswirtschaft wirksam. Zulässig waren nur noch Einschränkungen aus Gründen des Allgemeininteresses.

Schließlich wurde über eine zweite Richtlinie Schadenversicherung am 22. Juni 1988[451] sowie eine zweite Richtlinie Lebensversicherung am 8. November 1990[452] Einigung erzielt.

Die zweite Richtliniengeneration fußte vor allem auf dem Gebot der Dienstleistungsfreiheit nach Art. 59 EGV. Dieser Artikel legt fest, dass innerhalb der Gemeinschaft die Beschränkungen des grenzüberschreitenden Dienstleistungsverkehrs aufgehoben werden sollten. Der wichtigste Punkt für die Fortschritte der zweiten Generation war dabei, dass das Prinzip der gegenseitigen Anerkennung nationaler Regeln durchgesetzt werden konnte.[453] Die Konkurrenzregelungen sowie das internationale Vertragsrecht, für das die Belegenheit des Risikos der eigentliche Anknüpfungspunkt ist, wurden vereinheitlicht.[454]

Die zweite Richtlinie Schaden führte zu einer Differenzierung der Aufsicht bzw. Abstufung der Aufsichtsintensität hinsichtlich des Großrisikogeschäfts und des Massenrisikogeschäfts. Sie schaffte für Großrisiken[455] nicht nur die präventive Kontrolle der Versicherungsbedingungen, sondern auch die Tarifgenehmigung ab.[456] Für Großrisiken wurde das Sitzlandprinzip gefordert, d.h. von den Mitgliedstaaten, in denen das Versicherungsunternehmen tätig werden wollte, durfte keine eigenständige Zulassung mehr verlangt werden. Es sind allerdings der Behörde des Mitgliedstaates der Dienstleistungserbringung Bescheinigungen auch der Sitzlandbehörde vorzulegen.[457] Dadurch, dass die Zulassungspflicht durch eine einfache Anzeigepflicht ersetzt wurde,[458] konnte eine bedeutende

---

451 Zweite Richtlinie des Rates zur Koordinierung der Rechts- und Verwaltungsvorschriften für die Direktversicherung (mit Ausnahme der Lebensversicherung) und zur Erleichterung der tatsächlichen Ausübung des Dienstleistungsverkehrs sowie zur Änderung der Richtlinie 73/239/EWG (88/357/EWG), ABl. Nr. L 172 vom 4.7.88, S. 1, im Folgenden 2. RL–S.

452 Zweite Richtlinie des Rates zur Koordinierung der Rechts- und Verwaltungsvorschriften für die Direktversicherung (Lebensversicherung) und zur Erleichterung der tatsächlichen Ausübung des freien Dienstleistungsverkehrs sowie zur Änderung der Richtlinie 79/267/EWG (90/619/EWG), ABl. L 330 vom 29.11.90, S. 50, im Folgenden 2. RL–L.

453 Schmidhuber, Die Vollendung des europäischen Binnenmarktes im Versicherungswesen, in: Versicherungen in Europa heute und morgen, Geburtstags-Schrift für Büchner, S. 115 (116).

454 Vgl. Art. 19 2. RL–S.

455 Die in Art. 5 der 2. RL–S näher definiert werden.

456 Roth, Die Vollendung des europäischen Binnenmarktes für Versicherungen, NJW 1993, S. 3028 (3029); Dornhauser, in: 100 Jahre materielle Versicherungsaufsicht, Bd.I, S. 123 (133).

457 Vgl. Art. 16 der 2. RL–S und Art. 14 der 2. RL–L; Roth, Die Vollendung des europäischen Binnenmarktes für Versicherungen, NJW 1993, 3029.

458 Vgl. Art. 5 i.V.m. Art. 12, 13, 14 der 2. RL–S.

Beschränkung für den Dienstleistungsverkehr beseitigt werden.[459] Für das Massengeschäft blieb es aber bei der alleinigen Kompetenz der jeweiligen Mitgliedstaaten, die Zulassung zum Dienstleistungsverkehr verlangen zu können.[460]

Die zweite Richtlinie Leben folgte jedoch im Großen und Ganzen dem Regelungsmodell der zweiten Richtlinie Schaden. Ein wichtiger Unterschied ist die Regelung der Risikobelegenheit.[461] Dabei handelt es sich um das entscheidende Anknüpfungsmerkmal für die Aufsichtszuständigkeit und die Steuerkompetenz der Mitgliedstaaten sowie für das internationale Privatrecht. Dieses Merkmal hängt von dem gewöhnlichen Aufenthalt bzw. der Niederlassung des Versicherungsnehmers ab.[462]

Die Aufsicht über jedes grenzüberschreitende Dienstleistungsgeschäft soll im Übrigen in enger Zusammenarbeit mit den Aufsichtsbehörden der Mitgliedstaaten erfolgen. Dadurch werden gegenseitige Informationspflichten über die Finanzlage abgesichert.[463] Insgesamt soll die Überwachung für den Bereich des freien Dienstleistungsverkehrs arbeitsteilig durch die Behörden des Sitz- und des Tätigkeitslandes erfolgen, wobei die Eingriffsbefugnisse vorrangig dem Sitzland zustehen.[464] Allerdings muss das Versicherungsunternehmen sich noch selbst an die Aufsichtsbehörde des Tätigkeitslandes wenden sowie die notwendigen Unterlagen vorlegen.[465]

Die Änderung wurde durch das zweite Durchführungsgesetz/EWG zum VAG vom 28. Juni 1990[466] hinsichtlich der Schadenversicherung in deutsches Recht umgesetzt. Hinsichtlich der Lebensversicherung erfolgte die Umsetzung erst durch das Dritte Durchführungsgesetz/EWG zum VAG vom 21. Juni 1994.[467]

2.5.3 Dritte Richtliniengeneration

Mit der Umsetzung der zweiten Richtliniengeneration wurde zwar die Dienstleistungsfreiheit in der Gemeinschaft erreicht, trotzdem war die Integrationswirkung in der Praxis aber noch immer sehr gering, insbesondere, weil national unterschiedliche Grundsätze, wie das Erfordernis der Vorabgenehmigung der AVB in einigen Ländern weiter bestanden. Außerdem blieb die Schwierigkeit

459 Fahr/Kaulbach, vor § 1 VAG, Rn. 19; vgl. Roth, Die Vollendung des europäischen Binnenmarktes für Versicherungen, NJW 1993, 3028 (3029).

460 Vgl. Art. 15 der 2. RL–S; vgl. Art. 12 der 2. RL–L.

461 Vgl. Art. 2 lit. e), Art. 4, 12, 25 der 2. RL–L; Büchner, Abgrenzung der Finanzaufsicht von der sonstigen Rechtsaufsicht im deutschen Versicherungsaufsicht, S. 16.

462 Roth, Die Vollendung des europäischen Binnenmarktes für Versicherungen, NJW 1993, 3028 (3029).

463 Art. 23 der 2. RL–S, Art. 24 der 2. RL–L.

464 Vgl. Art. 19 der 2.RL–S und Art. 20 der 2. RL–L.

465 Art. 14, 17, 19 2. RL–S; Art. 11, 14 2. RL–L.

466 BGBl. I S. 1249, in Kraft getreten zum 1.7.1990.

467 Siehe BGBl. I, S. 1630, ber. S. 3134.

der Aufsicht durch das Tätigkeitsland und damit unterschiedlicher Bestimmungen weiter bestehen, insbesondere im Hinblick auf die finanziellen Voraussetzungen der Geschäftstätigkeit. Beides verhinderte die Entwicklung neuer Produkte und beschränkte die Auswahlmöglichkeiten der um Versicherungsschutz Nachsuchenden. Diese Beschränkungen wurden endgültig aufgehoben durch die Dritte Richtlinie Schaden (92/49/EWG) vom 18. Juni 1992[468] und die Dritte Richtlinie Leben (92/96/EWG) vom 10. November 1992[469].

Die Grundprinzipien der dritten Richtliniengeneration orientieren sich an den Beschlüssen des Europäischen Rates von 1985,[470] die den Grundsatz der globalen Gleichwertigkeit der nationalen Regelungen auf dem Finanzdienstleistungssektor beinhalteten.[471] Die dritte Richtliniengeneration verfolgt den eingeschlagenen Weg der zweiten Richtliniengeneration konsequent weiter und verwirklicht die Dienstleistungsfreiheit für alle Risikokategorien, also auch für Jedermann-Versicherungszweige und Massenrisiken.[472] Man unterscheidet nicht mehr zwischen Groß- und Massenrisiken. Die dritte Richtliniengeneration bildet einen gewissen Abschluss der Richtliniensetzung der Gemeinschaft auf dem Gebiet des Versicherungsrechts.[473]

In den Richtlinien wurde das jeweilige nationale Aufsichtssystem anerkannt. Eine europäische Zulassung – das sogenannte „Single-Licence-Prinzip“ – ist einzuführen, das Prinzip der Tätigkeitslandkontrolle durch das Prinzip der Sitzlandkontrolle zu ersetzen und jede Vorabgenehmigung der AVB abzuschaffen.[474]

Die Aufsichtsbehörde des Sitzlandes erteilt die Erlaubnis zum Geschäftsbetrieb. Diese Erlaubnis gilt nicht nur für den Sitzstaat, sondern für alle EU-Mitgliedstaaten gleichermaßen. Außerdem überwacht die Aufsichtsbehörde des Sitzlandes die Tätigkeit des Versicherungsunternehmens in der gesamten Gemeinschaft. Dagegen beschränkt sich die Aufsicht durch die Aufsichtsbehör-

---

468 Richtlinie zur Koordinierung der Rechts- und Verwaltungsvorschriften für die Direktversicherung (mit Ausnahme der Lebensversicherung) sowie zur Änderung der Richtlinien 73/239EWG und 88/357EWG, ABl. L 228/1 vom 11.8.1992, im Folgenden 3. RL–S.

469 Richtlinie des Rates zur Koordinierung der Rechts- und Verwaltungsvorschriften für die Direktversicherung (Lebensversicherung) sowie zur Änderung der Richtlinien 79/267/EWG und 90/619EWG, ABl. L 360/1 vom 9.12.1992, im Folgenden 3. RL–L.

470 Vgl. Fahr, in: Kaulbach, VAG-Kommentar, Vor § 1 VAG, Rn. 20.

471 Ebenda.

472 Vgl. Präve, P., Das Dritte Durchführungsgesetz/EWG zum VAG – Ausgewählte Fragen des neuen Aufsichts- und Vertragsrechts, ZfV 1994, 168; Hübner/Matusche-Beckmann, Auswirkung des Gemeinschaftsrechts auf das Versicherungsrecht, EuZW 1995, 265.

473 Schmidt, in: Prölss, VAG-Kommentar, Vorbem. Rn. 44; Roth, Die Vollendung des europäischen Binnenmarktes für Versicherungen, NJW 1993, 3028 ff.

474 Art. 8 Abs. 3 Unterabs. 1 1. RL–S i.d.F. des Art. 6; Art. 29, 39 Abs. 2 3. RL–S; Art. 8 Abs. 3 1. RL–L i.d.F. des Art. 6; Art. 29, 39 Abs. 2 3.RL–L.

de des Tätigkeitslandes im Wesentlichen auf die Tätigkeit der ausländischen Versicherungsunternehmen auf dem heimischen Markt.[475]

Außerdem findet nur noch ein Informationsverfahren der Aufsichtsbehörde statt, das entsprechend dem Liberalisierungsziel der Richtlinien eine baldige Tätigkeitsaufnahme nur unerheblich verzögert. Daher ist für den Geschäftsbetrieb im EG-/EWR-Ausland für ein Unternehmen aus EG-/EWR-Ländern nur noch erforderlich,[476] dass das Versicherungsunternehmen der Aufsichtsbehörde seines Heimatlandes anzeigt, in welchen Ländern es in welchen Versicherungssparten Deckungen anbieten will.

Ferner enthalten die Richtlinien einheitliche Regelungen für die Bewertung der technischen Reserven und Vorgaben für die Eigenmittelausstattung sowie einen gemeinsamen Rahmen für Kapitalanlagen.[477] Mithin wurden die Bilanzvorschriften vereinfacht[478] und es erfolgte die Einführung eines Systems von Meldepflichten für Versicherungsunternehmen.[479] Auch wurden die bisherigen Aufsichtsregelungen bezüglich der Qualifikation der leitenden Personen und des Aktionärskreises bezüglich des Erwerbes und der Veräußerung einer qualifizierten Beteiligung erweitert.[480]

Mit den dritten Richtlinien wurden die Niederlassungs- und Dienstleistungsfreiheit für die gemeinschaftsweite Versicherungstätigkeit weitgehend verwirklicht. Um die grenzüberschreitende Tätigkeit zu erleichtern, wurden alle Aufsichtsbehörden der EU-Mitgliedstaaten durch die dritte Richtliniengeneration verpflichtet, die Versicherungsunternehmen so zu beaufsichtigen, dass in allen Ländern von ungefähr gleichen Aufsichtsstandards und Wettbewerbsbedingungen ausgegangen werden kann.[481] Die deutsche Versicherungsaufsicht realisierte mit der Umsetzung durch das dritte Durchführungsgesetz EWG zum VAG vom 21. Juli 1994 diese neuen Vorgaben.[482]

2.5.4 Richtlinie 2002/83/EG für die Lebensversicherung

Die drei Richtlinien des Rates bezogen auf die Lebensversicherung[483] sind mehrfach geändert worden und wurden 2002 aus Gründen der Klarheit in der

475 Angerer, Geburtstags-Schrift für Büchner, S. 359 (364).
476 Art. 32, 3. RL–S.
477 Vgl. Art.13 der 3. RL–S; Art. 18 ff. der 3. RL–L.
478 Vgl. Art. 39 der 3. RL–S; vgl. Art. 29 der 3. RL–L.
479 Angerer, Geburtstags-Schrift für Büchner, S. 362.
480 Vgl. Art. 11, 15 der 3. RL–S; vgl. Art. 10, 14 der 3. RL–L.
481 Maier, Zusammenarbeit des Bundesaufsichtsamtes für das Versicherungswesen mit ausländischen Aufsichtsbehörden, in: 100 Jahre materielle Versicherungsaufsicht, Bd. I., S. 505 (506).
482 BGBl. 1994 I, 1630.
483 79/267/EWG, 90/619/EWG, 92/96/EWG und 95/26/EG.

neuen Richtlinie 2002/83/EG des Europäischen Parlaments und des Rates[484] zusammengefasst.

Inhaltlich hat sich dadurch nichts Wesentliches geändert, es wurden lediglich geringfügige Änderungen vorgenommen wie die Definition des geregelten Marktes,[485] Änderungen die durch den EG-Beitritt anderer Staaten bedingt waren,[486] sowie die Notwendigkeit eines Tätigkeitsplanes für die Zulassung festgelegt.[487]

Die Richtlinie 2002/83/EG des Europäischen Parlaments und des Rats vom 5. 12. 2002 über Lebensversicherungen hat alle bis dahin erlassenen Richtlinien über Lebensversicherungen in einem Text zusammengefasst und die alten Richtlinien dadurch ersetzt.

2.5.5 Die Umsetzung im VAG für Drittstaaten-VU

Zur Verwirklichung des Binnenmarktes im Bereich der Direktversicherung haben die drei Richtliniengenerationen und die zu ihrer Umsetzungen dienenden drei Durchführungsgesetze EWG zum VAG das deutsche Privatversicherungsrecht wesentlich verändert. Jedoch sind nach der Umsetzung der Versicherungsrichtlinien in das VAG nur wenige Änderungen gegenüber früher bei der Rechtslage bezüglich der Niederlassungen aus Drittstaaten-VU ersichtlich.[488] Die Regelungen der §§ 105 bis 110 VAG wurden aufgrund der Übernahme des EG-Aufsichtsrechts für die Drittstaaten-VU abgrenzend angepasst.

Die Erteilung der Erlaubnis zum Geschäftsbetrieb von Drittstaaten-VU nach § 106b VAG ist nur wenig abgeändert gegenüber den §§ 5 ff. VAG, die für Inlandsversicherungsunternehmen gelten. Gemäß § 106b VAG ist der Ermessensspielraum des BMF für die Erteilung der Zulassung durch die GATS-Verpflichtungen Deutschlands beschränkt.[489] D.h., dass das BMF die Zulassung erteilen muss, wenn das beantragende Unternehmen die notwendigen Voraussetzungen, die auch für Inlandsunternehmen gelten, erfüllt. Zu den notwendigen Voraussetzungen gehören eine positive gutachterliche Äußerung der BaFin, die Ernennung des Hauptbevollmächtigten und die Stellung einer Kaution.

Außerdem ist nach § 106 Abs. 2 VAG die Errichtung einer vollständigen Niederlassung erforderlich, die mit allen notwendigen betrieblichen Mitteln ausgestattet sein und über eine Buchführung und eine Rechnungslegung als Informationsquellen für die Versicherungsaufsicht verfügen muss. Gemäß § 106 Abs. 3 VAG ist zudem ein Hauptbevollmächtigter des ausländischen Versiche-

484 ABC. L 345 v. 19. 12. 2002, 1-51- im Folgenden RL-L 2002.

485 Art. 1 Abs. 1 lit. m).

486 Art. 3 Nr. 8 und Art. 18 Abs. 3.

487 Art. 51 Abs. 2 lit. g) und Abs. 3 und 4.

488 Winter, Versicherungsaufsichtsrecht – Kritische Betrachtungen, S. 599.

489 Kokott, Liberalisierung der Finanzdienstleistungen im Rahmen der WTO,RIW 2000, 404.

rungsunternehmens zu bestellen. Dieser muss im Übrigen auch die persönlichen und fachlichen Voraussetzungen erfüllen, die ein Geschäftsleiter eines deutschen Versicherungsunternehmens zu erfüllen hat.[490]

Darüber hinaus kann nach §§ 105 Abs. 3 und 54 ff. VAG i.V.m. den entsprechenden Rechtsverordnungen eine Zweigniederlassung des Drittstaaten-VU genau wie ein deutsches Versicherungsunternehmen sein gebundenes Vermögen im gesamten EU-/EWR-Bereich anlegen,[491] wobei sich jedoch die Kaution und das den Garantiefonds deckende Vermögen in Deutschland befinden muss. Die Beaufsichtigung der inländischen Zweigniederlassung eines EU/EWR-Versicherungsunternehmens ist weitgehend herausgelöst worden aus der Aufsicht des Tätigkeitslandes, wohingegen sich die Beaufsichtigung über die Zweigniederlassung eines Drittstaaten-VU nur wenig verändert hat. Die Beaufsichtigung einer Zweigniederlassung eines Drittstaaten-VU wird von der Aufsichtsbehörde des Tätigkeitslandes durchgeführt, weil nicht immer davon ausgegangen werden kann, dass die Aufsichtsbehörde eines Drittstaates eine ausreichende und verlässliche Aufsicht durchführt wie vergleichsweise die Aufsicht eines EU/EWR-Staates.

3 Aufsichtssysteme

Die Versicherungsaufsicht ist in das System der Wirtschaftsaufsicht integriert, welches darauf gründet, dass das individuelle Verhalten der Teilnehmer auf dem allgemeinwirtschaftlichen Sektor den dafür aufgestellten Ordnungsregeln oder Verhaltensmaßstäben entspricht und so eine grundsätzlich eigenverantwortliche Wirtschaftsordnung erhalten werden kann.[492]

Die Wirtschaftsaufsicht setzt daher eine prinzipiell privatwirtschaftliche Marktstruktur im beaufsichtigten Sektor voraus. Die Aufsicht wird in der Regel definiert als „die Überwachung eines anderen und in fremden (…..) Angelegenheiten nach Maßgabe eines bestimmten Herrschafts- (Unterwerfungs-) Verhältnisses (…..), wobei die Zuständigkeit, Entscheidungsfreiheit und Verantwortlichkeit des anderen erhalten bleiben.“[493] Die sich mit der Aufsicht im Allgemeinen und der Versicherungsaufsicht im Besonderen ergebenden Probleme sind praktisch in jedem Staat dieselben. Lediglich die Art der Problemlösung ist unterschiedlich.

Zur Verwirklichung der aufgezeigten Ziele der Wirtschafts- und insbesondere der Versicherungsaufsicht gibt es in den einzelnen Staaten drei unterschiedliche Aufsichtssysteme. Die Grundtypen von Aufsichtssystemen können

---

490 §§ 106 Abs. 3 und 7a Abs. 1 VAG.

491 Fahr, in: Fahr/Kaulbach, VAG-Kommentar, § 105 VAG Rn. 52.

492 Scholz, Verfassungsrechtliche Strukturfragen der Versicherungsaufsicht, ZVersWiss 73 (1984), 1, 4.

493 Starke, Die Versicherungsaufsicht und die neuere Aufsichtsgesetzgebung auf dem Gebiet von Geld und Kredit (1), VW 1993, 165.

nach der Intensität staatlicher Einwirkung geordnet werden, vom Publizitätssystem als schwächster Form über das Normativsystem bis hin zum materiellen Aufsichtssystem als stärkster Form.[494] Da kein Staat ein System ganz konsequent durchgeführt hat, gibt es eine große Zahl von Mischformen.[495]

3.1 Publizitätssystem

Beim Publizitätssystem herrscht der Grundgedanke vor, dass die Versicherungsunternehmen von dem versicherungssuchenden Publikum selbst kontrolliert und beurteilt werden können.[496] Das Publizitätssystem weist die geringste Kontrolldichte auf. Den Versicherungsunternehmen obliegt nach diesem System lediglich die Pflicht, bestimmte Dokumente, wie beispielsweise den Geschäftsbericht sowie sonstige wichtige wirtschaftliche Daten zu veröffentlichen, um auf diese Weise eine Kontrolle der Unternehmen durch das Publikum zu ermöglichen.[497] Die zu publizierenden Dokumente sind in regelmäßigen Abständen der Aufsichtsbehörde einzureichen, welche sie ihrerseits wieder veröffentlicht.[498] Die durchgeführte Kontrolle beschränkt sich auf die Vollständigkeit und den Wahrheitsgehalt der eingereichten Dokumente. Die Prüfung und Beurteilung des Inhalts erfolgt durch das Publikum, die Fachpresse und die Konkurrenz. In diesem System kommt dem Staat insoweit nur eine Mittlerrolle zu, als er für die Einhaltung der Vorschriften sorgt.

3.2 System der Normativbestimmungen

Vom Publizitätssystem ist das System der Normativbestimmungen[499] zu unterscheiden. Hierbei weist das System der Normativbestimmungen eine deutlich höhere Kontrolldichte auf. Der Staat normiert zum Schutz der Versicherungsnehmer neben Publizitätsvorschriften gesetzliche Vorgaben für die Zulassung

494 Vgl. Boss, Systeme der Staatsaufsicht, S. 31; Goldberg/Müller, VAG, § 81 VAG, Rn. 1; Mösbauer, Staatsaufsicht über die Wirtschaft, S. 391; Friedrich, Der Rechtsbegriff der Versicherung und die Praxis des Versicherungsaufsichtsamtes, S. 47 ff.; Michaels, Staatsaufsicht über Versicherungsunternehmen und Kreditinstitute, S. 122 ff.; Miersch, Versicherungsaufsicht nach den Dritten Richtlinien. Aufsichtsbefugnisse und Inländerbenachteiligungen, S. 3.

495 Zu den einzelnen Aufsichtssystemen im Überblick Wenzel, Wirtschafts- und sozialpolitische Entwicklungslinie zur Entstehung des Versichersaufsichtsgesetzes von 1901, VP 1999, 193 ff.

496 Vgl. Boss, Systeme der Staatsaufsicht, S. 33; Friedrich, Der Rechtsbegriff der Versicherung und die Praxis des Versicherungsaufsichtsamts, S. 48; Müller, Versicherungsbinnenmarkt, Rn. 353.

497 Boss, Systeme der Staatsaufsicht, S. 31.

498 Vgl. Boss, Systeme der Staatsaufsicht, S. 35; Finke, Handwörterbuch des Versicherungswesens, Bd. 1, S. 1655.

499 Als Beispiel für das System der Normativbestimmungen galt in der Vergangenheit das niederländische Aufsichtsrecht; Müller, Versicherungsbinnenmarkt, Rn. 354 m.w.N.

und den laufenden Geschäftsbetrieb, welchen sich die Versicherungsunternehmen zu unterwerfen haben.[500] Dabei steht die Finanzaufsicht im Vordergrund.[501]

Die Besonderheit des Systems der Normativbestimmungen besteht darin, dass sich die Aufsichtstätigkeit des Staates auf die formelle Erfüllung dieser Bestimmungen beschränkt und eine materielle Einwirkung auf den Betrieb nicht gestattet ist.[502] Es wird somit bei einer materiellen Prüfung nicht untersucht, ob der Geschäftsplan zweckmäßig ist oder ob die Reserven sinnvoll angelegt sind.[503] Im Rahmen einer rein formalen Kontrolle überwacht dann der Staat die Einhaltung dieser normativen Verpflichtungen. Das heißt, bei einem Versicherungsunternehmen wird nur geprüft, ob es alle vorgeschriebenen Dokumente zur Publikation eingereicht hat und ob die Inhalte richtig sind, also bestimmte Zahlen und Quoten eingehalten werden. Falls ein Versicherer gegen eine spezielle Rechtsnorm und die darin festgehaltenen Kriterien verstößt, kann die Aufsichtsbehörde eingreifen und gegenüber dem betroffenen Versicherer Maßnahmen ergreifen.

Die Aufsichtsbehörde hat bei der Ausübung der Aufsichtstätigkeit weder Beurteilungs- noch Ermessensspielräume. Deshalb enthält dieses System der Normativbestimmungen auch keine Generalklausel, welche materielle Eingriffe vorsieht.[504] Der Aufsichtsbehörde ist es daher im Normativsystem nicht möglich, mittels einer Generalklausel vorbeugend tätig zu werden und in die Gestaltung der Grundlagen und des Betriebes einzugreifen, wie dies bei der materiellen Staatsaufsicht der Fall ist.[505]

Maßgebend für die Beurteilung des Normativsystems ist der Grad der Regelungsdichte. Werden vom Staat zum Schutz der Versicherungsnehmer viele Normen erlassen, welche er auch überwacht, so wird dadurch eventuell die freie Entwicklung der Versicherungswirtschaft beeinträchtigt. Dieses System ist dann wahrscheinlich starr und wenig anpassungsfähig. Wenn sich jedoch der Staat im Erlassen von Vorschriften zurückhält und nur allgemeine Grundsätze und Stan-

500 Vgl. Boss, Systeme der Staatsaufsicht, S. 45; Friedrich, K., Der Rechtsbegriff der Versicherung und die Praxis des Versicherungsaufsichtsamts, S. 49; Kraus, Versicherungsaufsichtsrecht, S. 22; Müller, Versicherungsbinnenmarkt, Rn. 354.

501 Schmidt, Die Finanzaufsicht über Versicherungsunternehmen unter besonderer Berücksichtigung der für den Versicherungsbetrieb erforderlichen Finanzmittel, ZVersWiss 1989, 479 (488); Jürgens/Rabe, Wozu dienen die Vorschläge für eine dritte EG-Richtliniengeneration? VW 1992, 663.

502 Völker, Marktzugang ausländischer Versicherer, S. 19.

503 Boss, Systeme der Staatsaufsicht, S. 35.

504 Müller, Versicherungsbinnenmarkt, Rn. 354; Starke, in: 50 Jahre materielle Versicherungsaufsicht, Bd. 3, S. 11, 99 f.

505 Boss, Systeme der Staatsaufsicht, S. 56.

dards festsetzt, gewährt ein solches System dem Versicherer mehr Eigenverantwortlichkeit und gestattet einen größeren Wettbewerb.[506]

3.3 System der materiellen Staatsaufsicht

Die höchste Überwachungsintensität weist das System der materiellen Staatsaufsicht auf.[507] Dieses System nimmt sowohl Grundsätze der Publizität als auch der gesetzlichen Normierung als die wichtigsten Grundlagen für die Ordnung des Betriebes in sich auf. Darüber hinaus reicht dieses System insoweit weiter, als der Aufsichtsbehörde weitere Einwirkungsbefugnisse eingeräumt werden.[508]

Die materielle Staatsaufsicht umfasst den gesamten Geschäftsbetrieb der Versicherungsunternehmen von der Zulassung über die Genehmigung der Geschäftspläne bis hin zu Sondertatbeständen, wie Bestandsübertragung und Fusionen.[509] Das Prinzip der materiellen Staatsaufsicht enthält auch den Konzessionszwang, in gewissen Fällen und unter gewissen Voraussetzungen einen Kautionszwang, die Verpflichtung zu sorgfältiger Rechnungslegung gegenüber der Aufsichtsbehörde, zu weitgehender Publizität und laufender Überwachung der gesamten – insbesondere auch der finanziellen – Geschäftsführung des Unternehmens, schließlich auch zu der Möglichkeit zu Eingriffen in den Geschäftsbetriebs.[510]

3.4 Aufsichtssystem des europäischen Versicherungsbinnenmarktes

Mit der Schaffung eines europäischen Versicherungsbinnenmarkts geht die Notwendigkeit einher, die bisher verschiedenen Aufsichtssysteme zu harmonisieren. Entsprechend dem Wortlaut des VAG[511] sind die *„ausreichende Wahrung der Belange der Versicherten"* und *„die dauernde Erfüllbarkeit der Verpflichtungen aus den Versicherungen"* das gesetzliche Schutzgut der Versicherungsaufsicht und damit auch der Aufsichtsmaßstab. Nach allem kommt der

---

506 Vgl. Starke, in: 50 Jahre materiellen Staatsaufsicht, Bd. 3, S. 103; Boss, Systeme der Staatsaufsicht, S. 45; Müller, Versicherungsbinnenmarkt, Rn. 354; Jürgens/Rabe, VW 1992, 664.

507 Mösbauer, Staatsaufsicht, S. 391; Bähr, in: Fahr/Kaulbach, VAG-Kommemtar, S. 81, Rn. 2.

508 Vgl. Boss, Systeme der Staatsaufsicht, S. 57; Friedrich, Der Rechtsbegriff der Versicherung und die Praxis des Versicherungsaufsichtsamts, S. 50; Schmidt, Die Deregulierung der Versicherungsaufsicht und die Versicherungsvermittlung in Deutschland, S. 29.

509 Vgl. Goldberg/Müller, VAG-Kommentar, Vorbem. II C zu § 1 VAG; Schmidt, Die Finanzaufsicht über Versicherungsunternehmen unter besonderer Berücksichtigung der für den Versicherungsbetrieb erforderlichen Finanzmittel, ZVersW 1989, 488.

510 Schmidt/Frey, VAG-Kommentar, Vorbem. Rn. 38.

511 So in § 81 Abs. 1 Satz 2, Satz 5 VAG und § 8 Abs. 1 Nr. 3 VAG.

Versicherungsaufsicht in erster Linie die Aufgabe zu, für eine leistungsfähige Versicherungswirtschaft zu sorgen.

Im Rahmen der Umsetzung der Dritten Richtlinien-Generation entbrannte in Deutschland ein heftiger Streit darüber, ob die Versicherungsaufsicht das System der materiellen Staatsaufsicht noch aufrechterhalten kann oder ob nicht vielmehr eine bloße Finanzaufsicht im nationalen Recht zu statuieren ist.

Für die Übernahme der Grundsätze der materiellen Staatsaufsicht führt die herrschende Meinung auf europäischer Ebene an, dass die anderen Systeme offensichtliche Mängel aufweisen. Dazu zählt, dass die Bestimmungen in Art. 19 Abs. 3 lit. b) erste RL NichtlebensV i.d.F. von Art. 10 zweite RL NichtlebensV, Art. 10 dritte RL NichtlebensV und Art. 13 RL-L 2002 fast wörtlich auf die nahezu 100 Jahre unveränderte Grundnorm der materiellen Staatsaufsicht, den § 81 II Satz 1 a.F. VAG zurückzuführen sind.[512] Nach dieser herrschenden Meinung wurde die umfassende Aufsicht durch die Formulierung in den EG-Richtlinien auf alle Mitgliedstaaten der Gemeinschaft ausgeweitet. Ziel war es zuvor, die sehr unterschiedlichen Aufsichtssysteme in den Mitgliedstaaten anzugleichen und zu harmonisieren, um einen einheitlichen Aufsichtsstandard entstehen zu lassen.

Eine Mindermeinung ist allerdings der Ansicht, die Aufsicht sei nur noch eine reine Solvenzaufsicht. Sie begründet dies damit, die Bedingungs- und Tarifkontrolle sei nunmehr entfallen. Damit sei dem BAV sein stärkstes (materielles) Einflussmittel abhanden gekommen. Als weitere Argumente werden angeführt: das Prinzip der materiellen Staatsaufsicht werde faktisch durch die Rechtssetzung der EG im Bereich der Rechts- und Missstandsaufsicht ausgehöhlt; gleichzeitig würden diese Kompetenzverluste der Aufsicht durch die Intensivierung der Finanzaufsicht ausgeglichen.

Die These der „reinen Solvenzaufsicht" ist jedoch kaum mit dem Wesen der materiellen Staatsaufsicht zu vereinbaren. Prägend dafür ist die Aufsichtsaufgabe und nicht ein Aufsichtsmittel, so wichtig es für die Durchsetzung dieser Aufgabe auch sein mag. Die Aufsichtsaufgabe bleibt also hinsichtlich der damit verbundenen Funktionen und Kompetenzen unberührt vom Wegfall der bisher zugewiesenen Mittel für ihre Durchsetzung. Weder stellt die präventive Kontrolle das einzige Aufsichtsmittel dar noch bedeutet ihre Aufhebung, dass damit die materielle Staatsaufsicht ihre Rechtfertigung verloren hätte.[513]

Die von der Europäischen Kommission beabsichtigte Liberalisierung der Versicherungsmärkte und Belebung der Produktgestaltung dürfte überwiegend zu Lasten der Versicherungsnehmer gehen: „Mogelpackungen", in denen viel versprochen, in deren Bedingungen jedoch nur wenig gehalten wird, sind ebenso

512 Präve, Das Dritte Durchführungsgesetz/EWG zum VAG – Ausgewählte Fragen des neuen Aufsichts- und Vertragsrechts (Teil 2), ZfV 1994, 199, 205; Müller, Produktkontrolle gestern, heute, morgen (Teil II), ZfV 1992, 4, 6.

513 Zischka, Versicherungsaufsichtsamt (BAV), Rn. 49.

zu befürchten wie eine fehlende Markttransparenz, da nur Versicherungsjuristen im Einzelnen in der Lage sein dürften, den unterschiedlichen Deckungsumfang der jeweiligen Bedingungen zu erkennen und den unterschiedlichen Tarifen gegenüber zu stellen.[514]

3.5 System der deutschen Versicherungsaufsicht

In Deutschland wurde das Versicherungsgeschäft wegen der großen volkswirtschaftlichen, sozialen und ethischen Bedeutung des Versicherungswesens durch das Versicherungsaufsichtsgesetz von 1901[515] unter eine umfassende Aufsicht gestellt.[516]

Bei der Wahl der Aufsichtssysteme entschied sich der deutsche Gesetzgeber für die materielle Aufsicht. Nach der amtlichen Begründung soll die Aufsicht: „... durch Prüfungen und Entscheidungen materieller Art das Entstehen solcher Anstalten verhindern, welche von vornherein des Vertrauens unwürdig erscheinen, bei allen zugelassenen Anstalten fortlaufend den gesamten Geschäftsbetrieb im Auge behalten und darüber wachen, dass von den genehmigten Geschäftsplänen nicht abgewichen wird, in der Geschäftsführung nicht Missbräuche Platz greifen, welche die Versicherten gefährden und aus einem zu gemeinnütziger Wirksamkeit bestimmten Institut ein gemeingefährliches machen würden. Da, wo veränderte Verhältnisse (z.B. Änderung der Gefahrenverhältnisse, des Zinsfußes) es nötig machen, soll die Aufsicht dahin wirken, dass durch Umgestaltung der technischen und finanziellen Grundlagen des Geschäfts der Bestand und die Leistungsfähigkeit der Anstalt erhalten bleiben, und endlich in Fällen, wo dennoch ein Zusammenbruch nicht abzuwenden ist, dafür sorgen, dass dem Geschäftsbetrieb rechtzeitig ein Ziel gesetzt wird und die Abwicklung der Geschäfte ohne willkürliche Beschädigungen oder Bevorzugungen Einzelner unter gleichmäßiger Wahrung der Interessen aller Beteiligter erfolgt".[517]

Materielle Aufsicht nach deutscher Art hat das Ziel, die Belange der Versicherungsnehmer jederzeit ausreichend sicherzustellen und Verpflichtungen aus den Versicherungsverträgen als dauernd erfüllbar zu gewährleisten, wobei nicht berücksichtigt wird, ob eine Gefährdung der Versicherteninteressen durch Verletzung von Rechtsnormen, Nichtbeachtung des Geschäfts- und Tätigkeitsplans oder in sonstiger Weise durch das Versicherungsunternehmen verursacht werden

514 Bühren, Versicherungsrecht in der anwaltlichen Praxis, S. 18.

515 Reichsgesetz über die privaten Versicherungsunternehmen vom 12.5.1901, RGBl. S. 139.

516 Knauth, Effizienz und Wettbewerb der Aufsichtssysteme für Versicherungsunternehmen und Kreditinstitute, ZVersW 1996, S. 235; Möller, Die Versicherungsunternehmen im demokratischen Staat, in: Staat, Wirtschaft, Assekuranz und Wissenschaft, FS für Robert Schwebler, S. 377.

517 Schmidt, Die Deregulierung der Versicherungsaufsicht und die Versicherungsvermittlung in Deutschland, S. 31.

könnte. Dies führt zum Konzessionszwang der Unternehmen und zur ständigen behördlichen Überwachung ihres gesamten Geschäftsbetriebes in rechtlicher und finanzieller Hinsicht. Durch die deutsche Aufsicht sollen grundsätzlich alle Personen geschützt werden, die sich in Deutschland bei einem Versicherungsunternehmen versichern, unabhängig davon, ob das Versicherungsunternehmen seinen Sitz im Inland oder im Ausland hat.[518]

4. Organisation der Versicherungsaufsicht

Die Versicherungsaufsicht als solche und die von ihr durchgeführte Aufsicht hat sich den Veränderungen durch die einschlägigen EG-Richtlinien und auch den Veränderungen des zu beaufsichtigenden wirtschaftlichen Umfelds ständig anzupassen. Für die Beaufsichtigung aller privaten und öffentlich-rechtlichen Versicherungsunternehmen, die im Geltungsbereich des VAG die private Direktversicherung betreiben und ihren Sitz in Deutschland haben, spielen das BMF und die BaFin (früher das BAV) bzw. die Aufsichtsbehörden der Länder mit ihren Funktionen eine wichtige Rolle.[519]

4.1 BMF

Das BMF als oberste Aufsichtsbehörde hat die Rechts- und Fachaufsicht über die BaFin[520] und gewährleistet so die notwendige Anbindung an die Kontrolle durch den Deutschen Bundestag. Alle privaten Versicherungsunternehmen sowie alle öffentlich-rechtlichen Wettbewerbs-Versicherungsunternehmen, die über das Gebiet eines Landes hinaus tätig sind, werden von der BaFin beaufsichtigt (§ 146 VAG). Da das BMF sich auf die Grundsätze und die organisatorischen Rahmenbedingungen der BaFin konzentriert und keinen Einfluss auf Einzelfallentscheidungen der BaFin nimmt, wird die Eigenverantwortung der Tätigkeit der BaFin beibehalten.

Ein kleiner Teil der Verwaltungskompetenz liegt aber beim BMF. Nach § 106b Abs. 1 VAG entscheidet das BMF über den Erlaubnisantrag von Versicherungsunternehmen aus Drittländern. Außerdem kann das BMF die Erlaubnis widerrufen, falls dies im öffentlichen Interesse geboten erscheint.[521]

518 Vgl. Golz, Ausgewählte Fragen der Umsetzung der dritten Versicherungsrichtlinien, S. 3; vgl. Kraus, Versicherungsaufsichtsrecht, S. 114; Goldberg/Müller, VAG Vorbem. II C zu § 1 VAG.

519 http://www.bafin.de.

520 § 2 FinDAG, Gesetz über die Bundesanstalt für Finanzdienstleistungsaufsicht, Finanzdienstleistungsaufsichtsgesetz.

521 § 106b Abs. 7 Satz 3 VAG.

4.2 BAV

Das BAV (Bundesaufsichtsamt für das Versicherungswesen) war eine dem BMF nachgeordnete selbständige Bundesbehörde,[522] die seit dem 4. August 1951 die Bundesaufsicht über das Versicherungswesen führte, und zwar als eine Bundesbehörde im Sinne des Art. 87 III 1 GG. Es unterstand der Dienstaufsicht des BMF und hatte dessen fachlichen Weisungen, sowohl für die Ausübung der Aufsicht als solcher als auch für den Einzelfall, zu folgen.[523]

Das BAV führte die Verpflichtungen des VAG durch, wirkte bei der finanziellen Überwachung der Versicherungsunternehmen mit, vereinheitlichte die allgemeinen Versicherungsbedingungen, erteilte Rat und erstellte Gutachten für andere Behörden und Gerichte und wurde im Verfahren betreffend die Zulassung von Versicherungsberatern angehört.[524]

Die interne Organisation des BAV wurde durch die bedeutende Reform in den Jahren 1998 und 1999 umgestaltet. Bis 1998 standen dem BAV für seine Aufgabe sechs Fachabteilungen[525] zur Verfügung. Zentraler Ausgangspunkt der Organisationsreform des Jahres 1999 war die Zusammenführung von juristischer Fachaufsicht und kaufmännischer Finanzaufsicht für jedes Versicherungsunternehmen in einem interdisziplinär besetzten Referat, nämlich, die vier operativen Abteilungen: Abteilung 01 – Lebensversicherung, Abteilung 02 – Krankenversicherung, Pensions- und Sterbekassen, Abteilung 03 – Sach- und Rechtsschutzversicherung, Abteilung 04 – Kraftfahrt-, allgemeine Haftpflicht- und

---

522 §1 der 1. DVO: Das Bundesaufsichtsamt für das Versicherungswesen ist als Bundesoberbehörde dem Bundesminister der Finanzen nachgeordnet.

523 Schmidt/Frey, VAG-Kommentar, § 1 BAG, Rn. 2.; vgl. § 148 Abs. 1 VAG.

524 Ebenda, Rn. 9.

525 Der Abt. I oblag die Aufsicht über Lebensversicherungsunternehmen, Unternehmensverträge und Funktionsausgliederungen sowie Aktuarangelegenheiten. Die Abt. II war für die Aufsicht über Krankenversicherungsunternehmen, Pensions- und Sterbekassen zuständig. Die Abt. III überwachte die Haftpflicht-, Unfall- und Kraftfahrversicherung. Der Abt. IV oblag die Aufsicht über Vorgänge der Schadens- und Unfallversicherung. Die Finanzaufsicht über Unternehmensgruppen mit einem Personen-Versicherungsunternehmen sowie Grundsatzfragen der Vermögensanlagen und des Deckungsstocks, des Prüfungswesen und des Steuerrechts fielen in den Zuständigkeitsbereich von Abt. V. Die Abt. VI übte die Finanzaufsicht über Unternehmensgruppen mit Schadens- und Unfallversicherungsunternehmen aus, ferner fielen in ihr Ressort allgemeine Vorgänge und Grundsatzfragen der Finanzaufsicht sowie der Rückversicherung und Unternehmensstatistik. Neben den Fachabteilungen gab es noch die Abt. Z; sie kümmerte sich um die internen Thematiken des BAV, also Haushalt, Personal, Presse und Öffentlichkeit etc. Die Abteilung Q beschäftigte sich mit fach- und spartenübergreifenden Querschnittsaufgaben, wie z.B. allgemeinen Rechtsangelegenheiten, Rechnungslegung, Gruppenaufsicht, Vermögensanlagen und Geldwäsche. Siehe Geschäftsbericht des BAV, 1996, Teil A, S. 10.

Unfallversicherung; Rückversicherung.[526] Des Weiteren wurden Fach- und spartenübergreifende Querschnittsaufgaben, wie z.B. allgemeine Rechtsangelegenheiten, Rechnungslegung, Versicherungsgruppenaufsicht, Versicherungsmathematik, Vermögensanlagen und Geldwäschebekämpfung in der neugeschaffenen Abteilung Q zusammengefasst. Außerdem gab es neben den Fachabteilungen noch die Abteilung Z. Sie kümmerte sich um die internen Thematiken des BAV, also Haushalt, Personal, Presse- Öffentlichkeit etc.[527] Diese Organisationsstruktur wurde nach umfangreichen Abstimmungen mit dem BMF am 26. April 1999 in Kraft gesetzt.[528] Allerdings waren die Reformergebnisse nur von kurzer Dauer.

Eine der einschneidendsten Änderungen war die Eingliederung des BAV in die BaFin. Das BAV hat damit als eigenständige Bundesoberbehörde am 1. Mai 2002 aufgehört zu existieren.

4.3 BaFin

Die BaFin (Bundesanstalt für Finanzdienstleistungsaufsicht) ist eine rechtlich selbständige Anstalt des öffentlichen Rechts. Als Bestandteil der Bundesverwaltung untersteht sie gemäß § 2 FinDAG[529] der Rechts- und Fachaufsicht des BMF, das für die Tätigkeit der BaFin die politische Verantwortung trägt. Gegenstand der Rechts- und Fachaufsicht sind Recht- und Zweckmäßigkeit des Verwaltungshandelns der BaFin.

Seit dem 1. Mai 2002 übt die BaFin gemäß § 1 Abs. 1 Satz 1, § 4 Abs. 1 Satz 1 FinDAG die Versicherungsaufsicht des Bundes aus.[530] Sie ist die Nachfolgebehörde des BAV. Die Aufgaben des BAV sind die Aufgaben der BaFin geworden,[531] außerdem hat die BaFin auch die Aufgaben des Bundesaufsichtsamtes für das Kreditwesen und des Bundesaufsichtsamtes für den Wertpapierhandel übernommen. Innerhalb der BaFin sind Bankenaufsicht, Versicherungsaufsicht und Wertpapieraufsicht/Asset-Management drei voneinander getrennte Organisationseinheiten. Die BaFin leistet die Solvenz- und die Marktaufsicht; drei Querschnittsabteilungen übernehmen sektorübergreifende Aufgaben.

---

526 Büchner, Die Abgrenzung der Finanzaufsicht von der sonstigen Rechtsaufsicht im deutschen Versicherungsaufsichtsrecht, S. 24.

527 Budweg/Lorsch, in: 100 Jahre materielle Versicherungsaufsicht in Deutschland, Bd. I, S. 491.

528 Pressekonferenz des BAV 1999, VW 1999, S. 934 (936).

529 Gesetz über die Bundesanstalt für Finanzdienstleistungsaufsicht (Finanzdienstleistungsaufsichtsgesetz – FinDAG) vom 22. April 2002, BGBl. I, S. 1310, zuletzt geändert durch das Gesetz zur Umsetzung aufsichtsrechtlicher Bestimmungen zur Sanierung und Liquidation von Versicherungsunternehmen und Kreditinstituten vom 10. Dezember 2003, BGBl. I, S. 2478.

530 Waclawik, Versicherungsaufsichtsrecht, S. 328.

531 Kaulbach, in: Fahr/Kaulbach VAG, § 1 BAG, Rn. 1.

Mit der neu geschaffenen BaFin wird auch das wesentliche Aufsichtsziel für die in ihr vereinten Aufsichtstätigkeiten neu definiert.[532] Das übergeordnete Ziel ist es, die Funktionsfähigkeit des gesamten Finanzsektors in Deutschland sicherzustellen. M.a.W., es geht um die jederzeitige Erfüllbarkeit der Versicherungsverträge und die ausreichende Wahrung der Belange der Versicherten.[533]

Die BaFin beaufsichtigt für den Bund die privaten Versicherungsunternehmen, die in Deutschland und den Mitgliedstaaten der EG und des EWR tätig und wirtschaftlich von erheblicher Bedeutung sind, und die öffentlich-rechtlichen Wettbewerbsversicherer, die über die Grenzen eines Bundeslandes hinaus tätig sind.[534] Ihre Aufgabe besteht nach § 81 VAG darin, die Versicherungsunternehmen im Rahmen einer allgemeinen Rechtsaufsicht und einer besonderen Finanzaufsicht zu überwachen. Sie hat dabei auf die ausreichende Wahrung der Belange der Versicherten (also nicht auf die optimale) und auf die Einhaltung der Gesetze zu achten. Sie überprüft daher laufend den ordnungsgemäßen Geschäftsbetrieb der Versicherer und kann einschreiten, wenn die Belange der Versicherten gefährdet erscheinen. Sowohl nach § 81 Abs. 1 VAG als auch nach § 4 Abs. 4 FinDAG erfolgt die Aufsicht im öffentlichen Interesse.

4.4 Versicherungsaufsichtsbehörden der Länder

Die Aufsichtsbehörden der Länder beaufsichtigen, wie sich aus einem Umkehrschluss aus § 146 Abs. 3 VAG ergibt, die öffentlich-rechtlichen Wettbewerbs-Versicherungsunternehmen, die nur in einem Land tätig sind. Darüber hinaus kann das BMF nach § 147 Abs. 1 VAG auf Antrag des BaFin die Aufsicht hinsichtlich Versicherungsunternehmen von geringer wirtschaftlicher Bedeutung des Privatrechts und öffentlich rechtliche Versicherungsunternehmen von der BaFin auf die zuständige Länder mit Zustimmung der jeweiligen Landesaufsichtsbehörde übertragen, und diese nach § 147 Abs. 2 VAG wieder rückübertragen, wenn solche Unternehmen große wirtschaftliche Bedeutung erlangt haben oder die öffentlich-rechtlichen Versicherungsunternehmen in mehreren Bundesländern tätig werden.

Der Begriff „geringe wirtschaftlichen Bedeutung", der bereits in § 146 VAG, und § 3 BAG verwandt wurde, war nicht genau definiert. Deshalb wurde zu seiner Bestimmung die Interne Richtlinie zur Abgrenzung des Begriffs „Private Versicherungsunternehmen von geringer wirtschaftlicher Bedeutung" und des Begriffs „Aufsichtsrecht" im Sinne des § 3 BAG erlassen.[535] Unter privaten

532 Büchner C., Die Abgrenzung der Finanzaufsicht von der sonstigen Rechtsaufsicht im deutschen Versicherungsrecht, S. 22.

533 Präve, Das Dritte Durchführungsgesetz/EWG zum VAG - Ausgewählte Fragen des neuen Aufsichts- und Vertragsrechts, ZfV 1994, 168.

534 § 2 BAG, auch § 146 VAG.

535 Siehe Nr. 1 der Internen Richtlinie zur Abgrenzung des Begriffs „Private Versicherungsunternehmen von geringer wirtschaftlicher Bedeutung" und des Begriffs „Auf-

Versicherungsunternehmen von geringer wirtschaftlicher Bedeutung versteht man Unternehmen, die das Versicherungswesen nicht entscheidend beeinflussen können und keine Wagnisse decken, die einer einheitlichen Überwachung durch die BaFin bedürfen.[536]

Auf Antrag der zuständigen Landesregierung kann die BaFin die Aufsicht über ein öffentlich-rechtliches Wettbewerbs-Versicherungsunternehmen übernehmen, dessen Tätigkeit sich auf den Bereich eines Landes beschränkt, § 148 Abs. 1 VAG.[537] Die zuständige Landesregierung kann einen solchen Antrag gemäß § 149 Abs. 1 VAG zum 1. Januar mit Wirkung ab dem 1. Januar des Folgejahres zurücknehmen. Dies gilt in gleicher Weise für die öffentlichrechtlichen Versicherungsunternehmen.[538]

Die Aufsichtsbehörden der Länder beaufsichtigen also vor allem die öffentlich-rechtlichen Versicherer, deren Tätigkeit auf das jeweilige Land beschränkt ist, und die privatrechtlichen Versicherer, die wirtschaftlich von geringerer Bedeutung sind.

5. Die Auswirkung des GATS auf das deutsche Versicherungsaufsichtsrecht

Durch den Abschluss des WTO-Übereinkommens ist die EG formelles Mitglied der WTO geworden.[539] Die Regelungen, die von der EG im Rahmen der GATS abgeschlossen wurden, wirken auch auf das Gemeinschaftsrecht im Dienstleistungsmarkt. Mit dem Fünften Protokoll zum GATS über Finanzdienstleistungen übernahm die EG Verpflichtungen entsprechend der Liste der spezifischen Liberalisierungsverpflichtungen im Bereich der Finanzdienstleistungen bzw. im Versicherungssektor. Dadurch wurde für Deutschland der gegenwärtige Status der Marktliberalisierung völkerrechtlich bindend festgelegt.

5.1 Außenkompetenzen der EG im Rahmen der WTO

Die EG hat nach Art. 281 EGV Rechtspersönlichkeit, die Voraussetzung für die Völkerrechtsfähigkeit ist. Die Völkerrechtsfähigkeit der EG beschränkt sich funktional auf die im EGV eingeräumten Aufgaben und Kompetenzen. Die Vertragsschlusskompetenz[540] ermöglicht es der EG, völkerrechtliche Verträge mit

---

sichtsrecht“ im Sinne des § 3 BAG vom 10.11.1998, die am 2.12.1998 bekannt gemacht wurde, BAnz. 1998 Nr. 238, S. 17835.

536 Waclawik, Versicherungsaufsichtsrecht, S. 329.

537 Waclawik, Versicherungsaufsichtsrecht. S. 330.

538 § 148 Abs. 2 VAG und § 149 Abs. 2 VAG.

539 Van den Bossche, The European Community and the Uruguay Round, in: Jackson/-Sykes (eds.), Implementing the Uruguay Round, pp. 23 ff.

540 Der Abschluss völkerrechtlicher Verträge ist in Art. 300 und 310 EGV geregelt; vgl. Herdegen, Europarecht, S. 389 Rn. 1.

Drittstaaten abzuschließen.[541] Die EG hat das Beitrittsabkommen zur WTO und das GATS abgeschlossen,[542] zu dem auch das Finanzdienstleistungsübereinkommen von 1997 gehört. Von der EG abgeschlossene Abkommen sind gemäß Art. 300 Abs. 7 EG „für die Organe der Gemeinschaft und für die Mitgliedstaaten verbindlich".

5.2 Auswirkungen auf das VAG

Die Verhandlungen im Rahmen der WTO zur Liberalisierung des Finanzdienstleistungssektors konnten mit dem Fünften Protokoll zum GATS im Jahr 1998 abgeschlossen werden. Dadurch übernahm die EG die Verpflichtung zur unbedingten Meistbegünstigung im Bereich der Finanzdienstleistungen. Der aktuelle Stand der Liberalisierung im Bereich der Versicherungsdienstleistungen in Deutschland findet sich in der Liste der spezifischen Verpflichtungen der EG.[543]

Zur Umsetzung der Gewährung der Meistbegünstigung (mit Ausnahmelisten) und Inländerbehandlung (soweit in entsprechenden Länderlisten enthalten) gegenüber Erbringern von Dienstleistungen verpflichtet sich Deutschland, Versicherungsunternehmen aus anderen Vertragsstaaten hinsichtlich ihrer Niederlassungen Meistbegünstigung und Inländerbehandlung zuteil werden zu lassen.[544] Aufgrund des Gebots der Inländerbehandlung besteht für Drittstaaten-VU die Möglichkeit, eine „single licence"[545] zu erhalten, sofern sie in Deutschland durch eine rechtlich selbständige Tochtergesellschaft vertreten sind (§ 105 Abs. 1 VAG). Diese ermöglicht es ihnen, Versicherungsgeschäfte außer in Deutschland auch in allen anderen EG-Mitgliedstaaten anzubieten.

Deutschland hat in der gemeinsam mit der EG und anderen EG-Mitgliedstaaten vorgelegten Liste mit spezifischen Verpflichtungen nur zwei Vorbehalte eingelegt.[546] Diese beziehen sich zum einen auf die Lufttransporthaftpflichtversicherung, die nur von Versicherungsunternehmen mit einer Niederlassung in Deutschland übernommen werden dürfen, und zum anderen auf die Regelung, wonach Versicherungsverträge für internationale Transporte in Deutschland

541 Simma/Vedder, in: Grabitz/Hilf, Kommentar zur Europäischen Union, Art. 310 EGV, Rn. 8.

542 Außerdem hat die EG noch das „GATT 1994" und die neuen multilateralen Handelsabkommen abgeschlossen. Daneben sind auch die einzelnen EU-Mitgliedstaaten Vertragsparteien des WTO-Abkommens und aller anderen welthandelsrechtlichen Übereinkommen.

543 Kokott, Liberalisierung der Finanzdienstleistungen im Rahmen der WTO, S. 404.

544 Schmidt/Huppenbauer, Das System der Welthandelsordnung auf dem Wege zur Verwirklichung – Einige Bemerkungen zu WTO und GATS unter Gesichtspunkten der Versicherung, 1998, S. 23 ff., 31 ff.

545 Siehe oben Teil III. 2.5.3.

546 Kokott, Liberalisierung der Finanzdienstleistungen im Rahmen der WTO, S. 404.

durch einen Versicherer, der über eine Zweigniederlassung in Deutschland verfügt, nur über diese Niederlassung abgeschlossen werden dürfen.[547]

Diese Vorbehalte gehen jedoch nicht über die im VAG enthaltenen Regelungen hinaus, wonach ausländische Versicherungsunternehmen aus EG/EWR-Drittländern ohnehin nur über Zweigniederlassungen Versicherungsgeschäfte in Deutschland tätigen dürfen. Insofern verpflichten die Regelungen des GATS das BMF zur Zulassung von VU aus EG/EWR-Drittländern, die Mitglied der WTO sind, unter inländergleichen Bedingungen, wie sie bereits im VAG geregelt sind. Dadurch ist der Bundesminister der Finanzen, der nach § 106b Abs. 1 Satz 1 i.V.m. Abs. 4 VAG die Erlaubnis zum Geschäftsbetrieb erteilen „kann", in seinem Ermessensspielraum eingeschränkt und muss die Erlaubnis erteilen, wenn die übrigen Voraussetzungen, die auch für Inländer gelten, erfüllt sind. Für Versicherungsunternehmen aus Nicht-WTO-Staaten bleibt aber das freie Ermessen unberührt.

Bei Beschränkungen für den Marktzugang und die Inländerbehandlung im Versicherungssektor können bei der Ermessensausübung des BMF[548] die in den EG-Versicherungsrichtlinien enthaltenen Reziprozitätsklauseln nicht berücksichtigt werden.

6. Aufsicht über die Drittstaaten-VU in Deutschland

Die Zulassung von Drittstaaten-VU wird im Geltungsbereich des VAG durch § 106b geregelt, der die Richtlinienvorschriften in deutsches Recht umsetzt. Das deutsche VAG unterscheidet zwischen Versicherungsunternehmen, die ihren Sitz in der Bundesrepublik Deutschland oder in einem EG-Mitgliedstaat bzw. einem EWR-Vertragsstaat[549] haben, und Versicherungsunternehmen, die aus Drittstaaten kommen. Drittstaaten im Sinne des VAG sind die Staaten, die nicht Mitgliedstaaten der Europäischen Gemeinschaften oder Vertragsstaaten des Abkommens über den EWR sind. Eine gesetzliche Definition über Versicherungsunternehmen eines Drittstaates ist in § 105 Abs. 1 VAG enthalten, nämlich: „Versicherungsunternehmen eines Drittstaates sind die Unternehmen, die ihren Sitz in einem Drittstaat haben und eine behördliche Zulassung gemäß Artikel 6 der Richtlinie 73/239/EWG oder Artikel 4 der Richtlinie 2002/83/EG benötigen würden, wenn sie ihren Sitz in einem Staat innerhalb des Europäischen Wirtschaftsraums hätten." Solche Versicherungsunternehmen werden als

547 BGBl. 1994 II, 1671.

548 Nach §106b Abs. 1 Satz 1 i.V.m. Abs. 4 VAG kann das BMF unter den für Inländer geltenden Voraussetzungen Drittstaaten-VU die Erlaubnis zum Betrieb des Direktversicherungsgeschäfts erteilen.

549 Obwohl diejenigen Mitgliedstaaten des Europäischen Wirtschaftsraums (EWR), die nicht EG-Mitgliedstaaten sind (Island, Liechtenstein und Norwegen), EG-Drittstaaten sind, gelten aufgrund des EWR-Abkommens für grenzüberschreitende Versicherungstätigkeit innerhalb des EWR die EG-Versicherungsrichtlinien.

Drittstaaten-VU bezeichnet.[550] Gemäß § 105 Abs. 1 Satz 3 VAG gelten auch staatsähnliche Verwaltungseinheiten als Drittstaaten, wenn sie selbstständige aufsichtsrechtliche Befugnisse haben und nicht im Geltungsbereich der Grundfreiheiten des EGV liegen.

Zur Notwendigkeit einer Zulassung verweist das Gesetz namentlich auf die Art. 6 der Richtlinie 73/239/EWG oder Art. 4 der Richtlinie über Lebensversicherungen 2002/83/EG. Der Verweis des § 105 Abs. 1 Satz 1 VAG auf die Richtlinien bedeutet, dass nur solche Drittstaaten-VU in Deutschland der Aufsichtspflicht unterliegen, die entsprechend den ersten Richtlinien aufsichtspflichtige Versicherungsgeschäfte betreiben.

Für die Drittstaaten-VU gelten die besonderen Vorschriften der §§ 105 bis 110 VAG. Sie fassen die durch EG-Vorschriften veranlassten versicherungsunternehmensrechtlichen Regelungen mit Auslandsberührungen zusammen. Drittstaaten-VU, die die Tatbestandsvoraussetzungen von § 105 Abs. 1 und 2 VAG erfüllen, bedürfen zunächst der Erlaubnis. Die bloße Absicht zum Betrieb des Versicherungsgeschäfts verpflichtet trotz des Wortlautes des § 105 Abs. 2 VAG („betreiben wollen") noch nicht zur Einholung der Erlaubnis. Doch wird über § 105 Abs. 3 VAG der BaFin die Beaufsichtigung des VU bereits im Verfahren der Erlaubniserteilung ermöglicht.

Entsprechend § 105 Abs. 3 VAG gelten für Drittstaaten-VU die §§ 106 bis 110 VAG; daneben gelten ergänzend die übrigen Vorschriften des VAG entsprechend. Da die „übrigen Vorschriften" nur „ergänzend" und „entsprechend" gelten, ist ihre Anwendbarkeit im Einzelfall zu prüfen.[551] Dabei ist zweierlei zu beachten: Zum einen müssen die Vorschriften auf ein ausländisches Versicherungsunternehmen passen und zum anderen soll die Niederlassung so weit wie möglich wie ein eigener Versicherungsgeschäftsbetrieb gestellt werden, um der BaFin die Wahrnehmung der Aufsicht zu ermöglichen.[552] In erster Linie untersteht die Niederlassung über § 105 Abs. 3 VAG dem vollen Zugriff der BaFin gemäß § 81 VAG. Diese kann über den Hauptbevollmächtigten ihre Beobachtungs- und Berichtsfunktion genau so wahrnehmen wie gegenüber einem inländischen Versicherungsunternehmen.

Im Folgenden werden die Regelungen über zulässige Rechtsformen, Erlaubnisvoraussetzungen, Umfang und Widerruf der Erlaubnis, Ausdehnung und Einschränkung des Versicherungsgeschäfts, Erleichterung sowie die EG/EWR-weit konzentrierte Solvabilitätsaufsicht und Finanzaufsicht für die Drittstaaten-VU in Deutschland dargestellt.

---

550 Kollhosser, in: Prölss, VAG-Kommentar, § 105 Rn. 2.

551 Vgl. Kollhosser, in: Prölss, VAG-Kommentar, § 105 Rn. 16; Goldberg/Müller, VAG, § 105 Rn. 25.

552 Goldberg/Müller, VAG-Kommentar, § 106 Rn. 4; Zeides, Die rechtliche Behandlung der Zweigliederlassungen ausländischer Versicherungsunternehmen in Deutschland, S. 165.

6.1 Zulässige Rechtsformen

Versicherungsgeschäfte dürfen nur von Versicherungsgesellschaften in bestimmten Rechtsformen betrieben werden. Art. 8 Abs. 1 lit. a) der 1. RL–S und Art. 6 Abs. 3 RL–L 2002 regeln privatrechtliche Gesellschaftsformen.[553] Es handelt sich im Wesentlichen um Aktiengesellschaften, Gegenseitigkeitsvereine und Genossenschaften. Das auf diese anwendbare Gesellschaftsrecht ist das nationale Recht des Sitzlandes, das allerdings zumindest für Aktiengesellschaften in wichtigen Bereichen schon koordiniert ist.

In Deutschland gibt es gemäß § 7 Abs. 1 VAG Versicherungsunternehmen in der Form von Aktiengesellschaften (AG), dem Versicherungsverein auf Gegenseitigkeit (VVaG) und Körperschaften und Anstalten des öffentlichen Rechts. Es kommt dabei nur darauf an, dass die Rechtsform des Drittstaaten-VU zulässig ist und die Erteilung der Erlaubnis zum Geschäftsbetrieb nicht an eine bestimmte Unternehmensform der Sitzländer gebunden ist.[554] Gemäß § 106b Abs. 1 Nr. 2 lit. a) VAG muss das Unternehmen jedoch nach dem Recht des Sitzlandes eine eigene Rechtspersönlichkeit haben und dort ein Versicherungsunternehmen sein. Zugleich muss die Rechtsform des ausländischen Versicherungsunternehmens mindestens den in § 7 Abs. 1 VAG für inländische Versicherungsunternehmen genannten Rechtsformen vergleichbar sein.[555] Gemäß §§ 105 Abs. 3 und 7 Abs. 1 VAG muss das Drittstaaten-VU eine Rechtsform haben, die in gleicher Weise wie die im Inland zulässigen Rechtsformen eine ausreichende Gewähr für die Kapitalerhaltung sowie für ein konstantes, von Einzelpersonen unabhängiges Geschäftsgebaren bietet.[556]

Vor allem wird das Niederlassungserfordernis für die Drittstaaten-VU in § 106 Abs. 2 Satz 1 VAG besonders herausgestellt. Die Niederlassungsform der Drittstaaten-VU, nämlich Zweigniederlassungen und selbständige Tochtergesellschaften, unterscheiden sich im Einzelnen nach dem Grad ihrer rechtlichen Selbständigkeit und damit zusammenhängend nach der Intensität ihrer Marktpräsenz.

Die selbständige Tochtergesellschaft ist eine Besonderheit im Zulassungsverfahren und ist vom Gesetzgeber bestimmt für die Länder, für die keine völkerrechtliche Meistbegünstigungsverpflichtung besteht. Gründet ein Drittstaat solche Tochterunternehmen in einem EG/EWR-Mitgliedstaat und erhält dieses dort die Erlaubnis, gilt diese Erlaubnis im ganzen EWR. Nach § 1 Abs. 1 VAG unterliegt jedoch das neue in Deutschland gegründete Tochterversicherungsun-

553 Art. 8 Abs.1 lit. a) der 1. RL–S i.d.F. von Art. 6 Abs. 3 der RL–L 2002 bzw. Art. 6 3. RL–S.

554 Präve, in: Prölss, VAG-Kommentar, § 7 Rn. 8.

555 Fahr, in: Fahr/Kaulbach, VAG-Kommentar, § 105 Rn. 44.

556 Präve, in: Prölss, VAG-Kommentar, § 7 Rn. 8; Wehowski, Die Zulassung ausländischer Versicherungsunternehmen, S. 173; vgl. Müller, Versicherungsbinnenmarkt, Rn. 172.

ternehmen der Versicherungsaufsicht in gleicher Weiser wie andere deutsche Versicherungsunternehmen. Diese Niederlassungsform wird im folgenden Teil nicht weiter behandelt, da sie rechtlich einem deutschen Versicherungsunternehmen gleichgestellt werden kann. Nachfolgend wird deshalb nur die Niederlassungsform der Zweigniederlassung näher behandelt.

Entsprechend § 13e Abs. 1 HGB kommt als Rechtsform für die Zweigniederlassung eine Aktiengesellschaft oder Gesellschaft mit beschränkter Haftung in Frage. Aber laut § 7 Abs. 1 VAG[557] und § 106b Abs.1 Nr. 2 lit. a) VAG ist eine Zulassung von ausländischen Einzelkaufleuten oder Personengesellschaften nicht zulässig, da vor allem keine Gewähr für die Erhaltung ihres Kapitals gegeben ist. Aus demselben Grund können auch Versicherungsunternehmen nicht zugelassen werden, deren ausländische Rechtsform der inländischen GmbH ähnelt. Einen erheblichen Teil der Versicherungsdienstleistung erbringt nicht der ortsfremde Hauptsitz des Unternehmens, sondern die Zweigniederlassung selbst.[558]

Die Zweigniederlassung ist allgemein dadurch gekennzeichnet, dass sie in der Versicherungsunternehmenshierarchie eine untergeordnete Stelle einnimmt;[559] sie ist eben nur ein Zweig am „Baum" des gesamten Versicherungsunternehmens. Es handelt sich also grundsätzlich um eine vertikale Abstufung und nicht um eine horizontale. Gleichzeitig aber weist die Zweigniederlassung auch eine „gewisse Selbständigkeit" auf.[560]

Bei der Anmeldung der Zweigniederlassung muss die Rechtsform der ausländischen Kapitalgesellschaft angeben werden, um zu prüfen, ob die ausländische Gesellschaft als Aktiengesellschaft zu qualifizieren ist und in der Ausgestaltung nach ihrem Heimatrecht der deutschen Aktiengesellschaft vergleichbar ist.[561] Die Zweigniederlassung wird von der Rechtsprechung „wie eine eigene

---

557 Gem. § 7 VAG sind die zulässigen Rechtsformen der Versicherungsunternehmen die Aktiengesellschaft, (gem. § 1 AKtG), der Versicherungsverein auf Gegenseitigkeit sowie Körperschaften und Anstalten des öffentlichen Rechts. Die Zulassung dieser Unternehmensformen für den erlaubnispflichtigen Betrieb von Versicherungsgeschäften hat ihre Rechtsgrundlage in Art. 8 Abs. 1 lit. a) der 1. RL-S und Art. 6 Abs. 3 der RL-L 2002.

558 Roth, Grundlagen des gemeinsamen europäischen Versicherungsmarktes, RabelsZ 54 (1990), S. 63 ff.; über die Organisation der Niederlassung äußert sich auch das BAV im Rundschreiben R 1/62 vom 22.2.1962 (VerBAV 1962, S. 74) auf der Grundlage des damaligen Rechts.

559 Vgl. RGZ 77, 60, 63; Saame, Die Zweigniederlassung eines ausländischen Unternehmens in Deutschland, S. 33, 34; K. Schmidt, Handelsgesetzbuch, B. I. S. 76.

560 RGZ 77, 60, 63; Saame, Die Zweigniederlassung eines ausländischen Unternehmens in Deutschland, S. 33 ff.

561 § 13e und § 13f HGB, Baumbach/Hopt, S.102-104, vgl. auch HGB, Baumbach/Hopt, § 13d Rn. 5 .

Rechtspersönlichkeit“ behandelt.[562] Voraussetzung ist auf jeden Fall, dass die Rechtsform nicht nur nach dem einschlägigen ausländischen Recht, sondern auch im Inland als rechtsfähig anerkannt werden kann.

Im Unterschied zu Zweigniederlassungen sind inländische Zweigstellen ausländischer Versicherungsunternehmen rechtlich genauso unselbständig wie Zweigstellen inländischer Gesellschaften. Die Errichtung einer Zweigniederlassung eines ausländischen Versicherungsunternehmens ist eine interne Angelegenheit eines Unternehmens und hängt hauptsächlich von der tatsächlichen Geschäftsaufnahme ab. Der Betrieb der Zweigniederlassung muss auf Dauer angelegt sein.[563] Eine Zweigniederlassung hat eigenes Personal des ausländischen Versicherungsunternehmens, das organisatorisch von der ausländischen Mutter weitgehend unabhängig ist und in der Regel eigene Bücher führt.[564]

6.2 Zulassungsverfahren

Das europäische Erlaubnisverfahren ist nur bruchstückhaft koordiniert; es richtet sich im Wesentlichen nach dem nationalen Recht am Sitz des Unternehmens, das um Zulassung nachsucht.[565] Betrifft das Zulassungsverfahren ein Drittstaaten-VU, so hat die Zulassungsbehörde besondere Pflichten gegenüber der Europäischen Kommission, die der Sicherstellung des Reziprozitätsgedankens in den Beziehungen der Gemeinschaft zu den Drittländern zu dienen bestimmt sind.

Das Zulassungsverfahren für Drittstaaten-VU gemäß dem VAG ist in Deutschland mit dem für deutsche Erst-VU insoweit vergleichbar, als an die personellen[566] und organisatorischen Voraussetzungen sowie die Kapitalausstattung nahezu identische Anforderungen gestellt werden.[567] Gemäß § 106b Abs. 1 VAG ist der Antrag auf Erlaubnis zum Geschäftsbetrieb mit den erforderlichen Unterlagen bei der BaFin einzureichen. Die BaFin hat den Versicherungsbeirat zu hören; ferner muss sie sich vor der Entscheidung gutachtlich äußern, ob einer der Gründe des § 8 VAG zur Versagung der Erlaubnis vorliegt.[568] Denn die fachliche Überprüfung soll weiterhin der Aufsichtsbehörde überlassen bleiben, die über die entsprechende Kompetenz verfügt. Damit die aufwendige Prüfung des Antrags durch die BaFin nicht vergebens durchgeführt wird, kann das Un-

562 BGHZ 9, 34; 17, 74.

563 Zeides, Die rechtliche Behandlung der Zweigniederlassungen ausländischer Versicherungsunternehmen in Deutschland, S. 12.

564 Völkel, Der Marktzugang ausländischer Versicherer, S. 79.

565 Müller, Die europäische Integration im Versicherungswesen, Rn. 510.

566 Über § 106 Abs. 3 Satz 2 VAG gilt § 7a Abs. 1 VAG auch für den Hauptbevollmächtigten der in Deutschland zu gründenden Niederlassung.

567 Wegen der Einzelheiten zu den einzureichenden Unterlagen vgl. § 106b Abs. 1 VAG.

568 Fahr in: Fahr/Kaulbach VAG- Kommentar, § 106b Abs. 4 Rn. 14; auch Fromm/Goldberg, VAG-Kommentar, § 106 Anm. 2. 1.

ternehmen eine Art "Voranfrage" beim BMF stellen und so erfahren, ob eine Erlaubniserteilung überhaupt in Frage kommt.[569]

Nach der gutachtlichen Äußerung über die Kapitalausstattung, den sachlichen und örtlichen Tätigkeitsbereich sowie die Rechtsfähigkeit des ausländischen Versicherungsunternehmens trifft das BMF die Entscheidung über die Erlaubnis zum Geschäftsbetrieb des Antragstellers.[570]

Dagegen entscheidet im Zulassungsverfahren für ein deutsches Versicherungsunternehmen nicht das BMF, sondern die Aufsichtsbehörde. Die Ermessensentscheidung durch das BMF hat den Zweck, öffentliche sowie internationale Interessen zu berücksichtigen. Bei der Ermessensentscheidung hat das BMF jedoch bilaterale und multilaterale Abkommen – insbesondere das GATS - zu berücksichtigen.[571]

Drittstaaten-VU haben außerdem grundsätzlich keinen Rechtsanspruch darauf, in der Bundesrepublik Deutschland zum Geschäftsbetrieb zugelassen zu werden. Durch Reziprozitätsverpflichtungen oder aus internationalen Verträgen heraus, in denen sich die Bundesrepublik zur Inländerbehandlung von Versicherungsunternehmen aus Drittstaaten verpflichtet hat, kann sich aber möglicherweise ein Rechtsanspruch ergeben.[572]

6.3 Umfang der Erlaubnis

6.3.1 Sachlicher Umfang der Erlaubnis (Spartenbezug der Erlaubnis)

Die Erlaubnis wird nicht für den Betrieb des Versicherungsgeschäfts global erteilt,[573] sondern wird grundsätzlich für jede Versicherungssparte gesondert beantragt und erteilt.[574] Nach § 6 Abs. 2 Satz 2 VAG erfasst sie alle Risiken dieses Zweiges, es sein denn, dass das Unternehmen nach seinem Geschäftsplan nur einen Teil der Risiken dieser Versicherungssparte decken will.

Die in Frage kommenden Zweige und Risiken sind in den Anhängen des VAG aufgeführt.[575] Es gilt folgende Verteilung der Risiken nach Versicherungs-

569 Fahr, in: Fahr/Kaulbach, VAG- Kommentar, §106b Rn. 1.

570 Kollhosser, in: Prölss, VAG-Kommentar, § 106 b, Rn. 3; vgl. Fromm/Goldberg, VAG-Kommentar, § 106 Anm. 2. II.

571 Völkel, Der Marktzugang ausländischer Versicherer – unter besonderer Berücksichtigung des Allgemeinen Dienstleistungsabkommens (GATS); vgl. auch Fahr in: Fahr/Kaulbach VAG- Kommentar, § 105 Rn. 5, 7, 15,16; § 106b Rn.15.

572 Kollhosser, in: Prölss, VAG-Kommentar, § 106b, Rn. 7; Fahr, in: Fahr/Kaulbach, VAG-Kommentar, § 106b Rn. 13.

573 Fahr, in: Fahr/Kaulbach, VAG-Kommentar, § 6 Rn. 7; Präve, in: Prölss, VAG-Kommentar, § 6 Rn. 5.

574 § 6 Abs. 2 Satz 1 VAG; vgl. Art. 7 Abs. 2 Satz 1 der 1. RL–S; Art. 5 Abs. 2 Satz 1. der RL–L2002.

575 Ebenso in den Anhängen zu den Ersten Richtlinien für die Lebens- und Schadenversicherung.

sparten: Unfall; Krankheit; Landfahrzeug-Kasko (ohne Schienenfahrzeuge); Schienenfahrzeug-Kasko; Luftfahrzeug-Kasko; See-, Binnensee- und Flussschiffahrt-Kasko; Transportgüter-, Feuer- und Elementarschäden; Hagel-, Frost- und sonstige Sachschäden; Haftpflicht für Landfahrzeuge mit eigenem Antrieb; Luftfahrzeughaftpflicht; See-, Binnensee- und Flussschifffahrthaftpflicht; Allgemeine Haftpflicht; Kredit; Kaution; verschiedene finanzielle Verluste; Rechtsschutz; Bestandsleistungen zugunsten von Personen, die sich in Schwierigkeiten befinden; Leben; Heirats- und Geburtenversicherung; Fondsgebundene Lebensversicherung; Tontinengeschäfte; Kapitalisierungsgeschäfte; Geschäfte der Verwaltung von Versorgungseinrichtungen und Pensionsfondsgeschäfte.

Eine einheitliche Definition dieser Zweige und Risiken gibt es nicht. Dadurch kann es in Ausnahmefällen vorkommen, dass die Zuordnung bestimmter Gefahren zu einem Zweig oder einem Risiko in einzelnen Ländern unterschiedlich geregelt ist, was dazu führen könnte, dass für den Betrieb der gleichen Geschäfte in den einzelnen Ländern unterschiedliche Kapitalanforderungen gestellt werden.[576]

Gemäß § 6 Abs. 3 VAG kann außerdem die Erlaubnis für mehrere Sparten zusammengefasst erteilt werden, maßgebend sind in diesem Fall die in Anlage Teil B zum VAG enthaltenen Bezeichnungen. So können z.B. zugelassen werden Kraftfahrtversicherung, See- und Transportversicherung, Luftfahrtversicherung, Feuer- und andere Sachschäden, Kredit und Kaution sowie Schadens- und Unfallversicherung.[577] Dennoch kann die Zulassung für eine oder mehrere Versicherungssparten auch sog. Zusatzrisiken (bestimmte Risiken anderer Sparten) zu diesen Sparten umfassen.[578] Nach § 6 Abs. 4 Satz 1 VAG müssen diese Zusatzrisiken mit der betriebenen Sparte im Zusammenhang stehen, denselben Gegenstand betreffen und durch denselben Vertrag gedeckt sein. So kann sich

576 Müller, Die europäische Integration im Versicherungswesen, Rn. 449.

577 Kraftfahrtversicherung (Unfallrisiken bei Personenbeförderung, Kaskorisiken, Transportgüterrisiken und Haftpflichtrisiken), See- und Transportversicherung (Unfallrisiken bei Personenbeförderung, Schienenfahrzeug-Kaskorisiken, See-, Binnensee- und Flussschifffahrts-Kaskorisiken, Transportgüterrisiken und See-, Binnensee- und Flussschifffahrtshaftpflichtrisiken), Luftfahrtversicherung (Unfallrisiken bei Personenbeförderung, Luftfahrzeug-Kaskorisiken, Transportgüterrisiken und Luftfahrtzeughaftpflichtrisiken), Feuer- und andere Sachschäden (Feuer- und Elementschädenrisiken und Hagel-, Frost- und sonstige Sachschädenrisiken), Haftpflicht (Haftpflicht für Landfahrzeuge mit eigenem Antrieb und Allgemeine Haftpflicht), Kredit und Kaution, Schäden- und Unfallversicherung (Unfall, Kaskorisiken, Allgemeine Haftpflicht und verschiedene finanzielle Verlustrisiken). Siehe § 6 Abs. 3 VAG und Anhänge zum VAG.

578 Zusatzrisiken sind im europäischen Richtlinienrecht für die Nicht-Lebensversicherung ausdrücklich geregelt. Für das VAG fehlt eine ausdrückliche Ausnahme von dem ausdrücklich nur für die Nicht-Lebensversicherung geltenden Grundsatz. Daher rekurriert die Aufsicht mitunter auch in der Lebensversicherung auf diese Regelung. Präve, in: Prölss, VAG-Kommentar, § 6 Rn. 7.

etwa ein Versicherer im Rahmen einer Kfz-Haftpflichtversicherung vertraglich zu einer Direktregulierung verpflichten, also zu einer Schadenabwicklung unmittelbar gegenüber dem Geschädigten.[579]

Außerdem können nach § 6 Abs. 4 Satz 2 VAG Kredit- und Kautionsrisiken nicht als derartige Zusatzrisiken behandelt werden. Wer sie versichern will, bedarf in jedem Fall einer gesonderten Erlaubnis für die Sparten Kredit- und Kautionsversicherung. Entsprechendes gilt für die Rechtsschutzversicherung. Jedoch bestehen für die Rechtsschutzversicherung zwei Ausnahmen: Erstens können Risiken, die sich auf Streitigkeiten oder Ansprüche aus dem Einsatz von Schiffen auf See beziehen, auch von der Erlaubnis für andere Sparten umfasst werden. Zweitens kommt für das der Rechtsschutzversicherung zuzuordnende Risiko eine Einordnung als Zusatzrisiko gemäß Anlage Teil A Nr. 18 Buchstabe a) in Betracht.[580]

6.3.2 Zeitlicher und räumlicher Umfang der Erlaubnis

Der zeitliche Umfang der Erlaubnis ist nach § 6 Abs. 1 Satz 1 VAG grundsätzlich unbegrenzt. Da das Versicherungsgeschäft seiner Natur nach auf Dauer angelegt ist und ein Neuzugang an Versicherungen deshalb in vielen Sparten (z.B. Krankenversicherung) von existentieller Bedeutung ist, wird die Zulassung generell unbefristet erteilt. Das schließt nicht aus, dass die Zulassungsbehörde durch Auflagen dafür sorgt, dass sich das Geschäft eines neuen Versicherers kontinuierlich im Rahmen des mit dem Zulassungsantrag eingereichten Tätigkeitsplans entwickelt und vor allem parallel zu der Entwicklung der Eigenmittelsituation verläuft. Falls sich aus den Antragsunterlagen ergibt, dass ein Unternehmen in einem bestimmten Umfang nur zeitlich begrenzt tätig werden will,[581] ist dieses bei der Erteilung der Erlaubnis entsprechend zu berücksichtigen. Andernfalls, was normalerweise der Fall ist, gilt die Erlaubnis zeitlich unbeschränkt.[582]

Der räumliche Umfang der Erlaubnis für Drittstaaten-VU ist jedoch nicht nach § 6 Abs. 1 Satz 2 VAG[583] sondern nach § 105 Abs. 1 VAG auf das Gebiet der EU- und EWR-Staaten begrenzt. Da nach § 105 Abs. 1 Satz 3 VAG die Bestimmungen des europäischen Gemeinschaftsrechts über die Freizügigkeit, das Niederlassungsrecht und die Dienstleistungsfreiheit für Drittstaaten-VU keine Anwendung finden, ist die Erlaubnis dann nur für das Inland erteilt. Die Art und Weise, wie Drittstaaten-VU in anderen Mitgliedstaaten der EG und des EWR

579 Schirmer, Vom Direktanspruch zur Direktregulierung, VersR 2003, 401- 404.

580 § 6 Abs. 4 Satz 3 VAG; vgl. Anhang C der 1. RL–S.

581 § 36 Abs.2 Nr.1 VwVfG.

582 Präve, in: Prölss, VAG-Kommentar, Rn. 2.

583 Ungeachtet einer Beschränkung des Antrags wird sie für das Gebiet aller Mitgliedstaaten der EG und des EWR in der Fassung des Anpassungsprotokolls vom 17. März 1993 erteilt.

tätig werden dürfen, richtet sich nach deren eigenem Recht.[584] Der Begriff „Betrieb im Inland" setzt also eine Beziehung des Betriebes zum Inland voraus. Eine solche Beziehung ist üblicherweise nicht nur anzunehmen, wenn Verträge mit Versicherungsnehmern geschlossen werden, die ihren gewöhnlichen Aufenthalt im Inland haben,[585] sondern auch dann, wenn statt des Versicherungsnehmers die versicherte Person, die auch aus dem Vertrag berechtigt ist, ihren gewöhnlichen Aufenthalt im Inland hat.[586]

Wird von der erteilten Erlaubnis binnen zwölf Monaten kein Gebrauch gemacht, kann die Aufsichtsbehörde die Erlaubnis entziehen. Das Gleiche gilt, wenn das Versicherungsunternehmen ausdrücklich auf die Zulassung verzichtet oder wenn es seit mehr als sechs Monaten seinen Geschäftsbetrieb eingestellt hat.[587]

6.4 Zulassungsvoraussetzungen des Geschäftsbetriebes

Ausländische Versicherungsunternehmen benötigen die Erlaubnis der Aufsichtsbehörde zum Geschäftsbetrieb, wenn sie ein Versicherungsgeschäft in Deutschland betreiben wollen. Die Zulassung von Drittstaaten-VU ist im Geltungsbereich des VAG durch § 106b geregelt, der die Richtlinienvorschriften in deutsches Recht umsetzt.

Die Zulassungsvoraussetzungen sind zunächst dieselben, die auch Versicherungsunternehmen aus Mitgliedstaaten der EG erfüllen müssen: es muss eine inländische Niederlassung (§106 Abs. 2 VAG, gegründet und ein Hauptbevollmächtigter (§ 106 Abs. 3 VAG) bestellt werden, ferner darf kein Versagungsgrund nach § 8 Abs. 1 VAG vorliegen. Zu letzterem erteilt die Erlaubnis das BMF (§ 106b Abs. 1 Satz. 1 VAG), wenn die BaFin eine positive gutachtliche Äußerung gegeben hat (§ 106b Abs. 4 Nr. 1 VAG). Zusätzlich wird von Drittstaaten-VU die Stellung einer festen Kaution (§ 106 Abs. 4 Nr. 1, 2, 3 VAG) verlangt.

Im Folgenden werden die einzelnen Zulassungsvoraussetzungen zum Geschäftsbetrieb für die Drittstaaten-VU dargestellt (erforderliche Unterlagen, Kapitalausstattung, Geschäftsführerqualifikation und Niederlassungspflicht).

6.4.1 Erforderliche Unterlagen

Für die Erteilung der Erlaubnis sind die erforderlichen Unterlagen von den Bewerbern zu erbringen. Mit dem Antrag auf Erlaubnis sind dem BaFin folgende Unterlagen einzureichen: der Geschäftsplan, eine Bescheinigung vom Sitzland,

584 Fahr, in: Fahr/Kaulbach, VAG- Kommentar, § 105 Rn. 43; siehe auch § 6 Abs. 1 Satz 2 VAG.

585 Fahr, in: Fahr/Kaulbach, VAG- Kommentar, § 105 Rn. 21 m. weit. Nachw.

586 Kollhosser, in: Prölss, VAG- Kommentar, § 105 Rn. 7.

587 § 6 Abs. 5 VAG; Art. 22 Abs. 1 lit. a) 1. RL– S.

die Bilanz sowie Gewinn- und Verlustrechnung für jedes der drei letzten Geschäftsjahre des Sitzlands (§ 106b Abs. 1 VAG).

6.4.1.1 Geschäftsplan

Der Geschäftsplan wird auch als „Tätigkeitsplan“[588] bezeichnet. Unter Geschäftsplan sind die erforderlichen Unterlagen über Art und Umfang des Geschäftsbetriebes zu verstehen.[589] Dem Geschäftsplan eines Versicherungsunternehmens kommt zentrale Bedeutung zu. Er ist mit dem Antrag auf Erteilung der Erlaubnis zum Geschäftsbetrieb einzureichen.[590] Nach § 13 Abs. 1 Satz 1 VAG bedürfen spätere Geschäftsplanänderungen der Genehmigung durch die Aufsichtsbehörde.

Der Inhalt des Geschäftsplans und seine Bestandteile werden vom Gesetzeber in § 5 Abs. 2 Satz 2 und Abs. 3 VAG detailliert vorgegeben. Dabei umfasst der Geschäftsplan den Zweck und die Einrichtung des Unternehmens.[591] Es ist darzulegen, welche Versicherungssparten und -arten betrieben werden sollen und mit welchen Bevölkerungsgruppen man kontraktieren will und mit welchen nicht. Auch die Organisationsstruktur des Unternehmens sowie das Gebiet des beabsichtigen Geschäftsbetriebs[592] sind anzugeben. Zudem muss das Unternehmen im Geschäftsplan darlegen, dass seine zukünftigen Verpflichtungen nachhaltig erfüllbar sein werden.

Der Inhalt des Geschäftsplans ist gesetzlich festgelegt und kann nicht nach Belieben erweitert werden.[593] Folgende Bestandteile des Geschäftsplans sind in § 5 Abs. 3 und 5 VAG vorgeschrieben:

- Satzung des Unternehmens:

Die Satzung ist die Verfassung des Unternehmens. Der grundsätzlich bestehenden Satzungsautonomie sind jedoch von Gegenstand und Inhalt her durch eine ganze Reihe von Gesetzen (VAG, AktG, BetrVG, HGB) Grenzen gesetzt. Diese Gesetze stellen fest, welche Punkte in der Satzung geregelt sein müssen oder

---

588 Die Bezeichnung in der 1. RL–S (Art. 8 Abs. 1 lit. c), Art. 9) lautete stattdessen "Geschäftsplan".

589 Fromm/Goldberg, VAG-Kommentar, § 5 Anm. 5.

590 § 5 Abs. 2 Satz 1 VAG.

591 Die Formulierung „Einrichtung des Unternehmens“ meinte die Organisationsstruktur. Die Darstellung der Organisationsstruktur muss der Aufsichtsbehörde die Prüfung ermöglichen, ob durch den geplanten Aufbau des Unternehmens die Belange der Versicherten und die dauernde Erfüllbarkeit der Versicherungsverträge gefährdet werden können, § 8 Abs. 1 Satz 1 Nr. 3 VAG.

592 Das beabsichtigte Geschäftsgebiet wird zum einen durch geplante Niederlassungen des Versicherungsunternehmens bestimmt, darüber hinaus aber je nach Versicherungsart auch durch den Sitz bzw. Wohnsitz der Versicherungsnehmer und die Belegenheit, d.h. die Lage des versicherten Risikos. Vgl. Kaulbach, in: Fahr/Kaulbach, VAG, § 5 Rn. 26.

593 Präve, in: Prölss, VAG-Kommentar, § 5 Rn. 11 u.a. unter Bezugnahme auf die Regierungsbegründung.

sollen, und schreiben teilweise vor, welche Regelungen (mindestens) getroffen werden müssen.

Gemäß § 5 Abs. 3 Nr. 1 VAG ist die Satzung des Unternehmens als Bestandteil des Geschäftsplans einzureichen. Die Satzung des Unternehmens soll beigefügt werden, da die Zweigniederlassung keine eigene Satzung hat. Gemäß § 9 VAG soll der Satzungsinhalt sowohl die einzelnen Versicherungszweige, auf die sich der Geschäftsbetrieb erstreckt, als auch die Grundsätze für die Vermögensanlage enthalten. Zudem soll für das Versicherungsgeschäft angegeben werden, ob es nur unmittelbar oder zugleich mittelbar (durch Rückversicherung) betrieben werden soll. Ferner wird verlangt, die gesetzlichen Vertretungsorgane und ein evtl. Aufsichtsorgan zu benennen. Denn diese Organe bestellen den Hauptbevollmächtigten.[594]

– Angaben über die Versicherungssparten:
Es wird die Angabe über die Versicherungssparten verlangt, deren Betrieb beabsichtigt ist. Zugleich soll dargestellt werden, welche Risiken einer Versicherungssparte gedeckt werden sollen.

– Unternehmensverträge:
Zu den Unternehmensverträge gehören, wie in den §§ 291 und 292 des Aktiengesetzes definiert, Beherrschungs-, Gewinnabführungs-, Gewinngemeinschafts-, Teilgewinnabführungs-, Betriebspacht- und Betriebsüberlassungsverträge.[595] Gegenstand aufsichtsamtlicher Verlautbarungen und Meinungsäußerungen waren bisher nur die in § 291 AktG erwähnten Verträge, nämlich Beherrschungs- und Gewinnabführungsverträge.

Unternehmensverträge sind aber entsprechend der Aufsichtspraxis nur genehmigungsfähig, wenn sie mit den im VAG festgelegten Aufsichtszielen vereinbar sind.[596] Es darf daher weder das Verbot zum Betrieb versicherungsfremder Geschäfte (§ 7 Abs. 2 VAG) noch das Gebot der Spartentrennung (vgl. § 8 Abs. 1a VAG) unterlaufen werden. Ferner muss sichergestellt sein, dass hierdurch die Belange der Versicherten und die dauernde Erfüllbarkeit der Versicherungsverträge nicht gefährdet werden (vgl. § 8 Abs.1 Nr. 3 VAG).

– Funktionsausgliederungsverträge:
Gemäß § 5 Abs. 3 Nr. 4 VAG sind die Verträge über Funktionsausgliederungen dem Antrag beizufügen. Dabei handelt es sich um Verträge, durch die der Vertrieb, die Bestandsverwaltung, die Leistungsbearbeitung, das Rechnungswesen, die interne Revision, die Vermögensanlage oder Vermögensverwaltung des Versicherungsunternehmens ganz oder zu einem wesentlichen Teil einem ande-

594 Fahr, in; Fahr/Kaulbach, VAG, §106b Abs. 1 Rn. 2.

595 Dreher, Die Zulässigkeit von Unternehmensverträgen unter Beteiligung von Versicherungsaktiengesellschaften, ZVersWiss 1988, 619.

596 Géza von Puskás, Versicherungsaufsicht, Geschäftsplan, in: Handwörterbuch der Versicherung, S. 982.

ren Unternehmen auf Dauer übertragen werden soll. Außerdem sind die Verträge durch die Aufsichtspraxis noch näher zu erläutern. Im Einzelnen müssen die Tatbestandsmerkmale (versicherungsspezifische Betriebsfunktionen, Funktionsübertragung und Wesentlichkeit der Ausgliederung) erfüllt sein.[597]

– Schätzungen für den zukünftigen Geschäftsbetrieb:
Nach § 5 Abs. 4 Satz 3 und 4 sowie Abs. 5 Nr. 3 VAG sind die vorgesehenen Schätzungen den Genehmigungsbehörden einschließlich einer möglichst genauen Prognose für die Aufbauphase vorzulegen. Sie enthalten für die ersten drei Geschäftsjahre die Schätzung über die Provisionsaufwendungen und die sonstigen laufenden Aufwendungen für den Versicherungsbetrieb, die voraussichtlichen Beiträge, die voraussichtlichen Aufwendungen für Versicherungsfälle und die voraussichtliche Liquiditätslage. Ferner ist zu erläutern, welche finanziellen Mittel sehr wahrscheinlich zur Verfügung stehen werden, um die Verpflichtungen aus den Verträgen und die Anforderungen an die Kapitalausstattung zu erfüllen (§ 5 Abs. 4 Satz 4 VAG).

– Zusätzliche Angaben:
Mit dem Geschäftsplan sind für Pflichtversicherungen und für die substitutive Krankenversicherung[598] zusätzlich die allgemeinen Versicherungsbedingungen vorzulegen. Für die substitutive Krankenversicherung sind außerdem die Grundsätze für die Berechnung der Prämien und der mathematischen Rückstellungen einschließlich der verwendeten Rechnungsgrundlagen, mathematischen Formeln, kalkulatorischen Herleitungen und statistischen Nachweise einzureichen.[599]

Außerdem ist eine Schätzung der Aufwendungen einzureichen. Bei der Schätzung für den Aufbau der Verwaltung und des Vertreternetzes des Organisationsfonds hat das Unternehmen nachzuweisen, dass die dafür erforderlichen Mittel zur Verfügung stehen.

Ferner sind auch Angaben darüber einzureichen, über welche Mittel das Unternehmen verfügt, um die zugesagte Beistandsleistung zu erfüllen,[600] wenn ein Versicherungsunternehmen die Erlaubnis zum Geschäftsbetrieb der Versicherungssparte beantragt, die in der Anlage Teil A Nr. 18[601] genannt werden.

597 Ebenda, S. 983.

598 Kaulbach, in: Fahr/Kaulbach, VAG, § 5 Abs. 5 Rn. 51., Mit der Krankenversicherung im Sinne des § 12 Abs. 1 ist nur die dort genannte substitutive Krankenversicherung gemeint.

599 Die Begriffe "kalkulatorische Herleitungen" und "statistische Nachweise" wurden durch Art. 1 Nr. 3 lit. b), Doppelbuchst. aa des Gesetzes zur Änderung des VAG. vom 21.12 2000 (BGB1. I S.1857) eingeführt.

600 D.h., das Versicherungsunternehmen steht zur Verfügung, um die zugesagte nicht aus Geld bestehender Leistung zu erbringen. Kaulbach in: Fahr/Kaulbach VAG § 5 Rn. 63.

601 Dabei geht es um Beistandleistungen zugunsten von Personen, die sich in Schwierigkeiten befinden, a) auf Reisen oder während der Abwesenheit von ihrem Wohnsitz oder

Des Weiteren sind die Angaben über den verantwortlichen Hauptbevollmächtigten erforderlich, um dessen Zuverlässigkeit und fachliche Eignung zu beurteilen.

Schließlich gibt es geschäftsplanmäßige Erklärungen. Dies sind schriftliche Erklärungen, die die Versicherungsunternehmen gegenüber der Aufsichtsbehörde – meist auf deren Verlangen hin – abgeben,[602] worin die Versicherungsunternehmen sich zu einem „planmäßigen", d.h. auf Dauer angelegten, Verhalten verpflichten. Die Versicherungsaufsicht verlangt solche Erklärungen bereits vor Erteilung der Erlaubnis zum Betrieb der jeweiligen Sparte, damit sichergestellt ist, dass der beabsichtigte Geschäftsbetrieb mit den Aufsichtszielen des VAG in Einklang steht. Besonders in den Versicherungszweigen der Massenversicherung sind zusammen mit den anderen Zulassungsunterlagen entsprechende Standardfassungen geschäftsplanmäßiger Erklärungen abzugeben.

6.4.1.2 Bescheinigung des Sitzlandes

Nach § 106b Abs. 1 Satz 2 Nr. 2 lit. b) VAG hat das ausländische Versicherungsunternehmen die Befugnis des Heimatstaates zum Betrieb des Versicherungsgeschäfts nachzuweisen und ebenso auch den Nachweis zu erbringen, tatsächlich Versicherungsgeschäfte zu betreiben.[603] Eine Bescheinigung der zuständigen Behörde des Sitzlands soll vorgelegt werden, dass das Unternehmen an seinem Sitz rechtsfähig ist, d.h. es unter seinem Namen vor Gericht klagen und verklagt werden kann.[604] Die Rechtsfähigkeit eines ausländischen Unternehmens muss daher nicht von der BaFin selbst geprüft werden, sondern das Unternehmen hat die Rechtsfähigkeit durch eine entsprechende Bescheinigung des zuständigen Sitzlandes nachzuweisen. Außerdem sollen die Erfahrungen der ausländischen Versicherungsunternehmen nachgewiesen werden. Schließlich ist noch eine Bescheinigung der zuständigen Behörde des Sitzlands darüber beizubringen, welche Versicherungssparten das Unternehmen zu betreiben ermächtigt ist und welche Arten von Risiken es tatsächlich deckt.[605]

---

ständigem Aufenthaltsort, b) unter anderen Bedingungen, sofern die Risiken nicht unter andere Versicherungssparten fallen.

602 Géza von Puskás, Versicherungsaufsicht, Geschäftsplan, in: Handwörterbuch der Versicherung, S. 985.

603 Präve, in: Prölss, VAG-Kommentar, § 7 Rn. 7, § 106b Rn. 7; Goldberg/Müller, VAG--Kommentar, § 105 Rn. 3. Das erforderliche Maß an Geschäftserfahrung hängt vom Einzelfall ab, Fahr/Kaulbach, VAG, § 106b Rn. 4.

604 § 106b Abs. 1 Nr. 2 lit. a) VAG.

605 § 106b Abs. 1 Nr. 2 lit. b) VAG; vgl. Fahr, in: Fahr/Kaulbach, VAG-Kommentar, §106b Rn. 4. Bei der früheren Praxis des Reichsaufsichtsamts war es erforderlich, dass ausländische Versicherungsunternehmen eine gewisse Zeit an ihrem Sitz waren (in jeder Schadenversicherung 3 Jahre, in der Lebensversicherung 5 Jahre). Diese Praxis ist seit Jahren nicht mehr angewendet worden, aber es wäre immer noch möglich, wenn z.B. das Versicherungsunternehmen keiner oder nur einer schwachen Aufsicht unterliegt.

6.4.1.3 Bilanz sowie Gewinn- und Verlustrechnung

Gemäß § 106b Abs. 2 Nr. 3 VAG müssen die ausländischen Versicherungsunternehmen die Bilanz sowie die Gewinn- und Verlustrechnung für jedes der drei letzten Geschäftsjahre beifügen. Falls das Unternehmen noch nicht drei Jahre besteht, sind die Unterlagen für die bereits abgeschlossenen Geschäftsjahre vorzulegen.

6.4.2 Kapitalausstattung

Versicherungsunternehmen müssen bereits bei ihrer Gründung über ausreichende finanzielle Mittel verfügen, um ihre künftigen Verpflichtungen aus den Versicherungsverträgen erfüllen zu können. § 5 Abs. 4 VAG regelt die finanziellen Anforderungen für die Erteilung der Erlaubnis an die Versicherungsunternehmen. Die Vorschriften über die Kapitalausstattung von Versicherungsunternehmen bei ihrer Gründung sind eng mit den Vorschriften über die Kapitalausstattung von bereits zum Geschäftsbetrieb zugelassenen Versicherungsunternehmen verknüpft, wie der Verweis auf §53c Abs. 2 VAG deutlich macht. Die notwendige Kapitalausstattung der Niederlassungen von Drittstaaten-VU wird durch § 106b Abs. 2 VAG bestimmt.

Die Kapitalausstattung ist der in ein Unternehmen investierte Geldbetrag bzw. der Gesamtwert der von dem Unternehmen ausgegebenen Anleihen und Aktien.[606] Die Versicherungsunternehmen sind verpflichtet, die im Folgenden näher erläuterten Mindestanforderungen an die Kapitalausstattung nach § 8, § 53c, § 81 und § 106b Abs. 2 VAG zu erfüllen.[607]

6.4.2.1 Eigenmittel

Eigenmittel setzen sich überwiegend aus dem Eigenkapital[608], den gesetzlichen und freien Rücklagen und dem Gewinnvortrag zusammen.[609] Mit diesem Begriff ist das „Sicherheitskapital“ gemeint, das zur Gewährleistung der dauernden Erfüllbarkeit der Verträge von jedem Versicherungsunternehmen aufzubringen ist.[610] Eigenmittel ist der zentrale Begriff des § 53c VAG und damit der gesamten Kapitalausstattung der Versicherungsunternehmen.[611]

---

606 Siehe http://www.onpulson.de/lexikon/kapitalausstattung.htm.

607 Die Mindestanforderungen entsprechen auch Art. 23 der 1. RL-Sch und Art. 27 der RL-L 2002.

608 Das Eigenkapital eines Unternehmens wird allgemein definiert als positive Differenz zwischen dem Vermögen und den Verbindlichkeiten eines Unternehmens. Siehe Benkel, Die Gesellschaft der großen konzernfreien Versicherungsvereine auf Gegenseitigkeit, S. 337. Der Eigenkapitalbegriff ist juristisch durch die Rechnungslegungsvorschriften abschließend definiert (§§ 266 Abs. 3, 272 HGB), er ist vom Begriff der Eigenmittel zu unterscheiden.

609 Siehe http://www.medport.de/lexikon/index.php/Solvabilit%C3%A4t.

610 Kürn, Die Rechtsform des VVaG als Wettbewerbsnachteil?, 2001, S. 22.

611 Petersen, Versicherungsunternehmen. S. 104.

Die Ausstattung mit Eigenmitteln wird in der Wirtschaft als Solvabilität bezeichnet.[612] Die erforderliche Solvabilität ist für Versicherungsunternehmen gesetzlich geregelt. Die Berechnung der Solvabilität ist in § 1 Abs. 1 der KapAusstV[613] geregelt.[614] Die mindestens vorzuweisende Soll-Solvabilität lässt sich in drei Stufen unterscheiden: Solvabilitätsspanne, Garantiefonds und absoluter Mindestgarantiefonds. Die Ist-Solvabilität wird durch die freien, unbelasteten Eigenmittel bestimmt.[615]

Die Eigenmittel sollen dazu dienen, die Risiken des Versicherungs- bzw. Kreditgeschäfts abzudecken. Versicherungsunternehmen haben deshalb zur Sicherung der dauernden Erfüllbarkeit der Verträge „freie und unbelastete Eigenmittel“ in Höhe einer Solvabilitätsspanne nachzuweisen, die sich nach dem gesamten Geschäftsumfang, und somit relativ zur Risikolage, bemisst.[616] Die Eigenmittel müssen bis zur Höhe des Garantiefonds im Geltungsbereich des VAG, im Übrigen im Gebiet der Mitgliedstaaten der EG oder des EWR belegen sein (§106b Abs. 2 Satz 3 VAG). Dadurch soll die dauernde Erfüllbarkeit der Verträge sichergestellt werden.[617]

6.4.2.2 Solvabilitätsspanne

Der Begriff Solvabilitätsspanne ist insoweit unglücklich gewählt, als das Wort „Spanne“ eine Bandbreite von Werten impliziert. Sie ist aber real ein absoluter Betrag und ist die Sollgröße des Sicherheitspolsters, über das das Unternehmen während des laufenden Betriebs normalerweise verfügen muss. Sie soll die jeweilige Risikolage des Versicherungsunternehmens berücksichtigen. Zu diesem Zweck stellt sie auf unterschiedliche Indikatoren ab (Prämien, Schäden, Deckungsrückstellung, riskiertes Kapital), je nachdem, ob es sich um Lebens- oder Nicht-Lebensversicherungen handelt.

Gemäß § 1 Abs. 1 KapAusstV sind für die Berechnung der Solvabilitätsspanne der Nicht-Lebensversicherung entweder die jährlichen Beitragseinnehmen (Beitragsindex) oder die mittlere Schadenbelastung (Schadenindex) maßgebend, wobei der jeweils höhere Index ausschlaggebend ist.

---

612 Siehe http://www.medport.de/lexikon/index.php/Solvabilit%C3%A4t.

613 Verordnung über die Kapitalausstattung von Versicherungsunternehmen (Kapitalausstattungs-Verordnung).

614 Kürn, Die Rechtsform des VVaG als Wettbewerbsnachteil?, 2001, S. 209.

615 Deren wesentliche Bestandteile sind dabei: 1. die Summe des bilanziellen Eigenkapitals sowie des funktionsgleichen (also v.a. verlusttragungsfähigen) Fremdkapitals, 2. bestimmte stille Reserven (Bewertungsreserven, z.B. in Kapitalanlagen), 3. Nachschusspotential beim VVaG, 4. freie Teile der Rückstellung für Beitragsrückerstattung bei Lebensversichern (einschließlich des Schlussüberschussanteilfonds), 5. bis 2009 auch noch Zukunftsgewinne bei Lebensversicherern. Siehe Romeike, Frank/Müller-Reichart, M., Risikomanagement in Versicherungsunternehmen, Weinheim 2005, S. 120.

616 § 53c Abs. 1 Satz 1 VAG.

617 Sasse, Weitere Überlegungen zur Kapitalausstattung, VW 1980, 657.

Der Beitragsindex berechnet sich aus den Bruttoprämien des letzten Geschäftsjahres multipliziert mit der Selbstbehaltsquote als Verhältnis der Aufwendungen für eigene Rechnung zu den Bruttoaufwendungen für Versicherungsfälle in den letzten drei Geschäftsjahren, wobei die Prämieneinnahmen bis 53,1 Mio. EURO mit 0,18 und die Prämieneinnahmen über 53,1 Mio. EURO mit 0,16 multipliziert werden. Die Selbstbehaltsquote ist mit mindestens 0,5 anzusetzen.[618]

Der Schadenindex berechnet sich aus den Schadenaufwendungen in den letzten 3 Geschäftsjahren (in den letzten 7 Geschäftsjahren bei Versicherungsunternehmen die im wesentlichen Sturm-, Hagel- und Frostrisiken versichern) multipliziert mit der Selbstbehaltsquote, die sich wie beim Beitragsindex berechnet, wobei die Schadensaufwendungen bis 37,2 Mio. EURO mit 0,26 und die Schadensaufwendungen über 37,2 Mio. EURO mit 0,23 multipliziert werden.[619]

Die Vorschriften zur Berechnung der Solvabilitätsspanne der Lebensversicherung weichen von denen der Nicht-Lebensversicherung ab. Die Berechnung der Solvabilitätsspanne für die Lebensversicherung ist in § 4 KapAusstV festgelegt. Danach beträgt die Solvabilitätsspanne 4% der mathematischen Reserven plus 0,3% des riskierten Kapitals. Die mathematischen Reserven sind die versicherungstechnischen Rückstellungen, die entsprechend § 4 Abs. 1 lit. a) KapAusstV versicherungsmathematisch hauptsächlich aus der Summe der Deckungsrückstellung und den um Kostenanteile reduzierten Beitragsüberträgen berechnet werden. Das riskierte Kapital entsprechend § 4 Abs. 1 lit. b) KapAusstV kann vereinfacht als Differenz der Versicherungssummen des Bestandes abzüglich des dafür angesparten Kapitals dargestellt werden.

Sonderregelungen sind entsprechend § 4 Abs. 2 bis 6 KapAusstV für Zusatzversicherungen, fondsgebundene Lebensversicherungen, Kapitalisierungsgeschäfte, Tontinengeschäfte und die Verwaltung von Pensionsfonds vorgesehen.[620]

---

618 § 1 Abs. 2 KapAusstV.

619 § 1 Abs. 3 KapAusstV.

620 Für Kapitalisierungsgeschäfte gilt ein Berechnungssatz von 4% der mathematischen Reserven (§ 4 Abs. 4 KapAusstV). Bei Tontinengeschäften gilt ein Berechnungssatz von 1% des Vermögens der Gemeinschaften (§ 4 Abs. 5 KapAusstV). Bei fondsgebundenen Lebensversicherungen die kein Anlagerisiko übernehmen ist der Berechnungssatz für die mathematischen Reserven auf 1% festgelegt (§ 4 Abs. 2 KapAusstV). Bei der Verwaltung von Pensionsfonds gilt ein Berechnungssatz von 4% des verwalteten Vermögens wenn das Versicherungsunternehmen ein Anlagenrisiko übernimmt, andernfalls gilt ein Berechnungssatz von 1% des verwalteten Vermögens (§ 4 Abs. 6 KapAusstV). Die Solvabilitätsspanne wird für Zusatzversicherungen nach dem Beitragsindex für Nicht-Lebensversicherungen berechnet (§ 4 Abs. 3 KapAusstV).

Es ist aber zu beachten, dass die Solvabilitätsspanne die Risikolage des Versicherungsunternehmens nicht verlässlich wiedergeben kann, da rein bilanzielle Größen in sie eingehen.

Auch Niederlassungen von Drittstaaten-VU haben entsprechend § 106b Abs. 2 Satz 2 VAG eine Solvabilitätsspanne wie inländische Unternehmen zu bilden. Die Solvabilitätsspanne wird aber nur nach dem Geschäftsumfang der Niederlassung berechnet, da nur so eine zuverlässige Prüfung möglich ist.[621]

6.4.2.3 Garantiefonds

Der Begriff des Garantiefonds beschreibt eine bestimmte Soll-Größe, die sich an der Solvabilitätsspanne orientiert und in deren Höhe Eigenmittel nachgewiesen werden müssen.[622] Ein Drittel der Solvabilitätsspanne gilt gemäß § 53c Abs. 1 Satz 2 VAG als Garantiefonds. Der Mindestgarantiefonds[623] ist ein absolut festgelegter Betrag,[624] der in der Regel praktische Bedeutung nur für die Zulassung zum Geschäftsbetrieb hat. Lediglich bei kleinen Unternehmen, bei denen die Solvabilitätsspanne niedriger ist als der absolute Betrag des Mindestgarantiefonds, ist er letzter Maßstab für die notwendigen Eigenmittel. Gemäß § 106b Abs. 2 Satz 4 VAG darf der Mindestbetrag des Garantiefonds 50% des nach § 53c Abs. 2 VAG festgesetzten Betrages nicht unterschreiten.

Außerdem kann der Mindestbetrag des Garantiefonds theoretisch auch unter dem Betrag des geschäftsvolumenabhängigen Garantiefonds liegen.[625] Je nach der Art der betriebenen Versicherungssparten beträgt der Mindestgarantiefonds für Nicht-Lebensversicherungsunternehmen zurzeit wenigstens 2,2 Mio. EURO (§ 2 Abs. 1 KapAusstV). Wenigstens deshalb, da der Mindestgarantiefonds seit dem 1.1.2004 3,2 Mio. EURO beträgt (§ 3 Abs. 2 KapAusstV), sofern das Versicherungsunternehmen Risiken zeichnet, die den Sparten Haftpflicht im weitesten Sinne, Kredit und /oder Kaution zuzuordnen sind. Für Lebensversicherungsunternehmen ist nunmehr im § 5 Abs. 1 KapAusstV ein Mindestgarantiefonds von mindestens 3,2 Mio. EURO vorgeschrieben.[626]

---

621 VAG § 53c Abs. 1, Satz 1; vgl. § 106b Abs. 2 Satz 2 VAG. Dabei ist eine Solvabilitätsspanne wie § 53c für Inlands-VU und EG/EWR-VU vorgesehen. Die BaFin ist jedoch nicht gehindert, sich gutachterlich nach § 106b Abs. 4 VAG dahingehend zu äußern, dass dies nicht ausreichend ist, z.B. weil das Unternehmen zwar die Mindestanforderungen für die Zweigniederlassung erfüllt, aber die Eigenkapital-Ausstattung des Gesamtunternehmens so gering ist, dass die ständige Erfüllbarkeit nicht gewährleistet erscheint. (Fahr, in: Fahr/Kaulbach, VAG-Kommentar, § 106b Rn. 6)

622 Liposwky, in: Prölss, VAG-Kommentar, § 53c, Rn. 14.

623 Auch das koordinierte Aufsichtsrecht verlangt von Versicherungsunternehmen eine Mindestausstattung an Eigenmitteln zur Deckung von Verlusten aller Art.

624 Liposwky, in: Prölss, VAG-Kommentar, § 53c, Rn. 16.

625 Ebenda.

626 Vgl. § 5 Abs. 1 KapAusstV; siehe Art. 17 der Richtlinie 13/239/EWG i.d.F. Richtlinie 2002/13/EG (Schaden) und Art. 29 und 30 RL-L2002. Die Höhe der Garantiefonds

6.4.2.4 Organisationsfonds

Eine Schätzung der für den Aufbau der Verwaltung und des Vertreternetzes erforderlichen Aufwendungen ist einzureichen. Gemäß § 105 Abs. 3 VAG und § 5 Abs. 5 Nr. 3 VAG ist ein Organisationsfonds für den Aufbau der Verwaltung bereitzustellen.[627] Das Drittstaaten-VU hat nachzuweisen, dass die dafür erforderlichen Mittel zur Verfügung stehen.[628]

Bei dem nachzuweisenden Organisationsfonds handelt es sich um eine Ausgleichsmasse für die bei der Neugründung eines Versicherungsunternehmens bzw. bei der Ausweitung des Geschäftsbetriebes zu erwartenden Anfangsverluste. Obwohl der Organisationsfonds in der Bilanz unter der Position „Eigenkapital" ausgewiesen wird, zählt er wegen seiner Zweckbestimmung nicht zu den freien und unbelasteten Eigenmitteln. Sobald die Aufbauphase abgeschlossen ist, in der Regel nach fünf Jahren, entfällt die Zweckbestimmung des Organisationsfonds.

Der Organisationsfonds hat eine vorbeugende Funktion. Für den Fall, dass der Aufbau eines Versicherungsunternehmens misslingt und den Kosten für den Aufbau keine realisierbareren Werte gegenüberstehen, kann bereits in der Aufbauphase ein Kapitalverzehr eintreten.[629] Selbst wenn das Versicherungsunternehmen in der Aufbauphase ausreichende Eigenmittel haben sollte, sind unvorhergesehene Liquiditätsprobleme möglich; ihnen wird durch den Organisationsfonds vorgebeugt.[630]

6.4.2.5 Feste Kaution

Nach § 106b Abs. 2 Satz 5 VAG hat sich das Unternehmen zu verpflichten, eine feste Kaution[631] zu stellen.

Eine Kaution ist eine Form der Sicherheitsleistung. Als Sicherheit für die im Bundesgebiet abgeschlossenen Versicherungsverträge wird verlangt, dass aus-

---

werde jährlich überprüft und entsprechend dem europäischen Verbraucherpreisindex angepasst.

627 Präve, in: Prölss, VAG-Kommentar, § 5 Rn. 113.

628 Kaulbach, in: Fahr/Kaulbach, VAG-Kommentar, § 5 Rn. 50; Vgl. § 5 Abs. 5 Nr. 3 VAG.

629 Ebenda.

630 Kaulbach, in: Fahr/Kaulbach, VAG-Kommentar, § 5 Rn. 50.

631 Über die Stellung der festen Kautionen wird die Regelung von der Praxis der BaFin auf Grund des Satzes 5 überlagert. Einzelheiten ergeben sich aus den Kautionsrundschreiben R 10/76 für die Schaden- und Unfallversicherung und R 3/84 für Lebensversicherung (VerBAV1976, 29 und 84, 231). Danach sind je nach Versicherungszweig zwischen 450 000 DM und 900 000 DM (jetzt die entsprechenden Beträge in €) feste Kautionen zu stellen. Die Kautionen werden zwar nach Satz 7 auf die Eigenmittel angerechnet, aber übersteigen erheblich den gesetzlichen und von den EG-Richtlinien geforderten Mindestbetrag der Kaution nach Satz 6. Fahr, in: Fahr/Kaulbach, VAG-Kommentar, § 106b Rn. 7.

ländische Versicherungsunternehmen eine angemessene mit dem Umfang des deutschen Geschäftsbetriebes steigende Sicherheit hinterlegen.[632]

Die feste Kaution soll grundsätzlich nicht zur Deckung versicherungstechnischer Rückstellungen und Verbindlichkeiten verwendet werden, sondern hat einen eigenkapitalähnlichen Charakter.[633] Mindestens ein Viertel des Garantiefonds ist als feste Kaution zu hinterlegen. [634] Die feste Kaution wird auf die Eigenmittel angerechnet. (§ 106b, Abs. 2 Satz 7) VAG.[635]

Die Kaution soll verhindern, dass das Unternehmen bei der Aufgabe des Geschäftsbetriebs die Eigenmittel vor ordnungsgemäßer Liquidation kurzfristig abzieht und auf diese Weise seinen Versicherungsverbindlichkeiten ausweicht.[636]

6.4.2.6 Erleichterungen

Bisher betrachtete man alle für Drittstaaten-VU bestehenden Sonderregelungen unter dem Aspekt, dass das Unternehmen nur in einem Mitgliedstaat eine Niederlassung unterhält. Wenn aber Niederlassungen in mehreren Staaten der Gemeinschaft bestehen oder beantragt sind, können die Zulassungs- und Ausübungsbedingungen dieser Tatsache angepasst werden. Für den Fall sieht deswegen § 106b Abs. 5 VAG Erleichterungsbestimmungen vor. D.h., ein in einem anderen Mitgliedstaat der EG oder in einem anderen Vertragsstaat des Abkommens über den EWR belegenes Unternehmen kann die Erlaubnis zum Geschäftsbetrieb erhalten oder die Solvabilitätsspanne, Eigenmittel und Kaution können widerruflich genehmigt werden. Das bedeutet, dass die Solvabilitätsspanne auf der Grundlage seiner gesamten Geschäftstätigkeit in den Mitgliedstaaten der EG oder des EWR berechnet wird (Gesamt-Solvabilitätsspanne),[637] dass die Eigenmittel in Höhe des Garantiefonds in einem anderen Mitgliedstaat der EG oder im EWR belegen sein können, in dem das Unternehmen seine Tätigkeit ausübt und dass das Unternehmen von der Kautionspflicht befreit werden kann, so dass die Kaution im Falle der Erleichterung nur in einem Mitgliedstaat hinterlegt werden muss.[638]

---

632 Fromm/Goldberg, VAG-Kommentar § 106 Anm. 5.

633 Geschäftsbericht des Bundesaufsichtsamtes für das Versicherungs- und Bausparwesen 59/60, S. 11.

634 Fahr, in: Fahr/Kaulbach, VAG-Kommentar, § 106b. Rn. 7.

635 Bei der Berechnung der Kautionswerte hat sich das BAV in der Praxis nach dem 2. Weltkrieg im einzigen Konkurs eines Drittstaaten-VU damit geholfen, dass es sich die Kautionswerte hat übereignen lassen und nur zur Befriedigung der inländischen Gläubiger an den Konkursverwalter herausgeben hat. Siehe Fahr, in: Fahr/Kaulbach, Rn. 10.

636 Schmidt, in: Prölss, VAG-Kommentar, 11. Aufl., § 106b Rn. 9.

637 Petersen, Versicherungsunternehmensrecht , S. 22; auch Kollhosser, in: Prölss, VAG-Kommentar, § 106b, Rn. 8.

638 Da alle EG/EWR-Staaten Mitglieder der OECD sind, sind sie verpflichtet, diese Erleichterung zu gewähren, denn Rubrik D/6 Nr. 4 des OECD-Liberalisierungskodex für

Diese Erleichterungen beseitigen einige Nachteile, die Drittstaaten-VU bei der Zulassung in nur einem Mitgliedsland der Gemeinschaft in Kauf nehmen müssen, und sie verhindern die Kumulierung dieser Nachteile, die sich aus der mehrfachen Anwendung der für eine Einzelzulassung geltenden Vorschriften ergeben würden. [639] Die Berücksichtigung des Gesamtgeschäftes für die Solvabilitätsermittlung bedeutet, dass der Mindestbetrag des Garantiefonds nicht mehr einzeln in jedem Niederlassungsland nachgewiesen werden muss, sondern nur einmal; Drittstaaten-VU kommen so leichter in den Genuss der Degression bei der Spannenermittlung. Der vom Drittstaaten-VU verlangte Mindestbetrag des Garantiefonds und die Kaution bleiben also immer gleich, unabhängig davon, ob nur in einem Mitgliedstaat oder in mehreren oder in allen eine Niederlassung gegründet wird. Insgesamt wird durch die Erleichterung eine Annäherung an die Behandlung der Versicherungsunternehmen der Mitgliedstaaten erreicht.

Für die im Zusammenhang mit der Erlaubnis zum Geschäftsbetrieb beantragten Erleichterungen ist das BMF ausschließlich zuständig; im Übrigen liegt die Zuständigkeit, ebenso wie für den Widerruf, beim BaFin.[640] Sofern das Drittstaaten-VU, um dessen Niederlassung es konkret geht, aus einem Drittstaat kommt, welches Mitglied der OECD ist, ist Deutschland verpflichtet, im Wege der Erleichterung diese Beträge so niedrig wie möglich zu halten.[641]

6.4.3 Geschäftsführerqualifikation

Der Versicherungsnehmer kann die Qualität des Versicherungsschutzes nicht bei Vertragsabschluss, sondern erst im Schadensfall beurteilen. Vielfach liegen diese Zeitpunkte weit auseinander. Deshalb ist es für den Versicherungsnehmer besonders wichtig, dass der von ihm ausgewählte Versicherer auch in Zukunft noch leistungsfähig ist. Die Leistungsfähigkeit und der Bestand eines Unternehmens hängen überwiegend von den für die Leitung des Unternehmens verantwortlichen Personen ab und damit von der Geschäftsleitung.

§ 106 Abs. 3 Satz 2 VAG verweist auf die „persönlichen Voraussetzungen", die das VAG dem Vorstand eines Unternehmens mit Sitz im Inland auferlegt, und damit auf § 7a Abs. 1 VAG. Satz 4 des § 7a Abs. 1 VAG umschreibt den Begriff „Geschäftsführer" als natürliche Person, die nach Gesetz oder Satzung

laufende unsichtbare Transaktionen sieht vor, dass alle von Versicherungsunternehmen aus anderen Mitgliedstaaten geforderten Beträge so niedrig wie möglich zu halten sind, um die Zersplitterung der Aktiva der Versicherungsunternehmen zu vermeiden, soweit dies mit dem Schutz der Versicherten vereinbar ist. Siehe Fahr/Kaulbach, Kommentar, § 106b Rn. 16.

639 Salzer, Die Versicherungsaufsicht und das neue europäische Recht, S. 157.

640 Kollhosser, in: Prölss, VAG-Kommentar, § 106b Rn. 9.

641 D/6 Nr. 4, OECD-Liberalisierungskodex für laufende unsichtbare Transaktionen; vgl. auch Fahr, in: Fahr/Kaulbach, Kommentar, § 106b Rn. 16.

Verantwortung des Unternehmens übernimmt, oder als Hauptbevollmächtigter[642] einer Niederlassung in einem EG/EWR-Staat zur Führung der Geschäfte und zur Vertretung des Versicherungsunternehmens berufen ist. Da es sich bei den Geschäftsführern um „natürliche Personen“ handeln muss, scheiden juristische Personen aus.

Die Qualifikation eines Geschäftsführers setzt Zuverlässigkeit und fachliche Eignung voraus. Dies wird auch im Erlaubnisverfahren nach § 8 Abs. 1 VAG als Tatbestand eines zwingenden Versagungsgrundes geprüft. Der Kontrolle dieser Eignung durch die Aufsichtsbehörde kommt daher erhebliche Bedeutung zu.

6.4.3.1 Zuverlässigkeit

Das VAG enthält keine Definition der Zuverlässigkeit und auch keine Beschreibung von Regeltatbeständen. Von der Aufsichtsbehörde und der Literatur wird daher für die Definition der Zuverlässigkeit auf den § 35 Abs. 1 GewO zurückgegriffen.[643] Entsprechend diesem Paragraphen gilt als unzuverlässig derjenige, der in Zukunft keine Gewähr für eine ordnungsgemäße Gewerbeausübung bietet.[644] Diese zweckorientierte Betrachtungsweise setzt weder Verschulden oder einen moralischen Vorwurf noch einen Charaktermangel voraus.[645]

Ein Geschäftsleiter ist als zuverlässig anzusehen, wenn nicht Tatsachen vorliegen, die auf diesbezügliche Mängel schließen lassen oder darauf, dass er seine Aufgaben nicht ordnungsgemäß erfüllen wird.[646] So können Vorstrafen oder in einem öffentlichen Verfahren oder sonst zur Kenntnis der Öffentlichkeit gelangte Tatsachen Hinweise sein, die das Vorstandsmitglied weniger zuverlässig erscheinen lassen als normale Menschen.[647]

Um die Zuverlässigkeit von Personen zu beurteilen, die für die Geschäftsleitung eines Versicherungsunternehmens vorgesehen sind, können nur Tatsachen aus der Vergangenheit herangezogen werden. Diese Tatsachen können sowohl aus dem beruflichen wie auch persönlichen Bereich stammen. Deshalb muss von den Kandidaten ein aktuelles Führungszeugnis und bei einer früheren selbständigen Tätigkeit ein Auszug aus dem Gewerbezentralregister vorgelegt werden.[648]

---

642 Die Vorschrift betrifft als "Hauptbevollmächtigte" Leiter von Niederlassungen, die VU mit Sitz in der Bundesrepublik Deutschland oder in anderen EWR-Mitgliedstaaten betreiben, nicht Leiter von Niederlassungen außerhalb des EWR. Siehe Kaulbach, in: Fahr/Kaulbach, VAG-Kommentar, § 7a Rn. 9.

643 Vgl. Kaulbach, in: Fahr/Kaulbach, VAG-Kommentar, §7a Rn. 5; Präve, in: Prölss, VAG-Kommentar, § 7a Rn. 4; Kaulbach, Zur Qualifikation der Vorstandsmitglieder von Versicherungsunternehmen, ZVersWiss 1976, 697 (698).

644 Landmann/Rohmer, GewO, Bd. I, § 35 Rdn. 29 mit Nachweisen.

645 Ebenda, Rdn. 30.

646 Kaulbach, in: Fahr/Kaulbach, VAG-Kommentar, § 7a Rn. 5.

647 Schmidt, in: Prölss, VAG-Kommentar, 11. Aufl., § 7a Rn. 5.

648 Vgl. Landmann/Rohmer, GewO, Bd. 1, § 35 Rn. 29 m.w.N.

Bei der Beurteilung der Zuverlässigkeit eines Bewerbers ist es unerheblich, ob ihm bei etwaigen Vorstrafen ein Vorsatz vorgeworfen oder ein moralischer Vorwurf gemacht werden kann. Ausschlaggebend ist, ob man aus der begangenen Straftat folgern kann, dass der Bewerber in Zukunft als Geschäftsleiter eines Versicherungsunternehmens nicht geeignet ist.[649] Kandidaten, die charakterliche Schwächen aufweisen und die rechtstaatliche Ordnung missachten, sind zur Leitung eines Versicherungsunternehmens nicht geeignet. So besitzen z.B. Personen, die wegen Vermögensdelikten vorbestraft sind, denen in der Vergangenheit die Ausübung eines Gewerbes untersagt wurde, wenn gegen sie oder ein von ihnen geleitetes Unternehmen ein Konkurs- bzw. Insolvenzverfahren anhängig war oder wenn sie eine eidesstattliche Erklärung nach § 807 ZPO abgegeben haben, in der Regel nicht die nötige Eignung, um als Geschäftsleiter einer Versicherungsgesellschaft tätig zu werden, da nicht auszuschließen ist, dass Geschäftsleiter ihre Vertretungsmacht zu Veruntreuungen nutzen.[650]

Aber auch anders geartete Vorstrafen, wie z. B. wegen des unerlaubten Entfernens vom Unfallort, können die Eignung des Bewerbers in Frage stellen, da diese Bedenken gegen die charakterliche Eignung hervorrufen. Bei der Beurteilung der Vorstrafen – mit Ausnahme von Vermögensdelikten – ist aber auch der Zeitpunkt der Verurteilung zu berücksichtigen. Kandidaten wird von der Aufsichtsbehörde in der Regel eine vierjährige „Bewährungszeit gewährt“. Eine Verurteilung wegen Unzucht kann im Hinblick auf die mit der Tätigkeit als Personalchef verbundene Personalführung die Zuverlässigkeit in Frage stellen.[651]

6.4.3.2 Fachliche Eignung

Die fachlichen Eignung setzt „in ausreichendem Maße theoretische und praktische Kenntnisse in Versicherungsgeschäften sowie Leitungserfahrung“ voraus. Nach § 7a Abs. 1 Satz 3 VAG gilt als Regelvermutung für das Vorhandensein der fachlichen Eignung, wenn eine dreijährige leitende Tätigkeit bei einem Versicherungsunternehmen von vergleichbarer Größe und Geschäftsart nachgewiesen wird. Wie sich aus der Formulierung der Vorschrift ergibt, handelt es sich um eine widerlegbare Vermutung. Eine leitende Tätigkeit i.S.d. Vorschrift ist nicht nur eine Vorstandstätigkeit, sondern könnte auch eine Tätigkeit unterhalb des Vorstandes sein. Maßgeblich ist nur, ob der Bewerber bereits in der Vergangenheit Leitungstätigkeiten wahrgenommen hat.

Die handelsrechtliche Ausgestaltung der Position des Bewerbers ist bei der Prüfung seiner fachlichen Eignung ohne Belang.[652] Außerdem fordert das Gesetz nicht den Versicherungsspezialisten. Erwerb von Spezialkenntnissen in an-

---

649 Waclawik, Versicherungsaufsichtsrecht, S. 343.

650 Ebenda, S. 344.

651 Koch, Geschäftsleiterkontrolle, in: 100 Jahre materielle Versicherungsaufsicht in Deutschland, Bd. I, S. 347.

652 Ebenda, S. 350.

deren Bereichen ist anzunehmen, wenn nachgewiesen werden kann, dass etwa ein Studium der Wirtschaftswissenschaft oder Mathematik erfolgreich abgeschlossen wurde; auch kann eine dreijährige Erfahrung als Selbständiger oder als Geschäftsführer, auch außerhalb der Versicherungswirtschaft, ausreichen.[653] Die erforderlichen Fachkenntnisse für die Tätigkeit als Geschäftsleiter müssen daher nicht unbedingt in einem Versicherungsunternehmen erworben worden sein. Dies gilt insbesondere für Geschäftsleiter, die in einem mehrgliedrigen Vorstand Verantwortung für Geschäftsbereiche wie Vertrieb oder Finanzen übernehmen sollen. Abzustellen ist darauf, ob der Bewerber auf Grund seiner beruflichen Tätigkeit in der Vergangenheit über die Kenntnisse verfügt, die zur Ausübung der Position erforderlich sind.

Als Teil der fachlichen Eignung neben den bereits genannten Qualifikationen sind ferner die hinreichende Beherrschung der deutschen Sprache in Wort und Schrift sowie ausreichende Kenntnisse des deutschen Rechts- und Wirtschaftssystems zu fordern.[654] Aufgrund des Art. 12 EG-Vertrag stellt die fehlende deutsche Staatsangehörigkeit für den Bewerber keinen Hinderungsgrund dar.

6.4.4 Niederlassungserfordernis

Eine Niederlassung ist definiert als räumliche Zusammenfassung der Personen und aller Einrichtungen, die notwendig sind, um den Versicherungsbestand im Inland zu kontrollieren und zu bearbeiten.[655] Die Versicherungsunternehmen sind verpflichtet, eine Niederlassung im Inland zu unterhalten und dafür einen Hauptbevollmächtigten zu bestellen. Nach der Zulassung sollen Drittstaaten-VU wie inländische Versicherungsunternehmen behandelt werden; der Aufsichtsbehörde sind soweit wie möglich die gleichen Erkenntnismöglichkeiten zu bieten wie bei einem inländischen Versicherungsunternehmen.[656] Im Gegensatz zur Niederlassungserfordernis des § 106 Abs. 2 Satz 1 VAG ist damit zugleich eine Zulassung zum Dienstleistungsverkehr aber ausgeschlossen.[657]

6.4.4.1 Anzeigepflichten- und Handelsregisterpflichten

Drittstaaten-VU müssen während des laufenden Geschäftsbetriebs gegenüber der Versicherungsaufsichtsbehörde ihre Anzeigepflichten gemäß §13d VAG erfüllen. § 13d VAG enthält die verschiedenen Anzeigepflichten, wie z.B. die Be-

653 VAG § 7a Abs. 3; vgl. Kaulbach, in: Fahr/Kaulbach, VAG-Kommentar, § 7a Rn. 7.

654 Prölss, in: VAG-Kommentar, § 106 Rn. 7; vgl. § 8 Abs. 1 Nr. 1 i.V.m. § 7a Abs. 1 VAG; auch Goldberg/Müller, in: VAG-Kommentar, § 106 Rn. 12.

655 § 106 Abs. 2 VAG; Kollhosser, in: Prölss, VAG-Kommentar, § 106, Rn. 3.

656 Fahr, in Fahr/Kaulbach, VAG-Kommentar, § 106 Rn. 2.

657 Fahr, in: Fahr/Kaulbach, VAG-Kommentar, § 106 Rn. 2.: „Sie kann auch nicht unter dem Gesichtspunkt der Inländerbehandlung gefordert werden, da sich ausländische Versicherer, auf die sich die Harmonisierung in der EG nicht beziehen kann, nicht in einer vergleichbaren Lage befinden“.

stellung eines Hauptbevollmächtigten und sein Ausscheiden sowie des Entzug seiner Befugnis zur Vertretung des Versicherungsunternehmen. Ferner müssen nach Erteilung der Erlaubnis zum Betrieb der Lebensversicherung und unmittelbar nach Aufnahme des Betriebs der Unfallversicherung mit Prämienrückgewähr die Grundsätze für die Berechnung der Prämien und der Deckungsrückstellungen einschließlich der verwendeten Rechnungsgrundlagen, mathematischen Formeln, kalkulatorischen Herleitungen und statistischen Nachweise unter deren Beifügung der Aufsichtsbehörde zur Verfügung gestellt werden, dies gilt entsprechend auch bei der Verwendung neuer oder geänderter Grundsätze (§ 13d Nr. 6 VAG).

Die Unterlagen von Drittstaaten-VU müssen der Aufsichtsbehörde in zwei Sprachen vorgelegt werden. Zum einen haben Versicherungsunternehmen entsprechend § 106 Abs. 2 Satz 4 VAG den festgestellten Jahresabschluss und die Lageberichte der Hauptniederlassung in deutscher Sprache der Aufsichtsbehörde zu übersenden. Zum anderen ist der interne Bericht, mit dem im Sitzland des Unternehmens veröffentlichten Jahresabschluss und dem Lagebericht in der Sprache des Sitzlandes und in deutscher Sprache sowie auch der der Aufsichtsbehörde des Sitzlandes vorgelegte Bericht in der Sprache des Sitzlandes abzugeben.[658] Jahresabschluss und Lageberichte sind auf Verlangen auch den Versicherten zur Verfügung zu stellen.

Entsprechend den Vorschriften des Handelsgesetzbuches und der Verwaltungspraxis des Bundesaufsichtsamtes ist eine Zweigniederlassung verpflichtet, sich in das Handelsregister des zuständigen Registergerichts eintragen zu lassen, unabhängig davon, wie hoch die erzielten Beitragseinnahmen sind.[659]

6.4.4.2 Hauptbevollmächtigter

Für die Niederlassung ist ein Hauptbevollmächtigter zu bestellen (§ 106 Abs. 3 Satz 1 VAG). Der Hauptbevollmächtigte kann entsprechend seiner rechtlichen Vollmacht für die Niederlassung kaufmännische Grundlagengeschäfte tätigen.[660] Er muss außerdem persönlich und fachlich geeignet sein. Damit nimmt der Hauptbevollmächtigte qua Gesetz die Rolle des Vertretungsorgans für die Niederlassung des Unternehmens ein.

a) Vollmacht

Der Hauptbevollmächtigte ist gegenüber der Aufsichtsbehörde der verantwortliche Leiter der Niederlassung (arg. §106 Abs. 3 Satz 2 VAG, § 7a Abs. 1 VAG)

---

658 § 106 Abs. 2 Satz 4 Nr. 2 VAG.

659 Kollhosser, in: Prölss, VAG-Kommentar, § 106 Rn. 5; vgl. § 13e und § 13f HGB, Baumbach/Hopt, S.102-104.

660 Koch, Zur Rechtsstellung des Hauptbevollmächtigten, VersR 1986, S. 401, 402.

und alleiniger Repräsentant des Versicherungsunternehmens im Inland.[661] Das Versicherungsunternehmen erteilt dem Hauptbevollmächtigten eine rechtsgeschäftliche Vollmacht, wobei die Bestellung entsprechend der Aufsichtspraxis – ebenso wie die Abbestellung – in öffentlich beglaubigter Form nachgewiesen werden muss.[662]

Der Umfang der Vollmacht ist – wie bei der Prokura (§ 48 HGB) – gesetzlich vorgeschrieben. Dies folgt aus der Formulierung „gilt als ermächtigt“ (§ 106 Abs. 3 Satz 3 VAG).[663] Nach dem Wortlaut des Gesetzes hat der Hauptbevollmächtigte im Außenverhältnis[664] eine gesetzlich unbeschränkte Vollmacht nicht nur für den Abschluss der Versicherungsverträge, sondern auch für alle Rechtshandlungen im Zusammenhang mit der Zweigniederlassung, wie z.B. das Unternehmen bei Verwaltungsbehörden und vor Gerichten zu vertreten (§ 106 Abs. 3 Satz 3 VAG). Er kann auch kaufmännische Grundlagengeschäfte tätigen, wie etwa die Übertragung des gesamten Bestandes oder die Einstellung des Geschäftsbetriebes.[665] Eine Übertragung der Vollmacht ist wegen der öffentlich-rechtlichen Komponente nicht möglich; so kann der Hauptbevollmächtigte auch seinen Nachfolger nicht selbst bestellen.[666] Er kann allerdings wie ein Vorstand Untervollmacht und auch Prokura erteilen.

Der Hauptbevollmächtigte eines Drittstaaten-VU hat für den Bereich der Niederlassung diejenigen Befugnisse, die dem Vorstand eines deutschen Versicherungsunternehmens zustehen, denn dessen Pflichten muss er in Bezug auf die Niederlassung erfüllen können.[667] Die Vollmacht umfasst mithin, wie oben genannt, den gesamten Außenverkehr der Niederlassung.[668] Im Innenverhältnis besteht in der Regel ein Dienstvertrag zwischen dem Hauptbevollmächtigten und dem Versicherungsunternehmen, der jedoch nicht ausschließt, dass zugleich ein Agenturvertrag mit der vertretenen Gesellschaft geschlossen wird, sofern dadurch nicht die Belange der Versicherten nachteilig berührt werden.[669] Das

---

661 Müller, Versicherungsbinnenmarkt, Rn.. 571; Goldberg/Müller, VAG, § 106 Rn. 11; Kollhosser, in: Prölss, VAG-Kommentar, § 106 Rn. 6.

662 Kollhosser, in: Prölss, VAG-Kommentar, § 106 Rn. 6.

663 Fahr, in: Fahr/Kaulbach, VAG-Kommentar, § 106 Rn. 4; Goldberg/Müller, VAG-Kommentar, § 106 Rn. 16.

664 Kollhosser, in: Prölss, VAG-Kommentar, § 106 Rn. 9. Im Innenverhältnis kann diese jedoch beschränkt werden, so dass der Hauptbevollmächtigte bei Überschreitung schadensersatzpflichtig wird.

665 Vgl. Koch, VersR 1986, 401, 402.

666 Kollhosser, in: Prölss, VAG-Kommentar, § 106 Rn. 7.

667 Fromm/Goldberg, VAG § 106 Anm. III.

668 Goldberg/Müller, VAG-Kommentar, § 106 Rn. 16 f. m.w.N.; Prölss, VAG-Kommentar, § 106 Rn. 8 f.

669 VerBAV 1978, 107.

Versicherungsunternehmen darf dem Hauptbevollmächtigten daher nicht die effektive Kontrolle über den Geschäftsbetrieb der Niederlassung entziehen.[670]

Der Hauptbevollmächtigte muss die Niederlassung als Vorstandsersatz auch wirklich leiten. So ist z.B. bei Verfügungen über Vermögensgegenstände des gebundenen Vermögens der Niederlassung seine Mitzeichnung erforderlich.[671] Gemäß § 80 AktG ist der Hauptbevollmächtigte auf den Geschäftsbriefen der Niederlassung zu führen und anzugeben.[672] Ferner muss er insbesondere jedes an die BaFin gerichtete Schriftstück unterzeichnen. Das inländische Versicherungsgeschäft muss vollständig über den Hauptbevollmächtigten ablaufen und bei ihm dokumentiert werden.[673]

b) Persönliche und fachliche Eignung

Gemäß § 106 Abs. 3 Satz 2 VAG und § 7a Abs. 1 VAG hat der Hauptbevollmächtigte ferner fachliche und persönliche Voraussetzungen wie ein Geschäftsleiter eines inländischen Versicherungsunternehmens zu erfüllen.[674]

Die BaFin überprüft die Erfüllung der persönlichen und fachlichen Voraussetzungen für die Stellung des Hauptbevollmächtigten. Er muss der deutschen Sprache mächtig sein und das deutsche Versicherungsrechtswesen in Grundzügen kennen.[675] Die deutsche Staatsangehörigkeit ist nicht erforderlich, aber er muss eine natürliche Person sein und seinen Wohnsitz und ständigen Aufenthalt in Deutschland haben, damit er jederzeit dem Zugriff der BaFin unterliegt (Residenzpflicht, § 106 Abs. 3 Satz 1 VAG).[676] Die deutsche Staatsangehörigkeit kann von Versicherungsunternehmen aus Mitgliedstaaten der OECD wegen des Liberalisierungskodes für laufende unsichtbare Geschäfte der OECD nicht mehr gefordert werden.[677]

Falls der Hauptbevollmächtigte die persönlichen und fachlichen Voraussetzungen erfüllt, erteilt die BaFin nach ihrer Aufsichtspraxis dem Drittstaaten-VU eine Bescheinigung über die Bestellung; andernfalls teilt sie dem Versicherungsunternehmen mit, dass der Hauptbevollmächtigte zur Führung der Ge-

---

670 Fahr, in: Fahr/Kaulbach, VAG-Kommentar, § 106 Rn. 5. Das ist aber dann z. B der Fall, wenn er nicht ausreichend informiert ist oder faktisch von der Geschäftsführung der Niederlassung ausgeschlossen ist.

671 Kollhosser, in: Prölss, VAG-Kommentar, § 106 Rn. 9.

672 VerBAV 1972, 162; anders noch VerBAV 1960, 2; 1969, 269.

673 R 1/62, VerBAV 1962, 74.

674 Die Prüfung dieser Voraussetzungen stellt die erforderliche Zustimmung der BaFin zur Ernennung des Hauptbevollmächtigten dar, Art. 23 II lit. d) 1. RL-S, Art. 32 II lit. d) 3. RL-S.

675 § 8 Abs. 1 Nr. 1 i.V.m. § 7a Abs. 1 VAG; siehe Kollhosser, in: Prölss, VAG-Kommentar, § 106 Rn. 7;
auch Goldber/Müller, in: VAG-Kommentar, § 106 Rn. 12.

676 Fahr, in: Fahr/Kaulbach, VAG-Kommentar, § 106 Rn. 4.

677 Ebenda.

schäfte der deutschen Niederlassung ungeeignet ist.[678] Die Auswahl der Person des Hauptbevollmächtigten bleibt dem Unternehmen grundsätzlich selbst überlassen. Die Bescheinigung bzw. Ablehnung der BaFin ist daher ein unselbständiger Vorbescheid zur Erlaubnis bzw. zur Versagung des Geschäftsbetriebes; sie hat keine eigenständige Rechtsfolge. Sie wirkt sich lediglich gemäß § 106b Abs. 4 Nr. 2 VAG auf die Erteilung oder Versagung der Erlaubnis aus. Die Bescheinigung der BaFin kann im Rechtsverkehr als Legitimationsurkunde dienen.[679] Notwendig erscheint sie hierzu jedoch auch nicht, da der Hauptbevollmächtigte in das Handelsregister einzutragen ist (§ 106 Abs. 3 Satz 4 VAG).[680]

Der Hauptbevollmächtigte kann seine Funktion grundsätzlich auch für mehrere ausländische Versicherer wahrnehmen.[681] Die daraus resultierende Arbeitsbelastung darf jedoch die effektive Leistung der Niederlassung(en) nicht verhindern. Es kann für jede Niederlassung nur ein Hauptbevollmächtigter bestellt werden, wobei es auch keinen Stellvertreter geben muss. [682]

6.5 Die EG/EWR-weit konzentrierte Solvabilitätsaufsicht

Mit der Verabschiedung der dritten Richtliniengeneration[683] des Jahres 1992 sowie der RL– L 2002 hat die Europäisierung im Bereich des Versicherungswesens einen vorläufigen Höhepunkt erreicht. Nach zwei Jahren war der Binnenmarkt für den Bereich der Versicherungen verwirklicht.[684] Mit dem Ziel der Schaffung eines „wirklichen" Binnenmarktes im Bereich der Versicherungen und der Sicherstellung eines ausreichenden Schutzes der Versicherungsnehmer ist deshalb die Kommission auf eine enge Zusammenarbeit mit allen Versicherungsaufsichtsbehörden innerhalb der EG und des EWR angewiesen.

Die deutsche Versicherungsaufsicht ist seit der Verabschiedung der ersten Richtliniengeneration (RL 73/239/EWG und 79/267/EWG) in einen europäischen Rahmen eingebettet. So treffen § 106b Abs. 5, Abs. 7 Satz 1 Nr. 2 und Abs. 8 VAG Bestimmungen über die Erlaubnis und die Kooperation der Aufsichtsbehörden bei der EG-weiten Solvabilitätsaufsicht über ein in mehreren Mitgliedstaaten tätiges Drittstaaten-VU durch eine der Aufsichtsbehörden. Hat

---

678 Wrabetz, NVersZ 2001, 385, 387.

679 Dies war vor Schaffung des § 106 Abs. 3 Satz 4 VAG ihr Hauptzweck; vgl. Goldberg/Müller, VAG, § 106 Rn. 19.

680 Kollhosser, in: Prölss, VAG-Kommentar, § 106 Rn. 7.

681 Koch, Zur Rechtsstellung des Hauptbevollmächtigten, VersR 1986, 401, 402.

682 Angesichts der Bedeutung des Hauptbevollmächtigten ein nach Goldberg/Müller, VAG, § 106 Rn. 13, erstaunlicher Befund.

683 RL 92/49/EWG und 92/96/EWG.

684 Mogg, Der europäische Binnenmarkt für Versicherungen nach dem Erreichen der Wirtschafts- und Währungsunion (WWU), in: 100 Jahre materielle Versicherungsaufsicht in Deutschland, Bd. I, S. 1022.

ein Drittstaaten-VU die Zulassung in mehreren Mitgliedstaaten, so kann die Aufsicht gemäß Art. 26, 27, 28 der 1. RL-S und Art. 56, 52 Abs. 2 und 3 der Richtlinie 2002/83/EG über die Solvabilität sämtlicher Zweigniederlassungen durch eine Aufsichtsbehörde durchgeführt werden, die mit den übrigen Behörden zusammenarbeitet. Zur Deckung der Solvabilitätsspanne müssen nach Art. 25 Abs. 3 der 1.RL-S die erforderlichen Vermögenswerte bis zur Höhe des Garantiefonds im Tätigkeitsland und auch der Rest in der EG belegen sein. Die Solvabilitätsspanne wird dann entsprechend den ausgeübten Geschäften in allen Mitgliedstaaten errechnet. Die Kaution ist einmal zu stellen, und die Vermögenswerte für den Garantiefonds können in einem der Tätigkeitsmitgliedstaaten belegen sein.[685]

Nach § 111e VAG darf die Vergünstigung in jedem Fall nur gewährt werden, wenn alle anderen Mitgliedstaaten, bei denen der Antrag gestellt worden ist, zustimmen. Ob die Behörden der Mitgliedstaaten den Vergünstigungen zustimmen, hängt auch davon ab, welche Aufsichtsbehörde für die Überwachung der Gesamtsolvabilität zuständig sein soll. Z.B. wird die deutsche Genehmigungsbehörde den Vergünstigungen nur zustimmen, wenn die prüfende Behörde eine Kaution mindestens in derselben Höhe verlangt, wie sie im Inland für eine Niederlassungsgründung festgesetzt werden würde.[686]

Die Vergünstigungen werden zu dem Zeitpunkt wirksam, zu dem sich die gewährende Aufsichtsbehörde gegenüber den anderen Aufsichtsbehörden bereit erklärt hat, die Überwachung der Solvabilität für die gesamte Geschäftstätigkeit der in der Gemeinschaft ansässigen Zweigniederlassungen zu übernehmen (Art. 26 Abs. 3 der 1. RL-S). Von den anderen Mitgliedstaaten erhält die gewählte Aufsichtsbehörde Auskünfte über die in deren Gebiet ansässige Zweigniederlassungen, die für die Überwachung der Gesamtsolvabiltät notwendig sind (Art. 26 Abs. 3 der 1. RL-S und Art. 56 Abs. 3 der RL-L2002). Außerdem unterrichtet sie die Aufsichtsbehörde anderer Mitgliedstaaten und widerruft die von ihr erteilte Zulassung für die Unternehmen, wenn der Widerruf damit begründet wird, dass die Gesamtsolvabilität der Unternehmen unzureichend ist (Art. 28 der 1. RL-S).

So überwacht z.B. in Deutschland die BaFin gem. § 111e Abs. 2 und 3 VAG die Kapitalausstattung für den gesamten Umfang der Geschäftstätigkeit in der EG und im EWR. Sie unterrichtet die zuständigen Behörden der beteiligten Mitgliedstaaten der EG und des EWR über Maßnahmen, die nach § 81 Abs. 2 VAG die freie Verfügung über die Vermögensgegenstände des Unternehmens einschränken oder untersagen. Sie kann diese Behörden ersuchen, die gleichen Maßnahmen zu treffen.

---

685 Art. 26 Abs. 1 der 1. RL-S und Art. 56 Abs. 1 der RL-L 2002.

686 § 106b Abs. 7 Satz 1 Nr. 2 und § 81b Abs. 4 sowie § 54 Abs. 3 VAG.

6.6 Finanzaufsicht

In Hinblick auf die laufende Beaufsichtigung der Drittstaaten-VU verpflichten die Richtlinien die Mitgliedstaaten, die Zweigniederlassungen dem vollen und effektiven aufsichtsrechtlichen Zugriff nach den Maßgaben des Mitgliedstaates zu unterwerfen.[687] Damit hat der Mitgliedstaat vor allem sicherzustellen, dass sich die Aufsichtsbehörde über die Geschäftstätigkeit der Zweigniederlassung jederzeit genügend unterrichtet, um alle erforderlichen Maßnahmen gegenüber der Zweigniederlassung erlassen und diese Maßnahmen auch vollstrecken zu können.[688]

Nach Art. 8 Abs. 1 Satz 1 Nr. 3 VAG besteht die laufende Aufsicht über den gesamten in- und ausländischen Geschäftsbetrieb in einer allgemeinen Rechtsaufsicht und in einer besonderen Finanzaufsicht. Nicht nur die Rechtsaufsicht, sondern auch die Finanzaufsicht markieren insgesamt lediglich unterschiedliche Bereiche einer eigentlich einheitlich zu begreifenden Aufsicht. In § 81 Abs. 1 Satz 5 VAG wird die laufende Aufsicht für die Finanzaufsicht präzisiert. Die wesentlichen Elemente sind die Vorschriften über Rechnungslegung und Prüfung, versicherungstechnische Rückstellungen, Eigenmittelausstattung, Anlage in entsprechenden geeigneten Vermögenswerten, Solvabilität der Unternehmen und Einhaltung der übrigen finanziellen Grundlagen des Geschäftsplans. Die wesentlichen Elemente für die Beaufsichtigung der Drittstaaten-VU sind Eigenmittelausstattung, Belegenheit der Vermögensanlage und die Bestandsübertragung, wie im Folgenden dargestellt wird.

6.6.1 Eigenmittelausstattung

Mit den Rundschreiben R 2/97 und R 3/97 vom 16. Mai 1997 hat das BAV zuletzt allen der Aufsicht des BAV unterliegenden Versicherungsunternehmen mit Sitz in Deutschland sowie den deutschen Niederlassungen von Drittstaaten-VU Hinweise zur Berechnung der Solvabilitätsspanne und zum Nachweis der Eigenmittel gegeben. Die Hinweise haben den Charakter von Verwaltungsgrundsätzen, deren Nichteinhaltung von der Aufsichtsbehörde beanstandet wird.

Versicherungsunternehmen müssen jederzeit über freie unbelastete Eigenmittel in Höhe der Solvabilitätsspanne verfügen, welche nach dem gesamten Geschäftsumfang berechnet wird. Dem BaFin ist dies jährlich durch die Vorlage einer formgebundenen Solvabilitätsübersicht nachzuweisen. In dieser Solvabilitätsübersicht sind alle anrechenbaren Eigenmittel, getrennt nach ihren Kategorien und Arten, im Einzelnen und als Gesamtsumme aufzuführen.[689]

687 Art. 27, 19 1. RL-S.

688 Art. 19 1. RL-S.

689 Auf der Grundlage der EG-Koordinierungsrichtlinien für die Lebens- und Nicht-Lebensversicherung stellt das VAG einen Katalog von explizierten und implizierten Elementen der Bilanz auf, die als Eigenmittel anzusehen sind. Diese Aufstellung ist nicht

Auch die Berechnung der zu bildenden Solvabilitätsspanne ist im Einzelnen darzulegen. Die BAV-Rundschreiben enthalten hierzu umfangreiche Hinweise und Erläuterungen. Die Aufsichtsbehörde prüft die zutreffende Berechnung der Solvabilitätsspanne und den Ansatz der Eigenmittel.

In der Lebensversicherung muss ein Sechstel der Solvabilitätsspanne, das ist die Hälfte des Garantiefonds, mindestens aber der festgesetzte Mindestgarantiefonds mit Eigenmitteln A (Eigenkapital) und/oder Eigenmittel B (freier Teil der Rückstellung für Beitragsrückerstattung) gedeckt werden. Wenn die Eigenmittel A (bei Lebensversicherungsunternehmen auch B) nicht ausreichen, um die Solvabilitätsspanne abzudecken, können auch Eigenmittel C (bei Nicht-Lebensversicherungsunternehmen Eigenmittel B) unter besonderen Voraussetzungen auf Antrag von der Aufsichtsbehörde zugelassen werden.[690]

In der Nicht-Lebensversicherung wird die Solvabilitätsspanne sowohl auf der Basis der Beiträge (Beitragsindex) als auch auf der Basis der Aufwendungen (Schadenindex) berechnet.[691] Die Aufsichtsbehörde überprüft neben der richtigen Berechnung der Solvabilitätsspanne auch den Ansatz der Eigenmittel.

Sind die verfügbaren Eigenmittel eines Versicherungsunternehmens geringer als die Solvabilitätsspanne, so ist auf Verlangen der Aufsichtsbehörde nach § 81b Abs. 1 Satz 1 VAG eine Solvabilitätsspanne zur Wiederherstellung gesunder Finanzverhältnisse zur Genehmigung vorzulegen. Sollten die verfügbaren Eigenmittel den Garantiefonds (ein Drittel der Solvabilitätsspanne) unterschreiten, muss ein Finanzierungsplan zur kurzfristigen Beschaffung der erforderlichen Eigenmittel zur Genehmigung vorgelegt werden (§ 81 Abs. 2 VAG).

6.6.2 Vermögensanlagen (Kapitalanlagen)

Die Zweigliederlassung hat hinreichende versicherungstechnische Rückstellungen zu bilden und diese mit entsprechenden Vermögenswerten nach Maßgabe des Rechts des Tätigkeitsmitgliedstaates zu decken.[692] Für die Anlage des die versicherungstechnischen Rückstellungen deckenden Vermögens (gebundenes Vermögen[693]) gelten §§ 105 Abs. 3, 54 und 65 VAG i.V.m. den entsprechenden

---

vollständig und könnte noch erweitert werden. Unter explizierten Eigenmitteln sind diejenigen Eigenmittel zu verstehen, die offen in der Bilanz ausgewiesen werden, wohingegen implizierte Eigenmittel in Bewertungsreserven und im Ertragspotential des Versicherungsunternehmens liegen können. Siehe Gruschinske, Kontrolle der Eigenmittelausstattung, in: 100 Jahre materielle Versicherungsaufsicht in Deutschland, S. 273.

690 Gruschinske, Kontrolle der Eigenmittelausstattung, in: 100 Jahre materielle Versicherungsaufsicht in Deutschland, Bd. I, S. 278.

691 Ebenda, S. 277.

692 Art. 24, 15 Abs. 3 1. RL-S.

693 Gemäß Art. § 54 Abs. 1 Satz 1 VAG sind die Bestände des Deckungsstocks (§ 66 VAG) und das übrige gebundene Vermögen eines Versicherungsunternehmens (gebundene Vermögen) unter Berücksichtigung der Art der betriebenen Versicherungsgeschäfte sowie der Unternehmensstruktur anzulegen. Nach § 66 VAG sind die Bestände

Rechtsverordnungen, jedoch nur bezogen auf den Geschäftsbetrieb der inländischen Niederlassung (§ 110 Abs. 1 VAG).[694] Vermögensanlagen sind entsprechend § 54 Abs. 1 VAG so zu tätigen, dass entsprechend der Unternehmensstruktur und der Art der betriebenen Versicherungsgeschäfte möglichst große Sicherheit und Rentabilität bei jederzeitiger Liquidität des Versicherungsunternehmens unter Wahrung angemessener Mischung und Streuung erreicht wird. Dabei steht die Sicherheit der Anlagen im Vordergrund, da die Versicherungsunternehmen anders als die Kreditinstitute das Anlagerisiko tragen und somit bestrebt sind, eine möglichst hohe und gleichbleibende Rendite zu erwirtschaften. Gemäß § 54 Abs. 2 VAG darf das gebundene Vermögen nur in Darlehensforderungen, Schuldverschreibungen, Genussrechten; Schuldbuchforderungen; Aktien; Beteiligungen; Grundstücken, grundstücksgleichen Rechten; Anteilen an Sondervermögen und Investmentgesellschaften oder in Anlagen, die nach Art. 21 und Art. 22 der 3. RL–S oder Art. 23 und 24 der RL–L 2002 zulässig sind, angelegt werden.

Die Vermögensanlagevorschriften gelten allerdings nur für das gebundene Vermögen; das sind diejenigen Vermögenswerte, die bilanzmäßig den versicherungstechnischen Rückstellungen gegenüberstehen. Danach kann die Niederlassung das gebundene Vermögen im gesamten EG- und EWR-Raum anlegen.[695] Auch ist durch den Verweis auf Art. 20 der 1. RL-S eine Kooperation der Behörden des Tätigkeitsmitgliedstaates mit den Behörden anderer Mitgliedstaaten vorgesehen, um bei finanziellen Problemen der Zweigniederlassung dort belegene Vermögenswerte zu beschlagnahmen.

Die Drittstaaten-VU haben entsprechend §§ 110 Abs. 1, 54d VAG der BaFin über ihre gesamten Vermögensanlagen, aufgegliedert in Neuanlagen und Bestände, in den von der Aufsichtsbehörde festgelegten Formen und Fristen zu berichten. Die Berichtspflicht der Unternehmen über ihre Kapitalanlagen beinhaltet periodisch wiederkehrende Meldungen und ereignisgebundene Anzeigen gegenüber der Versicherungsaufsichtsbehörde.[696] Sie beziehen sich sowohl auf das gebundene als auch auf das freie Vermögen und den Einsatz derivativer Fi-

des Deckungsstocks das Sicherheitsvermögen. Der Umfang der Sicherheitsvermögen ist in § 66 Abs. 1 Satz 1 Nr. (1a) dargestellt, wie z.B. der Beitragsübertrag, die Deckungsrückstellung usw. Innerhalb des gebundenen Vermögens ist zwischen dem Deckungsstock und dem übrigen gebundenen Vermögen zu unterscheiden. Die Vermögenswerte des Deckungsstocks dienen gemäß §§ 65, 79 VAG der Deckung der versicherungstechnischen Passiva in der Lebensversicherung, der substitutiven Krankenversicherung, der Unfallversicherung mit Prämienrückgewähr und der Unfallrenten.

694 Fahr, in: Fahr/Kaulbach, VAG-Kommentar, §105 Rn. 52; Lipowsky, in. Prölss, VAG-Kommentar, § 54 Rn. 1.

695 Ebenda.

696 Lipowsky, in: Prölss, VAG-Kommentar, § 54d Rn. 1.

nanzinstrumente. Darüber hinaus bestehen gegenüber anderen Behörden eine Reihe von Anzeige- und Meldepflichten, die aus der Anlagetätigkeit resultieren.

6.6.3 Bestandsübertragung

Gemäß Art. 28a Abs. 1 und 2 der 1. RL-S müssen die Mitgliedstaaten gewährleisten, dass die Zweigniederlassung eines Drittstaaten-VU ihren Vertragsbestand an ein VU mit Sitz in der EG und im EWR übertragen kann. Die Möglichkeit der Bestandsübertragung auf die Zweigniederlassung eines Drittstaaten-VU in einem anderen Mitgliedstaat ist fakultativ.[697] Durch das koordinierte Aufsichtsrecht sind die Mitgliedstaaten verpflichtet, den Versicherungsunternehmen grundsätzlich die Möglichkeit zu geben, ohne die Zustimmung der Versicherungsnehmer ihren Versicherungsbestand ganz oder teilweise auf ein anderes Versicherungsunternehmen zu übertragen.[698]

Nach §§ 108, 14 VAG besteht die Möglichkeit, dass Drittstaaten-VU den Versicherungsbestand eines deutschen Versicherers oder zumindest Teile davon übernimmt. Der Bestand wird üblicherweise auf eine inländische Niederlassung des Drittstaaten-VU übertragen, da Drittstaaten-VU nicht im Zuge des Dienstleistungsverkehrs tätig werden dürfen. Der nationale Versicherungsbestand, der übertragen werden soll, unterliegt der Aufsicht der BaFin.[699] Falls der Bestand des inländischen Drittstaaten-VU auf ein anderes inländisches Drittstaaten-VU übertragen werden soll, dessen Kapitalausstattung von der Aufsichtsbehörde eines anderen Mitgliedstaats der Europäischen Gemeinschaft oder eines anderen Vertragsstaats des EWR-Abkommens überwacht wird, so ist der Nachweis über die Höhe der Eigenmittel des übernehmenden VU von der letztgenannten Behörde zu führen (§ 108 Abs. 1 VAG). Übertragen werden alle auf den in Frage kommenden Bestand entfallenden Aktiva und Passiva, d.h., die entsprechenden versicherungstechnischen Rückstellungen ebenso wie die sie deckenden Kapitalanlagen.

Für den Fall, dass der Versicherungsbestand einer inländischen Niederlassung eines Drittstaaten-VU auf ein Unternehmen mit Sitz in einem Mitgliedstaat oder einem anderen Vertragsstaat übertragen werden soll, bedarf die Übertragung der Genehmigung der BaFin. Der Nachweis über ausreichende Eigenmittel für das übernehmende Unternehmen ist durch eine Bescheinigung der die Aufsicht über die Kapitalausstattung ausübenden Behörde zu führen (§ 108 Abs. 2 VAG).

---

697 Zeides, Die rechtliche Behandlung der Zweigniederlassungen ausländischer Versicherungsunternehmen in Deutschland, S. 159.

698 Müller, Die europäische Integration im Versicherungswesen, S. 284.

699 Müller/Magdeburg, Die Bestandübertragung nach § 14 VAG, S. 186.

Die allgemeinen Genehmigungsvoraussetzungen der Bestandsübertragung folgen aus §§ 8 und 14 VAG. Wird die Genehmigung erteilt, ist die Bestandsübertragung in den Mitgliedstaaten, in denen die betreffenden Risiken belegen sind, nach Maßgabe der nationalen Vorschriften zu veröffentlichen.[700] Gemäß § 14 Abs.3 VAG Gemäß § 14 Abs.3 VAG ist die Genehmigung zur Bestandsübertragung im Bundesanzeiger zu veröffentlichen.

6.7 Ausdehnung des Geschäftsbetriebs

Die Ausdehnung des Geschäftsbetriebs ist insbesondere die Erweiterung des räumlichen Geschäftsgebiets. Hierher gehört die Ausdehnung des Geschäftsbetriebs des Drittstaaten-VU von einem Land auf das gesamte Bundesgebiet.[701] Drittstaaten-VU können nicht ihren Geschäftsbetrieb in das Ausland ausdehnen, da eine inländische Zweigniederlassung keine Zweigniederlassung in anderen Staaten gründen kann.[702]

Soll der Geschäftsbetrieb auf andere Versicherungssparten oder ein weiteres Gebiet im Inland ausgedehnt werden, so sind Angaben über Geschäftspläne und Eigenmittel wie Höhe der Solvabilitätsspanne bzw. des Mindestbetrages des Garantiefonds oder des für die neue Geschäftstätigkeit vorgeschriebenen Mindestbetrages des Garantiefonds, falls dieser höher ist, zu machen.[703] Auch die Deckung neuer Risiken innerhalb einer Versicherungssparte begründet ein Genehmigungserfordernis.[704] Jedoch ist eine Neuzulassung nicht notwendig,[705] sondern es sind nur die Geschäftsplanänderungen vorzulegen, um eine Erlaubnis zum Geschäftsbetrieb zu beantragen.[706] Zu diesem Zweck sind die gleichen Unterlagen einzureichen, als würde eine Erlaubnis nach § 5 VAG mit einem neuen Geschäftsplan beantragt. Außerdem sind nur neue Unterlagen und Informationen einzureichen, die der Aufsichtsbehörde noch nicht vorliegen.[707]

700 Art. 12 Abs. 6 Satz 1 der 3. RL-S, Art. 14 Abs. 5 Satz 1 der RL-L2002. Z.B. bei der Veröffentlichung ist nach § 14 Abs. 2 VAG Schriftlichkeit erforderlich, der Bestandsübertragungsvertrag benötigt keine notarielle Beurkundung.

701 Nach § 6 und § 105 Abs. 1 VAG wird § 7 Abs. 2 VAG für Drittstaaten-VU in Hinsicht auf den Umfang der Erlaubnis nicht angewendet. d.h. die Ausdehnung des Versicherungsgeschäfts für Drittstaaten-VU ist nur im Inland anwendbar. Ob und wie Drittstaaten-VU in anderen EG/EWR-Staaten Versicherungsgeschäfte betreiben dürfen, richtet sich nach deren Gesetzen. Siehe Fahr/Kaulbach, § 105 VAG-Kommentar, Rn. 43.

702 Fahr, in: Fahr/Kaulbach/Bähr, § 105 VAG-Kommentar, Rn 49.

703 § 5 Abs. 3 bis 5 VAG; § 53c Abs. 1 Satz 1 VAG; vgl. § 106b Abs. 3 VAG; vgl.§ 13 Abs. 2 VAG.

704 Das gilt nicht, wenn der genehmigte Geschäftsplan bereits Angaben enthält, die innerhalb einer Sparte sämtliche Risiken umfassen, siehe Päve, in: Prölss, VAG-Kommentar, § 5 Rn. 5.

705 Fromm/Goldberg, VAG-Kommentar, § 13 Anm. 21 A.

706 § 105 Abs. 3, § 13 Abs. 1, § 106b Abs. 3 VAG; vgl. Kraus, VAG, 1971, S. 120 ff.

707 Fahr, in: Fahr/Kaulbach, VAG-Kommentar, § 13 Abs. 1, Rn. 1.

Eine Geschäftsplanänderung ist zu beantragen, um jedenfalls für die Zukunft die Rechtsfolgen einer Geschäftsplanverletzung zu vermeiden.[708] Eine Genehmigung der Änderung kommt danach nicht in Betracht, wenn die Belange der Versicherten nicht ausreichend gewahrt sind oder die Verpflichtungen aus den Versicherungen nicht genügend als dauernd erfüllbar dargetan sind (§ 8 Abs. 1 Satz 1 Nr. 3 VAG) bzw. die Spartentrennungsgebote (§ 8 Abs. 1 lit. a) VAG) verletzt werden.

Die Entscheidung wird von der BaFin getroffen, und die Erlaubnis wird vom BMF erteilt.[709]

6.8 Widerruf der Erlaubnis

Der Erlaubniswiderruf ist das am tiefsten in die grundsätzlich bestehende Gewerbefreiheit einschneidende aller aufsichtsbehördlichen Berichtigungsmittel. Daher kann er nur in Frage kommen, wenn alle anderen Mittel versagt haben oder aus anderen Gründen ungeeignet sind, die Funktionsstörung zu beseitigen.[710] Der Widerruf ist als ultima ratio zu verstehen und kommt in der Praxis selten vor.[711]

Die Widerrufmöglichkeit bezieht sich prinzipiell auf die einzelnen Sparten, da ja auch die Zulassung nicht global für das Versicherungsgeschäft, sondern gesondert Sparte für Sparte erteilt wird. Widerruf und Nichtigkeit der Erlaubnis richten sich nach dem allgemeinen Verwaltungsverfahrensrecht (§§ 48, 49 und 44 VwVfG), soweit das VAG nichts Spezielles vorschreibt.[712]

6.8.1 Widerrufsgründe

Gemäß § 87 Abs. 1 Nr. 1 VAG kann die Erlaubnis für einzelne Versicherungssparten oder den gesamten Geschäftsbetrieb insbesondere dann widerrufen werden, wenn das Versicherungsunternehmen die Voraussetzungen für die Erteilung der Erlaubnis nicht mehr erfüllt, d.h., wenn dem Versicherungsunternehmen die Erlaubnis nach § 8 VAG versagt werden müsste, würde es diese unter den jetzigen Umständen beantragen. Hierbei ist allerdings zu beachten, dass die Funktionsstörung normalerweise auch mit weniger einschneidenden Maßnahmen behoben werden kann. So könnten z.B. Geschäftsleiter von Versicherungsunternehmen, die nicht die charakterlichen oder fachlichen Anforderungen erfüllen, durch ein Abberufungsverlangen der Aufsichtsbehörde oder durch die

---

708 Schmidt, in: Prölss, VAG-Kommentar, 11. Aufl. § 13 Rn. 3.

709 Fahr, in: Fahr/Kaulbach, VAG-Kommentar, § 106b Rn. 12 und 13.

710 Müller, Versicherungsaufsicht, Erlaubnis zum Geschäftsbetrieb, in: Handwörterbuch der Versicherung, S. 977.

711 Kollhosser, in: Prölss, VAG-Kommentar, § 87, Rn. 4; Bähr, in: Fahr/Kaulbach, § 87 VAG, Rn. 1.

712 Alexander Mönnig, Die aufsichtsbehördliche Überwachung der Inhaber bedeutender Beteiligungen an Versicherungsunternehmen, S. 150.

Einsetzung eines Sonderbeauftragten durch geeignete Kandidaten ersetzt werden.[713]

Außerdem wird die Erlaubnis nach § 87 Abs. 1 Nr. 2 VAG widerrufen, wenn das Versicherungsunternehmen in schwerwiegender Weise Verpflichtungen verletzt,[714] z.B. diejenige, die Belange der Versicherten ausreichend zu wahren. Für den Fall, dass beispielweise der vorher genehmigte Geschäftsplan durch außergewöhnliche Umstände nunmehr als unzulässig und für die Versicherten als gefährlich anzusehen ist, kann die Aufsichtsbehörde den Geschäftsplan ändern. Sie kann dies auch gegen den Willen des Versicherungsunternehmens und sogar mit Wirkung für bestehende Verträge tun.[715]

Ferner kann die Aufsichtsbehörde die Erlaubnis widerrufen, wenn sich schwere Missstände ergeben,[716] welche bei Fortsetzung des Betriebes die Versichertenbelange gefährden, oder der Betrieb gegen die guten Sitten verstößt (§ 87 Abs. 1 Nr. 3 VAG). Auch in diesem Fall stimmen die Tatbestandsmerkmale weitgehend mit denen des § 87 Abs. 2 Satz 1 VAG überein, wobei allerdings die Versichertenbelange besonders stark gefährdet oder gar schon beeinträchtigt sein müssen und der Sittenverstoß schon eingetreten sein muss. Bei einer derartigen Funktionsstörung könnte die Aufsichtsbehörde beispielsweise eine vollständige Auflösung der Verwaltung eines Versicherungsunternehmens verlangen.[717]

---

713 Kollhosser, in: Prölss, VAG-Kommentar, § 87 VAG, Rn. 6; Bähr, in: Fahr/Kaulbach, VAG-Kommentar, § 87. Rn. 5; Müller, Versicherungsaufsicht, Erlaubnis zum Geschäftsbetrieb, in: Handwörterbuch der Versicherung, S. 977.

714 Kollhosser, Prölss, VAG-Kommentar, § 87 Rn. 8. Dabei muss es sich allerdings um Verletzungen der konkret formulierten Bestimmungen der Gesetze und Geschäftspläne handeln; nicht ausreichend ist die Verletzung der generell durch das VAG gebotenen öffentlich rechtlichen Verpflichtungen des Versicherungsunternehmens. Inhaltlich geht es dabei z.B. um zivilrechtliche Verpflichtungen gegenüber den Versicherten oder um öffentlichrechtliche Verpflichtungen (insbesondere aus dem Geschäftsplan) gegenüber der Aufsichtsbehörde.

715 Müller, Versicherungsaufsicht, Erlaubnis zum Geschäftsbetrieb, in: Handwörterbuch der Versicherung, S. 978.

716 Gem. § 87 Abs. 1 Nr. 3 VAG ist dies insbesondere in Abgrenzung zu Abs. 1 Nr. 2 der Fall, wenn die Belange der Versicherten nicht mehr ausreichend gesichert sind, ohne die Verletzung von gesetz- oder geschäftsmäßigen Pflichten als Grund für den Missstand. Natürlich reicht nach dem Verhältnismäßigkeitsgrundsatz nicht jeder Missstand aus. Er muss so schwerwiegend sein, dass bei einer Fortführung des Geschäftsbetriebes die Belange der Versicherten nicht mehr gesichert wären.
Bähr (in: Fahr/Kaulbach, VAG, § 87 Rn.5) hält Abs. 1 Nr. 3 für gemeinschaftsrechtswidrig, weil in den Vers-Richtlinien ein schwerer Missstand nicht vorgesehen sei. Vgl. auch Kollhosser, in: Prölss, VAG-Kommentar, § 87 Rn. 9.

717 Müller, Versicherungsaufsicht, Erlaubnis zum Geschäftsbetrieb, in: Handwörterbuch der Versicherung, S. 977.

Der in der Praxis wohl wichtigste Widerrufsgrund für den gesamten Geschäftsbetrieb liegt vor, wenn das ausländische Versicherungsunternehmen nicht in der Lage sein wird, die Maßnahmen, die im Solvabilitäts- oder Finanzierungsplan vorgesehen sind, fristgemäß[718] durchzuführen (§ 87 Abs. 2 VAG). Auch wenn ein Insolvenzverfahren eröffnet ist, wird die Erlaubnis widerrufen. Wird einem im Inland zugelassenen Drittstaaten-VU von der Sitzlandaufsichtsbehörde die Erlaubnis entzogen oder wegen fehlender Eigenmittel entzogen, muss die deutsche Aufsichtsbehörde die Erlaubnis ebenso widerrufen, auch wenn keiner der oben genannten Widerrufsgründe in Bezug auf das deutsche Geschäft vorliegt (§ 106b Abs. 7 VAG).

Schließlich kann das BMF nach seinem Ermessen die Erlaubnis für ein im Inland zugelassenen Drittstaaten-VU entziehen, wenn dies im öffentlichen Interesse geboten erscheint.[719]

6.8.2 Wirkung des Widerrufs der Erlaubnis

Die Wirkung und Rechtsfolgen des Widerrufs der Erlaubnis sind in § 87Abs. 3, 4, 5, 6 VAG geregelt. Der Widerruf der Erlaubnis bewirkt keinen unmittelbaren Abbruch des Geschäftsbetriebs, sondern zielt auf ein Auslaufen des Geschäftsbetriebs ab (§ 87 Abs. 3 VAG). Ist nämlich die Erlaubnis widerrufen worden, dürfen keine neuen Versicherungsverträge abgeschlossen werden, und die früher abgeschlossenen Versicherungen dürfen nicht erhöht oder verlängert werden.

Bei Widerruf der Erlaubnis ergreift die Aufsichtsbehörde alle Maßnahmen, um die Interessen der Versicherten zu wahren. Insbesondere hat sie das Recht, die freie Verfügung über die Vermögensgegenstände des Unternehmens einzuschränken oder zu untersagen sowie die Vermögensverwaltung geeigneten Personen zu übertragen.[720]

---

718 Vgl. § 81 b Abs. 1 und 2 VAG wegen der Frist für den Solvabilitätsplan (Umsetzung von Art. 20 Abs. 2 der 1. RL-S und Art. 37 Abs. 2 der RL-L2002, ferner von Art. 2, Art. 10 Abs. 3 der Richtlinie 98/78/EG) oder Finanzierungsplan (Umsetzung des 1. Teils von Art. 20 Abs. 3 der 1 RL-S und des 1. Teils von Art. 37 Abs. 3 der RL-L 2002). Wenn die Eigenmittel eines Versicherungsunternehmens geringer sind oder drohen, geringer zu werden, soll das Unternehmen einen Solvabilitätsplan zur Genehmigung vorlegen. Wenn die Eigenmittel eines Versicherungsunternehmen geringer als der Garantiefonds sind oder auf diesen nicht in dem erforderlichen Umfang anrechenbar sind, hat das Unternehmen einen Finanzierungsplan über die kurzfristige Beschaffung der erforderlichen Eigenmittel zur Genehmigung vorzulegen, wenn eine solche bei der Aufsichtsbehörde beantragt wird.

719 § 106b Abs. 7 Satz 3 VAG, vgl. Kollhosser, in: Prölss, VAG-Kommentar, § 106b Rn.10; Fahr, in: Fahr/Kaulbach, VAG-Kommentar, § 106b Rn. 20.

720 Die Verfügungsbeschränkung entspricht der Anwendung von § 111c Abs. 1. Bei Maßnahmen der Finanzaufsicht über den Erlass einer Verfügungsbeschränkung nach § 81b Abs. 4, und über den Erlass von Verfügungsbeschränkung nach § 81b Abs. 1 Satz 2 oder Abs. 2 Satz 2 VAG unterrichtet die Bundesanstalt die Aufsichtsbehörden derjeni-

§ 87 Abs. 6 VAG regelt die mangelnde Qualifikation eines oder aller Geschäftsleiter, die sich ggf. aus § 8 Abs. 1 Satz 1 VAG ergibt. Die Aufsichtsbehörde kann die Abberufung des betreffenden Geschäftsleiters verlangen, wenn ihr Tatsachen bekannt werden, die eine Versagung der Erlaubnis nach § 8 Abs. 1 Satz1 Nr. 1 VAG rechtfertigen würden. Das Verlangen ist an den Aufsichtsrat zu richten, denn nur der Aufsichtsrat kann die Abberufung aussprechen.[721] Außerdem kann jedem betreffenden Geschäftsleiter auch die Ausübung seiner Tätigkeit untersagt werden.

6.9 Einschränkung des ausländischen Versicherungsgeschäftsbetriebs

Die Liberalisierung des Dienstleistungsverkehrs innerhalb der EG und des EWR hat nicht zwangsläufig eine Öffnung gegenüber Drittstaaten zur Folge.[722] Für Drittstaaten-VU bleiben die Marktzugangsbeschränkungen bestehen, wenn sich aus multilateralen Vereinbarungen im Rahmen der WTO (insbesondere GATS) oder aus bilateralen Vereinbarungen mit einzelnen Drittstaaten nicht etwas anderes ergibt. Hier gilt weiterhin das Tätigkeitslandprinzip.[723] In Deutschland gilt nach § 105 Abs. 2 VAG die Bestimmung, dass jedes Drittstaaten-VU in Deutschland zum Betrieb des Erst- oder Rückversicherungsgeschäfts durch Mittelspersonen der Erlaubnis bedarf. Es folgt die Darstellung der besonderen Beschränkungsvorschriften für die Drittstaaten-VU, die in Deutschland Versicherungsgeschäfte betreiben wollen.

6.9.1 Spartentrennung

Das koordinierte Aufsichtsrecht schreibt vor, dass Lebensversicherungsgeschäfte grundsätzlich nur solchen Versicherungsunternehmen erlaubt werden dürfen, die keine anderen Versicherungszweige betreiben.[724] Ebenso gilt das Spartentrennungsgebot auch im VAG. Nach § 8 Abs. 1a Satz 1 VAG dürfen die Versicherungsunternehmen, die Lebensversicherungsgeschäfte sowie die Krankenversicherung betreiben, keine anderen Versicherungssparten betreiben.

Das Prinzip der Spartentrennung wird für die Niederlassungen von Drittstaaten-VU durch § 106c VAG geschärft. Drittstaaten-VU, die neben der Lebensversicherungs- oder der Krankenversicherungssparte noch andere Versicherungssparten betreiben, dürfen in der Bundesrepublik Deutschland weder zum Betrieb der Lebensversicherungs- noch dem der Krankenversicherungssparte zugelassen werden. Diese Voraussetzung gilt auch für Drittstaaten-VU in

---

gen Mitgliedstaaten oder Vertragsstaaten, in denen das Unternehmen eine Niederlassung unterhält oder im Dienstleistungsverkehr tätig ist.

721 Bähr, in: Fahr/Kaulbach, VAG-Kommentar, § 87 Rn. 11.

722 Völkel, Marktzugang ausländischer Versicherer, S. 57.

723 Müller, Die europäische Integration im Versicherungswesen, S. 192.

724 Art. 18 Abs. 1 der RL-L 2002.

ihrem Heimatland zum Betrieb anderer Versicherungssparten neben der Lebensversicherungs- oder der Krankenversicherungssparte.[725] Der ausschließliche Betrieb der Schadenversicherungssparte bzw. der Nicht-Krankenversicherungssparte in Deutschland ist danach für ausländische Versicherungsunternehmen möglich.[726] Das Prinzip der Spartentrennung dient dem Schutz der Versicherten in der Lebens- und der Krankenversicherung.

6.9.2 Kumulverbot (Korrespondenzversicherungsverbot)

Das so genannte Kumulverbot ist so zu verstehen, dass mit der Erlaubnis zum Geschäftsbetrieb nach §105 VAG Drittstaaten-VU die Befugnis verloren geht, neben der zu gründenden Niederlassung die sog. Korrespondenzversicherung zu betreiben.[727] Bei der Korrespondenzversicherung ist es denjenigen Drittstaaten-VU, die im Inland das Versicherungsgeschäft ohne Einschaltung von Personen betreiben, nicht erlaubt, eine auf den Abschluss oder die Durchführung von Versicherungsverträgen gerichtete Tätigkeit auszuüben.[728] Die reine Korrespondenzversicherung fällt nicht unter die Aufsichtspflicht, da sich der Versicherungsnehmer von sich aus an das ausländische Unternehmen wendet.[729] Dies dient dem Schutz von Versicherungsnehmern, die auf die bestehende inländische Aufsicht vertrauen und getäuscht werden könnten, wenn auch Verträge mit dem ausländischen Sitz erlaubt wären, die nicht der inländischen Aufsicht unterliegen.[730]

Gem. § 107 VAG darf es nur Bevollmächtigten eines Drittstaaten-VU im Inland gestattet werden, Verträge mit Versicherungsnehmern, die im Inland wohnen, sowie Versicherungsverträge über dort belegene Grundstücke abzuschließen. Danach darf ein Drittstaaten-VU mit inländischen Versicherungsnehmern (außerhalb der Niederlassung) keine Korrespondenzverträge abschließen sowie das sog. Direktgeschäft (wie z.B. Versicherungsverträge über inländische Grundstücke) durch Bevollmächtigte ohne ständigen Aufenthalt in Deutschland nicht betreiben.[731] Jedoch gelten die Bestimmungen des § 107 VAG nur für Drittstaaten-VU, da Drittstaaten-VU das Versicherungsgeschäft im Inland nicht grenzüberschreitend im Wege der Dienstleistungsfreiheit betreiben

725 Kollhosser, in: Prölss, VAG-Kommentar, 106c Rn. 2.

726 Schmidt, in: Prölss, VAG-Kommentar, 11. Aufl., 106c Rn. 3; Fahr, in: Fahr/Kaulbach, VAG-Kommentar, § 106c.

727 Fahr, in: Fahr/Kaulbach, VAG-Kommentar, § 107 Rn. 1.

728 Müller, Versicherungsaufsicht, Erlaubnis zum Geschäftsbetrieb, in: Handwörterbuch der Versicherung, S. 972.

729 Kollhosser, in: Prölss, VAG-Kommentar, § 105, Rn. 10; Zeides, Die rechtliche Behandlung der Zweigniederlassungen ausländischer Versicherungsunternehmen in Deutschland, S. 164.

730 Fahr, in: Fahr/Kaulbach, VAG-Kommentar, § 107 Rn. 1.

731 Kollhosser, in: Prölss, VAG-Kommentar, §107 Rn. 2.

dürfen.[732] Daher wird durch diese Bestimmungen der Komplex der Dienstleistungsfreiheit nicht berührt.

Das Verbot des § 107 VAG bezieht sich sowohl auf die für die Erlaubnis gemäß § 105 VAG erteilten Versicherungssparten als auch auf alle anderen Versicherungszweige.[733]

6.9.3 Rückversicherung

Das VAG selbst enthält keine Definition der Rückversicherung. Eine gesetzliche Definition der Rückversicherung als „die Versicherung der von dem Versicherer übernommenen Gefahr" enthält § 779 Abs. 1 HGB. Die Rückversicherung erfüllt eine risikopolitische Funktion, da sie eine Übernahme solcher Risiken erlaubt, die der Erstversicherer (Direktversicherer) selbst nicht tragen kann oder tragen will.[734] Mit ihr könnten zusätzlich zur Rückversicherung auch andere Funktionen, wie Ergebnisstabilisierung und Eigenkapitalreduktion, angestrebt werden, welche aus der Sicht der Aufsichtsbehörde ebenfalls wichtig sind.[735] Doch dienen die vielfältigen Servicefunktionen der Rückversicherer für Direktversicherer gleichermaßen der Erfüllbarkeit der Versicherungsverträge.[736]

Bei der letzten Änderung des VAG[737] wurde der § 105 Abs 2 insofern geändert, dass Drittstaaten-VU, die Rückversicherungsgeschäfte in Deutschland durch Mittelspersonen betreiben, gleich wie für das Erstversicherungsgeschäft der Genehmigungserfordernis bedürfen.

6.9.4 Verbot versicherungsfremder Geschäfte

Art. 8 Abs. 1 lit. b) der 1. RL–S/L verbietet versicherungsfremde Geschäfte und bestimmt für die Zulassung von Versicherungsunternehmen, dass der Geschäftszweck auf die Versicherungstätigkeit und auf solche Geschäfte beschränkt wird, die hiermit unmittelbar in Zusammenhang stehen. Die Definitionen der so genannten versicherungsfremden Geschäfte sind in der EG noch nicht vereinheitlicht.[738] Auch im VAG ist der Begriff des versicherungsfremden Geschäfts nicht legal definiert. Durch die Umsetzung ist das sogenannte Verbot versicherungsfremder Geschäfte in § 7 Abs. 2 Satz 1 VAG ebenso wie in der Richtlinie geregelt.[739]

---

732 § 110d Abs. 2 Satz 2 VAG.

733 Völkel, Der Marktzugang ausländischer Versicherer, S. 91; Fahr/Kaulbach, VAG, § 107 Rn. 2.

734 Stöffler, Die Sicherung von Aktienrisiken durch Rückversicherung, VW 2004, S. 25.

735 Radunski, Beaufsichtigung der Rückversicherung in Deutschland, in: 100 Jahre materielle Versicherungsaufsicht in Deutschland, Bd. I, S. 321.

736 Präve, in: Prölss, VAG-Kommentar, § 1a Rn. 3.

737 Artikel 4 Abs. 10 G. v. 30.07.2009 BGBl. I S. 2437 in Kraft getreten am 01.01.2008.

738 Fahr, in: Fahr/Kaulbach, VAG-Kommentar, § 13b Rn. 10.

739 Vgl. Präve, in: Prölss. VAG-Kommentar, §7 Rn. 11.

Die Vorschrift § 7 Abs. 2 Satz 1 VAG lautet: Versicherungsunternehmen dürfen neben Versicherungsgeschäften nur solche Geschäfte betreiben, die hiermit in unmittelbarem Zusammenhang stehen. Dies besagt, dass Versicherungsunternehmen generell keine versicherungsfremden Geschäfte tätigen dürfen.[740] Versicherungsfremd können daher nur solche Geschäfte sein, die überhaupt kein Versicherungsunternehmen betreiben darf. Betreibt ein Versicherungsunternehmen eine Sparte, für die es keine Zulassung zum Geschäftsbetrieb hat, verstößt es zwar gegen seinen Geschäftsplan, betreibt aber keine Versicherungsfremdgeschäfte.[741] Also ist einem Versicherungsunternehmen nur der Betrieb solcher Geschäfte verboten, die mit Versicherungsgeschäften nicht in unmittelbarem Zusammenhang stehen und die Solvabilität des Versicherungsunternehmens gefährden können.[742]

Zur Feststellung eines unmittelbaren Zusammenhangs mit Versicherungsgeschäften finden sich Anhaltspunkte in Anhang Teil A,[743] der eine Liste der Versicherungssparten enthält. Andere Anhaltspunkte in Bezug auf den Einsatz derivativer Finanzinstrumente (nämlich Termingeschäfte, Geschäfte mit Optionen und ähnlichen Finanzinstrumenten) finden sich in § 7 Abs. 2 Satz 2 VAG der aber nicht generalisierungsfähig ist.[744]

Zu den derivativen Finanzinstrumenten gehören alle Geschäfte, deren Preis sich von einem zugrunde liegenden Handelsgegenstand (wie Aktien, festverzinsliche Wertpapiere und Devisen), Referenzpreis, Referenzzins oder Referenzindex ableitet.[745] Ob solche Finanzinstrumente zulässig sind, ist nach § 7 Abs. 2 Satz 2 VAG zu beurteilen, wobei die Auffassung, es handele sich bei den Finanzinstrumenten um immaterielle Vermögenswerte, bilanzrechtliche Hintergründe haben. Weiterhin ist zu berücksichtigen, dass diese Finanzinstrumente handelbare Güter darstellen, die auch eine wirtschaftliche Rechtsposition verkörpern.[746] Im Einzelnen ergeben sich drei Gruppen von zulässigen derivativen

740 Entzian, Zum Verbotscharakter von § 7 Abs. 2 VAG, S. 65, 67.

741 Präve, in: Prölss, VAG-Kommentar, § 7, Rn. 24.

742 Entzian, Zum Verbotscharakter von § 7 Abs. 2 VAG, S. 98 ff.

743 Nämlich Einteilung der Risiken nach Versicherungssparten: Unfall, Kranken, Landfahrzeug-Kasko (ohne Schienenfahrzeuge), sämtliche Schäden in Schienenfahrzeuge-Kasko, Luftfahrzeuge-Kasko, See-Binnensee- und Flussschiffahrts-Kasko, Transportgüter, Feuer und Elementarschäden und Hagel-Frost- und sonstige Sachschäden, Haftpflicht für Landfahrzeuge mit eigenem Antrieb, Allgemeine Haftpflicht, Haftpflicht des Luftfahrzeuges und der See-Binnensee- und Flussschiffahrt, Kredit, Kaution, Rechtsschutz, verschiedene finanzelle Verluste, Bestandsleistungen zugunsten von Personen, die sich in Schwierigkeiten befinden, Leben, Heirats- und Geburtenversicherung, Fondsgebundene Lebensversicherung, Tantiemengeschäfte, Kapitalisierungsgeschäfte, Geschäfte der Verwaltung von Versorgungseinrichtungen und Pensionsfondsgeschäfte.

744 Vgl. Präve, in: Prölss, VAG-Kommentar, § 7 Rn. 17.

745 Kaulbach, in: Fahr/Kaulbach, VAG-Kommentar, § 7 Rn. 34.

746 Vgl. Präve, in: Prölss, VAG-Kommentar, § 7 Rn. 36.

Finanzinstrumenten, nämlich Absicherungs-, Erwerbsvorbereitungs- und Ertragsvermehrungsgeschäfte.[747]

Nach § 7 Abs. 2 Satz 2 VAG darf das Versicherungsunternehmen derivative Finanzinstrumente allerdings nur dann einsetzen, wenn sie der Absicherung gegen Kurs- oder Zinsänderungsrisiken bei vorhandenen Vermögenswerten oder dem späteren Erwerb von Wertpapieren dienen sollen. Unzulässig ist daher der Abschluss von Termin- oder Optionsgeschäften zu Spekulationszwecken. Es ist jedoch erlaubt, aus vorhandenen Wertpapieren einen zusätzlichen Ertrag zu erzielen, ohne dass bei Erfüllung von Lieferverpflichtungen eine Unterdeckung des gebundenen Vermögens eintreten kann.[748] Kapitalanlagen, die vom Gesetzgeber als besonders riskant eingestuft werden, dürfen von Versicherungsunternehmen nur zur Absicherung oder zur Erwerbsvorbereitung getätigt werden. Solche Finanzinstrumente dürfen zur Ertragsmehrung aus bereits vorhandenen Wertpapieren nur benutzt werden, wenn sichergestellt ist, dass keine Unterdeckung des gebundenen Vermögens eintreten kann.[749]

6.9.5 Beschränkungen für die Lufttransporthaftpflicht- und internationale Transportversicherung

Bei der grenzüberschreitenden Erbringung von Versicherungsdienstleistungen gibt es in Deutschland für Drittstaaten-VU zwei Einschränkungen.[750] Erstens darf die Lufttransporthaftpflichtversicherung nur von Versicherungsunternehmen mit einer Niederlassung in Deutschland übernommen werden, und zweitens dürfen Versicherungsverträge für internationale Transporte in Deutschland durch einen Versicherer, der über eine Zweigniederlassung in Deutschland verfügt, nur über diese Niederlassung abgeschlossen werden.[751]

747 Vgl. Präve, in: Prölss, VAG-Kommentar, § 7 Rn. 37.
748 Waclawik, Versicherungsaufsicht, S. 381.
749 Vgl. das Rundschreiben R. 3/2000, VerBAV 2001, S. 3 ff.
750 GATS/SC/31
751 BGBl. 1994 II, 1671.

III. Recht der chinesischen Aufsicht über ausländische Versicherungsunternehmen

Für den Begriff der Versicherung gibt es unterschiedliche Definitionen. Ein einheitlicher Begriff der Versicherung ist schwer genau zu definieren.[752] So ist im Finanz- und Rechtswesen der Begriff der Versicherung unterschiedlich definiert. Im Finanzwesen versteht man unter einer Versicherung eine Finanzierungsaktivität, mit der nicht vorausberechnete Verluste neu verteilt werden.[753] Im Rechtswesen wird die Versicherung als eine kaufmännische Handlung für eine wirtschaftliche Kompensation bezeichnet. So wird z.B. im Artikel 2 des „Versicherungsrechts der VR. China“ (VersG'09)[754] der Begriff der Versicherung so definiert: “Als Versicherung bezeichnet dieses Gesetz kaufmännische Versicherungshandlungen, für die aufgrund eines Vertrages der Versicherungsnehmer dem Versicherer Prämien zahlt. Der Versicherer verpflichtet sich daraufhin, eine Versicherungssumme als Ersatz für Vermögensschäden, die durch den Eintritt der im Vertrag bestimmten möglichen Schadenfälle verursacht werden, zu zahlen, oder ist verpflichtet, bei Tod, ernsthafter Verletzung oder Krankheit des Versicherten, oder wenn der Versicherte ein vertraglich bestimmtes Alter erreicht hat oder nach Ablauf einer bestimmten Frist, die Versicherungssumme zu zahlen.“

Unter Versicherungsrecht versteht man die Gesetzessammlung zur Regelung der kommerziellen Versicherungen. Genauer gesagt ist das Versicherungsrecht ein wichtiger Teil des Zivil- und Wirtschaftsrechts zur Regulierung der rechtlichen Beziehungen zwischen dem Versicherer, dem Versicherten und dem Bezugsberechtigten in einer Versicherungsaktivität und regelt auch das staatliche Aufsichtsrecht über Versicherungsunternehmen und den Versicherungsmarkt.[755] Die Struktur des Versicherungsrechts ist stark beeinflusst von privat- und öffentlich- rechtlichen Inhalten des Versicherungsrechts. Deshalb besteht das Versicherungsrecht weltweit aus zwei Inhalten, nämlich dem Versicherungsvertragsrecht, das die rechtlichen Beziehungen zwischen den Beteiligten reguliert, und dem Versicherungsaufsichtsrecht, welches die Regeln für die Beaufsichti-

---

752 Vgl. Borch, Versicherungswirtschaft, S. 3: „Es ist unmöglich, einen sowohl kurzen und bündigen als auch exakten und zufrieden stellenden Begriff der Versicherung zu definieren. In den Versicherungsdokumenten sieht man viele Definitionen über den Begriff der Versicherung, aber diese Definitionen sind zu lang und kompliziert, außerdem gelten sie nicht für einige Versicherungen.“

753 Tang Youtu/Fan Qirong, Versicherungsrecht, zitiert von Dorfmann, Verwaltung des gegenwärtigen Risikos und Versicherungslehrgang, S. 2.

754 Das „*Versicherungsgesetz der Volksrepublik China*“ wurde am 28. Februar 2008 von dem elften Ständigen Ausschuss des Nationalen Volkskongresses auf seiner 7. Sitzung verabschiedet und trat am 1. Oktober 2009 in Kraft.

755 Tang Youtu/Fan Qirong, Versicherungsrecht, S. 23.

gung und Verwaltung der Versicherungsunternehmen durch die Regierung bestimmt.[756]

Für die Gestaltung des Versicherungsrechts gibt es weltweit drei Formen:[757]

- die getrennte Form der Gesetzgebung wie z.B. Versicherungsvertragsrecht und Versicherungsaufsichtsrecht; diese Form wird von England, Deutschland, Singapur usw. angewendet;
- die gemeinsame Form der Gesetzgebung, wobei das Versicherungsaufsichtsrecht im Versicherungsgesetz oder Wirtschaftsgesetzbuch eingeschlossen ist; die Philippinen, Taiwan und China verwenden diese Form;
- die gemeinsame Form des Versicherungsrechts und Versicherungsaufsichtsrechts mit ergänzenden Vorschriften und Regeln; Japan und Südkorea benutzen bspw. diese Form.

In China wurde als Form der Gesetzgebung für das Versicherungsrecht nach der Reform zuerst die getrennte Gesetzgebung eingeführt. So wurden z.B. „*Vorschriften des Vermögensversicherungsvertrags*“ und „*Vorläufige Verwaltungsvorschriften für Versicherungsunternehmen*“ erlassen. Nach der Veröffentlichung des chinesischen Versicherungsgesetzbuches, „*Versicherungsrecht der Volksrepublik China*“ im Jahre 1995 *(VersG’95)* wurde das Versicherungsaufsichtsrecht mit dem Versicherungsrecht zusammengelegt.[758] Dieses Gesetz umfasst allgemeine Regeln, Versicherungsvertrag, Versicherungsgesellschaft, Regeln für das Versicherungsgewerbe, Überwachung und Steuerung des Versicherungsgewerbes, Versicherungsvertreter und Versicherungsmakler, gesetzliche Verantwortung und ergänzende Regeln.

Nach dem Beitritt Chinas zur WTO wurde das VersG’95 am 28. Oktober 2002 von der 30. Sitzung des Ständigen Ausschusses des 9. Nationalen Volkskongresses geändert.[759] Das neu gefasste Versicherungsgesetz wurde am 1. Januar 2003 in Kraft gesetzt (VersG’03). Das VersG’03 wurde 7 Jahre nach dem Beitritt Chinas zur WTO nochmals geändert. Das Gesetz wurde am 28. Februar 2008 vom elften Ständigen Ausschuss des Nationalen Volkskongresses auf seiner 7. Sitzung verabschiedet und tritt am 1. Oktober 2009 in Kraft (VersG’09).[760]

Es wurden auch Beaufsichtigungsregelungen insbesondere für die ausländischen Versicherungsunternehmen erlassen. Die Regelungen für die Beaufsichtigung des Geschäftsbetriebs von ausländischen Versicherungsunternehmen in China werden nachfolgend dargestellt.

756 Zheng Yubo, Theorie des Versicherungsrechts, S. 27.
757 Tan Youtu/Fan, Qirong, Versicherungsrecht, S. 374.
758 Siehe VersG’03, Kapitel 3, 4, 5, und 6, von Art. 70 bis Art. 137.
759 CIRC, 28.10.2002, http://www.circ.gov.cn/web/site0/tab68/i21009.htm.
760 http://www.circ.gov.cn/tabid/106/InfoID/99331/frtid/3871/Default.aspx.

1. Die Entwicklung des chinesischen Versicherungsrechts

Von der Geschichte her hatte die Versicherungswirtschaft in China praktisch keine Bedeutung. Die wirtschaftliche Absicherung des Einzelnen erfolgte im patriarchalischen kaiserlichen China hauptsächlich durch die Eingebundenheit des Einzelnen im seine Familie bzw. in seine Sippe.[761] Erste Versicherungsinstitute wurden erst in der ersten Hälfte des 19. Jahrhunderts aktiv. Sie waren im Gefolge der westlichen Kolonialmächte von britischen Kaufleuten gegründet worden.[762]

Nach Gründung der Republik 1911 kam es während des Ersten Weltkrieges zum Rückzug von ausländischen Versicherungsunternehmen aus China. Dadurch kam es vermehrt zur Gründung von chinesischen Versicherungsunternehmen, die aber meist nicht bestehen konnten, da sie zu wenig Kapital und Erfahrung hatten. Nach dem Ersten Weltkrieg bis zum Zweiten Weltkrieg kontrollierten die finanzstarken ausländischen Versicherungsunternehmen den chinesischen Markt vor allem im Wege der Mit- und Rückversicherung.[763] Während des Zweiten Weltkrieges kam das Versicherungsgeschäft nahezu gänzlich zum Erliegen, blühte aber nach Ende des Zweiten Weltkrieges vor allem in Shanghai wieder auf.

Nach der Gründung der Volksrepublik im Jahr 1949 war die Basis für die Arbeit der Versicherungsgruppen nicht ein formeller Rechtserlass, sondern eine politische Richtlinie der Kommunistischen Partei betreffend die Übernahme und Umgestaltung des Versicherungswesens. Trotz weiterer formeller Rechtserlasse und politischer Direktiven war das Versicherungsrecht in den 50er Jahren insgesamt ausgesprochen dürftig.[764] Da es kaum eine Versicherungstätigkeit gab, war auch der Erlass weiterer Direktiven für diesen Bereich bis in die späten 70er Jahre nicht notwendig.

Nach der Wirtschaftsreform im Jahr 1978 entwickelte sich auch das Versicherungsrecht entsprechend der Entwicklung der Versicherungsunternehmen. Die zunehmende gesetzgeberische Tätigkeit begann in der ersten Hälfte der 90er Jahre, um schließlich nach der Gründung der Chinesischen Versicherungsaufsichts- und Verwaltungskommission (CIRC) im Jahr 1998 ein bis dahin noch nicht gekanntes Ausmaß zu erreichen. In den nachfolgenden Jahren wurde die Entwicklung der chinesischen Versicherungsunternehmen unter der Bezeich-

761 Kaufmann, Versicherung in der Volksrepublik China, S. 56.
762 Ebenda, S. 56 f.
763 Ebenda, S. 63 f.
764 Ebenda, S. 114 f.

nung „Entwicklung eines internationalisierten Rahmens mit chinesischen Besonderheiten für das Versicherungsmarktsystem" planvoll fortgeführt.[765]

Chinesisches Recht basiert auf einem kontinentalen Rechtssystem, dabei sind das Zivilrecht und das Wirtschaftsrecht getrennt. Deshalb wurde das *„Versicherungsgesetz der Volksrepublik China"* mit der Einzelrechtsform außerhalb der Zivilrechtsgesetzgebung beschlossen und verabschiedet.[766]

1.1 Vom Ende der Qing-Dynastie bis zur Guoming-Regierung

Die früheste chinesische Versicherungsgesetzgebung beginnt am Ende der Qing-Dynastie. Im Jahre 1903 wurde das *„Große Qin-Dynastie Wirtschaftsrecht„* von Zhenghe Zhai und Tingfang Wu entworfen, aber der Inhalt war sehr rudimentär gestaltet. Danach wurde der japanische Jurist Zhi Tian Jia Tai Lang beauftragt, ein Wirtschaftsrecht zu entwerfen. Im Jahre 1908 wurde der *„Entwurf des großen Qing-Dynastie-Wirtschaftsrechts"* abgeschlossen. Er enthält fünf Teile: Allgemeines, Geschäftshandlungen, Gesellschaftsrecht, Seerecht und Rechnungsrecht. In dem Kapitel sieben und acht des zweiten Teiles „Geschäftshandlungen" werden Schadenversicherung und Lebensversicherung geregelt. Jedoch wurde dieses Gesetz wegen des Scheiterns der Qing-Dynastie nicht verabschiedet und nicht in Kraft gesetzt.

Unter der Guoming-Regierung wurde 1928 das Legislative Institut gegründet, um die unterschiedlichen Gesetzbücher zu vereinigen. Im November 1929 wurde der *„Entwurf des Versicherungsvertragsrechts"*, welches per Abstimmung durch das Legislativen Institut Versicherungsgesetz genannt wurde, von der Kommission des Legislativ Instituts für den Entwurf des Wirtschaftrechts fertig gestellt und am 30. Dezember des gleichen Jahres von der Guoming- Regierung veröffentlicht. Jedoch wurde auch dieses Gesetz nicht in Kraft gesetzt.

In der Zeit des Krieges gegen Japan erließ die Guoming-Regierung Regeln über Versicherungen wie zum Beispiel: *„Entwurf des staatlichen Vermögensversicherungsrechts"*, *„Entwurf des staatlichen Rückversicherungsrechts"*, *„Regeln der Lebensversicherung für Staatsbürger"*, *„Entwurf der Versicherung für Beamte"*, *„Entwurf der Krankenversicherung"* und *„Versicherung für den Soldaten im Krieg"*.

Nachdem die Guoming-Partei nach Taiwan flüchtete, hat die taiwanesische Guoming-Regierung im Jahr 1957 das Versicherungsvertragsrecht und das Versicherungsaufsichtsrecht im *„Versicherungsgesetz"* vereint, im August 1963 beschlossen und am 2. September des gleichen Jahres veröffentlicht und in Kraft

765 Ma Yongwei, Die Entwicklung der Versicherungsindustrie beschleunigen, die Herausforderungen des neuen Jahrhunderts begrüßen, S. 1.

766 Zheng Yubo, Theorie des Versicherungsrechts, S. 26.

gesetzt. Dieses Versicherungsgesetz enthielt 178 Artikel, von denen 14 Artikel im Jahre 1974 abgeändert wurden.

1.2 Nach der Gründung der Volksrepublik China

Nach Gründung der Volksrepublik China[767] im Jahr 1949 erließ die chinesische Regierung zur Entwicklung des Versicherungsbetriebes Vorschriften für Versicherungsgeschäfte, wie z.B. den *„Beschluss zur Durchführung der zwingenden Vermögensversicherung der Regierung, staatlichen Fabriken und Genossenschaften und der zwingenden Fahrgastversicherung"*, der am 3. Februar 1951 vom Hof für Staatsangelegenheiten der zentralen chinesischen Regierung verabschiedet wurde. Am 3. März des gleichen Jahres wurden außerdem die *„Vorschriften der zwingenden Schiffversicherung"*, *„Vorschriften der zwingenden Eisenbahn- und Fahrzeugversicherung"* veröffentlicht. Am 20. Juni 1953 wurden die *„Vorschriften über zwingende Vermögensversicherung"* und am 6. April 1957 die *„Methoden der freiwilligen Bürgervermögensversicherung"* verabschiedet. Solche Regeln und Vorschriften förderten zur damaligen Zeit die Entwicklung der chinesischen Versicherungswirtschaft. Danach gab es keine Gesetzgebungsaktivitäten im Versicherungsbereich, weil das Versicherungsgewerbe mit Beginn der Kulturrevolution zum Erliegen kam.

1.3 Nach der Öffnung und Reform der Volksrepublik China

Nach der Öffnung Chinas und dem Beginn der Wirtschaftsreform ab 1978 wurde auf der 3. Vollversammlung des 11. Zentralkomitees der KPC das chinesische Versicherungsgeschäft wiedergeboren. Mit der Entwicklung des Versicherungsgewerbes wurden auch die Gesetzgebungsaktivitäten für diesen Bereich wieder verstärkt.

Am 13. Dezember 1981 wurde das *„Wirtschaftsvertragsrecht der Volksrepublik China"*,[768] welches prinzipiell die Vermögensversicherungsgeschäfte regelte, erlassen. Es war die erste wirklich bedeutende Regelung für die Versicherungen nach der Gründung Chinas.[769] Der Staatsrat veröffentlichte am 1. September 1983 die *„Vertragsregeln der Vermögensversicherung in der Volksrepublik China"*, die 5 Kapitel und 23 Artikel enthielten. Danach wurden zusätzliche Gesetze und Vorschriften für die Beaufsichtigung der ausländischen Unternehmen erlassen, welche auch für ausländische Versicherungsgeschäfte anzuwenden waren. Dies waren z.B.:

767 Im Folgenden China genannt.

768 Das Gesetz wurde am 2.9.1993 geändert.

769 Li, Yuquan, Versicherungsgesetz, S. 49.

- Juli 1979: Gesetz der Volksrepublik China über Joint Venture Unternehmen,
- März 1985: Gesetz der Volksrepublik China über Wirtschaftverträge mit ausländischen Unternehmen,
- April 1986: Gesetz der Volksrepublik China über ausländische Unternehmen,
- Juli 1994: Arbeitsrecht der Volksrepublik China.

Zur Verstärkung der Beaufsichtigung der Versicherungsunternehmen und zur Förderung der gesunden Entwicklung der Versicherungswirtschaft organisierte die People's Bank of China (PBOC) im Oktober 1991 eine Gruppe, um einen Entwurf für ein Versicherungsgesetz zu erarbeiten. Das erste chinesische Versicherungsgesetz *„Versicherungsgesetz der Volksrepublik China"* wurde am 30. Juni 1995 von der 14. Sitzung des Ständigen Ausschusses des 8. Nationalen Volkskongresses überprüft und verabschiedet und am 1. Oktober 1995 in Kraft gesetzt.[770]

Bei den Vorbereitungen zum und nach dem Beitritt Chinas zur WTO hat China entsprechend den Anforderungen und Verpflichtungen des GATS im Bereich der Versicherungsgeschäfte Gesetze und Vorschriften erlassen, bzw. geändert, wie bspw. folgende Gesetze oder Vorschriften:

- Versicherungsgesetz der Volksrepublik China (Nationale Volkskongress der Volksrepublik China vom 1.1. 2003),[771]
- Versicherungsgesetz der Volksrepublik China (Nationale Volkskongress der Volksrepublik China vom 1.10. 2009),[772]
- Bestimmungen über die Änderung der „Maßnahmen zur Versicherungsunternehmensbeaufsichtigung (CIRC vom 15.3.2002),[773]
- Verwaltungsbestimmungen für Versicherungsgesellschaften (CIRC vom 15.6. 2004),[774]
- Vorläufige Maßnahmen der Beaufsichtigungsaufgaben der vertretenden Organe der CIRC (CIRC vom 1.8.2004),[775]
- Maßnahmen der Chinesischen Versicherungsaufsichtskommission zur Verwaltungsüberprüfung (CIRC vom 5.7.2001),[776]

---

770 http://www.cninfo.com.cn/finalpage/1995-06-30/10051797.html.

771 Dieses Gesetz wurde am 28.2.2009 von der 7. Sitzung des Ständigen Ausschusses des 11. Nationalen Volkskongresses geändert und von Präsident Hu Jingtao unterzeichnet und veröffentlicht und wird zum 1. Oktober 2009 in Kraft gesetzt. Http://www.gov.cn/flfg/2009-02/28/content_1246444.htm.

772 CIRC, 11 (2009), http://www.circ.gov.cn/tabid/106/InfoID/99331/frtid/3871/Default.aspx.

773 CIRC, 3 (2002), http://www.chinaacc.com/new/63/70/2006/2/so204364317226002663-0.htm.

774 CIRC, 3 (2004), http://www.cs.com.cn/csnews/bxtd/06/t20040521_78585.htm.

775 CIRC, 1.8.2004, http://www.ocn.com.cn/zcfg/200812/baoxian090958.htm.

- Vorschriften zur Beaufsichtigung von Versicherungsvertretungsinstituten (CIRC vom 1.12.2004),[777]
- Vorschriften zur Beaufsichtigung von Versicherungsmaklerinstituten (CIRC vom 15.12.2004),[778]
- Vorschriften zur Beaufsichtigung von Versicherungssachverständigeninstituten" (CIRC vom 16.11.2001),[779]
- Vorläufige Vorschriften zur Beaufsichtigung der Versicherungssachverständigen (CIRC vom 18.9.2000),[780]
- Vorschriften über die Errichtung von Rückversicherungsunternehmen (CIRC vom 17.9.2002),[781]
- Maßnahmen zur Beaufsichtigung der Vertriebsstellen von Versicherungsunternehmen (CIRC und State Administration of Industry and Commerce, vom 1.2.2002),[782]
- Mitteilung der Durchführung der Maßnahmen zur Beaufsichtigung der Vertriebsstellen von Versicherungsunternehmen (CIRC vom 20.12.2005),[783]
- Vorschriften zur Beaufsichtigung der Versicherungsvertreiber (CIRC vom 11.4.2006),[784]
- Vorschriften zur Beaufsichtigung der Qualifikation hoher leitender Mitarbeiter von Versicherungsinstituten (CIRC vom 12.7.2006),[785]
- Mitteilung der Durchführung der Vorschriften zur Beaufsichtigung der Qualifikation hoher leitender Mitarbeiter von Versicherungsinstituten (CIRC vom 22.10.2008)[786]

---

776 CIRC, 2 (2001), http://vip.chinalawinfo.com/newlaw2002/slc/slc.asp?db=chl&gid=36267.

777 CIRC, 14 (2004), http://www.circ.gov.cn/tabid/106/InfoID/19944/frtid/3871/Default.aspx.

778 CIRC, 15 (2004), http://www.circ.gov.cn/tabid/106/InfoID/19952/frtid/3871/Default.aspx.

779 CIRC, 3 (2001), http://www.circ.gov.cn/tabid/106/InfoID/19489/frtid/3871/Default.aspx.

780 CIRC, 18.9.2000, http://www.com-law.net/fagui/jinrong/gongguren.htm.

781 CIRC, 4 (2002), http://www.circ.gov.cn/tabid/106/InfoID/19522/frtid/3871/Default.aspx.

782 CIRC, 1 (2002), http://www.circ.gov.cn/tabid/106/InfoID/19516/frtid/3871/Default.aspx.

783 CIRC, 25 (2005), http://www.circ.gov.cn/tabid/106/InfoID/19151/frtid/3871/Default.aspx.

784 CIRC, 3 (2006), http://www.circ.gov.cn/tabid/106/InfoID/29475/frtid/3871/Default.aspx.

785 CIRC, 4 (2006), http://www.circ.gov.cn/tabid/106/InfoID/33925/frtid/3871/Default.aspx.

786 CIRC, 83 (2008), http://www.circ.gov.cn/tabid/106/InfoID/84433/frtid/3871/Default.aspx.

- Maßnahmen zur Beaufsichtigung der General Aktuare von Versicherungsunternehmen (CIRC vom 10.10.2007),[787]
- Mitteilung der Durchführung der Maßnahmen zur Beaufsichtigung der General Aktuare von Versicherungsunternehmen (CIRC vom 28.1.2008),[788]

Diese Gesetze und Vorschriften spielen eine wichtige Rolle zur Regulierung des Versicherungsmarktes und zur Einrichtung und Verbesserung der Versicherungsaufsicht.

2. Die Entwicklung des chinesischen Versicherungsaufsichtsrechts

Das Versicherungsaufsichtsrecht ist die Rechtsgrundlage zur Beaufsichtigung der Versicherungsunternehmen und des Versicherungsmarktes. Das moderne und gegenwärtige Versicherungsunternehmensrecht bezieht auch die Geschäftsregelung der Versicherungsunternehmen, Regelung der Versicherungsvermittlung, -aufsichtsorganisation und -aufsichtsregelung ein.[789] Aus historischen Gründen war das chinesische Versicherungsaufsichtssystem vor 1978 nicht vollständig entwickelt. Nach der Öffnung des chinesischen Markts und der Wirtschaftsreform im Jahre 1978 wurde die Aufsicht für die Versicherungsunternehmen und den Versicherungsmarkt Schritt für Schritt geregelt. Insbesondere nach dem Beitritt Chinas zur WTO wurde die Versicherungsaufsicht grundlegend verbessert.[790] Es wurden zahlreiche Bestimmungen und Vorschriften für die Versicherungsaufsicht erlassen.[791]

Nach Inkrafttreten des chinesischen Versicherungsrechts im Jahr 1995 wurde das Versicherungsaufsichtsrecht in das Versicherungsrecht integriert. Das Versicherungsaufsichtsrecht wird jetzt in den Artikeln 67 bis 158 des VersG'09 systematisch geregelt. Es ist nunmehr ein weitgehend ausgereiftes Versicherungsaufsichtsrecht.[792] Im Folgenden sind im Zeitraffer die wichtigen Entwicklungsetappen dargestellt.

2.1 Qing-Dynastie

1907 wurden ein „*Entwurf von Regeln der Versicherungsaufsicht*" mit 7 Kapiteln und 105 Artikeln, die von Xurui entworfen wurden, der Qing-Königlichen

787 CIRC, 7 (2007), http://www.circ.gov.cn/tabid/106/InfoID/54887/frtid/3871/Default.aspx.

788 CIRC, 58 (2008), http://www.circ.gov.cn/tabid/106/InfoID/62939/frtid/3871/Default.aspx.

789 Tan Youtu/Fan Qirong, Versicherungsrecht, S. 373.

790 Veröffentlichung von CIRC, http://www.circ.gov.cn/Portal0/InfoModule_431/67554.htm.

791 Siehe oben, IV.1.2.3. und unten IV. 2.2.4.

792 Das Versicherungsaufsichtsrecht wird in den Artikeln 70 bis 137 des VersG'03 geregelt.

Regierung vorgelegt. Aber er wurde weder bearbeitet noch beantwortet. Die sieben Kapitel dieses Gesetzes waren: Allgemeines, Aktiengesellschaft, Gesellschaft auf Gegenseitigkeit, Sachversicherung, Lebensversicherung, Strafmaßnahmen und Anhänge.

2.2 Beiyiang-Regierung

Nach der Qing-Dynastie wurde der „*Gesetzentwurf der Versicherungsaufsicht*" vom Ministerium Landwirtschaft und Handel der Beiyiang-Regierung im Jahre 1917 entworfen und 1918 von der Rechtssystembehörde revidiert. Er wurde im Dezember desselben Jahres in der „Bank- Wochenzeitung" veröffentlicht.

2.3 Guoming-Regierung

Nach der Beiyang-Regierung wurde das „*Versicherungsaufsichtsrecht*" am 5. Juli 1935 von der Guoming-Regierung erlassen. Am 11. Januar 1937 wurde dieses Gesetz revidiert und veröffentlicht. Insgesamt beinhaltet dieses Gesetz sieben Kapitel: Allgemeines, Garantiekosten, Versicherungsunternehmen, Versicherungsorganisation auf Gegenseitigkeit, Buchhaltung, Strafmaßnahmen und Anhänge. Noch am selben Tag wurden die „*Durchführungsregeln des Versicherungsaufsichtsrechts*" veröffentlicht. Die oben genannten Gesetze wurden nicht in Kraft gesetzt, da ausländische Versicherungsunternehmen dagegen waren.

Nachdem die Guoming-Partei nach Taiwan geflohen war, wurde das Versicherungsrecht und Versicherungsaufsichtsrecht in Taiwan revidiert und als Versicherungsrecht zusammengelegt. Kapitel 1 des Versicherungsrechts behandelt das Versicherungsaufsichtsrecht. Dieses Gesetz ist im August 1963 gebilligt und am 2. September 1963 veröffentlicht und in Kraft gesetzt worden.

2.4 Volksrepublik China

Nach Gründung der Volksrepublik China im Jahr 1949 wurden einige Regelungen und Vorschriften über Versicherungsgeschäfte erlassen. Aber die Gesetzgebung für die Versicherungswirtschaft wurde aus historischen Gründen (Kulturrevolution) mit dem Niedergang des Versicherungsgeschäfts für mehr als 20 Jahre unterbrochen. Erst nach 1978 wurde wieder großer Wert auf die Versicherungsgesetzgebung gelegt.

Am 3. März 1985 wurden „*Provisorische Verwaltungsvorschriften für Versicherungsunternehmen*" vom Staatsrat erlassen. Diese Vorschriften bestehen aus sechs Kapiteln, nämlich: Allgemeines, Einrichtung der Versicherungsunternehmen, Chinesische Volksversicherungsgesellschaft, Zahlungsfähigkeit und Versicherungsrückstellung, Rückversicherung und Anhänge.

Am 30. Juni 1995 wurde das „*Versicherungsgesetz der Volksrepublik China*" vom achten Ständigen Ausschuss des Nationalen Volkskongresses bei der vierzehnten Sitzung verabschiedet und am gleichen Tag veröffentlicht.[793] Dieses Gesetz trat am 1. Oktober 1995 in Kraft und ist ein umfassendes Versicherungsgesetzbuch mit der Vereinigung des Versicherungsrechts und Versicherungsaufsichtsrechts. Kapitel 3, 4, 5 und 6 dieses Gesetzes, nämlich Artikel 69 bis 130, beinhalten das jetzige Versicherungsaufsichtsrecht. Dieses Gesetz regelt die Aufsicht für Versicherungsunternehmen und ist ein weitgehend ausgereiftes Versicherungsaufsichtsrecht. In den Jahren 1997, 1998 und 2000 wurden die *„Vorläufige Verwaltungsvorschrift über Versicherungsvertreter“* [794] und die *„Vorläufige Verwaltungsvorschrift für Nichtversicherungsunternehmen die Versicherungsagenturen betreiben wie z.B. Banken“*[795] *sowie* die *„Verwaltungsvorschrift über Versicherungsgesellschaften“*[796] veröffentlicht.

Seit dem Inkrafttreten des „Versicherungsgesetzes“ haben sich in China die interne Versicherungsstruktur sowie die äußeren Einflüsse insbesondere im Hinblick auf den Beitritt Chinas zur WTO stark geändert. Wegen der weiteren Öffnung des chinesischen Versicherungsmarkts wurde es notwendig, das Versicherungsrecht und relevante Versicherungsregeln entsprechend den Anforderungen der WTO zu revidieren. Deshalb wurden beispielweise die *„Vorschriften zur Beaufsichtigung über Versicherungsunternehmen mit ausländischer Kapitalbeteiligung der VR China“* (VVaKC, 12.12.2001 vom Staatsrat),[797] die *„Ausführungsbestimmungen der Vorschriften zur Beaufsichtigung über Versicherungsunternehmen mit ausländischer Kapitalbeteiligung der VR China“* (AVVaKC, 13.5.2004 vom CIRC)[798] für die Beaufsichtigung der ausländischen Versicherungsunternehmen und die *„Verwaltungsvorschriften für Repräsentanzbüros der ausländischen Versicherungsorganisationen in China“* (VfRaV, 12.6.2006 vom CIRC)[799] sowie „Erklärungen zur Anwendung der *„Verwaltungsvorschriften für Repräsentanzbüros der ausländischen Versicherungsorganisationen in China“ der CIRC“* (EVfRaV, 14.11.2008 vom CIRC) erlassen. Außerdem wurde das *VersG'95* vom 9. Ständigen Ausschuss des Nationalen Volkskongresses bei der 30. Sitzung am 28.10.2002 geändert (VersG'03).[800] Dieses Gesetz wurde am 28. Februar 2008 von dem 11. Ständi-

793 http://www.cninfo.com.cn/finalpage/1995-06-30/10051797.html.

794 PBOC, 30.11.1997, http://www.xj71.com/?action-viewnews-itemid-9924.

795 CIRC, 144 (2000), 4.8.2000, http://www.charltonslaw.com/cn/update_law/securities_insurance.htm.

796 CIRC, 2 (2000), 1.3.2000, http://hi.baidu.com/2008%B7%A8%C2%C9%D6%BE%D4%B8%D5%DF/blog/item/88ed6b0059708c097bec2c38.html.

797 Staatsrat 336, 12.12.2001, http://www.circ.gov.cn/web/site0/tab478/i20019.htm.

798 CIRC, 4 (2004), http://www.circ.gov.cn/tabid/106/InfoID/19635/frtid/3871/Default.aspx.

799 CIRC, 5 (2006), http://www.circ.gov.cn/tabid/106/InfoID/33927/frtid/3871/Default.aspx.

800 http://www.circ.gov.cn/tabid/106/InfoID/21009/frtid/3871/Default.aspx.

gen Ausschuss des Nationalen Volkskongresses auf seiner 7. Sitzung wieder geändert und wird am 1. Oktober 2009 in Kraft treten (VersG'09).[801] Die Artikel 67 bis 153 VersG'09 umfassen allgemeine Regelungen der Versicherungsgesellschaft, Regelungen für das Versicherungsgewerbe, Überwachung und Steuerung des Versicherungsgewerbes, Versicherungsvertreter und Versicherungsmakler, gesetzliche Verantwortung und ergänzende Regeln.[802]

3. Organisation der Versicherungsaufsicht

Weltweit wird die Versicherungsaufsichtsfunktion von der Versicherungsaufsichtsorganisation, die von der Regierung nach Landesrecht eingerichtet wird, ausgeübt. Wegen der unterschiedlichen Historie der Gesetzgebung der einzelnen Länder sind auch deren Versicherungsaufsichtsbehörden unterschiedlich strukturiert.

In China wurde die Versicherungsaufsichtsorganisation einige Male verändert, um den Veränderungen der Politik und Wirtschaft und der damit verbundenen komplizierten Entwicklung der Versicherungsunternehmen Rechnung zu tragen.

3.1 Entwicklung der Versicherungsaufsichtsorganisation

- Vor der Gründung der Volksrepublik China im Oktober 1949, wurde die Aufsicht der Versicherungsunternehmen in den provinzfreien Städten wie z.B. Shanghai, Wuhan und usw. von der Militärverwaltungskommission vorläufig durchgeführt.
- Nach der Gründung der Volksrepublik China wurde die PICC[803] im Oktober 1949 eingerichtet und von der PBOC[804] geführt. Die PICC durfte nach den am 4. Januar 1950 von dem Ausschuss der Verwaltung verabschiedeten „Organisationsvorschriften der Chinesischen Volksversicherungsgesellschaft" alle Versicherungsgeschäfte betreiben und auch die Versicherungswirtschaft in China leiten und beaufsichtigen. Dazu wurden die Versicherungsaufsichtsabteilung der PICC und deren Niederlassungen gegründet.
- Ende Januar 1950 wurde die Aufsicht der Versicherungsunternehmen von der Finanzverwaltungsabteilung der PBOC übernommen. Die Versicherungsaufsichtsabteilungen der PICC wurden abgeschafft.
- Wegen des Einflusses der Sowjetunion wurde die Aufsicht der Versicherungsunternehmen im Mai 1952 vom Finanzministerium übernommen.

801 http://www.gov.cn/flfg/2009-02/28/content_1246444.htm.
802 Diese Artikel ersetzen § 70 bis § 137 VersG'03.
803 People's Insurance Company of China.
804 People's Bank of China.

- Ab 1959 wurden alle Versicherungsgeschäfte innerhalb Chinas wegen des Einflusses der „Linken Kommunisten“ beendet, nur in Shanghai und Haerbing wurden die Versicherungsgeschäfte weiterhin geduldet. Die PICC wurde wieder von der PBOC geführt, und zwar von deren Versicherungsabteilung der Auslandsabteilung.
- Ab 1966 kam mit der Kulturrevolution das internationale Versicherungsgeschäft in China fast vollständig zum Erliegen. Dadurch geriet die chinesische Versicherungswirtschaft in ihre schwierigste Situation.
- Im April 1979 wurde das *„Protokoll der Geschäftsführersitzung der Niederlassungen der PBOC“* vom Staatsrat genehmigt. In dem Protokoll wurde „Schritt für Schritt die Wiederherstellung der Versicherungsgeschäfte“ ausgerufen.
- Nach der Wiederherstellung der Versicherungsgeschäfte der PICC im Jahr 1983, beaufsichtigte die PBOC aber die Versicherungsgeschäfte.
- Am 3. März 1985 wurden die „Vorläufigen Verwaltungsvorschriften über Versicherungsunternehmen“ vom Staatsrat erlassen.[805] In Artikel 4 heißt es: „Chinas Versicherungsaufsichtsorganisation ist die People's Bank of China“.
- Nach der Veröffentlichung des „Versicherungsrechts“ gründete die PBOC im Juli 1995 die Versicherungsabteilung, die die chinesischen Versicherungsunternehmen beaufsichtigte. Die Beaufsichtigung der Versicherungsunternehmen mit ausländischer Kapitalbeteiligung und Repräsentanzbüros von ausländischen Versicherungsorganisationen wurde in dieser Zeit von der Versicherungsabteilung des Verwaltungsamtes für ausländische Finanzorganisationen übernommen.
- Am 18. November 1998 wurde die Einrichtung der CIRC vom Staatsrat beschlossen. Die CIRC übernahm die Versicherungsaufsichtsfunktion. Sie sollte die Errichtung des Versicherungsaufsichtssystems entsprechend der Marktwirtschaftsentwicklung des Sozialismus und die Internationalisierung vorantreiben sowie die chinesische Versicherungsaufsicht dem internationalen Standard angleichen.

3.2 Organisationen der Versicherungsaufsicht

3.2.1 CIRC

Die CIRC ist die Hauptverwaltungsabteilung für die chinesische Versicherungswirtschaft und direkt dem Staatsrat unterstellt. Sie beaufsichtigt nach dem Recht und mit der Befugnis des Staatsrats die Versicherungsunternehmen.

805 Staatsrat, 33 (1985), http://fdi.gov.cn:8080/pub/FDI/zcfg/upload_old/cpdf/c01063.pdf.

Die Aufgaben der CIRC wurden in Ziff. 2 der CIRC-Errichtungsbekanntmachung[806] festgelegt; dazu gehören die Prüfung und Genehmigung der Einrichtung, Änderung und Auflösung von Versicherungsunternehmen, der Versicherungsregeln und der Prämiensätze, die Beaufsichtigung der Versicherungsgewerbeaktivitäten, die Nachprüfung und das Verhindern der eigenmächtigen Einrichtung eines Versicherungsunternehmens und das Betreiben eines Versicherungsgeschäftes entgegen dem Recht. Außerdem wurde hinsichtlich des damals bevorstehenden WTO-Beitritts und der damit verbundenen zunehmenden Öffnung zum Ausland gehofft, dass das Entwicklungstempo durch diese Branchenführung beschleunigt würde.[807]

In Ziff. 1 und 3 der CIRC-Errichtungsbekanntmachung wird gefordert, die Struktur der internen Organisation CIRC so einfach wie möglich zu halten. In Umsetzung dieser Vorgaben gliedert sich die CIRC inzwischen in eine mit fünfzehn Abteilungen unterteilte Zentrale in Peking und eine zunehmende Anzahl von Niederlassungen. Die CIRC hat eine Versicherungsaufsichtsbehörde in jeder Provinz, provinzfreien Stadt oder jedem Autonomiegebiet. Diese Behörden haben die gleichen Aufgaben und Funktionen wie die CIRC, aber sie sind nur für die Versicherungsaufsicht der jeweiligen Provinz, provinzfreien Stadt oder des autonomen Gebietes zuständig. Gegen Ende 2009 verfügte die CIRC landesweit über 35 solcher regionaler Versicherungsaufsichtsbehörden.[808]

3.2.2 Die Aufsichtsgremien

Wie oben erwähnt, ist die CIRC direkt dem Staatsrat unterstellt. Um die Aufsichtsgremien zu reglementieren, hat der Staatsrat die *„Aufsichtsgremiumbestimmungen"*[809] erlassen. Entsprechend dieser Bestimmungen wurden in einigen wichtigen, direkt im Staatsbesitz befindlichen Finanzinstituten zusätzliche Aufsichtsgremien eingesetzt. Dadurch sollte deren Arbeitsqualität verbessert und finanziellen Risiken vorgebeugt werden.[810] Am 21.8.2000 wurden diese Aufsichtsgremien offiziell gegründet. Die davon betroffenen Versicherungsunternehmen waren PICC, Chinalife und ChinaRe.[811]

---

806 CIRC-Errichtungsbekanntmachung, (1998) Nr.37, vom Staatsrat, http://law.baidu.com/pages/chinalawinfo/2/16/3e623338720864e7aa8e4059a02a6abe_0.html.

807 Peng Chaohua/Tang Jibo, Die Aufsicht stärken, den Wettbewerb nach dem WTO-Beitritt begrüßen, S. 22.

808 http://finance.ifeng.com/money/insurance/hydt/20090829/1169081.shtml.

809 Die „Vorläufigen Bestimmungen zu den Aufsichtsgremien in staatseigenen Schwerpunktfinanzinstituten" werden am 21.3.2000 veröffentlicht, http://finance.ce.cn/info/law/flfg/200606/17/t20060617_7399243.shtml. Sie ersetzen die „Vorläufigen Vorschriften zu den Aufsichtsgremien in direkt staatseigenen Geschäftsbanken" vom 12.11.1997.

810 Xu Xiao, 15 boards established to check finances, S. 2.

811 Zhao Jian, Die Aufsichtsgremien dreier großer staatseigener Versicherungsunternehmen haben gestern ihre Tätigkeit aufgenommen, S. 1.

Art. 5 Abs. 1 der „Aufsichtsgremiumbestimmungen" regelt die Aufgaben dieser Gremien, die die Finanzsituation und das Management der staatlichen Finanzinstitute überprüfen soll. Art. 5 Abs. 2 dieser Bestimmungen gestattet aber keine Einmischung in die Firmenpolitik und Firmenleitung durch die Aufsichtsgremien. Jedoch ist nicht erkenntlich, wie eine effiziente Aufsicht durch diese Aufsichtsgremien durchgeführt werden soll, weil diese jeweils nur einem bestimmten Unternehmen zugeordnet sind.

3.2.3 Die Versicherungsvereinigungen

Versicherungsvereinigungen sind die Organisationen der bereits auf dem chinesischen Markt aktiven Versicherer und Versicherungsvermittler (Vertreter, Makler und Notare). Sie regeln den Versicherungsmarkt und haben die Funktion der Kreuz- und Quer-Koordinierung, welcher der Versicherungsbehörde nicht zukommt.

Seit 1994 entstanden in China regional begrenzte Versicherungsvereinigungen als Selbstverwaltungsorganisation der an der Versicherungsindustrie Beteiligten. Die Chinesische Versicherungsvereinigung wurde am 8. Mai 1996 nach der Genehmigung durch die PBOC gegründet. Wegen der starken Konkurrenz von ausländischen Versicherungsunternehmen wurde die Chinesische Versicherungsvereinigung durch 17 Versicherer (13 chinesische und 4 Versicherungsgemeinschaftsunternehmen) und 19 regionale Versicherungsvereinigungen gegründet und am 12. März 2001 von der CIRC und dem Innenministerium genehmigt. Die Mitglieder sind juristische Personen, bestehend aus staatlichen Versicherungsgesellschaften, Aktiengesellschaften und Versicherungen mit ausländischer Kapitalbeteiligung.[812] Derzeit gibt es 176 Mitglieder, davon sind 105 Versicherungunternehmen, 36 Versicherungsvermittler und 35 regionale Versicherungseinigungen.[813]

Die chinesische Versicherungsvereinigung übernimmt folgende Aufgaben:[814]

- Bestimmung der Vorschriften, die Versicherungsgesellschaften einhalten müssen;
- Festlegung von Kriterien für die Konkurrenz zwischen den Versicherungsgesellschaften und Schlichtung von Streitigkeiten der Versicherungsgesellschaften untereinander;
- Kontaktpflege mit der Versicherungsbehörde und anderen Regierungsbehörden für die Interessen der Versicherungsgesellschaften;
- Förderung der Kontakte zwischen chinesischen und ausländischen Versicherungsgesellschaften.

812 Xu Xiao, Xin Hua bittet ausländische Aktionäre herein, S. 2.

813 http://www.iachina.cn/01/01/.

814 Tang Youtu/Fan Qirong, Versicherungsrecht, S. 391.

Die Versicherungsvereinigung unterhält vier Ausschüsse, nämlich für Sachversicherung, Lebensversicherung, Versicherungsvermittler und Aktuare, denen jeweils die Koordinierung und Leitung der ihr Gebiet betreffenden Fragen zukommt.[815] Die Versicherungsvereinigung wird von einem selbst gewählten Rat geleitet. Mietglieder haben einen finanziellen Beitrag zu leisten. Die Mitgliederversammlung findet ein- bis zweimal pro Jahr statt.

Die Einberufung der Versammlungen wird vom Rat mit einfacher Mehrheit vorgeschlagen, und sie wird durchgeführt, wenn sie von den anwesenden Ratsmitgliedern mit Zweidrittel-Mehrheit bestätigt wird.[816]

3.2.4 Die Kommunistische Partei Chinas (KPC)

Die CIRC ist direkt dem Staatsrat unterstellt. Der Staatsrat wird jedoch wie ganz China von der KPC beherrscht. Die KPC wirkt an der Formulierung des Aufsichtsrechts mit durch direkte Vorgaben in Form von politischen Direktiven für die Tätigkeit der Branche und politische Veranstaltungen für die im Versicherungsbereich tätigen Mitglieder der KPC.

Als Beispiel einer solchen politischen Direktive kann man die 5. Vollversammlung des 15. Zentralkomitees der KPC im Oktober des Jahres 2000 nehmen. Entsprechend dieser Vollversammlung soll die Versicherungsgesellschaft an der Ausweitung der in- und ausländischen technischen Zusammenarbeit, der Förderung der internationalen Betätigung inländischer Unternehmen sowie der Förderung der Veredelungswirtschaft und der Erschließung von Rohstoffquellen mitwirken.[817] Zusätzlich zu solchen direkt von der Partei vorgegebenen Direktiven formuliert die CIRC auch selber Vorgaben, die der Umsetzung der wirtschaftspolitischen Beschlüsse der Parteiführung dienen und weniger versicherungsspezifisch sind. So wurden Hauptanforderungen an die landesweite Versicherungstätigkeit formuliert, wie z.B. die Öffnung ausweiten, die Reform vorantreiben, die Aufsicht stärken, die Entwicklung beschleunigen usw. Solche politische Direktiven beeinflussen regelmäßig die CIRC.

Von der 2. Vollversammlung des 17. Zentralkomitee der KPC am 25.2.2008 wurden bspw. folgende wichtige Aufgaben definiert: Die Strategie der Makro-Kontrolle des Zentralkomitees der KPC soll verbessert und verstärkt werden. Die Entwicklung sowie die Veränderung der Wirtschaftsituation im In- und Ausland sind rechtzeitig zu analysieren. Jeder soll sich anstrengen, um Geschwindigkeit, Qualität und Gewinn in Einklang zu bringen. Ebenso sollen Verbrauch, Investitionen, Ausfuhr und Ressourcennutzung so gestaltet werden, dass die Stabilität, die Entwicklung und die Reform Chinas weiter vorangetrieben werden. Zu dieser von der Partei geforderten Aufgabe hielt die CIRC am 27.

815 Xu Xiao, Xin Hua bittet ausländische Aktionäre herein, S. 1.

816 Tang Youtu/Fan Qirong, Versicherungsrecht, S. 390.

817 Wen Xing, CIRC prüft, wie der Geist der 5. Vollversammlung der KPC umgesetzt werden kann, S. 1.

März 2008 eine Konferenz über das Arbeitsprogramm im Jahr 2008 ab. Auf der Konferenz hat der Vizepräsident Zhou Yanli gesagt: „Zurzeit läuft die Versicherungsreform in eine neue historische Periode. Die Versicherungsbranche ist konfrontiert mit einer beispiellosen Entwicklungsmöglichkeit, aber steht auch einer beispiellosen Herausforderung gegenüber. Wir müssen uns dieser Herausforderung stellen, diese neue Situation, die neuen Aufgaben und die neuen Anforderungen richtig anfassen, die Ausrichtung und Standardisierung des Versicherungsmarkts verbessern, um in diesem Jahr gute Arbeit in der Versicherungsaufsicht zu leisten um entsprechend den Anforderungen die Versicherungsunternehmen zu vergrößern und zu stärken.“[818]

Außerdem beeinflusst die KPC auch die in der chinesischen Versicherungsbranche tätigen Parteimitglieder. Denn die Vorgaben der KPC werden von den Parteimitgliedern als verbindlich betrachtet und gegenüber den Aufsichtsgremien durchgesetzt. Um die Vorgaben der KPC zu erfüllen, wird bei der Auswahl der Mitarbeiter auch auf die Verbundenheit zur KPC geachtet. So sollen 80% der Kader des CIRC zugleich Mitglieder der KPC sein.[819]

Darüber hinaus werden regelmäßig Ideologieschulungen innerhalb des CIRC durchgeführt, wie die 5-wöchige Schulung ab dem 28.8.2000 „Zur Verwirklichung des Geistes der zentralen Arbeitskonferenz für Ideologie und Politik sowie der 7. Erweiterten Vollversammlung des Zentralen Arbeitskomitees Finanzen“. Eine solche Schulung wird jedes Jahr nach der Vollversammlung des Zentralkomitees der KPC durchgeführt, um den neuen Geist der Vollversammlung zu verwirklichen. Eine solche Schulung der Mitarbeiter der Aufsichtsgremien zielt darauf, die Qualität der Arbeit der Aufsichtsgremiumsmitglieder zu erhöhen.

Diese sollen neben dem Marxismus-Leninismus, der Mao Zedong-Ideologie und insbesondere der Theorie des Deng Xiaoping auch die Vorgaben der Partei verinnerlichen. Durch diese Schulung soll die kommunistische Ideologie und Überzeugung der leitenden Kader gestärkt, eine korrekte Auffassung der eigenen Machtbefugnisse erleichtert und die Fähigkeit der führenden Kader, Korruption zu widerstehen und sich auf Notfälle vorzubereiten, gestärkt werden.

Die ideologischen Vorgaben der KPC dürften sich offensichtlich auf die Arbeitsabläufe innerhalb der Aufsicht und der Unternehmen negativ auswirken. Sie dürften auch gewisse Konflikte zwischen politischen und wirtschaftlichen Zwängen auslösen.

---

818 Das Arbeitsprogramm im Jahr 2008 von CIRC, 28.3.2008, http://www.circ.gov.cn/Portal0/InfoModule_400/67091.htm.

819 Wen Xing, CIRC entfaltet solide die Erziehung zu Berufsethos, die Erziehung zu Wachsamkeit und die Kampagne „Das Fortschrittlichste schaffen, das Beste Erreichen“, S. 1.

4. Auswirkungen des GATS auf das chinesische Versicherungsaufsichtsrecht

Aus der oben dargestellten Entwicklung des chinesischen Versicherungsaufsichtsrechts sieht man, dass die Versicherungswirtschaft in China in der Vergangenheit praktisch keine Bedeutung besaß. Nach der Wirtschaftsreform und der Marktöffnung wurde die Beaufsichtigung der Versicherungsunternehmen schrittweise entwickelt. Besonders schnell hat sie sich entwickelt während der Vorbereitung und dem Beitritt Chinas zur WTO. China hat zahlreiche Gesetze im Versicherungssektor entsprechend den Anforderungen des GATS und ihren übernommenen Verpflichtungen geändert und neu erlassen. Mit der weiteren Öffnung des Versicherungsmarktes und der Anpassung an die Regelungen des internationalen Versicherungsmarktes wird ein vollständiges Versicherungsrechtssystem in China entstehen.

4.1 Geschichte des Beitritts Chinas zur WTO

Die Verhandlungen zum Beitritt Chinas zur WTO wurden von einer Arbeitsgruppe koordiniert, deren Mitglieder aus interessierten WTO-Mitgliedsländern bestehen. Bei ihren Aufgaben wurden der Vorsitzende[820], die Mitgliedsländer und China vom WTO-Sekretariat mit Verwaltungs- und rechtlichen Hilfen unterstützt. Die Arbeitsgruppe hatte die Aufgabe, auf der Basis ihrer Beratungen einen Bericht zu erstellen und ein Beitrittsprotokoll zu verfassen. Der Bericht und das Protokoll dienten dabei als eine Art „verhandelter Fahrplan", um die Handelspolitik des Bewerbers mit den Regeln und Verpflichtungen der WTO in Übereinstimmung zu bringen.

Ein erheblicher Teil von Chinas Beitrittsprozess bestand aus bilateralen Verhandlungen zwischen China und den anderen WTO-Mitgliedsländern.[821] Weitere Treffen fanden im Rahmen förmlicher oder nichtförmlicher Sitzungen der Arbeitsgruppe statt.

Die Beitrittsverhandlungen zur WTO zwischen China und seinen Handelspartnern dauerten 15 Jahre. In diesen 15 Jahren näherte sich China einem marktwirtschaftlichen System dadurch an, dass es internationale Wirtschaftsregeln nach und nach übernahm. Einige Schlaglichter der 15-jährigen Beitrittsbemühungen Chinas zur WTO sind:

820 Der Vorsitzende der Arbeitsgemeinschaft ist Pierre-Louis Girard, der schweizerische Botschafter.

821 Normalerweise waren diese nicht öffentlich und wurden entweder bei der WTO in Genf oder in anderen bedeutenden Städten weltweit durchgeführt.

4.1.1 China gehört zu den ursprünglichen GATT-Vertragsstaaten[822]

- 30. Oktober 1947 – Nationalchina (die Regierung der Guoming-Partei) ist eines der 23 Gründungsmitglieder des GATT.
- 21. April 1948 – Nationalchina unterzeichnet die vorläufige Bewerbung für das GATT.

4.1.2 China zieht sich aus dem GATT zurück

- März 1950 – Die Regierung von Taiwan gibt bekannt, dass China das GATT verlassen wird, nachdem ein Jahr zuvor die Volksrepublik China gegründet worden war.[823]
- November 1982 – VR China akzeptiert einen Beobachterstatus des GATT.[824]

4.1.3 China beantragt als Vertragspartner des GATT zugelassen zu werden

- 10. Juli 1986 – Obwohl die Regierung in Peking die Entscheidung des Rückzugs nie anerkannte, gibt China seinen Wunsch bekannt, den Status der Vertragspartei bei gleichzeitiger Reform- und Öffnungspolitik Chinas wiederzuerlangen.[825]
- 4. März 1987 – Der Rat ernennt eine Arbeitsgruppe, die Chinas Antrag auf Wiedereinsetzung in den früheren Status als GATT–Vertragspartner überprüfen soll, zunächst jedoch ausschließlich in Bezug auf Chinas Warenhandel.

4.1.4 China beschleunigt den Beitrittsprozess

- Januar 1995 – Mit dem erfolgreichen Abschluss der Uruguay-Runde wird die WTO gegründet. Die Aufgaben werden um Dienstleistungen, neue Regeln für nicht zollbezogene Maßnahmen und Regeln bezüglich des Urheberrechtsschutzes erweitert.
- November 1995 – China präsentiert sein größtes Reformprojekt der letzten 16 Jahre, um die Unterstützung der USA zum WTO–Beitritt zu sichern. China plant, den Einfuhrzoll um 30% zu senken, und erlaubt, Joint Ventures zu gründen.

---

822 Former US Trade Representative Barshefsky: China's entry into WTO important to global community, 11.7.2001, http://www.china-embassy.org/eng/zt/mgryzdzg/t36519.htm.

823 A Report of Ministry of Foreign Affairs of People's Republic of China: Bilateral Agreement on China's Entry into the WTO between China and the United States, 17.11.2000. http://www.fmprc.gov.cn/eng/ziliao/3602/3604/t18051.htm.

824 Ebenda.

825 Ebenda.

- 7. November 1995 – China bewirbt sich um den Beitritt zur Marrakesch –Vereinbarung gemäß Artikel XII der WTO- Vereinbarung.
- Oktober 1997 – China senkt die Einfuhrzölle von 23% auf 17%, behält aber die so genannten „Spitzenzölle“ für andere Waren wie z.B. Automobile bei.
- Februar 1998 – China verspricht ein detailliertes Angebot der Zollsenkung, aber die USA und andere Nationen bestehen auf einer weitergehenden Öffnung Chinas für ausländische Produkte und Dienstleistungen.

4.1.5 Die erfolgreiche bilaterale Vereinbarung mit den USA beschleunigt den Beitrittsprozess Chinas zur WTO

- 4. März 1999 – Die US-Handelsbeauftrage Charlene Barshefsky führt Gespräche mit den chinesischen Offiziellen, im denen sie noch erhebliche Lücken zu den WTO-Verhandlungen feststellt.
- 30. März 1999 – Bei einem Besuch in Peking sagt der Staatssekretär des US-Wirtschaftsministeriums William Daley, er sei zuversichtlich, dass China noch vor der nächsten Runde der globalen Handelsgespräche WTO-Mitglied werde. Auch Charlene Barshefsky fliegt für einen Tag zu Gesprächen nach Peking und nährt so die Spekulationen, dass ein Abschluss bevorsteht; sie berichtet von Fortschritten.
- 6./13. April 1999 – China und die USA erreichen einen Durchbruch bei den landwirtschaftlichen Streitpunkten, was wichtige Bedenken gegen den Beitritt Chinas aus dem Wege räumt.[826] Am 8. April 1999 unterzeichnen Präsident Clinton und Kanzler Zhu Rongji in Washington D C eine gemeinsame Erklärung, in der sie substantielle Fortschritte feststellen und sich verpflichten, eine WTO-Vereinbarung bis zum Ende des Jahres herbeizuführen. Beide Seiten einigen sich über bis zu 90% der WTO-Streitigkeiten, einschließlich der Landwirtschaft und der Telekommunikation.[827] Aber es muss noch weiter im Banken-, Versicherungs- und Textilbereich verhandelt werden, um auch dort Einigungen zu finden.
- 8. Mai 1999 – Die NATO bombardiert die chinesische Botschaft in Belgrad. China unterbricht vorübergehend die WTO-Verhandlungen.[828]
- 11. September 1999 – Präsident Jiang Zemin und US-Präsident Clinton einigen sich auf die Richtlinien der APEC (Asia Pacific Economic Cooperation) in Neuseeland, um die WTO-Verhandlungen wieder

826 Ebenda.
827 Ebenda.
828 Ebenda.

aufzunehmen.[829] Am 27. September treffen sich chinesische und amerikanische Handelsvertreter in Washington.

- 16. Oktober 1999 – US-Präsident Clinton ruft den chinesischen Präsidenten Jiang Zemin an. Der Grund ist „eine Bemühung zur Wiederaufnahme der Verhandlungen". Nach einer Woche führt Kanzler Zhu Rongji ein Gespräch mit Lawrence Summers, dem Sekretär des US-Finanzministeriums, in der nordwestlichen Industriestadt Lanzhou.
- 6. November 1999 – Jiang und Clinton führen ein Telefongespräch, in dem sie beschließen, dass ein Topteam Amerikas nach China fliegen soll, um die Gespräche wieder aufzunehmen.
- 8. November 1999 – Clinton sendet einen hohen Handelsvertreter und einen Vertreter des Weißen Hauses nach China, um eine Vereinbarung zu treffen.
- 15. November 1999 – China und die USA unterzeichnen eine bilaterale WTO-Vereinbarung in Peking;[830] somit ist Chinas Weg in die WTO frei.
- 27. November 1999 – China und Kanada unterzeichnen eine bilaterale Vereinbarung bezüglich des Beitritts Chinas zur WTO. Die Vereinbarung ist ein wichtiger Schritt für Chinas Beitritt zur WTO.

4.1.6 Wichtige bilaterale Verhandlungen zwischen China und der EG

- 21. Dezember 1999 – China und die EG veranstalten den zweiten Gipfel in Peking.[831] Der erste China-EG-Gipfel fand 1998 in London statt.
- 24./26. Januar 2000 – China und die EG halten bilaterale Gespräche über Chinas Beitritt zur WTO.
- 28. und 31. März – China und die EG halten eine neue Gesprächsrunde in Beijing, die EG Delegation wird angeführt vom EG-Handelskommissar Pascal Lamy und die chinesische Seite wird angeführt vom Handelsminister Shi Guangsheng. Der chinesische Kanzler Zhu Rongji trifft Lamy zu Beginn des zweiten Tages der Verhandlungen.
- 19. Mai 2000 – China und die EG erreichen schließlich nach vier Gesprächsrunden eine bilaterale Vereinbarung über Chinas Beitritt zur WTO.[832] Die letzte Gesprächsrunde findet in Beijing statt und dauert fünf Tage.

---

829 Ebenda.

830 WTO NEWS: 1999 Press Release, Director-General Moore welcomes US-China deal, but cautions more work remains on China's entry, 15.11.1999, http://www.wto.org/english/news_e/pres99_e/pr148_e.htm.

831 People's Daily, China's Trade Minister on Sino-EU WTO Negotiations, 26.1.2000.

832 WTO NEWS: 2000 News Items, Statement by Mike Moore on EU - China agreement, 19.5.2000, http://www.wto.org/english/news_e/news00_e/euchin_e.htm.

- 15. Oktober 2001 – Die EU macht einen Vorschlag für die Bedingungen für den Beitritt Chinas zur WTO.

4.1.7 Zum Schluss wird China ein Vollmitglied der WTO

- 10. November 2001 – Auf der WTO-Ministerkonferenz in Doha Katar, bestätigen alle WTO-Mitglieder formell das Beitrittspaket für China.
- 11. Dezember 2001 – Nach fünfzehn Verhandlungsjahren wird China auf der vierten WTO-Ministerkonferenz in Doha ein Vollmitglied der WTO

4.2 Verpflichtungen Chinas im Versicherungssektor

Nach seinem Beitritt zur WTO hatte China nicht nur die sich aus dem GATS ergebenden allgemeinen Verpflichtungen zur Liberalisierung des internationalen Dienstleistungshandels entsprechend seiner Liberalisierungsliste zu erfüllen, sondern auch die Verpflichtungen, die China in den bilateralen Beitrittsabkommen mit der EG und den USA hinsichtlich des Handels mit Versicherungsprodukten vom Mai 2000 bzw. November 1999[833] übernommen hat.

Wie oben im Teil I[834] erklärt, gelten die von China übernommen allgemeinen Verpflichtungen aus dem GATS für die Versicherungssektoren und auch für alle WTO-Mitglieder. Das Beitrittsprotokoll, als Anlage zur Entscheidung über den Beitritt Chinas vom 10.11.2001,[835] enthält aber noch detaillierte Bestimmungen bezüglich der horizontalen Verpflichtungen und Verpflichtungen speziell für den Versicherungssektor.

4.2.1 Horizontale Verpflichtungen

Hinsichtlich der Liberalisierung des Handels mit Versicherungsprodukten ergeben sich Verpflichtungen für China aus dem Anhang zum Bericht der Arbeitsgruppe für den Beitritt Chinas zur WTO. Am Anfang der Verpflichtungsliste sind die horizontalen Verpflichtungen für alle Sektoren des Dienstleistungshandels aufgeführt.[836]

Die Verpflichtungsliste umfasst auch die Regelungen für den Marktzugang leitender Mitarbeiter (Manager, Geschäftsführer und Spezialisten) in China. Für diese Personen ist eine anfängliche Aufenthaltsdauer von drei Jahren in China zu ermöglichen, falls sie zeitweilig als Mitarbeiter für ein Unternehmen, das in China ein Repräsentanzbüro, eine Niederlassung oder ein Tochterunternehmen

---

833 Zum Beitrittsabkommen mit der EG, Europäische Kommission, The Sino-EU Agreement on China's Accession to the WTO: Results of the Bilateral Negotiations, S. 550 f. Zum Inhalt des Beitrittsabkommens mit den USA Schüller, Margot, Am Ende eines langen Weges: China Beitritt zur WTO, Chinaaktuell 1999, S. 1156 ff.

834 Siehe oben Teil I. 5.1.

835 WTO-Dokument WT/L/432, 23.11.2001.

836 Siehe oben, Teil I. 5.

errichtet hat, in China arbeiten sollen.[837] Wenn sie am Geschäftsbetrieb eines ausländisch finanzierten Unternehmens in China teilnehmen, ist ihnen ein Dreijahresvisum zu gewähren. Außerdem hat sich China aufgrund der horizontalen Eintragungen hinsichtlich der Inländergleichbehandlung verpflichtet, diesen leitenden Mitarbeiten, denen der Marktzutritt gestattet wird, auch Inländerbehandlung zu gewähren.

4.2.2 Spezifische Verpflichtungen für den Versicherungssektor

4.2.2.1 Lizenzierung[838]

China verpflichtet sich, Lizenzen zu erteilen ohne Berücksichtigung der wirtschaftlichen Notwendigkeit oder mengenmäßigen Beschränkung.

Chinas Dienstleistungsregelungen sehen vor, dass ausländische Versicherungsgesellschaften folgende Bedingungen erfüllen müssen, um eine Lizenz zu erhalten:

- Der Investor muss eine ausländische Versicherungsgesellschaft mit einer mindestens 30-jährigen Erfahrung in einem WTO-Mitgliedstaat sein.
- Eine Repräsentanz muss zuvor mindestens 2 Jahre dauerhaft in China bestehen.
- Das Geschäftsvermögen muss zum Ende des Jahres vor der Beantragung mindestens 5 Milliarden US$ betragen, mit Ausnahme von Versicherungsmaklern. Versicherungsmakler müssen ein Geschäftskapital von mehr als 500 Millionen US$ besitzen; diese Vorgabe reduziert sich auf 400 Millionen US$ innerhalb des ersten Jahres nach dem Beitritt; bis auf 300 Millionen US$ innerhalb von 2 Jahren und bis auf 200 Millionen US$ innerhalb von 4 Jahren.[839]

Obige Anforderungen gelten nicht für ausländische Versicherer, die schon in China niedergelassen sind und Zweigniederlassungen gründen wollen. Ausländische Versicherer, die bereits in China niedergelassen sind und Zweigniederlassungen gegründet haben, haben teilweise erheblich höhere Summen als diese Beträge als Anfangskapital aufgebracht.[840]

---

837 „Protocol on the accession of the people's Republic of China", Annex 9, „Schedule of specific commitments on services", List of article II MFN exemptions-All Insurance and Insurance-Related Services: Horizontral Commitments, Presence of nature person.

838 Ebenda, Limitation on Market access of commercial presence of Licenses.

839 Zur Anforderung an das Mindest-Stammkapital, siehe unten 4.3.1.

840 Siehe Hanisch, Auswirkungen des chinesischen WTO-Beitritts auf das Versicherungsaufsichtsrecht der V.R.China, S. 225.

4.2.2.2 Örtlicher Geltungsbereich[841]

Mit dem WTO-Beitritt wird es ausländischen Lebens- und Nicht-Lebensversicherern und Versicherungsmaklern erlaubt, in Shanghai, Guangzhou, Dalian, Shenzen und Foshan ihre Dienstleistungen anzubieten.[842]

Ab dem 11. Dezember 2003 können ausländische Lebens- und Nicht-Lebensversicherer und Versicherungsmakler in folgenden Städten ihre Dienstleistungen anbieten: Fuzhou, Suzhou, Xiamen, Ningbo, Shenyang, Wuhan und Tianjing. Ab dem 11. Dezember 2004 gibt es keine geografischen Einschränkungen mehr.

4.2.2.3 Lebensversicherung[843]

China wird ausländischen Lebensversicherern erlauben, ein Joint Venture mit bis zu 50%-Auslandsbeteiligung und einem beliebigen chinesischen Partner zu gründen.

Ausländischen Versicherern ist es erlaubt, Ausländern und chinesischen Staatsbürgern individuelle Versicherungen (aber keine Gruppenversicherungen) anzubieten. Innerhalb von 3 Jahren nach dem Beitritt dürfen sie auch Gruppen-, Kranken- und private Rentenversicherungen mit aus- und inländischen Kunden abschließen.[844]

4.2.2.4 Nicht-Lebensversicherung[845]

Ausländischen Nicht-Lebensversicherern wird es erlaubt, ein Joint Venture mit 51%- Auslandsbeteiligung zu gründen. Ab dem 11. Dezember 2003 dürfen sie auch 100%-ige Tochtergesellschaften ohne Gründungseinschränkungen errichten.[846]

Nach dem WTO-Beitritt wird es ausländischen Nicht-Lebensversicherern erlaubt, die Masterpolice Versicherungen[847] und Versicherungen für große

---

841 Örtliche Begrenzungen sind aufgehoben nach der Umsetzung der Verpflichtung Chinas, siehe unten 4.3.1.

842 WT/MIN(01)/3/Add.2, published on 10 November 2001, p. 31: „geographic coverage".

843 „Protocol on the accession of the people's Republic of China", Annex 9, "Schedule of specific commitments on services", List of article II MFN exemptions-All Insurance and Insurance-Related Services, Limitation on Market access of commercial presence of foreign Life insurers.

844 Beschränkung von Kunden ist aufgehoben, siehe unten 4.3.1.

845 „Protocol on the accession of the people's Republic of China", Annex 9, „Schedule of specific commitments on services", List of article II MFN exemptions-All Insurance and Insurance-Related Services: Limitation on Market access of commercial presence of foreign non-Life insurers.

846 Beschränkung der Anteilsbeteiligung ist aufgehoben, siehe unten 4.3.1.

847 „Master police is the police that provides blanker coverage for the same legal person's property and liabilities located in different places. Master police may only be issued by the business department of an insurer's head office or that of its authorized prov-

kommerzielle Risiken ohne geografische Beschränkungen anzubieten. Ausländische Nicht-Lebensversicherer dürfen auch Versicherungen an Gesellschaften außerhalb Chinas und Eigentumsversicherungen, Haftpflichtversicherungen und Kreditversicherungen an ausländische Gesellschaften innerhalb Chinas anbieten. Ab dem 11. Dezember 2003 dürfen ausländische Nicht-Lebensversicherer alle Nicht-Lebensversicherungen an aus- und inländische Kunden anbieten.[848]

4.2.2.5 Versicherungsmakler[849]

Für das Vermitteln von Versicherungen für hohe kommerzielle Risiken, Rückversicherungen, internationale Schifffahrt-, Luftverkehr- und Transportversicherungen wird es ausländischen Versicherungsmaklern erlaubt, ein Joint Venture mit bis zu 50% -Auslandsbeteiligung zu gründen. Innerhalb von drei Jahren nach dem Beitritt ist eine Auslandsbeteiligung bis zu 51% erlaubt. Innerhalb von fünf Jahren nach dem Beitritt können 100%-ige Tochtergesellschaften von Auslandsfirmen gegründet werden.[850]

In Übereinstimmung mit der Behandlung inländischer Versicherungsmakler wird es ausländischen Versicherungsmaklern nicht später und mit nicht schlechteren Bedingungen als inländischen Versicherungsmaklern erlaubt, die Masterpolice anzubieten.[851]

4.2.2.6 Rückversicherung[852]

Mit dem Beitritt wurde es ausländische Versicherern in China erlaubt, Rückversicherungsdienstleistungen für Lebens- und Nicht-Lebensversicherungen ohne regionale oder mengenmäßige Beschränkung der erteilten Lizenzen anzubieten, und dies in der Form als Zweigniederlassung, Joint Venture oder 100%-ige Tochtergesellschaft. Eine vollständige nationale Gleichbehandlung wurde je-

---

ince-level branch offices. Other branches are not allowed to issue master police", Annex 3 „Insurance: Definition of master Police", in: TN/SO/CHN, S. 54.
Die Masterpolice wird i.d.R. in dem Land, in dem sich der Hauptsitz des Kunden befindet, ausgestellt und bietet umfassenden Versicherungsschutz für sämtliche lokalen Niederlassungen durch eine Summendifferenzdeckung (DIL) sowie individuell unterschiedliche Formen von Konditionsdifferenzdeckungen (DIC). http://www.chubb-dialog.de/CCI/CAS/Aufbau_eines_multinationalen_Programms.pdf

848 Beschränkung der Kunden ist aufgehoben, siehe unten 4.3.1.

849 „Protocol on the accession of the people's Republic of China", Annex 9, „Schedule of specific commitments on services", List of article II MFN exemptions-All Insurance and Insurance-Related Services: Limitation on Market access of commercial presence of brokerage for insurance of large scale commercial risks.

850 Beschränkung der Anteilbeteiligung ist aufgehoben, siehe unten 4.3.1.

851 WT/MIN(01)/3/Add.2, published on 10 November 2001, p 32: „business scope".

852 „Protocol on the accession of the people's Republic of China", Annex 9, „Schedule of specific commitments on services", List of article II MFN exemptions-All Insurance and Insurance-Related Services: Limitation on Market access of commercial presence of reinsurance services.

doch erst Ende 2005 erreicht. Zuvor musste ein rückversicherungspflichtiger Risikoanteil von 20% bei Nicht-, Lebens-, Personenunfall- und Krankenversicherungen an eine chinesische Rückversicherungsgesellschaft abgetreten werden. Dieser Anteil wurde jedes Jahr um 5% bis auf 0 Ende 2005 reduziert.[853]

4.2.2.7 Grenzüberschreitende Versicherungsdienstleistungen[854]

Für den Marktzugang grenzüberschreitender Versicherungsdienstleistungen hat sich China grundsätzlich die Einschränkungen für die Reglementierung des grenzüberschreitenden Angebots ausländischer Versicherungsunternehmen vorbehalten. Lediglich grenzüberschreitend dürfen die folgenden Versicherungsdienstleistungen angeboten werden: Rückversicherungen, Internationale Schifffahrt- Luftverkehr- und Transportversicherungen, Versicherungsmakler für große kommerzielle Risiken, Internationale Schifffahrt- Luftverkehr- und Transportversicherungen und Rückversicherung.

4.2.2.8 Konsum im Ausland

Der Konsum in Ausland ist nur für Versicherungsmakler beschränkt.[855] D.h. im Ausland angebotene Versicherungsdienstleistungen können, sofern es sich nicht um Maklerdienste handelt, unbeschränkt in Anspruch genommen werden.

4.3 Umsetzung der Verpflichtungen und deren Auswirkungen

China ist den Verpflichtungen, die es aufgrund des WTO-Beitritts übernommen hat, auch tatsächlich nachgekommen. Am 15. September 2003 hat China in einer Sondersitzung des Rats für Dienstleistungshandel ein revidiertes Angebot für die fünfjährige Überganszeit nach dem Beitritt zur WTO vorgelegt.[856] Zwar hat China alle bis dahin eingegangenen Verpflichtungen erfüllt, ist aber im Versicherungsbereich keine neuen Verpflichtungen eingegangen.[857] Am 16. April 2008 hat das Sekretariat des Trade Police Review Body der WTO über Chinas Klarstellungen bezüglich seiner Handelspolitik und -praxis berichtet. Dieser Bericht[858] befasste sich auch mit der Umsetzung der Verpflichtungen Chinas im

853 Ebenda, Limitation on National treatment of reinsurance services.
854 Ebenda, Limitation on market access of cross-border supply.
855 Ebenda, Limitation on market access of consumption abroad.
856 TN/S/O/CHN, Initial Offer of People's Republic of China, 15.9.2003.
857 Siehe oben Teil III. 4. 2.
858 Dieser Bericht (WT/TPR/S199, No. 174 ff.) für die 2. Überprüfung von Chinas Handelspolitik wurde in Eigenverantwortung des WTO-Sekretariats erstellt. Das Sekretariat hat, wie von der „Übereinkunft zur Schaffung von Mechanismen zur Überprüfung der Handelspolitik" gefordert, Klärungen von China verlangt wegen seiner Handelspolitik und -praxis.

Versicherungsbereich. Außerdem hat die CIRC auch über die Umsetzung ihrer Verpflichtungen und deren Auswirkungen in Chinas berichtet.

4.3.1 Umsetzung

Für die von China mit dem Beitritt zur WTO übergenommenen Verpflichtungen hat die CIRC am 14.12.2004 in China berichtet.[859] Nach diesem Bericht ist es ausländisch finanzierten Lebensversicherungsunternehmen ab dem 11.12.2004 gestattet, das Geschäft der Krankenversicherung, Gruppenversicherung und Rentenversicherung sowie Private Rentenversicherungen zu betreiben. Alle geographischen Beschränkungen für die Versicherungsunternehmen mit ausländischer Kapitalbeteiligung wurden zudem aufgehoben. Außerdem wurde der mögliche Anteil der ausländischen Partner bei der Errichtung eines Versicherungsmaklerunternehmens in Form eines Joint Venture auf bis zu 51% erhöht. Doch gibt es keine Beschränkung des Anteils der ausländischen Partner für die Nicht-Lebens-VU. Ausländische Nicht-Lebensversicherungsunternehmen dürfen eine 100%-ige Tochtergesellschaft errichten. Sie dürfen alle Nicht-Lebens-VU ohne örtliche Begrenzung chinesischen und ausländischen Kunden anbieten. Ferner wurde es ausländischen Lebensversicherungsunternehmen erlaubt, unter Beachtung relevanter Regelungen eine Änderung der Lizenz für den Fall einer Änderung des Geschäftsbetriebs oder der juristischen Person des Versicherungsinstituts zu beantragen.

Am Ende des Jahres 2005, im vierten Jahr nach dem Beitritt Chinas zur WTO, wurden die Beschränkungen des Geschäftsumfanges sowie geografische Beschränkungen für ausländisch finanzierte Versicherungsunternehmen aufgehoben:[860] Ausländische Versicherungsunternehmen dürfen seitdem in jeder Stadt Chinas eine Vertriebsstätte einrichten. Das bedeutet, dass die Versicherungsunternehmen mit ausländischer Kapitalbeteiligung in China alle Geschäfte der Lebens- und Nicht-Lebensversicherung betreiben dürfen. Fernen dürfen Versicherungsmakler für hohe kommerzielle Risiken, Rückversicherungen, internationale Schifffahrt-, Luftverkehr- und Transportversicherungen 100%-ige Versicherungsmaklerunternehmen errichten. Das mindeste Stammkapital für die Errichtung eines Joint-Venture-Versicherungsunternehmens beträgt 200 Mio. RMB.[861]

---

859 Durchsetzung der Verpflichtungen, Wieder Eröffnung von Versicherungen in China, 14.12.2004, http://wzj.saic.gov.cn/pub/ShowContent.asp?CH=GZDT&ID=436; Vgl. auch a TN/S/O/CHN, Initial Offer of People's Republic of China, 15.9.2003.

860 Leistung der Durchführung der Verpflichtungen von China, 1.1.2006, http://www.bjwto.gov.cn/Article_Show.asp?ArticleID=12830.

861 WT/TPR/S199, Trade Policy Review China, Report by the Secretariat, 16.4.2008, No. 187.

4.3.2 Auswirkungen

In den ersten drei Jahren seit dem Beitritt Chinas zur WTO ist China seinen Verpflichtungen, den Versicherungsmarkt Schritt für Schritt zu öffnen, immer nachgekommen. Es wurde berichtet, dass bis Ende 2004 über 40 ausländische finanzierte Versicherungsunternehmen in China zugelassen waren, welche 70 Vertriebsstätten in China eingerichtet haben. Versicherungsgeschäfte von ausländischen Versicherungsunternehmen haben sehr stark zugenommen.[862] Zwischen 2005 und 2006 erhielten acht ausländische Versicherungsunternehmen die Geschäftserlaubnis in China. Ende 2006 gab es fünf Versicherungsmaklerunternehmen mit ausländischer Kapitalbeteiligung.[863] Ende Mai 2007 wurde berichtet, dass es 48 ausländische Versicherungsunternehmen mit 130 Filialen in China gibt, fünf ausländische Versicherungsmaklerunternehmen und zwei ausländische Versicherungssachverständigeninstitute in China tätig sind.[864] Außerdem wurden von 135 ausländischen Versicherungsunternehmen ca. 200 Vertretungen eröffnet.[865]

Mit der zunehmenden Zahl der ausländisch finanzierten Versicherungsunternehmen in China ist auch der Umsatz dieser Versicherungsgeschäfte erheblich gestiegen. Von Dezember 2001 bis Juni 2004 ist das Versicherungsprämienaufkommen der ausländisch finanzierten Nicht-Lebensversicherungsunternehmen um 47,1% und das von ausländisch finanzierten Lebensversicherungsunternehmen um 51,2% gestiegen.[866] Entsprechend der Statistik des CIRC ist alleine von Januar bis Oktober 2005 das Prämienaufkommen von ausländisch finanzierten Nicht-Lebensversicherungsunternehmen um 27,81% und das von ausländisch finanzierten Lebensversicherungsunternehmen um 356,08% gestiegen.[867] Zwischen 2005 und Ende 2006 wuchs das Prämienaufkommen von ausländischen Versicherungsunternehmen um 74,9% und erzielte damit mit 25,9 Mrd. RMB einen nationalen Marktanteil von ca. 5%. Das Gesamtvermögen

862 Durchsetzung der Verpflichtungen und weitere Öffnung des Versicherungsmarktes von China, China Volkszeitung, 14.12.2004, http://www.bjcbd.gov.cn/newscenter/report/report3243.htm.

863 WT/TPR/S199, Trade Policy Review China, Report by the Secretariat, 16.4.2008, No. 174.

864 Entwicklung des Finanzsektors im Jahr 2007 in China, Mitarbeit- Forschungsinstitute zwischen des internationalen Handels und Wirtschaft von China Handelsministerium, 18.3.2008, http://www.yfzs.gov.cn/gb/info/XXDT/2008-03/18/1550359662.html

865 Kanaga, WTO Discusses China's Financial Services Commitments", Geneva, 13.11. 2007, http://www.twnside.org.sg/title2/finance/twninfofinance110707.htm

866 Durchsetzung der Verpflichtungen und weitere Öffnung des Versicherungsmarktes von China, China Volkszeitung, 14.12.2004, http://www.bjcbd.gov.cn/newscenter/report/report3243.htm.

867 Leistung der Durchführung der Verpflichtungen von China, 01.01.2006, http://www.bjwto.gov.cn/Article_Show.asp?ArticleID=12830.

ausländischer Versicherungsunternehmen betrug Ende 2005 86,3 Mrd. RMB und hatte damit einen Anteil von 4,38% am Gesamtvermögen dieses Sektors (2001 waren es noch 1,96%). Obwohl ihr Marktanteil nur 5% beträgt, steigerte sich der Anteil ausländischer Versicherungsunternehmen auf 27,4%, wenn man die Auslandsbeteiligungen an chinesischen Versicherungsunternehmen mitberücksichtigt.[868] Ende Mai 2007 hatten ausländische Versicherungsunternehmen ein Prämienaufkommen von 14,21 Mrd. RMB, welches 4,24-mal höher war als zur Zeit des Beitritts Chinas zu WTO.[869]

Mit der Öffnung des Versicherungsmarktes hat sich das Produkt der fondsgebundenen Lebensversicherungen[870] schnell entwickelt. Das Prämienaufkommen dieser Versicherungen ist von Januar bis Juni 2007 um 90% gestiegen, wobei ausländisch finanzierte Versicherungsunternehmen ihr Prämienaufkommen um 620% steigerten.[871]

Um den besonderen versicherungsaufsichtsrechtlichen Verpflichtungen nachzukommen, plant die CIRC, die Versicherungsvorschriften zu vervollkommnen, um damit möglichst bald ein Rechtssystem zu erhalten, welches einen fairen Umgang zwischen in- und ausländischen Versicherungsunternehmen gewährleisten soll.[872] Zu diesem Rechtssystem gehören die Regelungen, die für die ausländisch finanzierten Versicherungsunternehmen erlassen wurden.[873] Zur Beaufsichtigung sind auch andere Gesetze anwendbar, wie z.B. das Außenhandelsgesetz der V.R. China, das Wertpapier-Investmentfond-Gesetz der V.R. China[874] oder das Wertpapiergesetz der V.R. China, die im Jahr 2007 erlassen wurden.

---

868 WT/TPR/S199, Trade Policy Review China, Report by the Secretariat, 16.4.2008, No. 176.

869 Kanaga, WTO Discusses China's Financial Services Commitments, Geneva, 13.11.2007, http://www.twnside.org.sg/title2/finance/twninfofinance110707.htm.

870 Fondsgebundene Lebensversicherungen (Unit-linked Insurence) haben einen spekulativen Charakter, da die Prämien in bestimmten Wertpapierfonds angelegt werden und dadurch die Rendite abhängig von der Entwicklung des Wertpapierfonds ist, http://www.consumer.bz.it/21v132d12152.html.

871 Mitteilung von Li Yuan, Assistent des Präsidenten von CIRC, Zhao Wie:„Entwicklung der Geschäfte von chinesischen oder ausländischen Versicherungsunternehmen in China", 30.7.2007, http://finance.sina.com.cn/roll/20070730/16151571725.shtml.

872 Li Yuan, Vizedirektor der Politik- und Regulierungsabteilung der CIRC, zitiert nach Wang Ying, Insurance firm may see fund management, S. 1.

873 Siehe oben III. 2.2.4.

874 Nach dem Beitritt Chinas zur WTO erließ, änderte und hob China mehr als 2000 Gesetze, Regelungen und Vorschriften auf, die auch Gesetze für ausländisch finanzierte Unternehmen und ausländische Handelsunternehmen einschließen. Zudem werden mehre als 190.000 Vorschriften und andere Maßnahmen der Regionen überprüft. „Nach fünf Jahren des Beitritts China zur WTO überreicht die chinesische Wirtschaft das attraktive Antwortpapier", 11.12.2006, http://biz.zjol.com.cn/05biz/system/2006/12/11/008040378.shtml.

Darüber hinaus hat die CIRC im Jahr 2006 nach mehr als einem Jahr der Vorbereitung den Änderungsentwurf für das Versicherungsgesetz von 2003 angefertigt, um das Versicherungsrechtssystem zu verbessern und um es der schnellen Entwicklung des Versicherungsmarktes anzupassen.[875] Das geänderte Versicherungsgesetz wurde am 28.2. 2009 auf der 7. Sitzung des Ständigen Ausschusses des 11. Nationalen Volkskongresse verabschiedet und ist am 1.10. 2009 in Kraft getreten.[876]

4.3.3 Weiter bestehende Probleme

Obwohl China gewissenhaft und in vollem Umfang die Erfüllung seiner beim WTO-Beitritt übernommenen Verpflichtungen in der Versammlung des WTO-Ausschusses für Finanzdienstleistungen dargestellt hat, wurden Fragen in Hinblick auf die Regelungen des Versicherungssektors gestellt, wie z.B. hoher minimaler Kapitalbedarf für Lebensversicherungsgesellschaften, Niederlassungserlaubnis für zusätzliche Vertriebsstätten und Beschränkungen für das Rückversicherungsgeschäft.[877]

Beim Markzugang für die ausländisch finanzierten Versicherungsunternehmen besteht gegenwärtig rechtlich kaum eine Ungleichbehandlung gegenüber den einheimischen Versicherungsunternehmen.[878] Jedoch kommt es in der Praxis zu einer Ungleichbehandlung zwischen einheimischen und ausländischen Versicherungsunternehmen in Bezug auf die unterschiedlichen Zugangsmöglichkeiten zu inoffiziellen Informationen und auf die unterschiedliche Aufsichtspraxis gegenüber diesen Unternehmen.

So wird z.B in Mitteilungen der USA, Canada und der EU im TRM (Transitional Review Mechanism) die Sorge geäußert, dass die geografische Erweiterung durch die Errichtung von Zweigstellen und Niederlassungen von Versicherungsgesellschaften, die auf ausländischen Investitionen basieren, durch

875 Dieser Änderungsentwurf enthält fünf Punkte; dies sind Verbesserung der Regelungen des Versicherungsvertrags, Verbesserung des Beaufsichtigungssystem für das Subjekt des Versicherungsmarktes, Verbesserung der Regelungen des Versicherungsgeschäftsbetriebs, Verbesserung des Versicherungsaufsichtssystems, Verstärkung der rechtlichen Verantwortung der Versicherungstätigkeit gegenüber dem Recht. Siehe Änderung des Versicherungsgesetzes, http://www.yfzs.gov.cn/gb/info/XXDT/2006-05/18/1550359662.html.

876 Verfügung vom Präsidenten 11, 28.2.2009, http://www.gov.cn/flfg/2009-02/28/content_1246444.htm.

877 Kanaga, WTO Discusses China's Financial Services Commitments, Geneva, 13.11.2007, http://www.twnside.org.sg/title2/finance/twninfofinance110707.htm.

878 Nach chinesischer Ansicht sollen die meisten chinesischen Gesetze und Verwaltungsbestimmungen nicht im Widerspruch zum GATS stehen; so Wu Hao, deputy director general with the fiscal and financial legislative department of the State Council's Legislative Office, zitiert nach Wang Ying, S. 3.

langwierige Genehmigungsverfahren behindert wird, denen inländische Versicherungsgesellschaften scheinbar nicht unterworfen sind.[879] Auch Hans-Jörg Probst, der stellvertretende Chef der Lebensversicherungssparte der Allianz in Shanghai, hat z.B. am April 2008 behauptet, dass ausländischen Versicherungen gerade mal zwei zusätzliche Niederlassungen pro Jahr genehmigt werden, wohingegen die mehr als 100 chinesischen Konkurrenten so viele Filialen eröffnen könnten, wie sie wollen.[880]

Wie der Allianz ergeht es auch den meisten Versicherungen, Banken oder Anwaltskanzleien aus Europa. Obwohl China nach seinem Beitritt zur WTO die Verpflichtungen zur Öffnung seines Dienstleistungssektors theoretisch erfüllt hat, bauen sich in der Praxis vor Dienstleistungsunternehmen aus Europa immer noch Hürden auf.[881] Viele Behörden behaupten, sie hätten zu wenig Personal, um die Anträge zügig zu bearbeiten. In der Realität behindern die Behörden viele ausländische Investoren gezielt und systematisch, um einheimische Unternehmen vor unliebsamer Konkurrenz zu schützen.[882]

Außerdem werden auch Fragen von westlichen Ländern gestellt, die sich auf die Verpflichtungen zur Inlandbehandlung beziehen, die Chinas mit dem Beitritt zur WTO übernommen hat. Artikel 11 des Gesetzes zur Regelung von Rückversicherungsgeschäften verlangt, dass Erstversicherungsunternehmen von mindestens zwei Rückversicherungsgesellschaften in China Rückversicherungsangebote anfragen müssen, die sich auf mehr als 50 Prozent der benötigten Rückversicherung beziehen. Während China in vorherigen TRMs feststellte, dass diese Bestimmung Erstversicherungsgesellschaften nicht "zwingt", Rückversicherungsangebote von Gesellschaften in China anzufragen, und keinen negativen Einfluss auf die Wettbewerbsbedingungen hat, wird dies in der Praxis als obligatorisch betrachtet und betrifft in Wirklichkeit doch die Tätigkeiten von Versicherungsgesellschaften.

Paragraph 5 des Artikels 13 der *„Verfahren zu Kapitalbeteiligung von Versicherungsunternehmen“* sagt, dass ein auf dem chinesischen Versicherungsmarkt zugelassenes ausländisches Finanzinstitut nicht in gleichartige Versicherungsgesellschaften investieren oder sich an ihnen beteiligen darf. Ausserdem

---

879 TRM submission under the paragraph of Insurance from USA (S/FIN/W/68), 27.11.2008, http://www.jmcti.org/2000round/China/TRM/2008/s_fin_w_68.pdf; Vgl. TRM submission under the paragraph of Insurance from Canada (S/FIN/W/67), 21.11.2008, http://www.jmcti.org/2000round/China/TRM/2008/s_fin_w_67.pdf.

880 Die Skyline von Hong Kong: Ausländische Firmen werden in China benachteiligt, DPA, 17.4.2008, http://www.wiwo.de/politik/grosser-frust-fuer-unternehmen-in-china-265134/.

881 Kamp, Sieben Jahre nach dem Beitritt zur Welthandelsorganisation behindern die Behörden in China immer noch systematisch europäische Unternehmen, 13.2.2008, http://www.wiwo.de/politik/grosser-frust-fuer-unternehmen-in-china-265134/.

882 Ebenda.

verbittet Artikel 22 der *„Verwaltungsvorschriften für Rückversicherungsgeschäfte"* ausländischen Versicherern Rückversicherungsgeschäfte mit ihren Tochtergesellschaften zu betreiben.[883]

Eine ähnliche Mitteilung der USA zu Artikel 8 der *„Vorläufigen Reglungen des CIRC für Versicherungsinvestmentgesellschaften"*, der nur Versicherern mit einer mehr als 8-jährigen Lizenz erlaubt, Versicherungsvermögensverwaltungsgesellschaften zu gründen. Das würde augenscheinlich alle ausländischen VUs auschliessen, die erst nach Chinas Beitritt zur WTO in China gegründet wurden.

Des Weiteren enthalten die Umsetzungen der chinesischen WTO-Beitritts verpflichtungen keine deutlichen Bestimmungen und eröffnen durch den Ermessensspielraum der Aufsichtsbehörde bei der Zulassung ausländischer Versicherungsunternehmen die Möglichkeit einer Beschränkung des Markzugangs zum Versicherungsmarkt. Gemäß Art. 8 Abs. 7 des VVaKC sind z.B. für den Antrag auf die Einrichtung eines Versicherungsunternehmens mit ausländischer Kapitalbeteiligung auch „andere Bedingungen" zu erfüllen, die vom CIRC bestimmt werden, wobei diese „anderen Bedingungen" nicht definiert sind. Auch Art. 11 Abs. 12, Art. 14, Art. 22 Abs. 8 des VVaKC usw. lassen dem CIRC einen Ermessensspielraum.

Die Ermessensausübung wird in der Praxis mehr von der politischen Gesamtsituation und den Beziehungen des ausländischen Versicherers beeinflusst als von den Disziplinen des GATS. Beantragt z.B. ein französisch finanziertes Versicherungsunternehmen in Beijing, eine Niederlassung in Shanghai zu errichten, muss der Antrag entsprechend Art. 27 AVVaKC von der Aufsichtsbehörde genehmigt werden. Auch wenn die Firma die Einrichtungsvoraussetzung erfüllt, so muss sie außerdem die von der Aufsichtsbehörde bestimmten „anderen Bedingungen" erfüllen. Durch die Festlegung dieser Bedingungen kann die Aufsichtsbehörde den Antrag scheitern lassen oder verzögern. So könnte z.B. die politische Spannungssituation zwischen Frankreich und China wegen der Ernennung des Dalai Lama zum Ehrenbürger von Paris und der antichinesischen Proteste bei dem olympischen Fackellauf 2008 in Paris dazu führen, dass die Genehmigung für die Errichtung einer Niederlassung eines französischen Antragsteller verzögert wird.

Nach dem Beitritt Chinas zur WTO konnten die bisherigen rechtlichen Beschränkungen, die z.B. Geschäftsaktivitäten und Höchstbeteiligungen ausländischer Versicherungsunternehmen betrafen, nicht länger aufrecht erhalten werden. Deshalb gibt es einzelne Forderungen in China, den bisherigen, sich aus Gesetzen ergebenden Protektionismus durch einen Protektionismus zu ersetzen,

---

883 TRM submission under the paragraph of Insurance from Japan (S/FIN/W/58), 18.10.2007, http://www.jmcti.org/2000round/China/TRM/2007/s_fin_w_58.pdf; Vgl. TRM submission under the paragraph of Insurance from Japan (S/FIN/W/51), 28.09.2006, http://www.jmcti.org/2000round/China/TRM/2006/s_fin_w_51.pdf.

der sich auf staatliche Vorgaben stützen sollte,[884] dass z.B. der ausländische Marktanteil auf dem Lebensversicherungssektor einen bestimmten Prozentsatz nicht überschreiten dürfe. Dies würde natürlich zu neuen rechtswidrigen Beschränkungen führen und wäre konträr zu den Verpflichtungen, die von China übernommen wurden.[885]

Das Gleiche gilt auch für Maßnahmen, die zwar auf alle Dienstleistungsanbieter gleichermaßen angewendet werden, wegen ihrer Natur aber zu einer Benachteiligung von ausländischen Unternehmen führen würden. Solche unsichtbaren Handelsschranken, wie sie auch in westlichen Staaten z.B. in Form versteckter Subventionen oder der Auferlegung ökologischer und technischer Normen zu finden sind, sind voraussichtlich auch in China zu erwarten.[886]

5. Aufsicht über ausländische Versicherungsunternehmen

Seit dem Eintritt der VR China in die WTO können auch ausländische Versicherungsgesellschaften Versicherungsgeschäfte in China betreiben. Das Genehmigungserfordernis für ausländische Versicherungsunternehmen ist in Art. 5 der „*Vorschriften zur Beaufsichtigung über Versicherungsunternehmen mit ausländischer Kapitalbeteiligung der VR China*" (VVaKC) ausdrücklich festgelegt.[887] Zuerst müssen sie entsprechend dem chinesischen Gesetz die Genehmigung zur Errichtung des ausländischen Versicherungsunternehmens von der CIRC, der chinesischen Versicherungsaufsichts- und Verwaltungskommission[888], einholen. Die Gründungs- und Genehmigungsverfahren sind vom Ablauf her geregelt. Sie sind komplizierter als die Gründungsverfahren vergleichbarer chinesischer Versicherungsgesellschaften. Entsprechend wird im Folgenden auf die Aspekte der Beaufsichtigung der Einrichtung der Versicherungsunternehmen mit ausländischer Beteiligung und des laufenden Geschäftsbetriebs eingegangen.

---

884 Han Yaogen/Wang Xingsong, WTO: Chinesische Lebensversicherung bleibt gelassen, Baoxian Yanjiu, S. 8 ff.

885 Ebenda.

886 Holbig, Heike, Chinas WTO-Beitritt in politischer Perspektive – Wechselspiel zwischen nationalen und internationalen Verhandlungsprozessen, China aktuell 1999, S. 1258 ff.; Guo Yang/Wie Hualin/Xie Jinyu, Diskussion über die Ausrichtung der Struktur des nationalen Versicherungsmarktes, Baoxian Yanjiu, 1.12.2000.

887 Bereits vor Erlass aller dieser Normen ergab sich die Notwendigkeit einer Genehmigung für ausländisch finanzierte Versicherungsunternehmen konkludent aus Art. 5 der Shanghai-Regelungen, in denen die für die Genehmigungsbeantragung von ausländischen Versicherungsunternehmen zu erfüllenden Voraussetzungen festgelegt wurden.

888 Sie wird im Folgenden Versicherungsaufsichtsbehörde genannt.

5.1 Zulässige Rechtsformen ausländischer Versicherungsunternehmen

Um das Wachstum eines Entwicklungslandes positiv zu beeinflussen, wird heute häufig eine Kooperation mit internationalen Unternehmen angestrebt. Das bedeutet, dass ausländische und einheimische Unternehmen eine geschäftliche Partnerschaft eingehen, die beiden von Vorteil ist.[889]

Im Interesse einer durch ausländische Hilfe beschleunigten Modernisierung der Wirtschaft betreibt China seit dem Ende der 70er Jahre eine Öffnungspolitik, insbesondere gegenüber den Industriestaaten des Westens. Dabei setzt China das gesamte Spektrum international üblicher Kooperationsformen mit dem Ausland ein,[890] wobei die Kooperationsform für ausländische Investoren in den chinesischen Investitionsgesetzen vorgeschrieben ist, nämlich Joint Venture (§§ 1 und 2 des *Gesetzes der VR China über Joint-Venture-Unternehmens* von 1983).[891]

Seit dem Erhalt der Vollmitgliedschaft in der WTO Ende 2001 erlaubt China ausländischen Versicherungsgesellschaften, in seinem Territorium Versicherungsunternehmen zu errichten. Ausländische Versicherungsunternehmen werden in der „*Durchführungsbestimmung der Vorschriften zur Beaufsichtigung über Versicherungsunternehmen mit ausländischer Kapitalbeteiligung der VR China*" (AVVaKC)[892] definiert. Gemäß § 2 dieser Regelung ist ein ausländisches Versicherungsunternehmen ein Versicherungsunternehmen, das außerhalb Chinas registriert ist und dort Versicherungsgeschäfte betreibt.

Die zulässige Rechtsform des ausländischen Versicherungsunternehmens wird in §2 der VVaKC[893] geregelt. Danach können Versicherungsunternehmen mit ausländischer Kapitalbeteiligung als Equity Joint Venture (EJVV) und Wholly Foreign-Owned Versicherungsunternehmen (WFOV) sowie als Zweigniederlassungen der ausländischen Versicherungsunternehmen entsprechend §94 *VersG'09* und §2 VVaKC und anderen einschlägigen Gesetzen und Verwaltungsvorschriften genehmigt, gegründet und betrieben werden. §94 VersG'09 regelt die Rechtsform des Versicherungsunternehmen entsprechend *V.R. Unter-*

889 König, Ausländisch-chinesische Joint Ventures und ihre Rechtsstellung in der chinesischen Wirtschaft, S. 4.

890 Ebenda, S. 5.

891 Das Gesetz wurde im Jahr 2001geändert.

892 Zur Ergänzung der VVaKC wurde am 15. März 2004 die AVVaKC (Ausführungsbestimmungen der Vorschriften zur Beaufsichtigung über Versicherungsunternehmen mit ausländischer Kapitalbeteiligung der VR China) verabschiedet, das am 15. Juni 2004 in Kraft trat.

893 Vorschriften zur Beaufsichtigung über Versicherungsunternehmen mit ausländischer Kapitalbeteiligung der VR China (VVaKC) sind vom Nationalen Volkskongress am 5. Dezember 2001 verabschiedet worden und traten am 1. Februar 2002 in Kraft.

nehmensgesetz (UnterG'06).[894] Nach § 2 dieses Gesetzes sind als Rechtsform des Unternehmens die Aktiengesellschaft oder die Gesellschaft mit beschränkter Haftung zulässig.

5.1.1 Versicherungsunternehmen mit ausländischer Kapitalbeteiligung

Versicherungsunternehmen mit ausländischer Kapitalbeteiligung können als EJVV[895], WFOV[896], oder als Zweigniederlassung eines ausländischen Versicherungsunternehmens gestaltet sein. EJVV und WFOV dürfen ferner in anderen Städten des chinesischen Territoriums Zweigniederlassungen gründen.

5.1.1.1 Equity Joint Venture Versicherungsunternehmen (EJVV) – Gemeinschaftsunternehmen inländischer und ausländischer Versicherungsunternehmen

§ 2 VVaKC erlaubt ausländischen Versicherungsunternehmen, mit chinesischen Fabriken und Unternehmen in China Equity Joint Ventures zu gründen. Ein Equity Joint Venture[897] wird nach herrschender Meinung definiert als „Unternehmen, in dem zwei oder mehr Partner in einem gemeinsamen Unternehmen finanzielle Risiken und Unternehmenspolitik anteilig gemeinsam übernehmen."[898]

Hinsichtlich der Versicherungsinvestition durch ausländische und inländische Unternehmen, die rein ausländisch finanziert sind, war seit Erlass der An-

894 § 70 VersG'03 verlangte die Rechtsform des Versicherungsunternehmens als Aktiengesellschaft oder staatseigene Aktiengesellschaft. Dies wurde durch § 94 VersG'09 geändert. In der Diskussion über die Änderung des Versicherungsgesetzes am 27.8.2008 hat Wu Dingfu, Direktor des CIRC, gesagt: „Die Verstärkung der Beaufsichtigung der Zahlungsfähigkeiten eines Unternehmens ist wichtig. Die Risikokontrolle hat keinen unmittelbaren Einfluss auf die Rechtsform. Außerdem gibt es auch staatseigene GmbH-Unternehmen, die gemäß § 70 VersG'03 Versicherungsgeschäfte betreiben dürfen." http://finance.nen.com.cn/finance/319/3161819.shtml.

895 Equity Joint Venture Versicherungsunternehmen.

896 Wholly Foreign-Owned Versicherungsunternehmen.

897 Ein wichtiges Ziel bei der Gründung eines Equity Joint Venture ist, das neu gegründete Unternehmen möglichst schnell unabhängig zu machen. Relevant ist, dass das neue Unternehmen gemeinsam geleitet wird und Pflichten und Kosten, aber auch der Gewinn gleichmäßig verteilt werden, § 1 und 2 *„Gesetz der Volksrepublik China über Joint Venture Unternehmen"*.
Die Equity Joint Venture ist eine Kapitalgesellschaft und juristische Person und lässt sich einfach durch Beteiligung der Vertragsparteien an der juristischen Person gründen, wobei der Anteil ein Ausdruck der materiellen Beteiligung der Parteien ist. Siehe K. Schmidt, Gesellschaftsrecht, S. 51

898 Langefeld-Wirth, in: ders./Culemann (Hrsg.), S. 31 ff.; Ehinger, S. 187 ff.; Herzfeld, S. 7 ff.

teilserwerbsvorschriften'99 [899] danach zu unterscheiden, ob der insgesamt von ausländischen Investoren gehaltene Anteil an dem Versicherungsunternehmen 25% übersteigt oder nicht.[900] Durch den Erlass der VVaKC ist der maximal mögliche ausländische Kapitalanteil erhöht worden.

Gemäß § 3 Abs. 1 AVVaKC darf der Anteil der ausländischen Versicherungsunternehmen 50% der Gesamtinvestition der Joint Venture Unternehmen nicht überschreiten, wenn ausländische Versicherungsunternehmen mit chinesischen Unternehmen und Gesellschaften in China eine Joint Venture Lebensversicherungsunternehmen für das Versicherungsgeschäft errichten wollen. Außerdem dürfen die Anteile eines Joint Venture Lebensversicherungsunternehmens, die von ausländischen Versicherungsunternehmen direkt oder indirekt gehalten werden, auch nicht 50% der Gesamtinvestition überschreiten.[901]

5.1.1.2 Wholly Foreign-Owned Versicherungsunternehmen (WFOV) – Versicherungsunternehmen mit rein ausländischer Kapitalbeteiligung

Ein ausländisches Unternehmen, das gemäß dem einschlägigen chinesischen Recht innerhalb Chinas errichtet wird und dessen Unternehmensanteile zu 100% von einem oder mehreren ausländischen Investoren gehalten werden, bezeichnet man als Wholly Foreign-Owned Enterprise oder „WFO".[902] Gemäß § 2 Abs. 1 Nr. 2 VVaKC versteht man unter WFOV Versicherungsunternehmen mit rein ausländischer Kapitalbeteiligung, die ausschließlich mit ihrem Kapital auf chinesischem Territorium investieren, um Versicherungsgeschäfte zu betreiben.

Entsprechend den Verpflichtungen Chinas gegenüber den WTO-Mitgliedern dürfen WFOV ab dem 11. Dezember 2003 sowie 2006 100%-ige Tochtergesellschaften für Nicht-Lebensversicherungen sowie Versicherungsmarkler für hohe kommerzielle Risiken, Rückversicherungen, internationale Schifffahrt-, Luftverkehr- und Transportversicherungen ohne Gründungseinschränkungen errichten. Zu der Frage ob WFOV für Lebensversicherungen in China gegründet werden dürfen, hat sich Mong Shaoyi, Dekan der internationalen Abteilung der CIRC, am 4.12.2006 in einer Pressekonferenz des CIRC dahingehend geäußert, dass, falls sich der chinesische Kooperationspartner eines Joint Venture Lebensversicherungsunternehmens vollständig zurückzieht, es wahrscheinlich unmöglich für den ausländischen Partner ist, das Lebensversicherungsgeschäft allein weiter zu betreiben.[903] Er sagte auch, dass es in Zukunft bei den reinen Le-

---

899 Vorläufige Vorschriften zum Anteilserweb an Versicherungsunternehmen-CIRC vom 24.12.1999.

900 Law of the PRC on Joint Ventures Using Chinese and Foreign Investment, § 4. (NPC 1.7.1979 i.d.F. 4.4.1990). Der ausländische Investor muss mindestens 25% der Gesamtinvestition einzahlen.

901 § 3 Abs. 2 AVVaKC.

902 § 2 Ausländisches Unternehmensgesetz (AuslUntG); Vgl. auch § 2 Satz 2 AVVaKC.

903 http://www.anhuinews.com.

bensversicherern nur chinesische Versicherungsunternehmen geben wird. Bis jetzt gibt es in China nur ein 100%-iges WFOV, nämlich, AIA[904]. Die AIA ist die einzige Ausnahme, da sie schon früher von der Aufsichtsbehörde genehmigt wurde.[905]

Die Tätigkeit der WFOV muss den chinesischen Gesetzen und Verordnungen folgen, muss die öffentliche Ordnung und Moral achten und darf nicht gegen die sozialen Interessen der Volksrepublik Chinas gerichtet sein.[906] Es werden aber auch sämtliche Investitionen eines ausländischen Investors innerhalb Chinas sowie seine erlangten Gewinne und sonstigen Rechtspositionen durch das chinesische Recht geschützt.[907]

5.1.1.3 Zweigniederlassungen ausländischer Versicherungsunternehmen

Ausländische Versicherungsunternehmen können entsprechend § 2 Abs. 1 Nr. 3 VVaKC Zweigniederlassungen in China errichten. Eine solche Niederlassung erwirbt nicht den Status einer juristischen Person. D.h., dass Zweigniederlassungen ausländischer Versicherungsunternehmen keine Geschäfte im eigenen Namen oder auf eigene Rechnung abschließen, sondern immer für die ausländische Gesellschaft handeln dürfen.

Rechtsgrundlage für die Zweigniederlassung ausländischer Unternehmen sind §§ 199-205 „Gesellschaftsgesetz der VR China „ (*GesG*).[908] Damit wird ausländischen Unternehmen die Möglichkeit der Gründung von chinesischen Zweigniederlassungen zur Aufnahme von Produktion und Geschäftstätigkeit ermöglicht.[909] Die Vorschriften des GesG enthalten nur rudimentäre Rahmenbedingungen, welche Spezifizierungen durch Ausführungsvorschriften bedürfen.[910] In Shanghai hat im Jahr 1994 die „Administration of Foreign-Funded

904 American International Assurance Company, Limited, a wholly-owned subsidiary of American International Group, Inc. (AIG).

905 http://www.anhuinews.com .

906 Siehe § 3 Satz 1 VVaKC.

907 Siehe § 4 des AuslUntG, Vgl. auch § 3 Satz 2 VVaKC.

908 Das Gesellschaftsgesetz der Volksrepublik China (GesG) ist die wichtigste und zentrale Rechtsquelle des chinesischen Gesellschaftsrechts, das am 29. Dezember 1993 von der 5. Sitzung des Ständigen Ausschusses des 8. Nationalen Volkskongresses verabschiedet worden ist. Bei diesem Gesetz handelt es sich um das erste einheitliche Unternehmensgesetz für die Volksrepublik China, das in gleicher Weise für Gesellschaften mit beschränkter Haftung wie für Aktiengesellschaften gilt, soweit diese Gesellschaften ihren Sitz in der Volksrepublik China haben. Das Gesetz, welches am 1. Juli 1994 in Kraft getreten ist, gilt sowohl für chinesische als auch ausländische Gesellschafter von Gesellschaften mit beschränkter Haftung oder Aktiengesellschaften. Die lezte Änderung dieses Gesetz erfolgte am 27. Oktober 2005 und ist am 1. Januar 2006 in Kraft getreten. Die Reglungen für Zweigniederlassungen von ausländischen Unternehmen sind in §§193-198 festgelegt.

909 § 199 GesG; vgl. Stevenson-Yang, S. 52.

910 Steinmann/Thümmel/Zhang, S. 83, auch zu lokalen Vorgängerbestimmungen.

Insurance Institutions“ *Ausführungsvorschriften des Versicherungsbereiches*, z. B. zur Errichtung, zur Organisation und zum erlaubten Geschäftsbereich der Niederlassung erlassen.[911] Letztere werden bis zum Inkrafttreten nationaler Bestimmungen[912] von der Aufsichtsbehörde, welche damals die People's Bank of China (PBOC) war, auf Niederlassungen ausländischer Versicherungsunternehmen in anderen Provinzen oder Städten analog angewandt.[913]

5.1.2 Zweigniederlassungen der Versicherungsunternehmen mit ausländischer Kapitalbeteiligung

Gemäß § 27 Abs. 1 AVVaKV dürfen Versicherungsgesellschaften mit ausländischer Kapitalbeteiligung nach Bedarf der Entwicklung ihres Versicherungsgeschäfts Niederlassungen errichten. Wenn EJVV und WFOV ihr Versicherungsgeschäft außerhalb ihrer Provinz, ihres Autonomiegebietes oder ihrer provinzfreien Städte betreiben möchten, müssen sie Zweigstellen errichten, die von der Aufsichtsbehörde genehmigt werden müssen.[914]

Im Unterschied zu EJVV und WFOV ist es jedoch nach § 27 Abs. 2 Satz 2 AVVaKC der Zweigniederlassung eines ausländischen Versicherungsunternehmens nicht erlaubt, die Geschäfte in einer anderen Provinz zu betreiben. Sie dürfen ihre Geschäfte nur innerhalb der entsprechenden Provinz, des Autonomiegebietes oder der provinzfreien Städte betreiben. Außerdem ist es zulässig, dass EJVV und WFOV sowie die Zweigniederlassung eines ausländischen Versicherungsunternehmens entsprechend ihrer aktuellen Situation eine zentrale Vertriebsstelle errichten.[915] Bei der Errichtung der Vertriebsstelle sind die Regelungen der *Vertriebsstellenmaßnahmen' 02* anwendbar.[916]

5.1.3 Repräsentanz der ausländischen Versicherungsorganisationen

Eine Repräsentanz ist durch die ständige Vertretung eines ausländischen Unternehmens in China charakterisiert. Das Genehmigungserfordernis für die Errich-

911 Administration of Foreign-funded Insurance Institutions Provisional Measures (11.9.1992). Die Administration of Foreign Investment Financial Institutions Regulations wurde im Februar 1994 verabschiedet.

912 Das Versicherungsgesetz vom 30.6.1995 findet grundsätzlich auf Versicherungen Anwendung.

913 Z.B wandte die PBOC die Vorschriften der Stadt Shanghai auf die Gründung einer Tochtergesellschaft der American International Insurance Co. im Guangzhou an.

914 § 14 VVaKC und § 27 Abs. 2 Satz 2 AVVaKC.

915 § 27 Abs. 3 AVVaKC.

916 § 27 Abs. 3 AVVaKC. Vertriebsstellenmaßnahmen'02 (Maßnahmen zur Beaufsichtigung der Vertriebstellen von Versicherungsunternehmen der CIRC und der State Administration of Industry and Commerce, Veröffentlichung vom 1.2.2002, Inkrafttreten am 1.2.2003.)

tung ausländischer Versicherungsrepräsentanzen ergibt sich aus § 2, 4 VfRaV.[917] Für die Genehmigung der Errichtung ist die CIRC zuständig.

Um die Aufsicht über die Repräsentanz der ausländischen Versicherungsorganisation zu verstärken, verabschiedete die Aufsichtsbehörde am 12. Juni 2006 die „*Verwaltungsvorschriften für Repräsentanzbüros der ausländischen Versicherungsorganisationen in China (VfRaV)*“[918], die dann im September 2006 in Kraft gesetzt wurden. Am 14. November 2008 wurde „*Erklärungen zur Anwendung der Verwaltungsvorschriften für Repräsentanzbüros der ausländischen Versicherungsorganisationen in China* der CIRC“ (EVfRaV) veröffentlicht und in Kraft gesetzt.[919] Ausländische Versicherungsorganisationen sind Versicherungsgesellschaften, Rückversicherungsunternehmen, Versicherungsvermittlungsorganisationen, Versicherungsvereine und andere Versicherungsorganisationen[920], die außerhalb des chinesischen Territoriums registriert sein müssen.[921]

Eine Repräsentanz der ausländischen Versicherungsorganisation ist keine juristische Person und kann nicht Träger von Rechten und Pflichten sein sowie nicht klagen oder verklagt werden. Sie darf im chinesischen Territorium auch nur beschränkt tätig sein, nachdem ihre Eröffnung von der Genehmigungsbehörde autorisiert wurde. Die Tätigkeit ist in § 2 Abs. 2 VfRaV in der Art festgeschrieben, dass eine Repräsentanz Kontakte herstellen und Marktstudien durchführen, doch keine wirtschaftlichen Tätigkeiten ausüben darf.[922]

Eine Repräsentanz hat mindestens einen Repräsentanten und kann auch sonstige Mitarbeiter beschäftigen, aber die Anzahl der ausländischen Mitarbeiter ist auf maximal drei Personen beschränkt.[923] Nach § 2 Abs. 3 VfRaV ist der Hauptrepräsentant die hauptzuständige Person der Hauptrepräsentanz, und der Repräsentant ist die hauptzuständige Person der Repräsentanz.

5.2 Das Zulassungsverfahren

Hinsichtlich des Zulassungsverfahrens umfassen die aufsichtsrechtlichen Vorschriften die während des Zulassungsverfahrens zu beachtenden Formalien. Bei genauerer Betrachtung kann das Zulassungsverfahren allerdings mit der Stellung

917 Vgl. RepAufsMaßnahmen (Regelungen zur Beaufsichtigung in China ansässiger Repräsentanzen ausländischer Finanzinstitute der PBOC, am 29.4.1996.). Sie enthalten auch die Regelungen für die Repräsentanzerrichtung.

918 § 1 VfRaV.

919 CIRC, 101 (2008), http://www.circ.gov.cn/tabid/106/InfoID/87404/frtid/3871/Default.aspx.

920 § 1 EVfRaV, Andere Organisationen bedeutet: Die in anderen Ländern oder Regionen registrierten Organisationen für die Versicherungsforschung, Ausbildung, Kooperation usw. die keine Gewinne erzielen.

921 § 2 VfRaV.

922 Vgl. § 80 Satz 2 VersG'09.

923 § 14 VfRaV.

eines formlosen Antrags auf Genehmigung der Errichtungsvorbereitung, der Errichtungsvorbereitung selbst und der Beantragung und Genehmigung der Geschäftsaufnahme erfolgen.

Nach Genehmigung der Geschäftsaufnahme hat sich zudem das Unternehmen bei der Industrie- und Handelsverwaltungsbehörde registrieren zu lassen, von welcher es auf Grundlage der Genehmigung zur Ausführung von Versicherungsgeschäften die Gewerbelizenz erhält.[924] Ferner muss nach der Errichtung ein Garantiefonds mit 20% des Stammkapitals oder Arbeitskapitals gebildet und bei einer von der Versicherungsaufsichtsbehörde bestimmten Bank hinterlegt werden.[925] Der Garantiefonds wird nur zur Tilgung bei der Durchführung der Abwicklung der ausländischen Versicherungsgesellschaft eingesetzt.

Die Genehmigungsverfahren sind einheitlich, aber die Wartezeiten und die Verfahrensdauer für die Errichtung der verschiedenen Niederlassungsformen sind unterschiedlich.

5.2.1 Versicherungsunternehmen mit ausländischer Kapitalbeteiligung

Im Verfahren für die Zulassung von Versicherungsunternehmen mit ausländischer Kapitalbeteiligung ist eine doppelte Genehmigung erforderlich, eine erste für die Errichtungsvorbereitung und eine zweite für die Geschäftsaufnahme.

Bei dem formlosen Antrag auf Errichtung ausländisch finanzierter Versicherungsunternehmen muss die Aufsichtsbehörde die einzureichenden Unterlagen vorab prüfen. Sie wird nach Erhalt aller erforderlichen Unterlagen innerhalb von sechs Monaten eine Entscheidung treffen, ob ein Antrag zulässig ist.[926] Falls der Antrag für zulässig erklärt wird, erhält das ausländisch finanzierte Versicherungsunternehmen die Antragsformulare, die für die Beantragung der Genehmigung der Geschäftsaufnahme notwendig sind. Ansonsten soll die Aufsichtsbehörde dem Antragsteller schriftlich die Gründe für die Unzulässigkeit des Antrags mitteilen und erklären.

Ab dem Tag des Erhalts der Antragsformulare muss der Antragsteller innerhalb einer Frist von einem Jahr die Errichtungsvorbereitung erfüllen.[927] Für die Erfüllung der Errichtungsvorbereitung kann die Aufsichtsbehörde eine dreimonatige Verlängerung der Frist genehmigen, falls bestimmte rechtliche Gründe vorliegen. Mit dem Ablauf der Verlängerungsfrist verliert die Freigabe zur Errichtungsvorbereitung automatisch ihre Wirksamkeit.

Nach der Erfüllung der Errichtungsvorbereitung soll der Antragsteller innerhalb dieser Frist der Aufsichtsbehörde die ausgefüllten Antragsformulare und alle geforderten Unterlagen vorlegen, um die Genehmigung der Geschäftsauf-

---

924 § 12 Abs. 2 des VVaKC ; vgl. § 33 Abs. 2 AVVaKC mit § 77 VersG'09 (VersG'03).
925 § 13 VVaKC.
926 § 10 VVaKC.
927 § 11 VVaKC.

nahme zu beantragen. Die Aufsichtsbehörde muss innerhalb von 60 Tagen ab dem Erhalt aller formellen Antragsunterlagen den Beschluss über die Stattgabe oder Ablehnung ergehen lassen. Im Falle der Genehmigung erteilt die Aufsichtsbehörde eine Versicherungsgewerbelizenz, mit dem in die Industrie-Handelsverwaltungsbehörde zu registrieren, um eine Gewerbeschein zu bekommen. Wird der Antrag abgelehnt muss, sie dem Antragsteller die Gründe schriftlich mitteilen und erklären.[928]

5.2.2 Zweigniederlassungen der Versicherungsgesellschaften mit ausländischer Kapitalbeteiligung

Gemäß § 27 Abs. 2 AVVaKC dürfen Versicherungsgesellschaften mit ausländischer Kapitalbeteiligung, nämlich Joint Ventures oder rein ausländische finanzierte Versicherungsgesellschaften, Zweigstellen im Territorium der VR China außerhalb deren Geschäftssitzes gründen. Für die Genehmigung der Errichtung der Zweigstelle ist die Aufsichtsbehörde zuständig. Das Verfahren für die Zulassung von Zweigstellen gleicht demjenigen für die Zulassung von Versicherungsunternehmen mit ausländischer Kapitalbeteiligung und sieht auch ein zweistufiges Errichtungsverfahren vor.

Die erste Stufe des Errichtungsverfahrens für die Genehmigung der Errichtung der Zweigstelle ist ähnlich wie das Verfahren für die Errichtung eines Versicherungsunternehmens mit ausländischer Kapitalbeteiligung. Z.B. sind die erforderlichen Unterlagen einzureichen, um vorab geprüft zu werden und die formellen Antragsformulare für die Errichtungsvorbereitung zu erhalten. Aber die Frist für die Vorabprüfung und Errichtungsvorbereitung sind unterschiedlich.

Gemäß § 31 Abs. 1 AVVaKC muss die Aufsichtsbehörde über den Antrag auf Errichtung einer Zweigstelle innerhalb von 20 Tagen, nicht von 60 Tagen, ab dem Erhalt der kompletten Unterlagen eine besondere Genehmigungsentscheidung für die Errichtungsvorbereitung treffen. Zudem ist die Frist für die Erfüllung der Errichtungsvorbereitung sechs Monate und nicht ein Jahr.

In der zweiten Stufe des Errichtungsverfahrens muss der Antragsteller nach der Erfüllung der Errichtungsvorbereitung der Aufsichtsbehörde die geforderten Unterlagen vorlegen, um die Genehmigung zur Aufnahme des Versicherungsgeschäfts zu erhalten. Die Aufsichtsbehörde muss innerhalb von 20 Tagen und nicht von sechs Monaten ab dem Erhalt der Antragsunterlagen eine Versicherungsgewerbelizenz für die Zweigniederlassung der Versicherungsgesellschaft mit ausländischer Kapitalbeteiligung erteilen oder eine Ablehnung schriftlich begründen und erklären.[929]

928 § 12 Abs. 1 VVaKC.
929 § 33 Abs. 1 Satz 1 AVVaKC.

5.2.3 Repräsentanz der ausländischen Versicherungsorganisationen

Das Verfahren der Repräsentanzgenehmigung ist nach § 8 VfRaV ähnlich wie das zur Errichtung eines Versicherungsunternehmens und verläuft in folgenden Schritten:

Für die Genehmigung zum Antrag auf die Errichtung eines Repräsentanzbüros ist eine Frist von 20 Tagen festgelegt.[930] Die Aufsichtsbehörde muss in dieser Frist ab Erhalt des Antrags eine Entscheidung treffen, entweder die Genehmigung zu erteilen oder abzulehnen. Eine Verlängerung dieser Frist um bis zu zehn Tagen kann von dem Präsidenten der Aufsichtsbehörde genehmigt werden, wenn die Entscheidung nicht fristgerecht getroffen werden kann. Doch muss dem Antragsteller die Begründung der Verlängerung zugestellt werden. Bei Genehmigung erhält der Antragsteller die von der Aufsichtsbehörde ausgestellte Genehmigungsbescheinigung für die Errichtung eines Repräsentanzbüros. Bei Ablehnung muss die Aufsichtsbehörde dem Antragsteller die Gründe schriftlich mitteilen und erklären.

Nach dem Erhalt der Genehmigungsbescheinigung muss der Antragsteller sich bei der Industri- Handelsverwaltungsbehörde registrieren lassen. Das Repräsentanzbüro muss innerhalb von drei Monaten ab Erhalt der Genehmigungsbescheinigung in ein festes Arbeitsbüro einziehen. Der Antragsteller muss der Aufsichtsbehörde schriftlich mitteilen, dass er die Registrierungsbescheinigung von der Industrie- und Wirtschaftsverwaltungsbehörde und die Bescheinigung über das gesetzmäßige Recht des Gebrauches für die Repräsentanz erhalten hat. Ebenso müssen Telefonnummer, Faxanschluss, Anschrift der Repräsentanz und Telefonnummer und E-Mail- Adresse des Repräsentanten angegeben werden.[931] Wenn innerhalb von drei Monaten nach dem Erhalt der Genehmigungsbescheinigung diese Angaben nicht der Aufsichtsbehörde übermittelt werden, wird es so behandelt, als wäre die Repräsentanz noch nicht in ein festes Arbeitsbüro eingezogen. Die Genehmigungsbescheinigung wird damit automatisch ungültig.[932]

5.3 Voraussetzung für die Errichtung von ausländischen Versicherungsunternehmen in China

§ 68 VerG'09 enthält eine Aufzählung aller erforderlichen materiellen Zulassungsvoraussetzungen.[933] Bei der Errichtung muss die Versicherungsgesellschaft entsprechend diesem Gesetz und dem Gesellschaftsgesetz eine Satzung haben. Ferner werden eine funktionierende, vollständige Organisation und Managementordnung sowie Geschäftsräume und andere den Anforderungen für die

930 § 8 Abs. 1 VfRaV.
931 § 9 Abs.1 VfRaV.
932 § 9 Abs.2 VfRaV.
933 Vgl. § 72 VersG'03, gleich auch in § 71 VAV'95.

Geschäftstätigkeit entsprechende Einrichtungen gefordert. Außerdem werden nach den Vorschriften für ausländische Unternehmen die vollständigen Antragsunterlagen, das notwendige registrierte Kapital, der qualifizierte hochrangige Manager und andere Bedingungen vorausgesetzt, wobei diese „anderen Bedingungen" nicht näher definiert sind.

5.3.1 Einzureichende Antragsunterlagen

Die materiellen Voraussetzungen, die für den Genehmigungserhalt zu erfüllen sind, sind in VVaKC, AVVaKC und VfRaV niedergelegt. Gemäß diesen Regelungen muss der Antragsteller für die Errichtung des Versicherungsunternehmens mit ausländischer Kapitalbeteiligung, der Zweigniederlassung der Versicherungsgesellschaft mit ausländischer Kapitalbeteiligung und der Repräsentanz der ausländischen Versicherungsorganisation der Versicherungsaufsichtsbehörde die geforderten Unterlagen einreichen.

5.3.1.1 Versicherungsunternehmen mit ausländischer Kapitalbeteiligung

Der Antrag auf Genehmigung der Errichtungsvorbereitung eines ausländisch finanzierten Versicherungsunternehmens (Joint Venture, rein ausländische Unternehmen oder Zweigniederlassung der ausländischen Unternehmen) muss nach § 9 VVaKC Folgendes beinhalten:[934]

a) Antrag:

Der Antrag muss von dem gesetzlichen (zugelassenen) Repräsentanten und Antragsteller unterschrieben werden.

b) Bescheinigungen des Herkunftslandes:

Gemäß § 9 Abs. 2 VVaKC sind Bescheinigungen der verantwortlichen Behörden des Herkunftslandes bzw. der Region des antragstellenden Versicherungsunternehmens einzureichen; dazu gehören die Zweitausfertigung des Gewerbescheins, der Nachweis über die Zahlungsfähigkeit des Antragstellers und eine Stellungnahme des Herkunftslandes über den Antrag der Errichtung eines Unternehmens im Ausland. Die Bescheinigung über die Zahlungsfähigkeit muss entsprechend § 13 AVVaKC eine Angabe darüber enthalten, ob der Antragsteller im letzten Buchführungsjahr vor der Antragstellung dem Standard der Zahlungsfähigkeit der Versicherungsaufsichtsbehörde des Herkunftslandes hinsichtlich der Schadensregulierung entsprach oder nicht.

Die Stellungnahme des Herkunftslandes über den Antrag nach § 14 AVVaKC muss Folgendes beinhalten:

934 Solche Anforderungen sind auch in Art. 6 und 7 der Shanghai-Regelungen enthalten und nur teilweise erweitert worden.

- ob der Antrag für die Errichtung eines ausländischen Versicherungsunternehmens in China den Gesetzen des Herkunftslandes oder der Region des Antragstellers entspricht;
- ob dem Antrag zugestimmt wird;
- Auflistungen der Maßnahmen, die gegen den Antragsteller innerhalb der letzten drei Jahre ab dem Tag der Stellungnahme verhängt wurden, ausgestellt von den verantwortlichen Behörden.

c) Gesellschaftssatzung und Jahresberichte:

Die Gesellschaftssatzung des ausländischen antragstellenden Versicherungsunternehmens und die Jahresberichte der letzten drei Jahre ab Antragstag müssen eingereicht werden.[935] Die Jahresberichte beinhalten die Bilanz (Rechnungsabschluss), die Gewinnaufstellung und den Cashflow. Diese Jahresberichte sind dem Prüfbericht beizulegen, der von einer anerkannten Wirtschaftsprüfungskanzlei des Herkunftslands oder der Region erstellt wird.[936]

d) Durchführbarkeitsstudie und Planung der Errichtungsvorbereitung über den vorgesehenen Antrag auf die Errichtung eines ausländischen Versicherungsunternehmens;

e) Liste für die für die Errichtungsvorbereitung verantwortlichen Personen, deren Kurzbiographien und beruflichen Befähigungsnachweise;

f) andere einzureichende Unterlagen, welche die Aufsichtsbehörde vorschreibt.

Außerdem muss der Antrag zur Errichtung eines Joint-Venture-Versicherungsunternehmens nicht nur von den gesetzlichen Repräsentanten des ausländischen Versicherungsunternehmens, sondern auch vom chinesischen Kooperationspartner unterschrieben werden.[937] Ferner muss der chinesische Partner auch Unterlagen vorlegen, wie z.B. Duplikate des Gewerbescheins, die Satzung des Unternehmens oder der Firma, die Organisationsstruktur des Geschäfts, die Geschichte des Geschäfts, die letzten drei Jahresberichte sowie einen Strafregisterauszug der Aufsichtsbehörde der letzten drei Jahre über den Antragsteller.[938] Er muss auch die folgenden Voraussetzungen erfüllen:[939]

- Die Firma, das Unternehmen, die Bank oder Wertpapierorganisation muss die Eigenschaft einer juristischen Person haben und bei der Industrie und Wirtschaftsverwaltung registriert sein und darf weder ein WFOV noch ein EJVV sein.

935 § 9 Abs. 1 Nr. 3 VVaKC.
936 § 15 AVVaKC.
937 § 9 Abs. 1 Nr. 1 VVaKC.
938 § 17 AVVaKC.
939 § 16 AVVaKC.

- Die zuständige Hauptverwaltung des Unternehmens und die Vorstandsversammlung (board of directors) müssen zugestimmt haben.
- Die Firma hat gut gewirtschaftet und im letzten Buchführungsjahr vor Antragstellung Gewinne erzielt.
- Die Firma investiert mit ihrem eigenen legalen Kapital.

Nach der Erfüllung der Errichtungsvorbereitung muss der Antragsteller für den Antrag auf Genehmigung zur Aufnahme des Versicherungsgeschäfts das ausgefüllte Antragsformular und folgende Unterlagen bei der Aufsichtsbehörde einreichen:[940]

- detaillierter Bericht über die Errichtungsvorbereitung;[941]
- vorgesehene Satzung der Gesellschaft;
- Investoren und Investmentkapital des geplanten Versicherungsunternehmens;
- die von dem gesetzlichen Einlageprüfungsorgan erstellte Einlageprüfungsbescheinigung, die sowohl den Einlageprüfungsbericht sowie die Kopie des Einzahlungsbelegs der Bank über das registrierte Kapital und Betriebskapital enthält; [942] das gesetzliche Einlageprüfungsorgan ist eine von der Aufsichtsbehörde anerkannte Wirtschaftsprüfungskanzlei;[943]
- Ermächtigungsurkunde der vorgesehenen hauptzuständigen Person des Unternehmens, die von dem Vorstandvorsitzenden oder Generaldirektor des ausländischen Versicherungsunternehmens unterzeichnet sein muss;[944] die hauptzuständige Person ist der Generaldirektor der zu errichtenden Zweigniederlassung des ausländischen Versicherungsunternehmens,[945] in der Ermächtigungsurkunde muss der Bereich der Ermächtigung des Bevollmächtigten deutlich dargestellt werden;[946]
- Liste der vorgesehenen leitenden Angestellten und ihre Kurzbiografien sowie erforderliche Qualifikationsnachweise; die leitenden Angestellten für Zweigstellen von ausländischen Versicherungsunternehmen müssen der von der chinesischen Aufsichtsbehörde festgelegten Berufsqualifikation entsprechen,[947] wobei der Geschäftsführer nur seiner eigenen landesspezifischen Berufsqualifikation entsprechen muss;[948]

940 § 11 VVaKC.
941 § 20 AVVaKC.
942 § 22 AVVaKC.
943 § 21 AVVaKC.
944 § 23 Abs. 2 AVVaKC.
945 § 23 Abs. 1 AVVaKC.
946 § 23 Abs. 1, 2 AVVaKC.
947 § 24 Abs. 1 AVVaKC.
948 § 24 Abs. 2 AVVaKC.

- Geschäftstätigkeitsplan und der Geschäftsplan für die Aufnahme und Übernahme von Rückversicherungen (Retrozession) für die nächsten drei Jahre für das geplante Unternehmen;
- Kalkulationsanleitung über Versicherungsprämiensätze und Haftungsrückstellung sowie die Versicherungsregeln für die betreffenden Versicherungsarten, die in China durchgeführt werden sollen;
- Unterlagen über die vorgesehenen Geschäftsräume des Versicherungsunternehmens, die Bescheinigung, die das Nutzungs- und Eigentumsrecht der Geschäftsräume einschließen,[949] und andere Anlagen in Bezug auf die Geschäfte, die die IT-Ausstattung, Netzaufbausituation und das Informationsverwaltungssystem umfassen;[950]
- Haftungsgarantienachweis der ausländischen Versicherungsgesellschaft für die Schulden und Steuern ihres Zweigniederlassungsunternehmens und für Zweigniederlassungen ausländischer Versicherungsunternehmen;
- der Joint Venture-Geschäftsvertrag muss vorgelegt werden, wenn der Antragsteller die Gründung eines Joint Venture beantragt;
- andere Schriftstücke und Unterlagen, die von der Aufsichtsbehörde vorgeschrieben werden, wobei diese „anderen Schriftstücke und Unterlagen" nicht genauer definiert sind.

5.3.1.2 Zweigniederlassungen der Versicherungsgesellschaften mit ausländischer Kapitalbeteiligung

Für den Antrag auf die Errichtungsvorbereitung der Zweigstelle von ausländisch finanzierten Versicherungsunternehmen sind bei der Aufsichtsbehörde folgende Unterlagen vorzulegen:[951]

- Antrag auf Errichtung der Zweigstelle;
- ein nicht auditierter Bericht über die Zahlungsfähigkeit des Antragstellers vom Ende des letzten Jahres und dem letzten Quartal vor der Antragstellung;
- Marktanalyse und Geschäftsentwicklungsplan für drei Jahre ab Antragstellung;
- Lebenslauf der vorgesehenen zuständigen Personen für die Errichtungsvorbereitung und einschlägige Bescheinigungen wie Arbeitszeugnisse, Beurteilungen usw.

Nach der Erfüllung der Errichtungsvorbereitung muss der Antragsteller der Zweigstelle folgende Unterlagen für den Antrag auf Genehmigung der Aufnahme des Versicherungsgeschäfts bei der Aufsichtsbehörde einreichen:[952]

---

949 § 25 Abs. 1 AVVaKC.
950 § 25 Abs. 2 AVVaKC.
951 § 30 AVVaKC.
952 § 32 AVVaKC.

- Antrag auf die Eröffnung des Versicherungsgeschäfts;
- Bericht über die Erfüllung der Vorbereitungsarbeiten;
- Lebenslauf und einschlägige Bescheinigungen der vorgesehenen Geschäftsleitung;
- relevante Nachweise des Eigentumsrechts oder Nutzungsrechts des vorgesehenen Geschäftsbüros des Antragstellers, der Büroausstattung einschließlich der IT-Ausstattung, Netzaufbausituation, Aufbau der inneren Organisation und eines Beschäftigungsplans der Angestellten, usw.

5.3.1.3 Repräsentanz der ausländischen Versicherungsorganisationen

Die Eröffnung einer Repräsentanz muss zunächst von der Genehmigungsbehörde bewilligt werden.[953] Gemäß § 6 VfRaV müssen die folgenden Unterlagen für die Genehmigung bei der Aufsichtsbehörde eingereicht werden:[954]

- die formellen Antragsformulare;
- der von dem Vorstandsvorsitzenden oder Geschäftsführer unterschriebene Antrag auf die Eröffnung des Repräsentanzbüros für den Direktor der Aufsichtsbehörde;
- eine Kopie des von der hauptzuständigen Verwaltung des Herkunftslands erteilten Gewerbescheines, eine Kopie der Bescheinigung der Registrierung oder der offiziellen Eröffnung der Geschäftstätigkeit, welche von einem amtlich bestellten Notar des Herkunftslandes beglaubigt oder durch die chinesische Botschaft des Herkunftslandes anerkannt sein müssen;[955]
- die Satzung der Organisation, eine Liste der Mitglieder der Vorstandsversammlung und der Geschäftsleitung der Verwaltung oder der Mitinhaber;
- die Jahresberichte des antragstellenden Versicherungsunternehmens der letzten drei Jahre vor dem Tag des Antrags;
- eine Stellungnahme der hauptzuständigen Verwaltung des Herkunftslandes über die Errichtung des Repräsentanzbüros in China oder ein Empfehlungsschreiben von dessen Verband,[956] die Auskunft über mögliche rechtliche Verfehlungen des Antragstellers innerhalb der letzten drei Jahre ab dem Datum der Stellungnahme bzw. dem Empfehlungsdatum geben können;

953 § 80 Satz 2 VersG'09; Vgl. § 2, 4 VfRaV.

954 Vgl. § 5 RepAufsMaßnahmen.

955 § 6 Abs. 2 VfRaV.

956 Siehe § 3 EVfRaV. Die ausländische Versicherungsorganisation muss die Stellungnahme der hauptzuständigen Verwaltung ihres Landes über die Errichtung des Repräsentanzbüros in China vorlegen, falls es eine hauptzuständige Verwaltung ihrer Länder gibt.

- eine Durchführbarkeits- und Bedarfsstudie zur Errichtung der Repräsentanz;
- die von dem Vorsitzenden oder Geschäftsführer unterschriebene Bevollmächtigungsurkunde für den Repräsentanten;
- eine Selbstauskunft des vorgesehenen Repräsentanten für die letzten drei Jahre vor dem Tag des Antrags darüber, dass er in seinem Land bzw. seiner Region nicht bestraft wurde und keine schweren Rechtsverletzungen begangen hat;
- eine Kurzbiografie des vorgesehenen Repräsentanten;
- andere Unterlagen, die von der Aufsichtsbehörde gefordert werden, wobei diese „anderen Unterlagen" nicht näher definiert sind.

Die einzureichenden Unterlagen zum Antrag auf die Errichtung eines Repräsentanzbüros müssen separat behandelt werden.[957] Es muss dem Antragsteller erlaubt sein, fehlerhafte Unterlagen an Ort und Stelle zu korrigieren. Weiterhin ist die Aufsichtsbehörde verpflichtet, den Antragsteller innerhalb einer Frist von fünf Tagen auf fehlende oder nicht der gesetzlichen Form entsprechende Unterlagen hinzuweisen, ansonsten gilt der Antrag ab dem Erhalt durch die Aufsichtsbehörde als zulässig und kann bearbeitet werden. Darüber hinaus muss der Antrag für zulässig erklärt werden, falls die Unterlagen komplett sind, der gesetzlichen Form entsprechen oder ergänzt und korrigiert worden sind. Gemäß § 5 EVfRaV müssen die vorgelegte Unterlagen in Chinesisch übersetzt werden und von einem in China dafür zugelassenen Institut beglaubigt werden.

5.3.2 Erforderliches Stammkapital

Für die Errichtung eines Versicherungsunternehmens mit ausländischer Beteiligung ist entsprechend § 5 AVVaKC ausreichendes Kapital nachzuweisen. Das notwendige Mindestkapital muss vom ausländischen Investor in einer frei konvertierbaren Währung aufgebracht werden.[958] Die Anforderungen an das Kapital für ausländisch finanzierte Versicherungsunternehmen und Niederlassungen von ausländischen Versicherungsunternehmen sowie Niederlassungen von Versicherungsunternehmen mit ausländischer Kapitalbeteiligung werden im Folgenden detailliert dargestellt.

Bei der Errichtung eines Joint-Venture-Versicherungsunternehmens oder einer rein ausländisch finanzierten Versicherungsgesellschaft ist für das Stammkapital oder das Arbeitskapital eine Mindestsumme von 200 Mio. RMB[959] vorgeschrieben. Falls ein vorhandenes Mindestkapital vor dem Inkrafttreten des

957 § 7 Abs. 1 VfRaV.

958 Auch § 7 VVaKC. Inhaltsgleiche Vorschriften sieht man auch in Art. 69 Abs. 3 VersG'09, Art. 73 Abs. 2 VersG'03, Art. 5 Abs. 1 Regelungen'96 und Art. 7 Abs. 1 Vorschriften'00.

959 Chinesische Währung. 100 RMB entsprechen gegenwärtig ungefähr 10 EURO.

AVVaKC[960] von weniger als 200 Mio. RMB[961] ausreichend war, muss dieses innerhalb von zwei Jahren ab dem Datum des Inkrafttretens der Vorschriften auf die Summe von 200 Mio. RMB erhöht werden. Falls das eingezahlte Mindestkapital nicht entsprechend erhöht wird, wird die Aufsichtsbehörde die Betreibung eines neuen Versicherungsgeschäfts nicht genehmigen.[962] Das ausländisch finanzierte Versicherungsunternehmen kann aber seine bestehenden Geschäfte trotz des nicht ausreichenden Mindestkapitals weiter betreiben. Die Aufsichtsbehörde kann gemäß § 7 Abs. 2 des VVaKC sowie § 69 Abs. 2 VersG'09 (§ 73 Abs. 3 VersG'03) das geforderte Stammkapital und Arbeitskapital der Versicherungsunternehmen mit ausländischer Kapitalbeteiligung entsprechend dem Geschäftsbereich und dem Geschäftsumfang erhöhen.

Für die Errichtung der Zweigniederlassung eines ausländischen Versicherungsunternehmens muss das ausländische Versicherungsunternehmen (Mutterunternehmen) mindestens 200 Mio. RMB oder im gleichen Wert in einer frei konvertierbaren Währung als Arbeitskapital seiner Zweigniederlassung in China unentgeltlich überweisen.[963] Nach der Errichtung der Zweigniederlassung darf dieses Arbeitskapital gemäß § 6 AVVaKC in keiner Weise von dem ausländischen Versicherungsunternehmen zurückgezogen werden.

Für die erstmalige Errichtung der Zweigstelle eines Joint Venture oder einer rein ausländisch finanzierten Versicherungsgesellschaft in einer anderen Provinz, einem anderen Autonomiegebiet oder einer Stadt außerhalb ihres Geschäftssitzes muss das Stammkapital um nicht weniger als 20 Mio. RMB erhöht werden, wenn das Joint Venture oder das rein ausländisch finanzierte Versicherungsunternehmen nur das Mindeststammkapital von 200 Mio. RMB eingezahlt hat.[964] Eine Erhöhung des Stammkapitals ist nicht erforderlich, falls das Stammkapital schon so hoch ist wie das notwendige Mindeststammkapital plus der geforderten Erhöhungen,[965] oder wenn ein Stammkapital von mindestens 500 Mio. RMB vorhanden ist und das Joint Venture oder das rein ausländisch finanzierte Versicherungsunternehmen eine gute Zahlungsfähigkeit aufweist.[966]

960 Die AVVaKC wurde am 15. März 2004 auf der Sitzung des Vorstandes der chinesischen Versicherungsaufsichtsbehörde geprüft und gebilligt sowie bekannt gemacht. Seit dem 15. Juni 2004 ist die Vorschrift in Kraft.

961 Vor dem Inkrafttreten der AVVaKC galten die Shanghai-Regelungen. Nach deren Art. 14 Abs. 1 und 2 mussten Versicherungsgemeinschaftsunternehmen über ein Mindeststammkapital von 20 Mio. US$ verfügen, was gegenwärtig in etwa 148 Mio. RMB (Wechselrate: 1 US$ = 7.40 RMB) entspricht.

962 § 4 AVVaKC.

963 § 7 Abs. 1 Satz 3 VVaKC.

964 § 28 Abs. 1 AVVaKC.

965 § 28 Abs. 2 AVVaKC.

966 § 28 Abs. 3 AVVaKC.

5.3.3 Erforderliche Voraussetzungen für ausländische Investoren

Neben dem Stammkapital sind für die Errichtung eines ausländisch finanzierten Versicherungsunternehmens, der Zweigniederlassung eines ausländisch finanzierten Versicherungsunternehmens oder einer Repräsentanz noch andere Voraussetzungen vom ausländischem Investor zu erfüllen, die in den folgenden Abschnitten näher beschrieben werden.

5.3.3.1 Investor des ausländischen Versicherungsunternehmens

Für die Errichtung eines ausländischen finanzierten Versicherungsunternehmens in China sind folgende Voraussetzungen zu erfüllen:[967]

a) das ausländische Versicherungsunternehmen muss über Erfahrungen im Versicherungsgeschäft von mehr als 30 Jahren verfügen; zu den Betriebsjahren zählen auch die Jahre von übernommenen Unternehmen oder die Jahre von Unternehmen mit denen fusioniert wurde;[968]
b) das ausländische Versicherungsunternehmen oder ihre Versicherungsgruppe unterhält ein Repräsentanzbüro in China, das seit mindestens zwei Jahren besteht und von der Versicherungsaufsichtsbehörde genehmigt worden sein muss;[969]
c) das ausländische Versicherungsunternehmen muss über ein Gesamtkapital von mindestens 500 Mio. US $ verfügen, festgestellt im letzten Buchhaltungsjahr vor dem Errichtungsantrag;[970]
d) das Herkunftsland oder die Regierung des ausländischen Versicherungsunternehmens muss über ein vollständiges Versicherungsaufsichtssystem verfügen, und das ausländische Versicherungsunternehmen wird von der zuständigen Verwaltung des Herkunftslands oder der Regierung wirksam beaufsichtigt;
e) die Zahlungsfähigkeit entspricht dem Standard des Herkunftslands oder der Regierung im Herkunftsland des ausländischen Versicherungsunternehmens;
f) der Antrag hat die Zustimmung der zuständigen Verwaltung des Herkunftslands oder Region des ausländischen Versicherungsunternehmens;
g) die von der Aufsichtsbehörde vorgeschriebenen weiteren Bedingungen enthalten folgende unbedingt einzuhaltende Richtlinien:
    - ein rationeller Strukturaufbau der Verwaltung der als juristische Person deklarierten Gesellschaft,
    - ein stabiles System des Risikomanagements,

967 § 8 VVaKC.
968 § 7 AVVaKC.
969 § 8 AVVaKC.
970 § 8 Abs. 1 Nr. 3 AVVaKC. Vgl. 10 AVVaKC.

- ein sicheres vollständiges inneres Kontrollsystem,
- ein effektives Management-Informationssystem,
- ein guter Zustand der Geschäftsleitung und
- keine schwerwiegenden Verletzungen des bestehenden Rechts.[971]

5.3.3.2 Investor der Zweigstelle eines ausländisch finanzierten VU

Mit dem Antrag auf die Errichtung einer Zweigniederlassung eines Versicherungsunternehmens mit ausländischer Kapitalbeteiligung müssen folgende Bedingungen bei der Versicherungsaufsichtsbehörde nachgewiesen werden:[972]

a) die Zahlungsfähigkeit des Investors entspricht den Vorschriften der Versicherungsaufsichtsbehörde;
b) ein funktionierendes inneres Kontrollsystem und keine negativen Eintragungen im Strafregister der Aufsichtsbehörde in den letzten zwei Jahren, wenn das Versicherungsunternehmen das Geschäft seit mehr als zwei Jahren betreibt;
c) ausreichendes Führungspersonal mit der von der Versicherungsaufsichtsbehörde entsprechend ihrer Position geforderten Qualifikation.

5.3.3.3 Investor für die Errichtung einer Repräsentanz

Die Voraussetzungen, die eine ausländische Versicherungsorganisation für die Errichtung eines Repräsentanzbüros zu erfüllen hat, sind in § 5 VfRaV wie folgt festgelegt:

a) Die ausländische Versicherungsorganisation muss sich in einem guten wirtschaftlichen Zustand befinden und Gewinne erzielen. Zudem muss die ausländische Versicherungsorganisation über mindestens 20 Jahre Betriebserfahrung im Versicherungsgeschäft oder als Versicherungsorganisation verfügen;
b) sie darf in den letzten drei Jahren vor Antragsdatum keine schwerwiegenden Gesetzesverletzungen begangen haben;
c) die weitere Bedingungen, die von der Aufsichtsbehörde erlassen werden und die es sehr genau einzuhalten gilt,nämlich:[973]
   - Notwendigkeit und Möglichkeit der Durchführung der Errichtung eines Repräsentanzbüros;
   - der vorgesehene Repräsentant verfügt über gute Kenntnisse des Versicherungsgeschäfts und die Regelungen des laufenden Repräsentanzbüros;
   - stabile Politik- und Wirtschaftssituation und ein vollständiges Finanzkontrollsystem des Herkunftslandes;

971 Vgl. § 11 AVVaKC.
972 § 29 AVVaKC.
973 § 2 EVfRaV.

- die ausländischen Versicherungsorganisation muss im Jahr vor der Beantragung der Errichtung des Repräsentanzbüros über mehr als 2000 Mio. US$ Gesamtkapital verfügen.

5.3.4 Qualifikationsanforderungen an vorgesehene leitende Mitarbeiter des ausländischen VU

Bezüglich der Mitarbeiterqualifikation werden die Anforderungen grundsätzlich in § 68 VersG'09 (§ 72 VersG'03) festgelegt, wobei die leitenden Mitarbeiter über entsprechende Fachkenntnisse und Berufserfahrung verfügen müssen. Die Qualifikation der leitenden Mitarbeiter des ausländischen Versicherungsunternehmens muss zusätzlich den Anforderungen des ausländischen Versicherungsunternehmens entsprechen.

Gemäß § 18 AVVaKC muss die verantwortliche Person für die vorgesehene Errichtungsvorbereitung des ausländisch finanzierten Versicherungsunternehmens mindestens ein Vordiplom besitzen und mehr als zwei Jahre Berufserfahrungen im Versicherungsgeschäft oder in einem ähnlichen Geschäft vorweisen und darf nicht vorbestraft sein. Ansonsten ist die „*Vorschrift zur Beaufsichtigung der Qualifikation hoher leitender Mitarbeiter von Versicherungsinstituten*“[974] anzuwenden, falls das AVVaKC keine Bestimmungen für die Qualifikation der hohen leitenden Mitarbeiter von ausländisch finanzierten Versicherungsunternehmen und ihren Zweigniederlassungen enthält.[975]

Entsprechend §§ 10 und 51 „*Vorschrift zur Beaufsichtigung der Qualifikation hoher leitender Mitarbeiter von Versicherungsinstituten*“ soll der ausländische hohe leitende Mitarbeiter[976] der Niederlassung des ausländischen Versicherungsunternehmens mehr als fünf Jahre im Finanzbereich oder mehr als acht Jahre in Wirtschaftsbereichen tätig gewesen sein, er muss ferner einen Diplom besitzen und über leitende Erfahrungen in Unternehmen oder Behörden verfügen. Außerdem muss noch der vorgesehene leitende Mitarbeiter der Zweigniederlassung eines ausländischen Versicherungsunternehmens die von seiner Muttergesellschaft geforderten Voraussetzungen erfüllen.[977]

Für die Errichtung einer Repräsentanz müssen der Hauptrepräsentant und der Repräsentant entsprechend § 13 Abs. 1 VfRaV über eine ausreichende akademische Ausbildung und praktische Berufserfahrung für die Durchführung ihrer Aufgaben verfügen. Gemäß § 13 Abs. 2 VfRaV müssen sie mindestens ein

974 Die Vorschrift ist vom CIRC am 12.6. 2006 erlassen worden und am 1.9.2006 in Kraft getreten.

975 § 34 AVVaKC.

976 Nach dieser Vorschrift zählen zu den hohen Mitarbeitern Vorstandsvorsitzende, stellvertretende Vorstandsvorsitzende, geschäftsführende Vorstandsmitglieder und Hauptgeschäftsführer.

977 § 24 Abs. 2 AVVaKC.

Vordiplom besitzen. Der Hauptrepräsentant muss über mindestens acht Jahre und der Repräsentant über mindestens fünf Jahre Berufserfahrung verfügen.

5.4 Geschäftsbereich des Versicherungsgewerbes

Die zu betreibenden Geschäftsbereiche von Versicherungsunternehmen mit ausländischer Kapitalbeteiligung und Repräsentanzbüros von ausländischen Versicherungsorganisationen werden von der chinesischen Versicherungsaufsichtsbehörde festgelegt. Versicherungsunternehmen mit ausländischer Kapitalbeteiligung und Repräsentanzbüros der ausländischen Versicherungsorganisation dürfen nicht außerhalb dieser bestimmten Geschäftsbereiche Versicherungsgeschäfte betreiben.

5.4.1 VU mit ausländischer Kapitalbeteiligung

Versicherungsunternehmen mit ausländischer Kapitalbeteiligung ist es nicht erlaubt, in China alle Versicherungsgeschäfte zu betreiben. Die Geschäftsbereiche werden von der chinesischen Versicherungsaufsichtsbehörde bestimmt. Die ausländisch finanzierten Versicherungsunternehmen dürfen nur innerhalb dieser Geschäftsbereiche Versicherungsgeschäfte betreiben.[978] Gemäß § 15 VVaKC dürfen folgende Versicherungsgeschäfte komplett oder teilweise betrieben werden:

- Vermögensversicherungsgeschäfte einschließlich Vermögensschadenversicherung, Haftpflichtversicherung, Kreditversicherung, usw.;
- Personenversicherung inklusive Lebensversicherung, Krankenversicherung, Unfallversicherung und usw.;
- Nach der Prüfung durch die Aufsichtsbehörde darf ein Versicherungsunternehmen mit ausländischer Kapitalbeteiligung innerhalb der erlaubten Bereiche Versicherungsgeschäfte für große kommerzielle Risiken und Generalpolicen betreiben.

Die oben genannten Versicherungsgeschäfte dürfen von ausländisch finanzierten Versicherungsunternehmen auch als sogenannte Rückversicherung betrieben werden, und zwar als Versicherungsnehmer (Aufnahme einer Rückversicherung) oder als Versicherer (Übernahme einer Rückversicherung). [979]

Ausländische Rückversicherungsunternehmen können seit 2001 Rückversicherungsgeschäfte in der Form als Niederlassung, als Joint Venture oder als rein ausländisch finanziertes Versicherungsunternehmen betreiben.[980]

978 § 18 Abs. 2 VVaKC.

979 § 17 VVaKC.

980 Veröffentlichung der Inhalte der Verpflichtungen zum Beitritt Chinas zur WTO, http://www.lawhightway.com.cn/wto/list asp?articleic=260.

5.4.2 Repräsentanzbüro der ausländischen Versicherungsorganisationen

Gemäß § 2 Abs. 2 VfRaV ist es der Repräsentanz der ausländischen Versicherungsorganisation nicht erlaubt, in China Versicherungsgeschäfte zu betreiben. Die Repräsentanz darf nur Kontakte aufnehmen und Marktforschungen durchführen, aber keine wirtschaftlichen Tätigkeiten ausüben.

5.5 Einschränkung des Versicherungsgeschäfts

Gemäß § 18 VVaKC werden Geschäftsbereich, Geschäftsgebiet und Kundenbereich des ausländisch finanzierten Versicherungsunternehmens von der Aufsichtsbehörde überprüft und bestätigt. Sie dürfen nur innerhalb des geprüften und bestätigten Umfanges Versicherungsgeschäfte ausüben. Entsprechend den Verpflichtungen anlässlich des Beitritts Chinas zur WTO werden die Versicherungsgeschäfte für ausländisch finanzierte Versicherungsunternehmen Schritt für Schritt weniger begrenzt.[981]

5.5.1 Geschäftsbereich des Versicherungsgewerbes

Versicherungsunternehmen mit ausländischer Kapitalbeteiligung dürfen nicht gleichzeitig in der Vermögensversicherung und in der Lebensversicherung tätig sein.[982] Das heißt, sie betreiben entweder die Vermögensversicherung oder die Lebensversicherung. Außerdem benötigen sie, wenn sie Versicherungsgeschäfte in ausländischer Währung durchführen wollen, die Erlaubnis der staatlichen Devisenaufsicht, und sie müssen die einschlägigen Devisenvorschriften der Volksrepublik China einhalten. Erhalten sie keine Erlaubnis für Devisengeschäfte, müssen sie sämtliche Geschäfte innerhalb des chinesischen Territoriums in chinesischer Währung (RMB) ausführen.[983]

Gemäß § 20 VVaKC dürfen sie ferner mit den ihnen verbundenen[984] Unternehmen folgende Geschäftsaktivitäten nicht ausüben:

- Aufnahme einer Rückversicherung (als Versicherungsnehmer) oder Übernahme einer Rückversicherung (als Versicherer),
- Ankauf und Verkauf von Vermögen oder andere Handelsgeschäfte.

---

981 Mitteilung der Aufsichtsbehörde 9. Sep. 2003, http://www.chinanews.com.cn/n/2003-09-09/26/344636.html.

982 § 16 VVaKC.

983 § 24 VVaKC.

984 Verbunden sind Unternehmen mit einer der folgenden Beziehungen: 1. Es besteht eine kontrollierte Beziehung bei der Kapitalinvestition oder dem Aktienbesitz. 2. Sie werden bei der Kapitalinvestition oder dem Aktienbesitz von einer dritten Person kontrolliert. 3. Bei der Gewinnverteilung verfügen sie über andere verbindende Beziehungen. Siehe § 16 VVaKC.

Ausländisch finanzierte Nicht-Lebensversicherungsunternehmen dürfen seit Ende 2003 Versicherungen mit großen kommerziellen Risiken und Generalpolicen in ganz China betreiben. Außerdem dürfen sie Eigentumsversicherungen und damit zusammenhängende Haftpflichtversicherungen sowie Kreditversicherungen mit Unternehmen im Ausland und mit ausländischen Unternehmen innerhalb Chinas abschließen.[985]

Bei der Lebensversicherung ist es seit dem Ende des Jahres 2004 möglich, dass ausländisch finanzierte Lebensversicherungsunternehmen die Geschäfte der Krankenversicherung und der Gruppenversicherung sowie der Rentenversicherung und privater Rentenversicherungen sowohl für ausländische Bürger als auch für chinesische Bürger betreiben.[986] Vorher waren nur Lebensversicherungsgeschäfte mit ausländischen und speziellen chinesischen Bürgern möglich.

5.5.2 Gebietsbegrenzung

Die Errichtung einer Versicherungsgesellschaft mit ausländischer Kapitalbeteiligung in China ist bestimmten Gebietsbegrenzungen unterworfen, die nach § 5 Abs. 2 VVaKC von der Aufsichtsbehörde festgelegt werden. China hat sich beim Beitritt zur WTO verpflichtet, alle Gebietsbeschränkungen aufzuheben. Deshalb wurde im Jahr 2001 ausländisch finanzierten Lebensversicherungsunternehmen, Nicht-Lebensversicherungsunternehmen und Maklerversicherungsunternehmen zunächst in Shanghai, Guangzhou, Dalien, Shenzhen und Foshan erlaubt, Versicherungsgeschäfte zu betreiben.[987] Diese freigegebenen Geschäftsgebiete wurden sukzessiv erweitert, bis Ende 2004 schließlich alle Gebietsbegrenzungen aufgehoben waren.

Jedoch darf gemäß § 27 Abs. 2 Satz 1 AVVaKC eine Zweigniederlassung eines ausländischen Versicherungsunternehmens ihre Geschäfte nur innerhalb der Verwaltungseinheit (Provinz, Autonomiegebiet, provinzfreie Stadt) ihres registrierten Geschäftssitzes betreiben.

5.6 Finanzaufsicht

Ein Versicherungsunternehmen mit ausländischer Kapitalbeteiligung und dessen Geschäftsbetrieb in China werden von der Aufsichtsbehörde überwacht. Dies gilt insbesondere im Hinblick auf den Finanzeinsatz und die finanziellen Verhältnisse der Versicherungsunternehmen.

---

985 Veröffentlichung der Inhalte der Verpflichtungen zum Beitritt Chinas zur WTO von V.R. China, S. 1. 23.11.2001, http://www.lawhightway.com.cn/wto/listasp?articleic=260. Detaillierte Verpflichtung siehe oben III. 4.2.2.4. Nicht-Lebensversicherung.

986 Ebenda. Detaillierte Verpflichtung siehe oben III. 4.2.2.3, Lebensversicherung.

987 Ebenda, S. 2. Detaillierte Verpflichtung siehe oben III. 4.2.2.2, örtlicher Geltungsbereich.

Die Finanzüberwachung des Versicherungsunternehmens mit ausländischer Kapitalbeteiligung ist in § 19 Abs. 1 VVaKC[988] festgelegt. Nach dieser Regelung ist die Aufsichtsbehörde berechtigt, die Geschäfts- und finanziellen Verhältnisse und den Einsatz der Mittel des Versicherungsunternehmens zu prüfen und vom Versicherungsunternehmen zu verlangen, dass es innerhalb einer bestimmten Frist einschlägige schriftliche Berichte und Unterlagen zur Verfügung stellt. Sie ist ferner auch berechtigt, Geldbußen oder andere Maßnahmen zu verhängen, wenn das Versicherungsunternehmen gegen Gesetze verstoßen oder Regelungen nicht eingehalten hat.

Die Versicherungsunternehmen mit ausländischer Kapitalbeteiligung sind verpflichtet, die Überwachung und Prüfung der Aufsichtsbehörde zu akzeptieren, und dürfen eine Prüfung nicht verweigern, verhindern oder Tatsachen verheimlichen.[989]

Zweigniederlassungen der ausländischen Versicherungsgesellschaft müssen der Aufsichtsbehörde innerhalb von drei Monaten nach jedem Buchführungsjahr jährliche Finanz- und Buchführungsberichte ihrer und ihrer Mutterversicherungsunternehmen einreichen und rechtmäßig bekanntmachen.[990] Außerdem müssen sie der Aufsichtsbehörde innerhalb von zehn Tagen einen schriftlichen Bericht einreichen, wenn das Stammkapital (Betriebskapital) ihrer Mutterversicherungsunternehmen sich ändert, oder wenn der Investor bzw. ein mehr als 10% des Kapitals des Unternehmens besitzender Anteilsinhaber wechselt.[991]

Die Finanzbeaufsichtigung für Versicherungsunternehmen mit ausländischer Kapitalbeteiligung ist im VVaKC mit den oben genannten § 19 Abs. 1, 2, § 21, § 22 Abs. 2 und 3 grundsätzlich geregelt. Darüber hinaus sind im Bedarfsfall das Versicherungsgesetz[992], die von der Aufsichtsbehörde geregelten Bestimmungen sowie andere Regelungen und Vorschriften für die Finanzbeaufsichtigung des ausländisch finanzierten Versicherungsunternehmens anzuwenden.[993]

Im Folgenden werden die Regelungen für die Gegenstände der laufenden Finanzbeaufsichtigung für die Kapitalausstattung, Kapitalanlage und Zahlungsfähigkeit dargestellt.

---

988 Vgl. § 155 Abs. 4, 5, 6 VersG'09, § 109 Abs. 1 VerG'03.

989 § 19 Abs. 2 VVaKC; Vgl. § 158 Abs. 2 VersG'09 (§ 109 Abs. 2 VerG'03).

990 § 21 VVaKC; vgl. § 119 VerG'03. Im neuen VersG'09 gibt es hierzu keine entsprechenden Regelungen.

991 § 22 Abs. 2 und 3 VVaKC.

992 § 38 VVaKC und § 45 Abs. 1 AVVaKC.

993 Nach § 185 VersG'09 (§ 154 VersG'03) gelten für ausländisch finanzierte Versicherungsunternehmen auch die Bestimmungen dieses Gesetzes; soweit Gesetze und Vorschriften etwas anderes vorsehen, gelten deren Bestimmungen.

5.6.1 Kapitalausstattung

Die in § 98 VersG'09 (§ 94 VersG'03) geregelte Kapitalausstattung und damit die Gewährleistung der Zahlungsfähigkeit der Versicherungsunternehmen ist das wichtigste im Versicherungsgesetz aufgeführte Objekt der laufenden Aufsicht.[994] § 24 Regelungen'96 enthält eine ziemlich ausführliche Aufzählung der einzelnen Unterarten der Gesamtmittel eines Versicherungsunternehmens, die auch nach dem Inkrafttreten des VersG'03 immer noch gültig ist. Danach bestehen das Kapital der Versicherungsunternehmen oder die Versicherungsmittel aus dem Stammkapital, dem Garantiefonds, dem Betriebskapital, den verschiedenen dort nicht im Einzelnen bezeichneten Rücklagen, dem Reservefonds, dem Wohlfahrtsfonds, dem nicht ausgeschütteten Gewinn, dem Versicherungsschutzfonds und sonstigen gesetzlich vorgeschriebenen Kapitalarten.

5.6.1.1 Garantiefonds

Der Garantiefonds, der an erster Stelle in § 24 Regelungen'96 als versicherungsspezifische Kapitalform genannt wird, ist nicht in der ursprünglichen und auch nicht in der überarbeiteten Version des Versicherungsgesetzes erwähnt. Laut §13 VVaKC dürfen die in diesem Fonds angesammelten Mittel ausschließlich zur Begleichung von Verbindlichkeiten im Falle der Unternehmensliquidierung verwendet werden. Der Garantiefonds muss mindestens 20% des registrierten bzw. des Betriebskapitals betragen.[995] Der Fonds ist bei einer von der Aufsichtsbehörde bestimmten Bank zu hinterlegen.

5.6.1.2 Rücklagen

Ist die bezüglich des Garantiefonds geltende Rechtslage schon nicht ganz eindeutig zu bestimmen, so verschwimmt sie hinsichtlich der erforderlichen Rücklagen fast vollständig. § 93 VersG'95 behandelte die Rücklagen noch nicht in allgemeiner Form, sondern nur *Haftungsrücklagen für noch nicht fällige Verpflichtungen* als eine bestimmte Unterart der Rücklagen. Der diese Norm ersetzende § 98 VersG'09 (§ 94 VersG'03) enthält hingegen die allgemeinere Verpflichtung, entsprechend der von CIRC erlassenen konkreten Maßnahmen *Haftungsrücklagen* zu bilden, um die Interessen der Versicherten und die Zahlungsfähigkeit des Unternehmens zu schützen.

Haftungsrücklagen für noch nicht fällige Verpflichtungen sind zuerst in § 93 VersG'95 geregelt worden. Die konkrete Funktion dieser Rücklage ergibt sich aus ihrer Bezeichnung. Für ihre Berechnung ist vorgesehen, dass sie bei Nicht-Lebensversicherungsunternehmen 50% der Prämieneinnahmen des jewei-

---

994 Dieser Artikel enthält nur geringfügige Veränderungen gegenüber den korrespondierenden Art. 93 ff. VersG'95.

995 § 97 VersG'09 und § 79 VersG'03.

ligen Jahres betragen muss. Bei Lebensversicherungsunternehmen muss sie dem Nettowert der bestehenden Policen entsprechen.[996]

Rücklagen für bereits eingetretene, aber noch nicht beglichene Versicherungsfälle zu bilden, wurde zuerst in § 95 VersG'03 bestimmt.[997] Zur Berechnung der Höhe der in diese Rücklagen einzubringenden Mittel bestimmt § 77 Vorschriften'00, dass 4% der im jeweiligen Jahr tatsächlich erbrachten Versicherungsleistungen erforderlich sind.

5.6.1.3 Reservefonds

§ 99 VersG'09 (§ 96 VersG'03) bestimmt lediglich die allgemeine Verpflichtung zur Errichtung des Reservefonds und beinhaltet einen Verweis auf nicht näher bezeichnete Detailregelungen, was mit der Regelung des § 95 VersG'95 identisch ist. Die Berechnung wird in § 29 Abs. 1 Regelungen'96 festgelegt. Danach muss in den gesetzlich vorgeschriebenen Reservefonds so lange 10% des jährlichen Gewinns nach Steuern eingezahlt werden, bis dieser 50% des Eigenkapitals erreicht hat.[998] Gemäß § 29 Abs. 2 Regelungen'96 kann aus den Gewinnen nach Steuern nach Belieben der Anteilsinhaber in den freiwilligen Reservefonds eingezahlt werden. Die Mittel dieses Fonds können sowohl zum Verlustausgleich als auch zur Erhöhung des Eigenkapitals oder zur Ausweitung der Geschäftstätigkeit benutzt werden.[999]

5.6.1.4 Wohlfahrtsfonds

Der Wohlfahrtsfonds ist in den Regelungen'96 erwähnt. § 29 dieser Regelung bestimmt dessen Errichtung, er ist zum Wohle der Arbeitnehmer des Versicherungsunternehmens zu verwenden.[1000] In den Wohlfahrtsfonds sind jährlich 5-10% des Gewinns nach Steuern einzubringen.[1001]

5.6.1.5 Versicherungsschutzfonds

§ 100 VersG'09 (§ 97 VersG'03) legt außerdem die Bildung eines Versicherungsfonds fest.[1002] Dieser Fonds soll nicht nur dem Schutz der Versicherungs-

---

996 Diese Regelung wurde in § 27 Regelungen'96 wortgleich übernommen, und dann weitgehend modifiziert; danach ist der Satz von 50% für Nicht-Lebensversicherungsunternehmen ein Mindestbetrag.

997 Diese Regelung ist mit § 94 VerG'95 identisch. In VersG'09 wird aber nicht bestimmt, wie "Rücklagen für bereits eingetretene, aber noch nicht beglichene Versicherungsfälle" zu bilden sind.

998 Der Reservefonds besteht aus dem freiwillig gebildeten und dem gesetzlich vorgeschriebenen Reservefonds. § 29 Regelungen'96 unterscheidet die beiden Reservefonds.

999 § 78 Vorschriften'00, § 31 Abs. 1 Regelungen'96.

1000 § 30 Abs. 3 Regelungen'96.

1001 § 29 Abs. 1 Regelungen'96.

1002 Vgl. § 96 VersG'95.

nehmer dienen, sondern auch der Sicherung einer stabilen und gesunden Tätigkeit des Versicherungsunternehmens. Dies ist besonders dann wichtig, wenn in Situationen, in denen aufgrund von Großschadensereignissen die sonstigen Mittel des Unternehmens nicht ausreichen, um die Ansprüche der Versicherungsnehmer rechtzeitig zu befriedigen.[1003] Nur unter diesen Bedingungen kann der Versicherungsschutzfonds verwendet werden.[1004] In diesen Fonds ist jährlich 1% der Prämieneinnahmen einzuzahlen, bis dieser 10% des Gesamtvermögens des Versicherungsunternehmens erreicht hat.[1005]

5.6.1.6 Eigenkapital

Versicherungsunternehmen haben entsprechend den Anforderungen des Versicherungsgesetzes sowie der nachfolgenden Vorschriften zuerst über das schon zur Geschäftsaufnahmegenehmigung erforderliche Mindestkapital zu verfügen.[1006] Daneben umfasst schon das VersG'03 in dessen § 98 ff. die Vorschriften hinsichtlich der Solvenz von Versicherungsunternehmen.[1007] Nach dieser Regelung muss das Versicherungsunternehmen eine dem Umfang ihrer Geschäftstätigkeit entsprechende Mindestzahlungsfähigkeit besitzen. Das tatsächliche Vermögen der Versicherungsunternehmen abzüglich ihrer tatsächlichen Verbindlichkeiten darf nicht unter einem von der Aufsichtsbehörde bestimmten Betrag liegen; wenn es unter diesem Betrag liegt, müssen die Kapitalfonds erhöht werden, um die Differenz auszugleichen.[1008]

Die Vorschriften zur Höhe der Mindestsolvenz erfolgten anfänglich durch die Festlegung absoluter Zahlen.[1009] Mit der Aufstellung der „Aufsichtssollwerte für die Versicherungsindustrie" wurde hiervon aber schon wieder abgerückt. Inzwischen sind die Bestimmungen der § 83 und 84 Vorschriften'00 für die Berechnung der Mindestsolvenz maßgeblich, danach wird die Mindestsolvenz im Verhältnis zu Variablen der Geschäftstätigkeit der Unternehmen festgelegt.

5.6.2 Sicherung der Zahlungsfähigkeit

Die Zahlungsfähigkeit von Versicherungsunternehmen wird neben der Festlegung der erforderlichen Solvenz auch dadurch geschützt, dass durch die Kontrolle und Begrenzung des Geschäftsumfangs der Haftungsumfang ebenfalls beschränkt wird.

1003 Chen Xiaoxing/Liu Jifeng/Liu Ying, Versicherungsrecht, S. 285.

1004 Wang Xujin, A Study on the Insurance Marktet, 1998, p. 12.

1005 § 32 Regelungen'96.

1006 § 69 Abs. 1 VersG'09; § 73 Abs. 1 VersG'03.

1007 Vgl. § 97 ff. VersG'95.

1008 § 101 VersG'09; § 98 VersG'03. Vgl. § 49 Regelungen'96; „Aufsichtssollwerte für die Versicherungsindustrie" vom 11.9.1998.

1009 Vgl. § 50, 51 Regelungen'96.

So lautet § 100 VersG'03: „Die Haftung, die ein Versicherungsunternehmen für eine einzelne Risikoeinheit, d.h. für den größtmöglichen Schaden eines Versicherungsfalls, übernimmt, darf 10% der Summe aus tatsächlich aufgebrachtem Eigenkapital und den angesammelten Reserven nicht übersteigen; für einen darüber hinausgehenden Teil müssen Rückversicherungen aufgenommen werden." Für die Aufteilung der Risiken hat das Versicherungsunternehmen die Regelungen der CIRC zu beachten. § 104 VersG'09 (§102 VersG'03) verweist bezüglich der Rückversicherungspflicht auf die einschlägigen Vorschriften der Aufsichtsbehörde.[1010] Das Versicherungsunternehmen soll den Rückversicherer sorgfältig auswählen.[1011]

Nach § 102 VersG'09 (§ 99 VersG'03) dürfen die jährlichen Prämieneinnahmen eines Sachversicherers den vierfachen Betrag des tatsächlich eingezahlten Kapitals zuzüglich der in dem Reservefonds gem. § 99 VersG'09 (§ 96 VersG'03) vorhandenen Mittel nicht übersteigen.

5.6.3 Kapitalanlage

Die Prinzipien der Kapitalanlage werden in § 106 VersG'09 (§105 VersG'03) festgelegt.[1012] Nach § 106 Abs. 1 VersG'09 haben Versicherungsunternehmen ihre Mittel stabil einzusetzen, Sicherheitsgrundsätze zu beachten und zu gewährleisten, dass der Wert ihres Vermögens bewahrt wird und wächst. Ferner ist auch die Verfügbarkeit des Kapitals zu berücksichtigen.[1013] Die Anlagensicherheit hat hierbei den obersten Stellenwert.[1014] Die detaillierten Verwaltungsmaßnahmen für die Verwendung des Versicherungsunternehmenskapitals werden von den Aufsichtsbehörden entsprechen Abs. 1 und 2 dieser Artikel bestimmt.[1015]

Erlaubte Anlageformen[1016] sind gemäß § 106 Abs. 2 VersG'09 für Versicherungsunternehmen Bankguthaben, Anleihen, Aktien, Anteile an Aktienfonds

1010 Gemäß der alten Fassung des § VersG'95 war für 20% der Haftungssumme jedes Versicherungsvertrages eine Rückversicherung abzuschließen.

1011 § 105 VersG'09.

1012 Der ist mit dem vorigen § 104 VersG.'95 identisch.

1013 Ma Yongwei, Mit größter Kraft die nationale Versicherungsindustrie entwickeln, gewissenhaft den Geist der kritischen Anmerkungen Präsident Jiangs umsetzen, S. 269.

1014 Ebenda, S. 268.

1015 Dieser Artikel ersetzte Art. 105 VersG'03. Nach Absatz 4 dieses Artikels bestimmt die Versicherungsbehörde die Verwendung des Kapitals und den konkreten Anteil der verschiedenen Anlageformen.

1016 Das VVaKC enthält keine Angaben zur Kapitalanlage, deshalb gelten für ausländisch finanzierte Versicherungsunternehmen die gleichen allgemeinen Kapitalanlagevorschriften wie für die inländischen Versicherungsunternehmen.
Aber vor dem Erlass des VVaKC war es durch die geltenden Sondervorschriften der Shanghai-Regelungen möglich, dass ausländisch finanzierte Versicherungsunternehmen bis 10% ihrer investierbaren Gesamtsumme für den Kauf von Unternehmens-

und anderen Wertpapieren, Immobilieneigentum und andere vom Staatsrat zugelassenen Formen für die Kapitalinvestition.

Gemäß § 105 VersG'03 Abs. 2 und 3 war die Vermögensanlage eines Versicherungsunternehmens nur auf Bankguthaben, den Handel mit öffentlichen Anleihen (Regierungs- und Finanzanleihen) und andere vom Staatsrat zugelassenen Anlageformen beschränkt.[1017] Obwohl § 105 Abs. 3 VersG'03 ausdrücklich eine Kapitalanlage in die Errichtung von Wertpapierhäusern oder Investitionen in Unternehmen, die keine Versicherungsgeschäfte betreiben, untersagte, war dies durch die Erlasse „Mitteilung der Versicherungsbehörde und Aktienbehörde über die mit den Wertpapierinvestitionen und dem -handel durch Versicherer verbundenen Probleme"[1018] vom 16.2.2005 und „Vorläufige Maßnahmen für Investitionen in Anleihen durch Versicherer"[1019] vom 17.8.2005 geändert worden. Gemäß diesen Erlassen waren Wertpapierinvestitionen und Unternehmensanleihen möglich.

Nach diesen Erlassen, die auch für die Niederlassungen von ausländischen Versicherungsunternehmen in China gelten,[1020] dürfen die Wertpapierinvestitionen für traditionelle Versicherungsprodukte und Bonusversicherungen des Versicherers maximal 10% des Gesamtvermögens des Versicherers, bezogen auf das letzte Geschäftsjahr, betragen. Für Anleihen ist es erlaubt, dass der Versicherungsunternehmer seine Kapitalanlage nicht nur in Regierungs- und Finanzanleihen, sondern auch in Unternehmensanleihen sowie anderen von der zuständigen Verwaltungsabteilung genehmigten Anleihen investiert.[1021]

5.7 Auflösung von Versicherungsunternehmen mit ausländischer Kapitalbeteiligung

Bei der Betreibung des Versicherungsgeschäftes in China werden Versicherungsunternehmen mit ausländischer Kapitalbeteiligung hinsichtlich der laufenden Beaufsichtigung von der Aufsichtsbehörde überwacht. Die aufsichtsrechtlichen Regelungen umfassen auch Normen für die Auflösung von Versiche-

schuldscheinen verwenden konnten (Art. 30 Ziff. 4 Shanghai-Regelungen). Außerdem konnten bis 30% der investierbaren Gesamtsumme zur Vergabe von auf Devisen lautenden Darlehen angewendet werden (Art. 30 Ziff. 5 Shanghai-Regelungen). Ferner durften diese Unternehmen für bis zu 15% ihrer investierbaren Gesamtsumme Aktionärsrechte an anderen Unternehmen erwerben (Art. 30 Ziff. 6 Shanghai-Regelungen).

1017 Art. 105 abs. 2 VersG'03.

1018 http://www.china.com.cn/chinese/FI-c/786323.htm.

1019 Veröffentlichung der Aufsichtsbehörde, Nr. 72, 2005, http://www.china.com.cn/chinese/PI-c/946972.htm. http://china.findlaw.cn/fagui/ms/23/29318.html.

1020 Art. 66 „Vorläufige Maßnahmen für Investitionen in Anleihen durch Versicherer"; § 7 „Mitteilung der Versicherungsbehörde und Aktienbehörde über die mit den Wertpapierinvestitionen und dem -handel durch Versicherer verbundenen Probleme".

1021 § 4 „Vorläufige Maßnahmen für Investitionen in Anleihen durch Versicherer".

rungsunternehmen; es gab aber bisher noch keinen Fall der Auflösung eines ausländisch finanzierten Versicherungsunternehmens unter Anwendung dieser Normen.

Für die freiwillige Auflösung oder die befohlene Auflösung müssen die Versicherungsunternehmen mit ausländischer Kapitalbeteiligung zuerst der Aufsichtsbehörde die Antragsunterlagen zur Prüfung vorlegen. Nach der Prüfung wird die Aufsichtsbehörde die Zustimmung zur freiwilligen oder befohlenen Auflösung oder deren Verweigerung ergehen lassen. Nach § 41 AVVaKC Abs. 3 sind diese Regelungen auch anzuwenden für Niederlassungen von ausländischen Versicherungsunternehmen, deren Mutterunternehmen freiwillig oder befohlen aufgelöst wird, sowie bei Konkurs des Mutterunternehmens.

Bei der freiwilligen Auflösung oder der befohlenen Auflösung sowie Konkurs des Versicherungsunternehmens dürfen Versicherungsunternehmen mit ausländischer Beteiligung ihr Vermögen nicht nach außerhalb des chinesischen Territoriums transferieren, bevor sie die vollständige Begleichung ihrer Verbindlichkeiten nachgewiesen haben.[1022] Nach § 41 AVVaKC Abs. 3 sind diese Regelungen auch anzuwenden für Niederlassungen von ausländischen Versicherungsunternehmen, deren Mutterunternehmen freiwillig oder befohlen aufgelöst wird, sowie bei Konkurs des Mutterunternehmens.

Gemäß §§ 89, 150, 90 VerG'09 (§§ 85, 86, 87 VerG'03) werden die freiwillige Auflösung, die befohlene Auflösung und der Konkurs eines Versicherungsunternehmens unterschiedlich behandelt.

5.7.1 Freiwillige Auflösung[1023]

Gemäß § 26 Abs. 1 Satz 1 VVaKC muss die freiwillige Auflösung von der Aufsichtsbehörde genehmigt werden. Gemäß § 89 VerG'09 (§ 85 VerG'03) kommen als Gründe für die freiwillige Auflösung eine Aufspaltung oder Fusion des Versicherungsunternehmens oder ein Beschluss der Hauptversammlung der Aktionäre sowie sonstige sich aus der Unternehmenssatzung ergebende Gründe in Betracht.[1024] Lebensversicherungsunternehmen mit ausländischer Beteiligung können allerdings nicht aufgelöst sondern nur aufgespaltet oder fusioniert werden.[1025]

Joint Ventures oder rein ausländisch finanzierte Vermögensversicherungsunternehmen müssen gemäß § 35 AVVaKC die folgenden Unterlagen der Auf-

1022 § 30 VVaKC.

1023 Vor dem Erlass der VVaKC war die Möglichkeit zur freiwilligen Auflösung für ausländisch finanzierte Versicherungsunternehmen bereits in § 34 der Shanghai-Regelungen enthalten.

1024 § 89 Abs. 1 VersG'09; vgl. Zou Hailin, Versicherungsrecht, S. 563.

1025 § 26 Abs. 2 VVaKC; vgl. § 89 Abs. 2 VerG'09.

sichtsbehörde zur Genehmigung einreichen, wenn eine Aufspaltung oder Fusion Grund für die Auflösung ist:[1026]

- den von dem Vorstandvorsitzenden des Unternehmens unterschriebene Antrag;
- den Beschluss der Vorstandsversammlung des Unternehmens;
- die vorgesehene Errichtung eines Liquidationsteams und die Benennung der Personen und Planung;
- den Plan für noch nicht abgewickelte Versicherungsfälle.

Für ein ausländisches Vermögensversicherungsunternehmen sind folgende Unterlagen bei der Aufsichtsbehörde für die Genehmigung vorzulegen, wenn beantragt wird, ihre Zweigniederlassung in China aufzulösen:[1027]

- der vom Vorstandvorsitzenden oder Geschäftsführer der ausländischen Vermögensversicherungsunternehmen unterschriebene Antrag;
- die vorgesehene Errichtung einer Liquidationsgruppe mit der Benennung der Personen und ein Abwicklungsplan;
- ein Liquidationsplan für noch nicht abgewickelte Versicherungsfälle.

5.7.2 Befohlene Auflösung

Gemäß § 27 VVaKC wird für ein Versicherungsunternehmen mit ausländischer Beteiligung eine befohlene Auflösung durchgeführt und von der Aufsichtsbehörde veröffentlicht, wenn es gegen das Recht verstößt und deswegen die Versicherungsgewerbelizenz von der Aufsichtsbehörde zurückgenommen wird, oder wenn die Zahlungsfähigkeit nicht dem von der Aufsichtsbehörde verlangten Standard entspricht und ohne die Auflösung die Ordnung des Versicherungsmarktes schwer geschädigt oder das öffentliche Interesse verletzt wird.[1028] Die Aufsichtsbehörde veranlasst danach die Errichtung eines Liquidationsteams, um die Abwicklung des Versicherungsunternehmens durchzuführen.[1029]

5.7.3 Konkurs des Versicherungsunternehmens

Wenn ein Versicherungsunternehmen mit ausländischer Beteiligung fällige Verbindlichkeiten nicht bezahlen kann, kann es oder der Gläubiger nach der Zustimmung durch die Aufsichtsbehörde eine gerichtliche Klärung beantragen. Daraus könnten neue Einigungen durch beiderseitige Kompromisse, eine Fusion mit einem anderen Versicherungsunternehmen oder der Konkurs des Versicherungsunternehmens resultieren.[1030] Die Aufsichtsbehörde kann auch selbst ge-

1026 § 35 AVVaKC.
1027 § 41 AVVaKVC.
1028 Vgl. § 150 VersG'09.
1029 § 29 VVaKC.
1030 § 90 Abs. 1 Satz 2 VersG'09 und § 29 AVVaKC.

richtlich eine Fusion oder den Konkurs des Versicherungsunternehmens beantragen [1031]

5.7.4 Durchführung der Auflösung

Bei der Durchführung der Auflösung sind §§ 36, 41 Abs. 2 und 3 AVVaKC für die Auflösung eines Vermögensversicherungsunternehmens mit ausländischer Beteiligung (EJVV und WFOV), für die Auflösung einer Niederlassung von ausländischen Vermögensversicherungsunternehmen sowie für die Auflösung oder den Konkurs des ausländischen Mutterunternehmens anzuwenden. Nach diesen Regelungen ist die Errichtung eines Liquidationsteams erforderlich. Das Liquidationsteam muss von dem Versicherungsunternehmen ab dem Erhalt der Auflösungsgenehmigung innerhalb von 15 Tagen errichtet werden. Außerdem darf das Versicherungsunternehmen keine neuen Geschäftsaktivitäten beginnen[1032] und es muss der Aufsichtsbehörde die Versicherungsgewerbelizenz zurückgeben.

Ferner sind die Aufgaben des Liquidationsteams in den §§ 37, 38 und 39 AVVaKC festgelegt. Das Liquidationsteam muss ab dem Tag seiner Errichtung innerhalb von fünf Tagen den Ablauf des Abwicklungsprozesses der Industrie- und Handelsverwaltung und anderen relevanten Behörden wie Steuer-, Arbeits- und Sozialverwaltung schriftlich mitteilen.[1033] Es muss ab dem Tag seiner Gründung innerhalb von einem Monat ein von der Aufsichtsbehörde anerkanntes Buchführungsbüro zur Prüfung bestellen und ab dem Tag der Bestellung des Buchführungsbüros innerhalb von drei Monaten der Aufsichtsbehörde die Prüfungsberichte einreichen.[1034] Schließlich muss es bis zum 10. Tag jedes Monats neue Statusberichte über relevante Abwicklungen der Verbindlichkeiten und Kapitalhandlungen usw. der Aufsichtsbehörde vorlegen.[1035]

Des Weiteren muss das Liquidationsteam innerhalb von 60 Tagen nach dessen Gründung die Abwicklung hinsichtlich der freiwilligen oder der befohlenen Auflösung des Versicherungsunternehmens bekannt machen. Der Inhalt der Bekanntmachung muss von der Aufsichtsbehörde geprüft und genehmigt werden und dann in einer Zeitung, die von der Aufsichtsbehörde bestimmt wird,[1036] mindesten dreimal veröffentlicht werden.[1037]

1031 § 90 Abs. 1 Satz 2 VersG'09.

1032 Gemäß § 23 VVaKC muss die Aufsichtsbehörde bei der freiwilligen Auflösung, der befohlenen Auflösung sowie bei Konkurs des ausländischen Muttervermögensversicherungsunternehmens die Betreibung von neuen Versicherungsgeschäften der Niederlassung untersagen.

1033 § 37 AVVaKC.

1034 § 38 AVVaKC.

1035 § 39 AVVaKC.

1036 § 40 AVVaKC.

1037 § 28 VVaKC.

IV. Vergleichendes Resümee

Als Gründungsmitglied der WTO hat Deutschland mit den anderen EG-Industrieländern 1994 allgemeine Pflichten und Disziplinen des GATS im Versicherungssektor übernommen, ebenso China, das 2001 der WTO beitrat. Dies ermöglichte den Versicherungsunternehmen beider Länder, Versicherungsgeschäfte im jeweils anderen Land zu betreiben. Wie weit die nationalen Versicherungsmärkte geöffnet sind, lässt sich aus den eingegangenen spezifischen Verpflichtungen und den daraus resultierenden Versicherungsaufsichtsregelungen beider Länder erkennen. Beide Länder haben zwar gleichartige Rechtssysteme (kontinentales-europäisches Recht), aber ungleiche Wirtschaftssysteme (Kapitalismus vs. Kommunismus) sowie einen unterschiedlichen Wohlstands- und Entwicklungsstatus. Daraus resultieren letztlich auch die unterschiedlichen spezifischen Verpflichtungen, die Deutschland und China im Rahmen des GATS jeweils übernommen haben.

Entsprechend ihrer spezifischen Verpflichtungen haben Deutschland und China auch ihre Aufsichtsregelungen für die Versicherungsunternehmen angepasst. Diese Aufsichtsregelungen spiegeln die Ähnlichkeiten und die Verschiedenheiten der eingegangenen spezifischen Verpflichtungen wider. Dazu gehören die zulässigen Rechtsformen, Verfahren, die erforderlichen Unterlagen, Qualifikationen des Führungspersonals, Geschäftsumfang, Finanzaufsicht und Auflösung der Versicherungsunternehmen. Die Unterschiede und Gemeinsamkeiten werden im Folgenden dargestellt.

1. Spezifische Verpflichtungen im Rahmen des GATS

Während Deutschland und China die allgemeine Verpflichtungen wie bspw. Transparenz, Meistbegünstigung, zunehmende Beteiligung der Entwicklungsländer rechtlich gleich bindend zugesagt haben, haben sie aufgrund der Entwicklung ihres Versicherungsmarktes und ihrer Wirtschaftslage unterschiedliche spezifische Verpflichtungen für den Grad der tatsächlichen Liberalisierung des Marktzugangs, der Inländerbehandlung (soweit in entsprechenden Länderlisten enthalten) und der Meistbegünstigung (mit Ausnahmenlisten) übernommen.[1038]

Deutschland, ein entwickeltes OECD-Land mit einem führenden Versicherungsmarkt sowie weltweit konkurrenzfähigen Versicherungskonzernen, hatte schon vor dem GATS ein sehr liberales Versicherungssystem.[1039] Durch den

1038 Schmidt/Huppenbauer, Das System der Welthandelsordnung auf dem Wege zur Verwirklichung – Einige Bemerkungen zu WTO und GATS unter Gesichtspunkten der Versicherung, 1998, S. 23 ff., 31 ff.

1039 Vgl. Barth/Huppenbauer, Die Liberalisierung der Versicherungsmärkte in der Welthandelsorganisation, VW 1995, 1630.

Beitritt Deutschlands zur WTO wurden daher auch keine Änderungen des geltenden VAG notwendig.[1040]

Im Gegensatz zu Deutschland ist China ein Entwicklungsland. Chinas Versicherungsmarkt steht mit seiner Transformation zu global integrierten Marktstrukturen erst in den Anfängen. China hatte zum Schutz der eigenen Versicherungswirtschaft restriktive Zugangs- und Geschäftsbeschränkungen errichtet. Staatliche Vorgaben bei der Prämienpolitik und der Produktdiversifizierung sowie mangelndes Risikomanagement infolge starker Beschränkungen bei der Anlage von Versicherungsfonds bildeten weitere Hemmnisse für die Entwicklung eines international konkurrenzfähigen Marktes. So konnten auch die chinesischen Versicherungsgesetze nicht den Anforderungen des GATS entsprechen. Um den Versicherungsmarkt zu öffnen und damit einen international funktionsfähigen Markt aufbauen zu können, hat China mit dem WTO-Beitritt zahlreiche spezifische Verpflichtungen übernommen, die schrittweise in einem Zeitrahmen von fünf Jahren eine Gleichstellung der ausländischen mit den chinesischen Versicherungsunternehmen ermöglichen sollten.

Die spezifischen Verpflichtungen für Versicherungsgeschäfte haben Deutschland und China für jede in den vom GATS definierten vier Erbringungsformen des internationalen Dienstleistungsverkehrs (Modus 1 bis Modus 4) in ihrer Länderliste eingetragen.

Für grenzüberschreitende Dienstleistungserbringungen (Modus 1) hat sich China beliebige Einschränkungen vorbehalten außer für Rückversicherungen, Schifffahrt- und Luftverkehrsversicherungen, internationale Transportversicherungen sowie Maklertätigkeiten für große kommerzielle Risiken, Internationale Schifffahrt- Luftverkehr- und Transportversicherungen und Rückversicherung. Im Gegensatz dazu hat Deutschland nur zwei Einschränkungen: zum einen für die Lufttransporthaftpflichtversicherung, die nur von Versicherungsunternehmen mit einer Niederlassung in Deutschland übernommen werden dürfen, und zum anderen dürfen Versicherungsverträge für internationale Transporte in Deutschland durch Drittstaaten-VU, die eine Niederlassung in Deutschland gegründet haben, nur über diese Niederlassung abgeschlossen werden.[1041]

Hinsichtlich des Konsums im Ausland (Modus 2) gibt es in China Beschränkungen für Versicherungsmakler, während in Deutschland keine Einschränkungen bestehen.

In Bezug auf Modus 3, die gewerbliche Niederlassung, beschränkt Deutschland vor allem die direkten Zweigniederlassungen der Tochtergesellschaften von Drittstaaten-VU. In China sind die gewerblichen Niederlassungen auf bestimmte Rechtsformen beschränkt.[1042] Zudem darf der Auslandsanteil bei Joint-Venture-

1040 Vgl. Völkel, Marktzugang ausländischer Versicherer, S. 265. Vgl. Kokott, Liberalisierung der Finanzdienstleistungen im Rahmen der WTO, S. 404.

1041 BGBl. 1994 II, 1671.

1042 Siehe unten 2. Zulässige Rechtsformen.

Lebensversicherungsunternehmen 51% nicht überschreiten. Darüber hinaus dürfen ausländische Versicherungsunternehmen in China keine Rechtsschutzversicherung betreiben und ausländische Versicherungsmakler nur für große kommerzielle Risiken, Internationale Schifffahrt- Luftverkehr- und Transportversicherungen und Rückversicherung tätig werden, während dies den Drittstaaten-VU in Deutschland erlaubt ist.

In Hinblick auf die Präsenz natürlicher Personen (Modus 4) hat China keine Einschränkungen für die Beschäftigung deutscher Manager oder Vorstandsmitglieder von Versicherungsunternehmen. Demgegenüber verlangt Deutschland, dass der Bevollmächtigte eines chinesischen Versicherungsunternehmens einen Wohnsitz in Deutschland nachweist.

2. Zulässige Rechtsformen

Zulässige Rechtsformen sind in Deutschland im VAG und in China im VVaKC festgelegt. Während das VAG als Rechtsform nur Zweigniederlassungen von Drittstaaten-VU von Versicherungsaktiengesellschaften in Deutschland zulässt,[1043] sind in China Aktiengesellschaft und Gesellschaft mit beschränkter Haftung als Rechtsform zulässig.[1044] Gemäß § 2 VVaKC und § 27 AVVaKC können ausländische Versicherungsunternehmen in China Equity-Joint-Venture- und Whole-Foreign-Owned Versicherungsunternehmen und deren Zweigniederlassungen sowie Repräsentanzen gründen.

3. Zulassungsverfahren

In Bezug auf das Zulassungsverfahren ist das VVaKC komplizierter als das VAG.

Bei der Zulassung von Versicherungsunternehmen mit ausländischer Kapitalbeteiligung (einschließlich der Zweigniederlassungen ausländischer Versicherungsunternehmen) ist in China eine zweifache Genehmigung erforderlich. Zuerst wird die Genehmigung zur Errichtungsvorbereitung benötigt. Gemäß § 9 VVaKC muss das ausländische Versicherungsunternehmen mit einem formlosen Antrag die Errichtung des Versicherungsunternehmens mit ausländischer Kapitalbeteiligung mit den dazu erforderlichen Unterlagen bei der Aufsichtsbehörde beantragen. Erst nach der Vorabprüfung der Aufsichtsbehörde erhält der Antragsteller die notwendigen Antragsformulare für die Beantragung der Genehmigung zur Geschäftsaufnahme. Nach Erfüllung der Errichtungsvorbereitung muss der Antragsteller die ausgefüllten Antragsformulare und alle geforderten Unterlagen der Aufsichtsbehörde einreichen. Danach überprüft die Aufsichtsbehörde die vorgelegten Unterlagen und trifft die Entscheidung zur Erlaubnis der Geschäftsaufnahme.

1043 § 7 Abs. 1 und § 106b Abs. 1 Nr. 2 Buchst. a VAG.

1044 § 94 VAG; § 2 UnterG'06.

Demgegenüber sind für die Zulassung der Zweigniederlassungen von Drittstatten-VU in Deutschland laut VAG mehre Aufsichtsorganisationen zuständig. Der Antrag auf die Errichtung einer Zweigniederlassung eines Drittstaaten-VU muss der BaFin mit allen erforderlichen Unterlagen eingereicht werden.[1045] Die BaFin hört zuerst den Versicherungsbeirat an, und die fachlichen Überprüfungen werden dann von der Aufsichtsbehörde durchgeführt.[1046] Schließlich äußert sich die BaFin gutachterlich über die Kapitalausstattung, den sachlichen und örtlichen Tätigkeitsbereich und die Rechtsfähigkeit des ausländischen Versicherungsunternehmens. Abschließend entscheidet dann der BMF über die Erlaubnis zur Geschäftsaufnahme.[1047]

4. Erforderliche Unterlagen

Die erforderlichen Unterlagen für die Erteilung der Erlaubnis des Versicherungsgeschäfts sind ebenfalls im VAG und im VVaKC festgelegt. Die ausgefüllten Antragsformulare, ein Geschäftsplan, die Satzung des Unternehmens sowie Qualifikationsnachweise der leitenden Angestellten werden von beiden Gesetzen gefordert.[1048] Demgegenüber bestehen aber auch Unterschiede.

§ 9 VVaKC verlangt z.B. einen Bericht über die Errichtungsvorbereitung, erforderliche Bedingungen der Investoren, Benennung des Investmentkapitals des geplanten Versicherungsunternehmens, eine Einlageprüfungsbescheinigung, Ermächtigungsurkunden der vorgesehenen hauptzuständigen Person des Unternehmens, Kalkulationsanleitungen über Versicherungsprämiensätze und Haftungsrückstellung sowie die Versicherungsregeln für die betreffenden Versicherungsarten, einen Haftungsgarantienachweis der ausländischen Versicherungsgesellschaft für die Schulden und Steuern ihres Zweigniederlassungsunternehmens und andere nicht genauer definierte Schriftstücke und Unterlagen, die von der Aufsichtsbehörde festgelegt werden können.

Im Gegensatz dazu verlangt § 5 VAG als einzureichende Unterlagen z.B. Unternehmensverträge, Funktionsausgliederungsverträge, Schätzungen für den zukünftigen Geschäftsbetrieb, Bescheinigungen des Sitzlandes zum Betrieb des Versicherungsgeschäfts, einen Nachweis der Betriebserfahrungen und der Rechtsfähigkeit des Unternehmens, die Bilanz und Gewinn- und Verlustrechnungen für jedes der drei letzten Geschäftsjahre des Sitzlandes.

5. Investor (Versicherungsunternehmen)

Bezüglich der Einrichtung einer Zweigniederlassung von ausländischen Versicherungsunternehmen legt das VVaKC für den Investor fest, dass das ausländi-

1045 § 106b Abs. 1 VAG.
1046 § 106b Abs. 4 VAG; Fahr/Kaulbach, Rn. 106b, 14.
1047 Schmidt, in: Prölss, VAG-Kommentar, § 106b, Rn. 13.
1048 § 9 VVaKC; § 5 VAG.

sche Versicherungsunternehmen über ein Gesamtkapital von mindestens 500 Millionen US$ und über 30 Jahre Erfahrung im Versicherungsgeschäft verfügen muss.[1049] Ferner muss das Versicherungsunternehmen mindestens zwei Jahre ein Repräsentanzbüro in China unterhalten haben.[1050] Dem Antrag zur Errichtung einer Zweigniederlassung muss auch die Aufsichtsbehörde des ausländischen Versicherungsunternehmens zustimmen. Außerdem muss die Zahlungsfähigkeit des Versicherungsunternehmens dem Standard des Herkunftslandes entsprechen.[1051]

Im Unterschied zum VVaKC bestimmt das VAG, dass die Rechts- und Parteifähigkeit der Zweigniederlassung von Drittstaaten-VU sich nach dem Recht des Drittstaates richtet. Das Drittstaaten-VU muss eine Bescheinigung seiner Landesaufsichtsbehörde vorlegen, welche Versicherungsparten das Unternehmen zu betreiben befugt ist und welche Arten von Risiken es tatsächlich deckt.[1052] Außerdem müssen noch die Bilanzen sowie die Gewinn- und Verlustrechnungen für jedes der letzten drei Geschäftsjahre des Unternehmens vorgelegt werden.[1053]

6. Qualifikation der leitenden Personen[1054]

In Bezug auf die Qualifikation der leitenden Personen werden sowohl vom VAG als auch vom VVaKC die fachliche Eignung und ein Führungszeugnis verlangt. Jedoch sind die erforderlichen fachlichen Kenntnisse und Leitungserfahrungen im VAG und VVaKC unterschiedlich geregelt.

§ 7a Abs. 1 VAG setzt für die fachliche Eignung in ausreichendem Maße theoretische und praktische Kenntnisse im Versicherungsgeschäft sowie Leitungserfahrung voraus. Hat eine Person eine dreijährige leitende Tätigkeit bei einem Versicherungsunternehmen oder Pensionsfonds von vergleichbarer Größe und Geschäftsart nachgewiesen, ist regelmäßig von einer hinreichenden fachlichen Eignung auszugehen.[1055] Außerdem reicht als fachliche Eignung für einen Nicht-Versicherungsspezialisten aus, wenn er über den Abschluss eines Diplomstudiums der Wirtschaftswissenschaft oder Mathematik und eine dreijährige Erfahrung als Selbstständiger oder als Geschäftsführer außerhalb der Versicherungswirtschaft verfügt.[1056]

1049 § 8 VVaKC, § 9 AVVaKC.

1050 § 8 AVVaKC.

1051 § 8 VVaKC.

1052 § 106b Abs. 1 Satz 2 VAG.

1053 § 106b Abs. 1 Satz 3 VAG.

1054 Nach derselben Vorschrift zählen zu den hohen Mitarbeitern Vorstandsvorsitzende, stellvertretende Vorstandsvorsitzende, geschäftsführende Vorstandsmitglieder oder Hauptgeschäftsführer.

1055 § 7a Abs. 1 Satz 3 VAG.

1056 § 7a VAG, Fahr/Kaulbach-Kommentar, Rn. 7.

Demgegenüber legt § 18 AVVaKC für die Errichtungsvorbereitung einer Zweigniederlassung von ausländischen Versicherungsunternehmen in China fest, dass die leitende Person mindestens ein Vordiplom besitzen und mehr als zwei Jahre Berufserfahrung im Versicherungsgeschäft oder in einem ähnlichen Geschäft vorweisen muss. Für die Geschäftsaufnahme einer Zweigniederlassung von ausländischen Versicherungsunternehmen wird von der leitenden Person ein Diplom und eine mehr als fünfjährige Berufserfahrung im Finanzbereich oder achtjährige im Wirtschaftsbereich des Unternehmens verlangt.[1057] Außerdem muss die leitende Person der Zweigniederlassung eines ausländischen Versicherungsunternehmens auch die von der Muttergesellschaft geforderten Voraussetzungen erfüllen.[1058]

7. Geschäftsumfang

Im Hinblick auf den Geschäftsumfang gibt es im VAG und im VVaKC Übereinstimmungen bei der Erteilung der Erlaubnis für folgende Versicherungssparten: Vermögensversicherung, Vermögensschadenversicherung, Rückversicherung, Haftpflichtversicherung, Kreditversicherung, Lebensversicherung, Krankenversicherung, Unfallversicherung, Kraftfahrtversicherung, See- und Transportversicherung, Luftfahrtversicherung sowie fondsgebundene Lebensversicherung.[1059]

Jedoch regeln die beiden Gesetze die Zulassung der anderen Versicherungssparten unterschiedlich. Während einerseits die Erlaubnis für die Kautionsversicherung, verschiedene finanzielle Verlustversicherungen, die Rechtsschutzversicherung, Heirats- und Geburtenversicherung, Tontinengeschäfteversicherung, Kapitalisierungsgeschäfteversicherung und Geschäfte der Verwaltung von Versorgungseinrichtungen und Pensionsfondsgeschäfteversicherungen nach VAG erteilt werden,[1060] dürfen andererseits entsprechend VVaKC alle nach § 17 VVaKC zugelassenen ausländischen Versicherungsmakler Versicherungsgeschäfte für große kommerzielle Risiken und die Generalpolice nach der Genehmigung durch die Aufsichtsbehörde innerhalb eines erlaubten Bereiches betreiben.[1061]

8. Beschränkungen

In Hinblick auf die Versicherungsgeschäftsbeschränkungen gibt es das Spartentrennungsgebot sowohl im VAG als auch im VVaKC, wonach Lebensversicherungen und Krankversicherungen keine anderen Versicherungssparten betreiben

---

1057 § 10 und 51 „Vorschrift zur Beaufsichtigung der Qualifikation hoher leitender Mitarbeiter von Versicherungsinstituten".

1058 § 24 Abs. 2 AVVaKC.

1059 §§ 15, 17 VVaKC und Vgl. § 95 VersG'09; § 6 VAG.

1060 § 6 Abs. 3 und 4 VAG; § 15 VVaKC.

1061 § 15 VVaKC.

dürfen.[1062] Die unterschiedlichen Begrenzungen des Geschäfts werden im VAG und im VVaKC festgelegt.

§ 7 Abs. 2 VAG verbietet, versicherungsfremde Geschäfte zu betreiben. Dagegen legt § 20 VVaKC fest, dass ein Versicherungsunternehmen mit den ihm verbundenen Unternehmen keine Geschäftsaktivitäten der Auf- oder Übernahme einer Rückversicherung ausüben darf.

In Bezug auf die Geschäftsgebietsbegrenzung dürfen chinesische Zweigniederlassungen in Deutschland das genehmigte Versicherungsgeschäft in allen EU-Ländern ausüben, während deutsche Zweigniederlassungen in China ihr Versicherungsgeschäft nur innerhalb der Verwaltungseinheit (Provinz, Autonomiegebiet, provinzfreie Stadt) ihres registrierten Geschäftssitzes betreiben dürfen.[1063]

9. Finanzaufsicht

Um die Erfüllbarkeit der Verpflichtungen aus den Versicherungen zu gewährleisten, haben die Aufsichtsbehörden Chinas und Deutschlands im Rahmen ihrer Finanzaufsicht die Einhaltung der übrigen finanziellen Grundlagen des Geschäftsplans und Regelungen über die Rechnungslegung und -prüfung sowie die Verwendung des Betriebskapital zu überwachen.[1064] Jedoch werden Kapitalausstattung und Vermögensanlagen in beiden Gesetzen unterschiedlich geregelt.[1065]

Gemäß §§ 97, 98, 99, 100 VersG'09 muss das VU in China eine Kapitalausstattung bilden, welche Garantiefonds, Rücklagen, Reservefonds, Wohlfahrtsfonds, Versicherungsschutzfonds und Eigenkapital beinhaltet. Außerdem müssen die Versicherungsunternehmen Rückversicherungen aufnehmen, wenn die von ihnen übernommene Haftung für eine einzelne Risikoeinheit 10% der Summe aus dem tatsächlich aufgebrachten Eigenkapital und den angesammelten Reserven übersteigt.[1066]

Im Gegensatz dazu regelt § 5 Abs. 4 VAG die Vorschriften über die Kapitalausstattung in Deutschland. Um die künftigen Verpflichtungen aus den Versicherungsverträgen erfüllen zu können, müssen die Versicherungsunternehmen demgemäß Kapitalrücklagen, Gewinnrücklagen, Gewinnvorträge, Rückstellungen für Beitragsrückerstattungen (bei der Lebensversicherung), Solvabilitätsspannen, Garantiefonds, Organisationsfonds und feste Kautionen bilden.[1067] VAG und VVaKC schreiben aber einen unterschiedlichen Garantiefonds vor, der laut VAG ein Drittel der Solvabilitätsspanne und entsprechend VVaKC 20% des registrierten Eigenkapital beträgt.

1062 § 16 VVaKC; § 106c VAG.

1063 § 27 AVVaKC Abs. 2 Satz 1; § 105 VAG.

1064 § 105 VersG'03 und § 81 Abs. 1 Satz 5 VAG.

1065 § 155 Abs. 5 und 6 VersG'09, §19 Abs. 1 VVaKC und § 81 Abs. 1 Satz 5 VAG.

1066 § 100 VersG'03.

1067 §§ 53c und 106b Abs. 2 VAG.

In Bezug auf die Vermögensanlage kennen sowohl § 106 Abs. 2 VersG'09 als auch § 54 Abs. 2 VAG die Anlage in Staatsanleihen, Schuldverschreibungen, Aktien und Grundstücken. Während Versicherungsunternehmen in China in Bankguthaben, Anteilen an Aktienfonds und andere Wertpapier sowie andere vom Staatsrat zugelassenen Anlagenformen investieren dürfen,[1068] kann das gebundene Vermögen in Deutschland in Darlehensforderungen, Genussrechten, Schuldbuchforderungen, Beteiligungen, grundstücksgleichen Rechten, Anteilen an Sondervermögen und Investmentgesellschaften und in sonstigen Anlagen, die nach §§ 21 und 22 Dritte RL/S oder §§ 21 und 22 Dritte RL/L genehmigt sind, angelegt werden.[1069] Gemäß § 54d VAG müssen außerdem in Deutschland die Unternehmen den Aufsichtsbehörden über ihre gesamten Vermögensanlagen, aufgegliedert in Neuanlagen und Bestände, in bestimmten Zeiträumen berichten. Eine solche Berichterstattung an die Aufsichtsbehörde ist in VersG'09 oder VVaKC nicht vorgesehen.

10. Liquidation und Abwicklung

Liquidation und Abwicklung einer Zweigniederlassung sind in § 86 VAG und in § 26 VVaKC geregelt. Währende beide Gesetze die freiwillige Auflösung des Geschäftsbetriebs und die Konkurserklärung als Gründe der Liquidation und Abwicklung erklären, werden andere Gründe zur Liquidation und zur Abwicklung von beiden Gesetzen unterschiedlich definiert.[1070]

Nach § 87 Abs. 1 VAG gelten als Widerrufsgrund für die Liquidation und Abwicklung die Versagung der Zulassungsvoraussetzungen, schwere Gesetz- oder Geschäftsplanverletzungen, Gefahr für die Belange der Versicherten bei einer Fortsetzung des Geschäftsbetriebs und die unterlassene Durchführung des Solvabilitätsplans oder Finanzierungsplans innerhalb der gesetzten Fristen.

§ 150 VerG'09 und § 27 VVaKC kennen die befohlene Auflösung als Grund für die Liquidation und Abwicklung. Befohlene Auflösungen erfolgen lediglich bei Rücknahme der Gewerbelizenz wegen einer Gesetzverletzung oder fehlender Zahlungsunfähigkeit zur Wahrung des öffentlichen Interesses oder der Ordnung des Versicherungsmarktes.[1071]

1068 § 109 VersG'09.
1069 § 54 Abs. 2 VAG.
1070 § 87 VersG'03 und § 29 VVaKC; § 87 Abs. 2a. VAG.
1071 § 150 VerG'09 und § 27 VVaKC.

V. Zusammenfassung

In den vorstehenden Darstellungen der GATS-Regelungen für den Versicherungssektor und in den vergleichenden Untersuchungen der chinesischen und deutschen Versicherungsaufsichtsregelungen für ausländische Versicherungsunternehmen wurde gezeigt, wie die beiden Rechtsordnungen die Öffnung des Versicherungsmarktes bewirken, welche Gemeinsamkeiten und Unterschiede in beiden Ländern bestehen in Bezug auf die Verpflichtungen des GATS über den Marktzugang von Versicherungen, die zulässigen Rechtsformen, die Verfahren, die erforderlichen Unterlagen, die Versicherungsunternehmen (Investoren), die Qualifikation der leitenden Personen, den Geschäftsumfang, die örtlichen und geschäftsmäßigen Einschränkungen, die Finanzaufsicht und die Auflösung eines Versicherungsunternehmens.

Um die Gemeinsamkeiten und Unterschiede der beiden Regelungen besser zu erkennen, werden nachfolgend die Hintergründe dafür komprimiert erklärt. Abschließend werden Möglichkeiten für die weitere Öffnung des Versicherungsmarktzugangs in beiden Ländern vorgestellt sowie die Rechtsvorschläge für die Verbesserungs der chinesischen Aufsichtsregelungen für ausländische Versicherer gegeben.

1. Hintergründe der Gemeinsamkeiten des chinesischen und deutschen Versicherungsaufsichtsrechts für ausländische Versicherungsunternehmen

Obwohl die Gemeinsamkeiten in den heutigen deutschen und chinesischen Versicherungsaufsichtsregelungen für ausländische Versicherungsunternehmen[1072] nicht überwiegen, sind ihre Gemeinsamkeiten nicht rein zufällig. Die Gemeinsamkeiten basieren in der Rezeption des deutschen Rechts durch japanisches Recht, welches in den letzten Jahren der Tsing-Dynastie als Vorlage für die Entwicklung des chinesischen Rechts herangezogen wurde.[1073]

Der Grund für die Rezeption des westlichen Rechts liegt im westlichen Einbruch ins chinesische Territorium. Zum Ende des 19. Jahrhunderts hatten die Westmächte die verschlossenen Tore Chinas aufgebrochen und China viele ungleiche Verträge auferlegt, insbesondere betreffend die Extraterritorialität.[1074]

1072 Mit den hier erwähnten ausländischen Versicherungsunternehmen sind in Deutschland Drittstaaten-VU gemeint zur Abgrenzung von Versicherungsunternehmen aus der EU.

1073 Die Tsing-Dynastie regierte China von den Aufständen im Jahr 1641 bis zur Extraterritorialität im Jahr 1911.

1074 Extraterritorial ist ein Rechtssubjekt oder ein Gebiet das nicht der lokalen Hoheit unterliegt. Diplomatisches Personal und Einrichtungen sind z.B. extraterritorial und unterliegen so nicht den örtlichen Gesetzen. Extraterritorialität kann sich auch auf die

Das erste Versicherungsinstitut wurde in China von einem britischen Kaufmann gegründet, und bis zum Anfang des 20. Jahrhunderts wurde der Versicherungsmarkt auch vom Westen dominiert. Die Westmächte waren erst bereit, die Exterritorialität aufzugeben, wenn China sein Recht nach dem westlichen Vorbild reformieren würde, da sie das bestehende chinesische Recht als barbarisch bezeichneten.

Als erster Schritt für die Modernisierung wurde der japanische Jurist Zhi Tian Jia Tai Lang beauftragt, ein Wirtschaftsrecht zu entwerfen. Dieser verfasste 1908 den „Entwurf des großen Qing-Dynastie Wirtschaftsrechts", welcher Schadenversicherungen und Lebensversicherungen regeln sollte. Dieser Entwurf wurde aber nie verabschiedet. Zwar hat die Regierung der Tsing- Dynastie hauptsächlich das japanische Recht als Vorlage genommen, aber durch die Anlehnung des japanischen Rechts an das deutsche Recht hat China indirekt das deutsche Recht rezipiert.[1075] Das deutsche Recht vermittels des japanischen Rechts zu rezipieren, war für China nicht nur geographisch, sondern auch kulturell einfacher.[1076] Man glaubte, ein kodifiziertes, mit dem Anspruch auf Lückenlosigkeit auftretendes und in sich geschlossenes Gesetzesrecht, wie z.B. das deutsche Gesetz, zu rezipieren, sei leichter als die Übernahme des angloamerikanischen Fallrechtes, das quasi aus zahllosen Vorentscheidungen besteht.

Dieser Hintergrund für die Ähnlichkeiten gilt auch für das Aufsichtssystem als materielle Staatsaufsicht. China hat sich genau wie Deutschland für dieses Aufsichtssystem entschieden. Dies spiegelt sich auch in den einzureichenden Unterlagen für die Genehmigung nach § 106b Abs. 1 VAG und §§ 9, 11 VVaKC wider.

Ein anderer Hintergrund der Gemeinsamkeiten liegt in der Mitgliedschaft beider Länder in der WTO, da sich beide Länder mit dem Beitritt zur WTO auch zur Umsetzung der allgemeinen Pflichten und Disziplinen des GATS wie Meistbegünstigung, Transparenz usw. verpflichteten.

Erweiterung der Gesetze einer Nation auf seine Bürger auswärts beziehen. Der wohl bekannteste Fall der historischen Extraterritorialität betraf europäische Staatsangehörige im 19. Jahrhundert in China, die entsprechend den so genannten „ungleichen Verträgen", nicht der chinesischen Hoheit unterlagen. http://en.wikipedia.org/wiki/Extraterritoriality.

1075 Vor der Kodifikation hatte sich die vom Kaiser beauftragte Regierung in westlichen Ländern über deren Rechtssysteme informiert, wonach sie das deutsche Recht hoch einschätzten.

1076 Vgl. Wang Liming, In den letzten Jahren der Tsing-Dynastie hat China das deutsche Zivilrecht indirekt aus dem japanischen Recht adaptiert, in: Rechtswissenschaft Shanghai, Jan. 1977, S. 53.

2. Hintergründe der Unterschiede des chinesischen und deutschen Versicherungsaufsichtsrechts für ausländische Versicherungsunternehmen

Für die beträchtlichen Unterschiede bei den Aufsichtsregelungen für ausländische Versicherungsunternehmen in China und Deutschland gibt es vielseitige Gründe.

2.1 Ungleiche Sozial- und Wirtschaftsentwicklung

Der wichtigste Grund liegt wohl in der ungleichen Sozial- und Wirtschaftsentwicklung, was zu unterschiedlichen Regelungen für die Marktzugangsöffnung beider Länder führte.

Als Industrieland hat Deutschland eine lange Entwicklung der Versicherungsgeschichte hinter sich. Seit dem ersten Versicherungsaufsichtsrecht vom 12. Mai 1901 bis heute entwickelte sich das deutsche Versicherungsaufsichtssystem und führte zu einem hoch entwickelten Versicherungsmarkt mit einem vollständigen Marktmechanismus, einem perfekten Versicherungsregelungssystem und einem perfektionierten Versicherungsmarkt sowie einer hohen Dichte und Tiefe der Versicherung.[1077] So waren für den schon lange geöffneten deutschen Versicherungsmarkt durch den Beitritt zum GATS keine wesentlichen Gesetzesänderungen vonnöten.[1078]

Demgegenüber ist China ein Entwicklungsland. Ein erstes Versicherungsaufsichtsrecht wurde erst in dem im Jahr 1995 erlassenen Versicherungsrecht festgelegt. 2003 wurde es dann wegen des Beitritts zur WTO nochmals geändert. Um den WTO Regelungen zu entsprechen wurde das VerG'03 im Jahre 2009 wieder geändert. Da in China der Versicherungsmarkt noch in der Anfangsphase seiner Entwicklung steht, sind chinesische Versicherungsunternehmen gegenüber den weltweit führenden Versicherungsunternehmen aus Deutschland oder anderen Industrieländern noch nicht konkurrenzfähig. Deshalb hat China zum Schutz der chinesischen Versicherungsunternehmen eine fünfjährige Übergangszeit nach dem Beitritt zur WTO festgelegt, um die Beschränkungen des Marktzugangs für ausländische Versicherungsunternehmen Schritt für Schritt aufzuheben, um schließlich den Regelungen des GATS zu entsprechen. Es bestehen immer noch Beschränkungen, so darf z.B. bei Lebensversi-

---

1077 Dichte und Tiefe der Versicherung sind zwei Kennzahlen, um die Ausgaben für Versicherungen zu bestimmen. Sie werden als Indikatoren für das Marktpotential benutzt. Die Versicherungstiefe ist der prozentuale Anteil des gesamten Prämienaufkommens am Bruttosozialprodukt. Die Versicherungsdichte ergibt sich aus dem Prämienaufkommen pro Kopf der Bevölkerung. http://www.chinaknowledge.com/Business/CBGdetails.aspx?chap=5&subchap=19&content=94.

1078 Vgl. Kokott, Liberalisierung der Finanzdienstleistungen im Rahmen der WTO, S. 404.

cherungsunternehmen der Anteil des ausländischen Investors nicht mehr als 51% betragen.[1079]

2.2 Unterschiedlicher Entwicklungsstand des Rechtssystems

Unterschiede des Versicherungsaufsichtsrechts ergeben sich auch aus der unterschiedlichen Entwicklungsstand des Rechtssystems beider Länder.

Das chinesische Rechtssystem befindet sich noch in der Entwicklungsphase, während das deutsche Rechtssystem ein hochentwickeltes und vollständiges Rechtssystem ist. Die Aufsichtsregelungen für ausländische Versicherungsunternehmen in China bestehen nur aus ergänzenden Vorschriften des Versicherungsaufsichtsrechts. Sie sollen einerseits eine rechtliche Basis für den Marktzugang der ausländischen Versicherungsunternehmen schaffen, zum anderen aber auch die inländischen Versicherungsunternehmen vor der starken ausländischen Konkurrenz schützen.[1080]

In Deutschland sind die Regelungen für Drittstaaten-VU in dem Versicherungsaufsichtsrecht im Teil VI des VAG in den §§ 105 bis 110 integriert. Die Regelungen gewähren sowohl eine Öffnung des Versicherungsmarktes als auch mit Hilfe des deutschen kompletten Rechtssystems die Wahrung der Interessen der Versicherten.

2.3 Abweichende Politiksysteme

Eine wichtige Rolle bei den unterschiedlichen Aufsichtsregelungen spielen auch die abweichenden Politiksysteme beider Länder.

China ist ein kommunistisches System mit einer Planwirtschaft. Regierung und Versicherungsunternehmen unterliegen einer kommunistischen Parteiführung. Obwohl seit 1978 durch eine Wirtschaftsreform versucht wird, die Planwirtschaft in eine freie Marktwirtschaft umzuwandeln, hat sich auf dem Finanz- und Versicherungsmarkt wenig geändert.[1081] Der Versicherungsmarkt wird in China immer noch von den großen staatlichen Versicherungsunternehmen wie z.B. PICC und China Life so wie China Reinsurence beherrscht.[1082] Zwar fiel der Marktanteil der drei größten Lebensversicherungsunternehmen von 79%

1079 Detaillierter siehe III. 4.2.2.3. Umsetzung der Verpflichtungen und deren Auswirkung.

1080 Ausländische Versicherungsunternehmen dürfen in China z.B. nur innerhalb begrenzter Geschäftsaktivitäten, Rechtsformen und Höchstbeteiligungen Versicherungsgeschäfte betreiben. Außerdem wird auch eine bestimmte Qualifizierung des ausländischen Versicherungsunternehmens (Investor) gefordert. Siehe im Detail unter III. 4.2.

1081 http://zhidao.baidu.com/question/44480541.html.

1082 Die sechs größten Versicherungsunternehmen *sind:* PICC (The People's Insurance Company *of* China *Group),* China Life Insurance (Group) Company, China Reinsurence (Group) Company, China Insurance Holding Company, China *Pacific* Insurance (Group) Company Limited, und China PingAn Insurance (Group) Company Limited.

im Jahr 2004 auf 71% im Jahr 2006 und gleichzeitig der Marktanteil der drei größten Nicht-Lebensversicherungsunternehmen von 79% auf 67%,[1083] trotzdem bleibt die Dominanz von China Life und von PICC mit einem Marktanteil von 45,3% bei den Lebens- und 45,1% bei den Nicht-Lebensversicherungen bestehen.[1084] Am End des Jahres 2009 gab es in China 140 VU, darunter sind 53 ausländische VU (20 Nicht-Lebensversicherungsunternehmen, 27 Lebensversicherungsunternehmen und 6 Rückversicherungsunternehmen).[1085] Um die Stabilität der wirtschaftlichen und politischen Lage in dem kommunistischen System zu gewähren, gelten Beschränkungen für ausländische Versicherungsunternehmen, z.B. die Begrenzung der Geschäftsaktivitäten einer Zweigniederlassung. Das Betreiben von Versicherungsgeschäften zu großen kommerziellen Risiken und mittels Generalpolicen muss speziell durch die Aufsichtsbehörde genehmigt werden, um die weniger wettbewerbsfähigen inländischen Versicherungsunternehmen zu schützen.

Deutschland ist demgegenüber ein kapitalistisches System mit einer sozialen Marktwirtschaft, die im Kern von einer funktionierenden Wettbewerbsordnung geprägt ist. Die gesellschaftlichen, wirtschaftlichen und sozialen Ziele einer Ordnungspolitik lassen sich immer dann am besten verwirklichen, wenn die Märkte im Sinne eines funktionsfähigen Leistungswettbewerbs organisiert sind. Ein solches freies Marktsystem führt zu kostengünstigen und damit zu mehr wettbewerbsfähigen Strukturen. Der freie Versicherungsmarkt lässt nur die stärksten Versicherungsunternehmen überleben. Im Jahr 2006 gab es insgesamt 643 Versicherungsunternehmen in Deutschland (darunter 112 Lebensversicherungsunternehmen, 53 Krankenversicherungsunternehmen und 231 Schaden- und Unfall-Versicherungsunternehmen).[1086]

3. Perspektiven der weiteren Entwicklung des internationalen Versicherungsmarktzugangs

Das GATS und dessen Finanzdienstleistungsabkommen ermöglichten für den Versicherungsmarkt erst einen freien Marktzugang zwischen den WTO-Mitgliedern. Eine weitere internationale Versicherungsmarktöffnung kann nur durch erfolgreiche Verhandlungen über die spezifischen Verpflichtungen der WTO-Mitglieder zustande kommen. Allerdings wurden die geplanten GATS-Verhandlungen Ende 2006 angesichts der unterschiedlichen Interessen

1083 Trade Policy Review, China, WT/TPR/S/199, S. 153.

1084 Economist Intelligence Unit (2006a), Country Report China, p. 36-48.

1085 Rede des Vizepräsidenten der CIRC (Li Kemu) auf der Konferenz der PAN-AMERICAN SURETY ASSOCIATION 2010 in Beijing, http://www.iachina.cn-/02/03/03/content/0275_news.html.

1086 Jahrbuch 2007 des Gesamtverbandes der Deutschen Versicherungswirtschaft e.V., S. 53, http://www.gdv.de/Downloads/Jahrbuch/Jahrbuch_2007_neu.pdf.

der Industrie- und Entwicklungsländer ohne neuen Termin vertagt, wobei insbesondere die Auffassungen der Industrieländer über Agrarexportsubventionen nicht den Forderungen der Entwicklungsländer entsprachen. Würden die EU-OECD-Industrieländer ihre Agrarexportsubventionen abschaffen, dann würden auch die Entwicklungsländer ihre schwachen Finanzmärkte weiter öffnen.

3.1 EU-Deutschland

Um zur Erweiterung des internationalen Dienstleistungshandels beizutragen, sollte Deutschland neben den eigenen Landesinteressen auch den wirtschaftlichen Zustand des Entwicklungslandes China berücksichtigen, damit durch eine weitere Öffnung des Marktzugangs beide Länder profitieren können. Obwohl Deutschland (wegen seiner weltweit führenden Versicherungsposition) den Marktzugang für ausländische Versicherungsunternehmen schon vor Abschluss des GATS 1994 durch das zweite DurchfG/EWG zum VAG 1990 geöffnet hat, könnte es zu einer weiteren Öffnung seines Versicherungsmarktes beitragen, z.B. durch ein freies Marktangebot bei grenzüberschreitenden Dienstleistungen, bei der Lufttransporthaftpflichtversicherung, der Versicherungsvertrag für internationale Transport sowie durch die Aufhebung der Einschränkungen bei der Besetzung der Bevollmächtigten von Drittstaaten-VU, für die immer noch ein Wohnsitz und ständiger Aufenthalt in Deutschland verlangt wird.

Die Versicherungsunternehmen der EU-Industrieländer könnten durch die Erfüllung der Forderungen der Entwicklungsländer ihrerseits im nicht zu unterschätzenden Versicherungsdienstleistungsmarkt der Entwicklungsländer einen größeren Marktanteil bekommen. Der chinesische Versicherungsmarkt z.B. weist im internationalen Vergleich noch ein großes Wachstumspotenzial auf. Im Jahr 2006 betrug die Versicherungstiefe[1087] in der EU 9% und in China nur 2,88%; die Versicherungsdichte[1088] betrug 2000 $ in der EU und 46,54 $ in China.[1089] Durch die zunehmende Privatisierung des Eigentums sind bei den Nicht-Lebensversicherungen in den kommenden Jahren Zuwächse zu erwarten, besonders bei den Gebäude-, Haushalts- und Kraftfahrzeugversicherungen. Ebenso ist vom Potenzial des Lebensversicherungsmarktes einiges zu erwarten, da die Erosion der staatlichen Sicherungssysteme, die Auflösung traditioneller Familienverbände und eine alternde Bevölkerung private Vorsorge unerlässlich machen. China steht weltweit auch an der Spitze der Sparguthaben der Bevöl-

1087 Die Versicherungstiefe ist der prozentuale Anteil des gesamten Prämienaufkommens am Bruttosozialprodukt. http://www.chinaknowledge.com/Business/CBGdetails.aspx?chap=5&subchap=19&content=94.

1088 Die Versicherungsdichte ergibt sich aus dem Prämienaufkommen pro Kopf der Bevölkerung. http://www.chinaknowledge.com/Business/CBGdetails.aspx?chap=5&subchap=19&content=94.

1089 He, Qi, WTO und Auswahl der Strategie der chinesischen Versicherung, in: Shanghai Verwaltung der Wissenschaft, 4/2007. S, 40.

kerung. Trotz der siebenmaligen Senkung der Zinsen für Sparguthaben wuchs dieses unaufhörlich. Könnten 10% der Sparguthaben als Versicherungsprämienaufkommen übertragen werden, würde dies zu einer enormen Umsatzsteigerung von Versicherungen führen, und das Prämienaufkommen könnte, verglichen mit dem jetzigen Stand,[1090] um das Vierfache steigen.[1091]

Die Daten des chinesischen Versicherungsmarktes versprechen nicht nur außergewöhnliche Chancen, sondern beinhalten auch erhebliche Risiken für ausländische Investoren; denn der Wandel ist leider die einzige Konstante in der chinesischen Entwicklung. Häufig sind auch Fehler beim Markteintritt, dafür verantwortlich, dass langfristig keine ausreichenden Gewinne erwirtschaftet werden, sei es, dass ein falscher Joint-Venture-Partner gewählt wurde, eine Machbarkeitsstudie nicht sorgfältig genug durchgeführt wurde oder dass ein begrenzter Aktivitätsbereich nicht berücksichtigt wurde.[1092] Trotz des Beitritts Chinas zur WTO sind Begrenzungen immer noch vorhanden. Unter den Überschriften „Zunehmende Beteiligung der Entwicklungsländer" (Art. 4 Abs. 3 GATS) und „Marktzugang" (Art. 16 GATS) sind diese Beschränkungen auch legitim.

Risiken für ausländische Versicherungsinvestoren könnten auch durch den gerade zunehmenden Geist des chinesischen Nationalismus und der aktuellen weltweiten Finanzkrise entstehen.

Der Olympiafackellauf z.B. war aufgrund der Anti-China-Demonstrationen in Paris und London im März 2008 gescheitert. Dies führte zu einem Wachstum des chinesischen Nationalismus. Es wurden alle Chinesen aufgerufen (über das Internet und SMS) Produkte aus westlichen Länden zu boykottieren. Dieser Boykott breitete sich in wenigen Tagen von Beijing auf fast ganz China aus. Studenten errichteten vor den Carrefour-Einkaufszentren, einer französischen Warenhauskette, Barrikaden um die Kunden vom Kauf abzuhalten. Auch die Angestellten von Carrefour hatten Angst in dieser Situation. Nach der Arbeit zogen sie sogar ihre Arbeitskleidung aus, damit man nicht sah, dass sie bei Carrefour arbeiten. In dieser Zeit hatte Carrefour einen Umsatzeinbruch von mehr als 20%.[1093]

Ein starker chinesischer Nationalismus könnte durch ähnliche Boykotte auch Finanzdienstleister, die sich nicht „chinafreundlich" zeigen großen Schaden zufügen. Seit der Finanzkrise im September 2008 denken viele Chinesen auch darü-

---

1090 Versicherungsprämienaufkommen vom 2007 betrug 70.357.598 RMB, in: http://www.circ.gov.cn/Portal0/InfoModule_5194/63411.htm

1091 He Qi, WTO und Auswahl der Strategie der chinesischen Versicherung, in: Shanghai Verwaltung der Wissenschaft, 4/2007, S. 41.

1092 Vgl. Adelt, Versicherungsmarkt in China – Eine Analyse des Investitionsumfeldes für ausländische Erstversicherer, S.127 f.

1093 Nachhaltige Umsatzeinbußen von Carrefour, Chinesische Handelszeitung am 3.5.2008 http://www.yn.chinanews.com/html/caijingpindao/20080503/56631.html.

ber nach, ob sie westlichen Versicherungsunternehmen noch vertrauen können. Das Vertrauen chinesischer Kunden in ausländische Unternehmen könnte so langfristg verloren gehen. Da Vertrauen eine wichtige Basis für alle Finanzdienstleistungen ist, könnten westliche Unternehmen dadurch viele Kunden verlieren. So haben z.B. nach dem Verlustsbericht der AIG viele Versicherte in Hongkong bei der AIG in Hongkong ihre Versicherungspolicen aufgelöst.[1094] Solche ein Vertrauensverlust könnte also dazu führen, dass ausländische VU erhebliche Anteile am chinesischen Versicherungsmarkt wieder verlieren könnten, die sie sich durch langfristige Investitionen erarbeitet haben.

Aufgrund solcher neu eintretender Phänomene durch den Globalisierungsprozess im Versicherungsmarkt ist es erforderlich, dass ausländische Versicherer ihre Strategien ständig anpassen, um sich auf dem chinesischen Versicherungsmarkt zu behaupten oder gar zu verbessern.

3.2. China

Zu einem globalen liberalisierten Versicherungsmarkt könnte auch China beitragen, indem es bei weiteren GATS-Verhandlungen noch bestehende Einschränkungen wie bei den grenzüberschreitenden Dienstleistungen, dem Umfang der Geschäftstätigkeit, dem Beteiligungsanteil für die Joint-Venture-Lebensversicherungsunternehmen usw. aufhebt. Obgleich China einen schwächeren Versicherungsmarkt und weniger konkurrenzfähige Versicherer hat,[1095] ist es doch auf die weitere Öffnung des Marktes angewiesen, da die Nachteile, die es im Versicherungsmarkt hat, durch Vorteile in anderen Bereichen („China als Werkbank der Welt") mehr als kompensiert werden.

Durch die Öffnung des chinesischen Versicherungsmarktes werden ausländische Konkurrenten auch innovative Produkte für den chinesischen Markt entwickeln, was wiederum chinesischen Unternehmen zu einer besseren Produktdiversifizierung und damit zu höheren Gewinnmargen verhelfen könnte. Darüber hinaus könnte ausländisches Kapital und Verwaltungs-Know-how eingebracht werden, um die Konkurrenzfähigkeit und damit die internationale Überlebensfähigkeit zu verbessern. Historische Erfahrungen beweisen, dass sich ein Finanzmarkt durch seine Öffnung schneller entwickelt.[1096] Durch die Konkur-

---

1094 AIG versucht der Finanzkrise auszuweichen, Investitionszeitung am 20.9.2008 http://active.zgjrw.com/News/2008920/Insurance/769438225410.html.

1095 Ein Statistik zeigt, dass der Geschäftszuwachs ausländischer Versicherer allein in den letzten sechs Monaten des Jahres 2004 mehr als 50% betrug – was mehr als dem zweifachen der chinesischen Konkurrenten entsprach. Landesweit verloren die beiden größten Versicherer-PICC Property und China Life – 2,9% und 2,3% ihrer Marktanteile im Jahr 2003. Siehe Brehm, Die Integration der VR China in eine globale Finanz- und Währungsordnung, S. 135.

1096 Untersuchung des Versicherungsmarktes in Japan, Südkorea und Taiwan „Erfahrung und Aufklärung der Entwicklung ausländischen Versicherung", in: Ding Yanjun, Zurenzsituation kann der Rückstand in der Entwicklung nicht nur aufgeholt, sondern auch die Konkurrenz überholt werden.[1097]

Für eine weitere Öffnung des Marktzugangs müssten die chinesischen Versicherungsaufsichtsregelungen für ausländische Versicherungsunternehmen weiter angepasst werden. Hierzu folgen nun einige Lösungsansätze zu notwendigen Anpassungen der chinesischen Aufsichtsregelungen für ausländische Versicherer auf Grund der Erfahrungen mit dem deutschen Aufsichtssystem und unter Berücksichtigung der WTO-Regeln, der Entwicklung des chinesischen Versicherungsmarktes als auch eines verbesserten Marktzuganges für ausländische Versicherer in China.

a) Es sollten detaillierte Versicherungsvorschriften für die Aktivitäten ausländischer Versicherungsunternehmen und Repräsentanzbüros in China in das chinesische Versicherungsgesetz eingeführt werden, um ein praktisches und vollständiges System der Versicherungsaufsicht zu erstellen.

§ 185 VerG'09 sagt: „Dieses Gesetz ist gültig für Joint Venture Versicherungsunternehmen, Versicherungsunternehmen mit rein ausländischer Kapitalbeteiligung und Zweigniederlassungen von ausländischen Versicherungsunternehmen; falls andere Regelungen und Vorschriften bestehen, sind diese auch anzuwenden." Da das VerG'09 aber keine detaillierten Regelungen für ausländische Versicherungsunternehmen enthält, bedeutet das in der Praxis, dass für ausländische Versicherungsunternehmen nur die Regelungen VVaKC, AVVaKC, VfRaV, die Shanghai-Regelungen usw. anzuwenden sind. Durch eine solche Trennung entstehen ungleiche Bedingungen zwischen ausländischen und chinesischen Versicherungsunternehmen, was der Inländerbehandlung gemäß dem WTO-Standard widerspricht. Wenn z.B. ein Versicherungsunternehmen mit ausländischer Beteiligung fällige Verbindlichkeiten nicht bezahlen kann, wird nach § 29 Satz 1 VVaKC ihre Konkurserklärung mit dem Einverständnis der Aufsichtsbehörde vom Volksgericht veranlasst. Wenn jedoch ein chinesisches Versicherungsunternehmen fällige Verbindlichkeiten nicht bezahlen kann, kann es oder der Gläubiger gemäß § 90 Satz 1 VersG'09 nach der Zustimmung durch die Aufsichtsbehörde eine gerichtliche Klärung beantragen. Daraus könnten neue Einigungen durch beiderseitige Kompromisse, eine Fusion mit einem anderen Versicherungsunternehmen oder der Konkurs des Versicherungsunternehmens resultieren. Nach § 90 Satz 2 VersG'09 kann die Aufsichtsbehörde auch selbst gerichtlich eine Fusion oder den Konkurs des Versicherungsunternehmens beantragen.

---

stand und Analyse der chinesischen Versicherung, S. 17.
http://www.pkufli.net/Finance_Magazine.asp?Finance_Column=%B1%A3%CF%D5%B7%A8%C2%FE%CC%B8.

1097 Ein Argument vom Helmut Schmidt bei der Einladung von Sandra Maischberger in das ZDF, Studio am 21.5.2008.

Eine solche Aufsplitterung der Regelungen erschwert außerdem eine Vereinheitlichung und Koordinierung des Versicherungsmarkts im Hinblick auf die Beaufsichtigung der chinesischen und ausländischen Versicherungsunternehmen. So sind z.B. bei der Beaufsichtigung der chinesischen Versicherungsunternehmen das VerG'09 und die Verwaltungsvorschriften über die Versicherungsunternehmen anzuwenden, während für die Beaufsichtigung der ausländischen Versicherungsunternehmen die VVaKC, AVVaKC und VfRaV anzuwenden sind. Dies führt zu einem getrennten und unharmonischen Rechtssystem. § 21 VVaKC und § 119 VerG'03 verlangen z.B. dass Zweigniederlassungen der ausländischen Versicherungsgesellschaft der Aufsichtsbehörde innerhalb von drei Monaten nach jedem Buchführungsjahr jährliche Finanz- und Buchführungsberichte ihrer und ihrer Mutterversicherungsunternehmen einreichen und rechtmäßig bekanntmachen müssen. Aber das neue VersG'09 fordert dies nicht.

b) Die Aufsichtsregelungen sollten für den Markzugang von ausländischen Versicherungsunternehmen verbessert werden:

Unklar definierte Begriffe in den Regelungen sollten deutlich erklärt werden, z.B. sind in § 8 Abs. 7, § 11 Abs. 12, § 14, § 22 Abs. 8 des VVaKC „andere Bedingungen, die vom CIRC bestimmt werden" angeführt. Diese „anderen Bedingungen" sind nicht definiert und führen zu einem großen Interpretationsspielraum und einer Rechtsunsicherheit.

Auch nicht definierte Begriffe wie in § 15 Abs. 2 VVaKC „Versicherungen für große kommerzielle Risiken und Generalpolicen" oder die in § 28 VVaKC genannten „Zeitungen" usw. führen zu unnötigen Diskussionen und unterschiedlichen Auslegungen.

Die Klassifikation des Versicherungsgeschäftes in dem VVaKC und im Verpflichtungsdokument zum Beitritt Chinas zur WTO ist zu koordinieren. Die VVaKC teilt die Versicherungsgeschäfte in Vermögensversicherungen und Lebensversicherungen ein. Im Verpflichtungsdokument zum Beitritt Chinas zur WTO werden aber die Versicherungsgeschäfte in Nicht-Lebensversicherung und Lebensversicherung eingeteilt. Diese beiden unterschiedlichen Klassifikationen sollten in der AVVaKC detailliert verglichen und erklärt werden.

Da es keine detaillierten Regelungen der VVaKC für die Einrichtung einer Zweigstelle von Versicherungsunternehmen mit ausländischer Kapitalbeteiligung gibt,[1098] sollten entsprechende Regelungen für die Errichtung von Zweigniederlassung in das VersG'09 und in die Verwaltungsvorschriften der Versicherungsunternehmen eingebracht werden. Dadurch könnte die Einheit der

1098 § 14 VVaKC schreibt vor, dass der Antrag auf die Errichtung einer Niederlassung eines Versicherungsunternehmens mit ausländischer Kapitalbeteiligung von der chinesischen Aufsichtsbehörde entsprechend den relevanten Regelungen genehmigt wird.

VVaKC aufrechterhalten und die Praxisanwendung der VVaKC verstärkt werden.

Regelungen bezüglich der Bedingungen, der einzureichenden Unterlagen, Verfahren usw. sollten erstellt werden, um die bereits in China errichtete Zweigniederlassung eines ausländischen Versicherungsunternehmens in ein rein ausländisch finanziertes Versicherungsunternehmen umwandeln zu können. Ein solcher Rechtsfall ist noch nicht in den VVaKC berücksichtigt. In der Praxis kann es vorkommen, dass die Zweigniederlassung eines ausländischen Vermögensversicherungsunternehmens aufgrund des Bedarfes als ein Versicherungsunternehmen mit rein ausländischer Kapitalbeteiligung firmieren möchte. Wegen der fehlenden Rechtsgrundlage kann die Aufsichtsbehörde in einem solchen Fall weder einen solchen Antrag entgegennehmen noch ihn genehmigen.

Es sollten Regelungen getroffen werden für den Erwerb von chinesischen Versicherungsunternehmen durch ausländische Investoren, wie z.B. Qualifikationen des ausländischen Aktionärs beim Erwerb von Aktienpaketen, Verfahren der Prüfung, Zulassung und Begrenzung einer möglichen Beteiligung. Da die VVaKC nur Bestimmungen für die Errichtung von Versicherungsunternehmen mit ausländischer Kapitalbeteiligung enthalten, wird der Eintritt eines ausländischen Versicherungsunternehmen in den chinesischen Versicherungsmarkt durch den Erwerb von Anteilen eines chinesischen Versicherungsunternehmens nicht erfasst.

c) Bei dem Verfahren über den Marktzugang des ausländischen Versicherungsunternehmens in den VVaKC sollten mögliche Änderungen und der Widerruf eines Antrags geregelt werden. Bei der Genehmigung über den Antrag zur Errichtung eines Versicherungsunternehmens mit ausländischer Kapitalbeteiligung können durch Änderungen der beantragten Fakten und Umstände oder durch Irrtum der bearbeitenden Aufsichtsbehörde Fehler auftauchen. Deshalb ist es notwendig, eine Regelung zu erstellen, wie solche Änderungen oder Widerrufe erfasst werden können.

d) Die Beschränkung für die Joint-Venture-Lebensversicherungsunternehmen auf 50% ausländische Kapitalbeteiligung Schritt für Schritt sollte aufgehoben werden. Die Aufhebung der Beschränkung ist nicht nur notwendig, um den GATS-Regelungen zu entsprechen, sondern auch um chinesische Investoren zu schützen. So betreiben z.B. bei Joint-Ventures chinesische und ausländische Partner das Unternehmen gemeinsam. Um einen schnellen Know- how-Transfer zu erreichen und aufgrund der fehlenden Managementerfahrung des chinesischen Partners wird das Unternehmen in der Praxis meist nur vom ausländischen Partner geleitet. Dies könnte dazu führen, dass der chinesische Partner einen vom ausländischen Partner verursachten Verlust übernehmen muss. Dies entspricht jedoch nicht der chinesischen Öffnungsstrategie: Einfuhr dringend benötigten Auslandskapitals.

e) China sollte die von anderen WTO-Mitgliedern im TRM angeführten Fragen bezüglich der Verletzungen der WTO-Regeln (z.B. keine Rückversicherungsgeschäfte mit Tochtergesellschaften, mindestens 8-jährige Lizenz für die Einrichtung einer Versicherungsvermögensverwaltungsgesellschaft)[1099], berücksichtigen. Solche Regelungen sollten geändert werden, um sich dem internationalen Versicherungsmarkt anzupassen. Ferner sollten in der Praxis bei der Anwendung des Gesetzes ausländische Versicherungsunternehmen die gleiche Behandlung wie chinesische Versicherungsunternehmen erhalten.[1100] So erhalten z.B. chinesische VU bei der Genehmigung zur Errichtung einer Zweigstelle in China meist sofort die Erlaubnis während ausländische VU diese, mit der Begründung von zu wenigen Sachbearbeitern, diese nur sehr verzögert bekommen.

Ein gesunder liberalisierter Versicherungsmarkt kann sich nur entwickeln wenn alle WTO-Mitglieder ernsthaft und gewissenhaft die WTO-Reglungen einhalten und durchsetzen. Um den Versicherungsmarkt weiter zu liberalisieren sollte China die Regelungen und Verpflichtungen nicht nur formell einhalten sondern auch in der Praxis so anwenden, dass eine indirekte Diskriminierung von ausländischen VU zum Schutz der einheimischen VU vermieden wird.

1099 Siehe III. 4.3.3. Weiter bestehende Probleme.

1100 Ebenda.

Literaturverzeichnis

Achterberg, Norbert/ Püttner, Günter: Besonderes Verwaltungsrecht, Bd. I, Wirtschafts-, Bau-, Kultus-, Dienstrecht, Heidelberg 1990.

Adamantopoulos, Konstantinos: An Anatomy of the World Trade Organization, London, Den Haag, Boston 1997.

Adelt, Marko: Versicherungsmarkt der VR China – Eine Analyse des Investitionsumfeldes für ausländische Erstversicherer, Hamburg 2006.

Angerer, August: Zur Solvabilität der Lebensversicherungsunternehmen, in: Wirtschaftsprüfung und Wirtschaftsrecht, Beiträge zum 75-jährigen Bestehen der Treuhand-Vereinigung Aktiengesellschaft, Stuttgart 1980, 11-49.

ders.: Grundlinien der Versicherungsaufsicht, in: Mannheimer Vorträge zur Versicherungswissenschaft, Bd. 31, Mannheim 1985.

ders.: Probleme der Versicherungsaufsicht, ZFV 1987, 590-600.

ders.: Perspektiven und Entwicklungen der Versicherungsaufsicht im Rahmen der Europäischen Gemeinschaft, ZfV 1989, 4-10.

ders.: Das Herkunftslandprinzip für Versicherungsunternehmen in der Europäischen Wirtschaftsgemeinschaft, in: Versicherungen in Europa heute und Morgen, Geburtstagsschrift für Büchner, Karlsruhe 1991, 359-366.

ders.: Die Aufsicht über Schadenversicherungsunternehmen nach der Ersten EG-Koordinierungsrichtlinie, ZfV 1974, 326-333.

Badenhoop, Jörn: Binnenmarkt der Versicherungen bis 1992?, VW 1987, 622-626.

Bähr, Gunne W.: Das Generalklausel- und Aufsichtssystem des VAG im Strukturwandel, Karlsruhe 2000.

Barth, Dietrich: Das Allgemeine Übereinkommen über den internationalen Dienstleistungshandel (GATS), EuZW 1994, 455-460.

Barth, Dietrich / Putscher, Nikolai: Liberalisierung der Finanzdienstleistungen im Rahmendes GATT, Die Bank 1994, 132-134.:

Barth, Dietrich/ Huppenbauer, Jürgen: Die Liberalisierung der Versicherungsmärkte in der Welthandelsorganisation, VW 1995, 1550-1628.

Barth, Dietrich/ Beamish, Paul W.: Die Liberalisierung der Versicherungsmärkte in der: Multinational Joint Venture in Developing Countries, London/ New York 1988.

Baumbach, Adolf/ Hopt, Klaus J.: Handelsgesetzbuch: HGB, 33. Aufl. München 2008

Bayard, Thomas O./Elliott Kimberly A.: Reciprocity and Retaliation in US Trade Policy,Washington D.C., 1994.

Beckmann, Roland Michael/ Matusche-Bechmann, Annemarie: Versicherungsrechts-Handbuch, München 2004.

Beguin, Jean-Pierre: Joint International Business Ventures in Developing Countries, New York/London 1971.

Behrens, Frithjof: Uruguay-Runde und die Gründung der WTO, in: Hilf /Oeter, WTO-Recht. Rechtsordnung des Welthandels Hrsg.), Baden-Baden 2005, 87-97

Beise, Marc: Die Welthandelsorganisation (WTO) – Funktion, Status, Organisation, Baden-Baden 2001.

Benedek, Wolfgang: Die Rechtsordnung des GATT aus völkerrechtlicher Sicht, Berlin 1990.

ders.: Einführung in die Ergebnisse der Uruguay–Runde, in: Daniel Thürer/ Stephan Kux (Hrsg.), GATT 94 und die Welthandelsorganisation, Zürich 1996, 17-22.

ders.: Die Welthandelsorganisation (WTO) – alle Texte einschließlich GATT (1994), GATS und TRIPS, München 1998.

Benkel, Gert A.: Der Gesellschaft der großen konzernfreien Versicherungsvereine auf Gegenseitigkeit, München 1994.

Berrisch, Georg: Der völkerrechtliche Status der Europäischen Wirtschaftsgemeinschaft im GATT: eine Untersuchung der Sukzession der EWG in die Stellung ihrer Mitgliedstaaten als Vertragspartei einer internationalen Organisation am Beispiel des GATT, München 1992, zugl. Diss. Passau 1991.

Bhagwati, Jagdish N.: Regionalism and multilateralism: an overview, in: de Melo, Jaime (ed.), New Dimensions in Regional Integration, Cambridge 1993, 22-51.

Bogdandy, Armin: Eine Ordnung für das GATT, RIW 1991, 55-60.

Boss, Peter: Systeme der Staatsaufsicht über Versicherungsunternehmen, Berlin 1955.

Borch, Karl H.: Versicherungswirtschaft, Beijing 1999.

Brehm, Stefan: Die Integration der VR China in eine globale Finanz- und Währungsordnung, Berlin 2007.

Broadman, Harry G.: GATS: The Uruguay Round Accord on International Trade and Investment in Services, World Economy 17 (1994), 281-285.

Brößkamp, Marcus: Meistbegünstigung und Gegenseitigkeit im GATT, Münster 1990 (zugl. Diss. Münster, 1990).

Budweg, Klaus-Jürgen / Lorsch, Michael: Organisation und Finanzierung der Aufsicht, in: Müller/Golz/Washausen-Richter/Trommeshauser (Hrsg.), 100 Jahre materielle Versicherungsaufsicht in Deutschland, Bd. I, Köln 2001, 483-504.

Büchner, Christian: Die Abgrenzung der Finanzaufsicht von der sonstigen Rechtsaufsicht im deutschen Versicherungsrecht, Münster 2002 (zugl. Diss. Münster, 2001).

Büchner, Franz: Die Entwicklung der deutschen Gesetzgebung über die Versicherungsaufsicht bis zum Bundesgesetz vom 31. Juli 1951, in: W. Rohrbeck (Hrsg.), Bd. I, 50 Jahre materielle Versicherungsaufsicht, Berlin 1952, 1-48.

Bühren, Hubert W. van: Versicherungsrecht in der anwaltlichen Praxis, Bonn 1997.

Christians, Andreas: Immaterialgüterrechte und GATT, Berlin 1990.

Cottier, Thomas: Der bilaterale Gestaltungsspielraum der Schweiz und der Europäischen Union im Rahmen der Welthandelsorganisation, unter besonderer Berücksichtigung der Reziprozitätsvorbehalte der Swisslex-Erlasse im Folgeprogramm vom 24. Februar 1993 nach der Ablehnung des EWR-Abkommens, Rechtsgutachten, Institut für Europa- und Wirtschaftsvölkerrecht der Universität Berlin, Berlin 1993.

Criegern, Ulrike von: Die Bedeutung der Dritten Schadenrichtlinie unter aufsichtsrechtlichen Gesichtspunkten für die Dienstleistungsfreiheit der Versicherungsunternehmen in dem Binnenmarkt, Frankfurt a.M. 1997 (zugl. Diss. Hamburg 1996).

Curzon-Prize, Victoria: Foreign banks in the US: a political power struggle, in: International Financial Law Review 1992/1, 21-24.

Donhauser, Volker: „Das Versicherungsaufsichtsrecht und der europäische Binnenmarkt“, in: Muller/Golz/Washausen-Richter/Trommeshauser (Hrsg.), 100 Jahre materielle Versicherungsaufsicht in Deutschland, Köln 2001. 123-151.

Dorfmann: Verwaltung des gegenwärtigen Risikos und Versicherungslehrgang, Übersetzung von Qi RuiYhong, Verlag, Qihua Universität, 2002 Beijing.

Dreher, Meinrad: Inhalt und Grenzen einer künftigen Missstandsaufsicht des VAG – Überlegungen zu einem neuen § 81 VAG, VersR 1993, 1443-1452.

ders.: Die Zulässigkeit von Unternehmensverträgen unter Beteiligung von Versicherungsaktiengesellschaften, ZVersWiss 1988, 619-654.

Eckert, Martin Georges: Die Liberalisierung internationaler Finanzdienstleistungen durch des General Agreement on GATS unter besonderer Berücksichtigung internationaler Bankdienstleistungen, Hamburg 1997.

Ehinger, Kristian: Vertragsrahmen des industriellen internationalen Equity Joint Venture, in: Fritz Nicklisch (Hrsg.), Der komplexe Langzeitvertrag, Heidelberg 1987, 187-199

Eichler Hermann/ Finke, Eberhardt: Rechtsquellen des Versicherungsrechts, Weissenburg 1956.

Eiteljörge, Uwe: Marktzutrittsformen im internationalen Handel und die WTO, Hamburg 1999 (zugl. Diss. Halle 1997).

Entzian, Tobias: Versicherungsfremde Geschäfte – Die Geschäftskreisbeschränkung der Versicherungsunternehmen, Karlsruhe 1999.
ders.: Zum Verbotscharakter von § 7 Abs. 2 VAG, in: Ulrich Hübner, Frank Bätge, Roland Michael (Hrsg.), Verantwortlichkeit im Wirtschaftsrecht, Karlsruhe 2002, 65-67.
Errens, Martina: Auswirkungen des GATS-Abkommens auf den Beruf des Rechtsanwaltes, EuZW 1994, 460-463.
Etter, Christian: Das Dienstleistungsabkommen der Uruguay-Runde und seine Bedeutung für die Schweiz, in: Cottier, Thomas (Hrsg.), GATT Uruguay Round. Neun Beiträge, Neuf Contribution, Nine Papers, Bern 1995, 91-105.
European Commission: Guidelines for Scheduling of Specific Commitments under the General Agreement on Trade in Services, adopted by the Council for Trade in Services on 23 March 2001, S/L/92, 28 March 2001.
Everard, James A.: Tade and Investment in Services: OECD Agreements and the GATT, Series on Trade in Services, Institute for Research on Public Policy, Halifax, Kanada, 1988.

Fahr, Ulrich: Die Entwicklung des Versicherungsaufsichtsrechts im europäischen Binnenmarkt, VW 1990, 152-153.
Fahr, Ulrich/Kaulbach, Detlef: Versicherungsaufsichtsrecht – VAG, mit Gesetz über die Einrichtung eines Bundesaufsichtsamtes für das Versicherungswesen (BAG) und Finanzdienstleistungsaufsichtsgesetz (FinDAG) Kommentar, München 2003, zit.: Fahr/Kaulbach, VAG.
Fahr, Ulrich/Kaulbach, Detlef/ Bähr, Gune W.: Versicherungsaufsichtsrecht – VAG, mit Finanzdienstleistungsaufsichtsgesetz (FinDAG) Kommentar, München 2007, zit.: Fahr/Kaulbach, VAG-Kommentar
Falke, Josef: Normung und Dienstleistungen – Anforderungen und Handlungsspielräume nach dem Allgemeinen Übereinkommen über den Handel mit Dienstleistungen (GATS), ZERP, Bremen 2004.
Farny, Dieter/Helten, Elmar/ Koch, Peter/Schmidt, Reimer: Handwörterbuch der Versicherung, Karlsruhe 1988.
Feketekuty, Geza: International trade in services. An overview and blueprint for negotiations, The America Enterprise Institute, Cambridge, Mass. 1998.
ders.: Assessing and Improving the Architecture of GATS, in: Stern, Robert M./Sauvé, Pierre (eds.), GATS 2000. New Direction in Services Trade Liberalization, Washington 2000, 85-95.
Fikentscher Wolfgang: Wirtschaftsrecht, Bd. II: Deutsches Wirtschaftsrecht, München 1983.
Finke, Eberhart: Handwörterbuch des Versicherungswesens, Band I, Damstadt 1958.
Frey, Peter: Versicherungsaufsicht Teil I, VW 1986, 756-758.

Friedman, Alan: EU Isolates U.S. on Open-Market Deal, International Herald Tribune, 1./2. Juli 1995, in: W.P.R. v. 3 Juli 1995.
Friedrich, Karsten: Der Rechtsbegriff der Versicherung und die Praxis des Versicherungsaufsichtsamtes, Frankfurt 1974.
Fritz, Thomas: Die Bewertung der GATS-Verhandlungen im Rahmen der Wissensgesellschaft, Gutachten im Auftrag der Enquete-Kommission „Globalisierung der Weltwirtschaft – Herausforderungen und Antworten“, Berlin 2002.
Fromm, C.E./Goldberg, A.: Versicherungsaufsichtsgesetz und Bundesaufsichtsgesetz. Kommentar, Berlin 1966.

Gétaz, Henri: GATS – Das General Agreement on Trade in Service – Anwaltliche Dienstleistungen in den WTO-Mitgliedsländern: 22. Tagung der DACH in Straßburg vom 18.-20.5.2000, Köln 2001, 1-17.
Goldberg, Alfred/ Müller, Helmut: Gesetz über die Beaufsichtigung der privaten Versicherungsunternehmungen, Versicherungsaufsichtsgesetz, Gesetz über die Errichtung eines Bundesaufsichtsamtes für das Versicherungswesen, Bundesaufsichtsgesetz. Kommentar, Berlin/New York 1980.
Golz, Joachim Friedrich: Ausgewählte Fragen der Umsetzung der dritten Versicherungsrichtlinien, Karlsruhe 1993.
Grabitz, Eberhard/ Hilf, Meinhard: Kommentar zur Europäischen Union, 2. Aufl., München 1995.
Graham, George: U.S. Offer on Financial Services, Financial Times 17. März 1995, in: W.P.R., 17. Mai 1995.
Groeben, Hans /Thiesing, Jochen/ Ehlermann, Claus-Dieter: Kommentar zum EU-/EG-Vertrag, Bd. 1, 5. Aufl.,Baden-Baden 1997.
Gröschner, Rolf: Das Überwachungsrechtsverhältnis, Tübingen 1992.
Gruschinske, Günther: Kontrolle der Eigenmittelausstattung, in: (Hrsg.), Müller/Golz/Washausen-Richter/Trommeshauser, 100 Jahre materielle Versicherungsaufsicht in Deutschland, Bd. I, Köln 2001, 271-281.

Halm, Wolfgang E./Engelbrecht, Andreas/ Krahe, Frank: Handbuch des Fachanwaltes des Versicherungsrechts,3. Aufl., Köln 2008.
Hanisch, Holger: Auswirkungen des chinesischen WTO-Beitritts auf das Versicherungsaufsichtsrecht der V.R.China, Feldkirchen-Westerham 2003.
Heiss, Helmut/Schnyde, Anton K.: Versicherungsverträge, in: Kronke, Herbert/ Melis, Werner/Schnyder Anton K.(Hrsg.), Handbuch Internationales Wirtschaftsrecht, Köln 2005, 142-178.
Herdegen, Matthias: Internationales Wirtschaftsrecht, 2. Aufl., München 1995.
ders.: Europarecht, 9. Aufl., München 2007.

Herzfeld, Edgar : Typische Interessenkonflikte in Joint Ventures, in: Fritz Nicklish (Hrsg.), Der komplexe Langzeitvertrag, Heidelberg 1987, 189-206.
Hilf, Meinhard/Oeter, Stefan: WTO-Recht. Rechtsordnung des Welthandels, Baden-Baden 2005.
Hinderer, Herrmann Ali: Rechtsschutz von Unternehmen in der WTO, Berlin 2004.
Hoekman, Bernard: Markt Acces Throug Multilateral Agreement: From Goods to Services, The World Economy 15 (1992), 707-719.
ders.: Safeguard Provisions and International Trade Agreements Involving Services, The World Economy 16 (1993), 29-38.
ders.: Services and Intellectual Property Rights, in: Collins, Susan M./Bosworth, Barry P. (eds.), The New GATS – Implications for the United States, Washington, 1994, 84-110.
ders.: Assessing the General Agreement on Trade in Service, in: Martin, Will/ Winters, L. Alan (eds.), The Uruguay Round and the Developing Economies, Cambridge 1996, 327-364.
Hoekman, Bernard/Sauvé, Pierre: Liberalizing Trade in Services, Word Bank Discussion Papers No.243, The World Bank, Washington D.C. 1994.
Hoffmann, Stefan: Verbraucherschutz im deutschen Privatversicherungsrecht nach dem Wegfall der Vorabkontrolle Allgemeiner Versicherungsbedingungen, Karlsruhe 1998.
Holbig, Heike: Chinas WTO-Beitritt in politischer Perspektive – Wechselspiel zwischen nationalen und internationalen Verhandlungsprozessen, in: China aktuell, Dezember 1999, 1251-1265.
Hübner, Ulrich/Hüffer, Uwe: Auswirkungen des Gemeinschaftsrechts auf das Aktiengesetz, 6. Aufl., München, 2004.
Hübner, Ulrich / Matusche-Beckmann, Annemarie: Auswirkungen des Gemeinschaftsrechts auf das: Versicherungsrecht, EuZW 1995, 263-272.

Ipsen, Knut/Haltern, Ulrich: Reform des Welthandelssystems Perspektiven zum GATT und zur Uruguay-Runde, Bochumer Schriften zur Entwicklungsforschung und Entwicklungspolitik, Bd. 28, Frankfurt am Main 1991.
ders.: Rule of Law in den internationalen Wirtschaftsbeziehungen: Die Welthandelsorganisation, RIW 1994, 717-722.

Jackson, John H.: International competition in services. A constitutional framework, Washington, D.C. 1988.
ders.: The World Trading System – Law and policy of international economic relations, Cambridge, Mass.1989.
ders.: World Trade and Law of GATT, Charlottesville 1969.

Jackson, John H./Sykes, Alan: Implementing the Uruguay Round, New York 1997.
Jessen Henning: Landwirtschaft vor Beginn der Urugay-Runde, in: Hilf/Oeter (Hrsg.), WTO-Recht. Rechtsordnung des Welthandels, Baden-Baden 2005, 327-346.
Jürgens, Ulrich/Rabe, Thomas: Wozu dienen die Vorschläge für eine dritte EG-Richtliniengeneration? – Die Motive der EG-Kommission, VW 1992, S. 663-671.

Kakabadse, M.A.: Trade in Services and the Uruguay Round, in: Georgia Journal of international and Comparative Law 1989, 384-388.
Kamp, Matthias: Sieben Jahre nach dem Beitritt zur Welthandelsorganisation behindern die Behörden in China immer noch systematisch europäische Unternehmen, 13.2.2008, http: //www.wiwo.de/politik/grosser-frust-fuer-unternehmen-in-china-265134/.
Kampf, Roger: A Step in the right direction: the interim deal on financial services in the GATS, Int'lT.L.R. 1995, 157–166.
Kanaga, Raja: WTO Discusses, China's Financial Services Commitments, Geneva, 13.11.2007, http: //www.twnside.org.sg/title2/finance/ twninfofinance110707.htm
Kaufmann, Ivo: Versicherung in der Volksrepublik China, Baden-Baden 1993.
Kaulbach Detlef: Kaulbach, Zur Qualifikation der Vorstandsmitglieder von Versicherungsunternehmen, ZVersWiss 1976, 697-704.
Kettler, Jochim: Die Offenlegungspflichten für Zweigniederlassungen ausländischer Unternehmen, Münster-Hamburg-London 2002.
Key, Sydney J.: Financial Services in the Uruguay Round and the WTO, Group of Thirty, Occasional Papers 54, Washington, DC. 1997.
Knauth, Klaus-Wilhelm: Effizienz und Wettbewerb der Aufsichtssysteme für Versicherungsunternehmen und Kreditinstitute, ZVersWiss 1996, 232-244.
Knorr, Henning/Tegge, Andreas: Liberalization Strategies for Free Trade in Services, Hamburg 1990.
Koch, Peter: Zur Rechtsstellung des Hauptbevollmächtigten, VersR 1986, 401-403.
ders.: Der Weg zur einheitlichen Staatsaufsicht über Versicherungsunternehmen in Deutschland, in: Müler /Golz /Washausen-Richter/ Trommeshauser (Hrsg.), 100 Jahre materielle Versicherungsaufsicht in Deutschland, Bd. I, Köln 2001, 5-25.
Koehler, Matthias: Das Allgemeine Übereinkommen über den Handel mit Dienstleistungen (GATS), Rahmenregelung zur Liberalisierung des internationalen Dienstleistungsverkehrs unter besonderer Berücksichtigung des

grenzüberschreitenden Personenverkehrs von Dienstleistungserbringern, Berlin 1999.

Kokott, Juliane: Liberalisierung der Finanzdienstleistungen im Rahmen der WTO-Auswirkungen auf Deutschland, Österreich und die Schweiz, RIW 2000, 401-406

König, Thomas: Ausländisch-chinesische Joint Ventures und ihre Rechtsstellung in der chinesischen Wirtschaft, München 1989.

Kono, Masamichi Negotiations on Financial Services, Seminar on the Implications of the General Agreement on Trade, in: Services on the OIC Member States, Organisation of the Islamic Conference, Islamic Centre for Development of Trade, Casablanca 15.-17. November 1995, 1-7.

Köpernik, Gerhard: Internationale Wirtschaftsorganisationen, JuS 1976, 634-785.

Krajewski, Markus: National Regulations and Trade Liberalization in Services: The Legal Impact of the General Agreement on Trade in Services (GATS) on National Regulatory Autonomy, The Hague and New York 2003.

Kraus, Heinz: Versicherungsaufsichtsrecht. Eine Studie zum deutschen und österreichischen Recht, Forschungen aus Staat und Recht, Bd. 16, Wien 1971.

Krommenacker, Raymond J.: Word Trade Services. The Challenge for the Eighties, Dedham 1984.

Küng, Emil: Das Allgemeine Abkommen über Zölle und Handel (GATT), Zürich, St. Gallen 1952.

Kürn, Thomas: Die Rechtsform des VVaG als Wettbewerbsnachteil? Die Problematik der Eigenmittelbeschaffung bei den Versicherungsvereinen auf Gegenseitigkeit, München 2001.

Kuhn, Moritz: Die Deregulierung am Beispiel der Lebensversicherung, SVZ 1996, 111-116.

Lamy, Pascal: Vorwort des für Handel zuständigen Mitglieds der EG-Kommission Pascal Lamy, in: Anträge der WTO-Mitglieder an die EG und ihre Mitgliedstaaten auf verbesserten Marktzugang für Dienstleistungen. Konsultationspapier, www.http: //europa.eu.int/comm/trade/

Landmann/Rohmer: Gewerbeordnung und ergänzende Vorschriften: GewO,: Bd. I: Gewerbeordnung – Kommentar, München 2008.

Langefeld-Wirth, Klaus/ Culemann, Hans-Joachim Joint Ventures im internationalen Wirtschaftsverkehr: Praktiken und Vertragstechniken internationaler Gemeinschaftsunternehmen, Frankfurt 1990.

Loheac, F. Der Binnenmarkt für Versicherungen: Chancen, Grenzen, Perspektiven, VW 1994, 1116-1126.

Mahr, Werner: Einführung in die Versicherungswirtschaft, 3. Aufl., Berlin 1970.

Maier, Ricarda: Zusammenarbeit des Bundesaufsichtsamtes für das Versicherungswesen mit ausländischen Aufsichtsbehörden, in: Müller/Golz/Washausen-Richter/ Trommeshauser (Hrsg.),, 100 Jahre materielle Versicherungsaufsicht, Bd. I., Köln 2001, 505-518.
Marconini, Mario: Multilateral negotiation on trade in Services: General concepts and the test of sectoral applications, in: Development and South-South Cooperation 1990, Bd. 6/10, 5-8.
ders.: The Uruguay Round Negotiations on Services: An Overview, in: Messerlin, Patrick A./Sauvant, Karl P. (eds.), The Uruguay Round: Services in the World Economy, Washington and New York: The World Bank and UNCTC, 1990, 19-23.
Mark, Janette/ Helleiner, Gerald K: Trade in Services. The Negotiating Concerns of the Developing Countries, The North-South Institute, Ottawa 1998.
Martini, Ulf: Die WTO und die rechtliche Entwicklung der Dienstleistungsfreiheit in den Mitgliedstaaten – unter besonderer Berücksichtigung des Telekommunikationsbereiches, Frankfurt a. M. 2002.
Mattoo, Aaditya: National Treatment in the GATS: Corner-Stone or Pandora's Box?, JWT, 31 (1), 1997, 107-135.
May, Bernhard: Die Uruguay-Runde: Verhandlungsmarathon verhindert trilateralen Handelskrieg, Bonn 1994.
McGovern, Edmond: International Trade Regulation, GATT, the United States, and the European Community, Exeter 1986.
ders.: International Trade Regulation, Exeter, Loseblatt, Stand: January 1996.
Mestmäcker, Ernst-Joachim: Free Trade in Services: Regional and Global perspectives, in: Friedman, Daniel/Mestmäcker, Ernst-Joachim (eds.), Rules for Free Trade, Baden Baden 1990, 9-20.
Michaels, Bernd: Die deutsche Versicherungswirtschaft, VW 1995, 1612-1627. Staatsaufsicht über Versicherungsunternehmen und Kreditinstitute, Hamburg 1967.
ders.: Neuorientierung der Versicherungsmärkte bei veränderten rechtlichen Rahmenbedingungen, VW 1990, 1394-1405.
Miersch, Gerald: Versicherungsaufsicht nach den Dritten Richtlinien. Aufsichtsbefugnisse und Inländerbenachteiligungen, Karlsruhe 1996.
Mogg, F. John: Der europäische Binnenmarkt für Versicherungen nach dem Erreichen der Wirtschafts- und Währungsunion (WWU), in: Müller/Golz/ Washausen-Richter/ Trommeshauser (Hrsg.), 100 Jahre materielle Versicherungsaufsicht in Deutschland, Bd. I., Köln 2001, 1021-1035.
Möller, Alex: Die Versicherungsunternehmen im demokratischen Staat, in: Henn (Hrsg.), Staat, Wirtschaft, Assekuranz und Wissenschaft, FS für Robert Schwebler, 373-377.

Mönnig, Alexander: Die aufsichtsbehördliche Überwachung der Inhaber bedeutender Beteiligungen an Versicherungsunternehmen, Karlsruhe 2001.
Mösbauer, Heinz: Staatsaufsicht über die Wirtschaft, Köln, Berlin, Bonn, München 1990.
Müller, Helmut: Produktkontrolle gestern, heute, morgen, ZfV 1991, 625-630 (I), ZfV 1992, 4-9 (II).
ders.: Versicherungsbinnenmarkt – Die europäische Integration im Versicherungswesen, München 1995.
ders.: Die europäische Integration im Versicherungswesen, Diss. Berlin, 1995.
ders.: Versicherungsaufsicht. Erlaubnis zum Geschäftsbetrieb, in: Farny/Helten/Koch/Schmidt (Hrsg.), Handwörterbuch der Versicherung, Karlsruhe 1988, 229-237.
Müller-Magdeburg, Thomas: Die Bestandsübertragung nach § 14 VAG, Diss. Berlin 1996.

Nicolaidis, Kalypso/ Trachtmam, Joel P.: From Policed Regulation to Managed Recognition in GATS, in: Sauvé, P./Stern, R.M. (eds), GATS 2000: New Directions in Services Trade Liberalization, Brookings Institution and Center for Business and Government, Harvard University, Washington DC, 241-256.
Neugärtner, Ilka: Die Bedeutung des GATT 1947, in: Hilf/Oeter (Hrsg.), WTO-Recht. Rechtsordnung des Welthandels, Baden-Baden 2005, 77-85.

Ohler, Christoph: Handel mit Dienstleistungen, in: Weiß, Wolfgang/Herrmann, Chistoph/Ohler, Christoph, Welthandelsrecht, München 2003, 345- 389.
Oppermann, Thomas: Die Europäische Gemeinschaft und Union in der Welthandelsorganisation (WTO), RIW 1995, 919-927.
Ott, Andrea: GATT und WTO im Gemeinschaftsrecht, Köln, Berlin, Bonn München 1997.
o.V.: Befristete WTO-Regelung für den Finanzbereich, NZZ, 27.07.1995,
o.V.: Galgenfrist im Streit über Finanzdienstleistungen, Frankfurt Rundschau, 1.7.1995.
o.V.: US Against Them, The Economist, 29.7.1995.

Pearse, Brian: Danger of Falling at the Trade Fence, Financial Times v. 11 April 1995, in: W.P.R. v. 11. April 1995, S. 6.
Petersen, Jens : Versicherungsunternehmensrecht, München 2003.
Pitschas, Christian: Allgemeines Übereinkommen über den Handel mit Dienstleistungen (GATS), in: Prieß, Hans-Joachim/Berrisch, Georg M., WTO-Handbuch, München 2003, 495-564.
ders.: Die Liberalisierung des internationalen Dienstleistungshandels im Rahmen des GATS, RIW 2003, 676-688.

Pfaue, Kirsten: Textilien und Bekleidung, in: Hilf/Oeter (Hrsg.), WTO-Recht. Rechtsordnung des Welthandels, Baden-Baden 2005, 315-326.
Präve, Peter: Das Dritte Durchführungsgesetz/EWG zum VAG – Ausgewählte Fragen des neuen Aufsichts- und Vertragsrechts, ZfV 1994, 168-176.
ders.: Versicherungsaufsicht im Umbruch, VW 2001, 372-377.
Prölss/Kölschbach/Kollhosser/: Versicherungsaufsichtsgesetz. Kommentar, 12. Aufl., Lipowsky/Präve/Schmidt/Weigel: München 2005, zit.: Bearbeiter, in: Prölss, VAG-Kommentar, 12. Aufl.
Prölss/Schmidt/Frey/Kollhosser: Versicherungsaufsichtsgesetz. Kommentar, 11. Aufl., Lipowsky/Mayer/Weigel München 1997, zit.: Bearbeiter, in: Prölss, VAG Kommentar, 11. Aufl.
Puskás, Géza von: Versicherungsaufsicht, Geschäftsplan, in: Farny/Helten/ Koch/Müller (Hrsg.), Handwörterbuch der Versicherung, Karlsruhe 1988. 982-985

Radunski, Peter Werner: Beaufsichtigung der Rückversicherung in Deutschland, in: Müller/Golz/Washausen-Richter/Trommeshauser (Hrsg.), 100 Jahre materielle Versicherungsaufsicht in Deutschland, Bd. I., Köln 2001, 317-338.
Reiterer, Michael: The New Areas of the WTO: GATS, TRIMs, TRIPS, in: Breuss, Fritz (Hrsg), The World Economy after the Uruguay Round, Wien 1995, 21-32.
Richter, Arnt: Privatversicherungsrecht, Stuttgart, Berlin, Köln, Mainz 1980.
Rohrbeck, Walter (Hrsg.): Fünfzig Jahre materielle Versicherungsaufsicht, Bd. 1, Berlin 1952.
Romeike, Frank/ Müller-Reichart, Matthias: Risikomanagement in Versicherungsunternehmen, 2. Aufl., Weinheim 2005.
Roth, Wulf-Henning: Grundlagen des gemeinsamen europäischen Versicherungsmarktes, RabelsZ 54 (1990), 63-138.
ders.: Die Vollendung des europäischen Binnenmarktes für Versicherungen, NJW 1993, 3028-3032.
Ruge, Thorsten: Die Entwicklung des Versicherungsaufsichtsrechts bis zur Novelle von 1931, in: Müller/ Golz/ Washausen-Richter/ Trommeshauser (Hrsg.), 100 Jahre materielle Versicherungsaufsicht in Deutschland, Bd. I, Köln 2001, 27-38.

Saame, Philipp: Die Zweigniederlassung eines ausländischen Unternehmens in Deutschland, Diss. München 1994.
Salzer, Uwe: Die Versicherungsaufsicht und das neue europäische Recht, Diss. Erlangen-Nürnberg 1985.
Sasse, Jürgen: Weitere Überlegungen zur Kapitalausstattung, VW 11/ 1980, 657-661

Sauvé, Pierre: Papers for the World Bank, Washington D.C. 1994.
Schirmer, Helmut: Vom Direktanspruch zur Direktregulierung?, VersR 2003, 401-404.
Schmidhuber, Peter: Die Vollendung des europäischen Binnenmarktes im Versicherungswesen, in: Georg Büchner/Franz Wilhelm Hopp/Georg Mehl (Hrsg.), Versicherungen in Europa heute und morgen, Geburtstags-Schrift für Büchner, Karlsruhe 1991, 115-120.
Schmidt, Jürgen F.: Die Deregulierung der Versicherungsaufsicht und die Versicherungsvermittlung in Deutschland, Berlin 2002.
Schmidt, Karsten: Gesellschaftsrecht, Köln/Bonn/München 1986.
ders.: Münchener Kommentar zum Handelsgesetzbuch, Band 1, München 1996.
ders.: Münchener Kommentar zum Handelsgesetzbuch, Band 3, München, 2007.
Schmidt, Reimer: Die Finanzaufsicht über Versicherungsunternehmen unter besonderer Berücksichtigung der für den Versicherungsbetrieb erforderlichen Finanzmittel, ZVersWiss 1989, 479-577.
Schmidt, Reimer/ Huppenbauer, Jügen: Versicherungsaufsichtsrechtliche Anmerkungen zur Welthandelsorganisation (WTO) und zum Allgemeinen Übereinkommen über den Handel mit Dienstleistungen (GATS), VersR 1997, 1037-1080.
dies.: Das System der Welthandelsordnung auf dem Wege zur Verwirklichung – Einige Bemerkungen zu WTO und GATS unter Gesichtspunkten der Versicherung,: Karlsruhe 1998.
Scholz, Rupert: Verfassungsrechtliche Strukturfragen der Versicherungsaufsicht, ZVersWiss 73 (1984), 1-4.
Schott, Jeffrey J./ Buurman, Johanna W.: The Uruguay Round. An Assessment: Institute for International Economics, Washington D.C. 1994.
Schott, Jeffrey/ Mazza, Jacqueline: Trade in Services and the Developing Countries, JWTL 20 (1986), 253-273.
Schüller, Margot: Am Ende eines langen Weges: China Beitritt zur WTO, in: China aktuell, Nov. 1999, 1156-1168.
Senti, Richard: GATT als System der Welthandelsordnung, Zürich 1986.
ders.: Die Stellung der Entwicklungsländer im GATT, in: Sautter, Hermann (Hrsg.), Konsequenzen neuerer handelspolitischer Entwicklungen für die Entwicklungsländer, Berlin 1990, 19-38
ders.: GATT-WTO, Zürich 1995.
ders.: Das Allgemeine Dienstleistungsabkommen, in: Forschungsinstitut für Wirtschaftverfassung und Wettbewerb (Hrsg.), Die Bedeutung der WTO für die europäische Wirtschaft, Köln/Berlin/Bonn/München, 1997, 67-74.
ders.: GATT-WTO. Die neue Welthandelsordnung nach der Uruguay-Runde, Institut für Wirtschaftsforschung, ETH Zürich, 2. Aufl., 1999.
ders.: WTO-System und Funktionsweise der Welthandelsordnung, Wien 2000.

Springer, Urs: GATS and the Kyoto Mechanisms: Open Market for Climate Change Migration Services?, Schweizerische Zeitschrift für internationale Wirtschaftsbeziehungen 2000, 65-84.
Stadler, Christoph: Die Liberalisierung des Dienstleistungshandels am Beispiel der Versicherungen: Kernelemente bilateraler und multilateraler Ordnungsrahmen einschließlich des GATS, Diss. Berlin 1992.
Stahl, Tycho H.E.: Liberalizing International Trade in Services: The Case for Sidestepping the GATT, Yale J. Int'l L.19 (1994), 405-453.
Starke, Otto Ernst: Die Versicherungsaufsicht und die neuere Aufsichtsgesetzgebung auf dem Gebiet von Geld und Kredit (I), VW 1963, 165-173.
ders.: Die Entwicklungslinien der materiellen Staatsaufsicht in der ersten Hälfte des 20. Jahrhunderts, in: Rohrbeck, W. Berling (Hrsg.) , 50 Jahre materielle Staatsaufsicht, Bd. 3., Berlin, 1952, 11-110
Stein, Ekkehart: Die Wirtschaftsaufsicht, Tübingen 1967.
Steinman, Matthias/ Thümmel, Martin/ Zhang, Xuan: Kapitalgesellschaft in China. Das neue Gesellschaftsgesetz: Einführung und Übersetzung, Hamburg 1995.
Stevenson-Yang, Anne: Branching Out, The China Business Review, 5-5/1994, 52-57
Stöffler, Michael: Die Sicherung von Aktienrisiken durch Rückversicherung, VW 2004, 2526.
Stoll, Peter-Tobias/ Schorkopf, Frank: WTO – Welthandelsordnung und Welthandelsrecht, Köln, Berlin, Bonn, München 2002.

Tenora, Krin: Die Beaufsichtigung von Versicherungsunternehmen einer Versicherungsgruppe. Stand der Diskussionen auf europäischer Ebene nach Verabschiedung des gemeinsamen Standpunktes, VW 1998, 870-875 (I) und 972-975 (II).
Tigges Michael: Geschichte und Entwicklung der Versicherungsaufsicht, Diss. Münster 1984.

van den Bossche, Peter L.H.: The European Community and the Uruguay Round in: Jackson John H./Sykes, Alan O. (eds.), Implementing the Uruguay Round, Oxford 1997, 23-102.
Verdross, Alfred/Bruno, Simma: Universelles Völkerecht: Theorie und Praxis, 3. Aufl., Berlin 1984.
Verhoosel, Gaetan: National Treatment and WTO Dispute Settlement, Oxford 2002.
Vigano, Jorge A.: National Treatment in Trade in Services and Developing Countries, in: Dike, Detlef Chr./Petersmann, Ernst-Ulrich (eds.), Foreign Trade in the Present and a New International Economic Order, Fribourg 1988, 288-309.

Völkel, Fabian: Der Marktzugang ausländischer Versicherer – unter besonderer Berücksichtigung des Allgemeinen Dienstleistungsabkommens (GATS), Hamburg 2002.

Waclawik, Anke: Versicherungsaufsicht, in: Halm/Engelbrecht/Krahe (Hrsg.), Handbuch des Fachanwalts Versicherungsrecht 3. Aufl., Köln 2008, 325-389.

Wartenweiler, Roland: Vertragswerk für den Dienstleistungshandel – Neues Dossier multilateraler Verhaltensregeln, in: Gemperle, Reinhold/Zeller, Willy/Wartenweiler, Roland (Hrsg.), Die Ergebnisse der Uruguay-Runde. Vom GATT zur WTO, Zürich 1994, 27-29.

Weber, Christoph: Marktzugang von Auslandsbanken unter Berücksichtigung der neuen Regeln des GATS, Heidelberg 1995.

ders.: Evolving International Regime of Trade in Financial Services under the Auspices of GATT, Master Thesis McGill University, Institute of Comparative Law, Montreal 1991.

Weber, Manfred: Transparenzgebot und Verbraucherinformation, Versicherungsaufsichtsrecht, Zeitschrift für Versicherungsrecht, Haftungs- und Schadensrecht 2003, 148-153.

Weiss, Friedl: The General Agreement on Trade in Services 1994, C.M.L.R, 32(1995), 1177-1225.

Weiß, Wolfgang/Herrmann, Chistoph/Ohler, Christoph: Welthandelsrecht, 2. Aufl., München 2007.

Wehowski, Alexander: Die Zulassung ausländischer Versicherungsunternehmen in der Bundesrepublik Deutschland und den Vereinigten Staaten von Amerika, Diss. Frankfurt a.M. 2002.

Wenzel, Uwe: Wirtschafts- und sozialpolitische Entwicklungslinie zur Entstehung des Versichersaufsichtsgesetzes von 1901, VP 1999, 193- 201.

Werner, Welf: Das WTO-Finanzdienstleistungsabkommen, München 1999.

Williams, Frances: Slow Progress in Financial Services Talk, Financial Times v. 19. Mai 1995, in: W.P.R. v. 19. Mai 1995, 1-3.

Winter Gerrit: Internationale Online-Versicherung als Korrespondenzversicherung. Aufsichtsrechtliche und internationalprivatrechtliche Konsequenzen, VersR 2001, 1461-1471.

ders.: Versicherungsaufsichtsrecht – Kritische Betrachtungen, Versicherungswirtschaft GmbH, Karlsruhe 2007.

Woodrow, Julie: Insurance Services in the Uruguay Round Services Negotiations. An Overview and Assessment of the Final Agreement, The Geneva Papers on Risk and Insurance 1995, 57-73.

Wöhrle, Georg: Der Wiederaufbau der Aufsicht nach dem Zweiten Weltkrieg. Entwicklung der Aufsicht in Westdeutschland, in: 100 Jahre materielle

Versicherungsaufsicht in Deutschland, Müller/Golz/Washausen-Richter/ Trommeshauser (Hrsg.), Bd. I, Köln 2001 S. 65-87.
Wrabetz, Wolfram: Der Hauptbevollmächtigte nach § 106 III VAG, NVersZ 4 (2001), 385-392.
WTO (ed.): Market Access: Unfinished Business, Studies 6, 2001.
WTO (Legal Text): Der rechtliche Originaltext des Übereinkommens bei WTO.
Wyss, David: Bankdienstleistungen im Allgemeinen Dienstleistungsabkommen der WTO: Auswirkungen auf das schweizerische Bankenrecht, Bern u.a. 1999.

Yüksel, Ali Sait: GATT/WTO–Welthandelssystem – Unter besonderer Berücksichtigung der Außenwirtschafsbeziehungen der Europäischen Union, Frankfurt a.M. 1996.

Zdouc, Werner: Legal Problems Arising Under the General Agreement on Trade Services – Comparative Analysis of GATS and the GATT, Diss. Bamberg 2002.
Zeides Carsten: Die rechtliche Behandlung der Zweigniederlassungen ausländischer Versicherungsunternehmen in Deutschland, Karlsruhe 2004.
Zischka, Sabine: Bundesversicherungsaufsichtsamt (BAV) – Aufgabe und Kompetenzen, Diss. München 1997.

Chinesische Verfasser

Chen, Xiaoxing/Liu, Jifeng/ Liu, Ying: Versicherungsrecht, Beijing, 1999.
Ding, Yanjun: Zustand und Analyse der chinesischen Versicherung 18.6.2004, http: //www.lunwentianxia.com/product.sf.3559976.1/.
Guo, Yang/Wie, Hualin/ Xie, Jinyu: Diskussion über die Ausrichtung der Struktur des: nationalen Versicherungsmarktes, Baoxian Yanjiu, Beijing 1.12.2000.
Han, Yaogen/ Wang, Xingsong: WTO: Chinesische Lebensversicherung bleibt gelassen, Baoxian Yanjiu, Beijing 8.2.2000.
He, Qi: WTO und Auswahl der Strategie der chinesischen Versicherung, Shanghai Verwaltung der Wissenschaft 4/2007, 39-42.
Li, Yuquan,: Versicherungsgesetz, Beijing 2002.
Long, Oliver: Law and its limitations in the GATT Multilateral Trade System, Dordrecht 1987.
Ma, Yongwei: Die Entwicklung der Versicherungsindustrie beschleunigen, die Herausforderungen des neuen Jahrhunderts begrüßen, Baoxian Yanjiu, Beijing 6/2000.

dies.: Mit größter Kraft die nationale Versicherungsindustrie entwickeln, gewissenhaft den Geist der kritischen Anmerkungen Präsident Jiangs umsetzen, Versicherungszeitung, 19.5.2000.

dies.: Die Reform der Aufsicht stärken, diese neuen Wege bahnen und sie kontinuierlich entwickeln, Baoxian Janjiu, Beijing 1.2.2000.

Min, Wan Wang: Der neue Zustand der zweite Änderung des Versicherungsgesetz", 14.5.2007, http: //news.mainone.com/caijinglanmu/2007-05/99806.htm.

Peng, Chaohua/Tang, Jibo: Die Aufsicht stärken, den Wettbewerb nach WTO-Beitritt begrüßen, BaoxianYanjiu, Beijing, 6/2000.

Tan, Youtu/ Fan, Qirong: Versicherungsrecht, Beijing 2003.

Wang Liming: In den letzten Jahren der T'sing-Dynastie hat China das deutsche Zivilrecht aus dem japanischen Recht aufgenommen, in: Rechtswissenschaft Shanghai, Jan. 1977, 47-57.

Wang, Xujin: A Study on the Insurance Market. Paper for the fifth annual conference of the Asia-Pacific Risk and Insurance Association, 1998, https://www.scicollege.org.sg/apria.htm.

Wang, Yi: Most-Favoured-Nation Treatment under the General Agreement on Trade in Services – And its Application in Financial Services, JWT 30 (1996), 48-114.

Wang, Ying: Insurance firm may see fund management, China Daily Business Weekly, 8.10.2000.

ders.: Daunting task for financiers, China Daily Business Weekly, Beijing 29.10.2000.

Wen, Xing: CIRC entfaltet solide die Erziehung zu Berufsethos, die Erziehung zu Wachsamkeit und die Kampagne: "Das Fortschrittlichste schaffen, das Beste Erreichen", Baoxianbao, 5.9.2000.

ders.: CIRC studiert, wie der Geist der 5. Vollversammlung der KPC umgesetzt werden kann, 24.10.2000.

Wie, Hualing/ Wang, Wenqiang: Versicherungsregelungen des GATS und internationale Konventionen, China Yanshi Verlag, Beijing 2001.

Xu, Xiao: Xin Hua bittet ausländische Aktionäre herein, Baoxianbao, Beijing 1.9.2000.

ders.: 15 boards established to check finances, China Daily, Beijing 23.8.2000.

Yu, Yao: Lehrbuch über Regelungen für den Unternehmen mit ausländischer Kapitalbeteiligung, Beijing 2003.

ders.: Die Reform der Aufsicht stärken, diese neuen Wege bahnen und sie kontinuierlich entwickeln, Baoxian Janjiu, Beijing 1.2.2000.

Zhang, Xiangcheng: Dienstleistungshandel der WTO und China des 21. Jahrhunderts, 6.9.2007, http: //tradeinservices.mofcom.gov.cn/index.shtml?method=view&id=5812.

Zhao, Jian: Die Aufsichtsgremien dreier großer staatseigener Versicherungsunternehmen haben gestern ihre Tätigkeit aufgenommen, Baoxianbao, Beijing 6.6.2000.
Zheng, Yubo: Theorie des Versicherungsrechts, Taiwan 1984.
Zou Hailin: Versicherungsrecht, Beijing 1998.

VERSICHERUNGSRECHTLICHE STUDIEN

Herausgegeben von Professor Dr. Gerrit Winter und Professor Dr. Robert Koch, LL.M.

Band 1 Maximilian Teichler: Berufshaftpflichtversicherungen. Eine Untersuchung der Berufshaftpflicht, ihrer Versicherung und deren Beziehung zueinander am Beispiel der Rechtsanwälte, Ärzte und Architekten in Deutschland. 1985.

Band 2 Burkhard Messerschmidt: Hinweis- und Belehrungspflichten des Versicherers. 1986.

Band 3 Chao-Kuo Chiang: Das Interesse im Seeversicherungsrecht. 1986.

Band 4 Michael Grebe: Die vorläufige Deckungszusage unter besonderer Berücksichtigung ihrer Handhabung in der Lebensversicherung. 1987.

Band 5 Harald Zeller: Die Deckung von Haftpflicht-Risiken im Rahmen der Seekaskoversicherung. 1987.

Band 6 Annemarie Bender: Die Rechtsproblematik der Wartezeiten in der Privatversicherung unter besonderer Berücksichtigung der Rechtsschutzversicherung. 1988.

Band 7 Gerd Kühborth: Die Obliegenheiten des Versicherungsnehmers in der Rechtsschutzversicherung beim und nach dem Eintritt eines Versicherungsfalles. 1988.

Band 8 Peter Caninenberg: Die Sportveranstaltungsausfallversicherung. 1988.

Band 9 Carsten Meyer: Der Rückkaufswert in der Lebensversicherung. Eine Untersuchung aktueller Kritik an dem Recht des Lebensversicherungsvertrages unter Berücksichtigung des AGB-Gesetzes und des Aufsichtsrechts. 1989.

Band 10 Heike Schwesinger: Versorgungsausgleich und berufsständische Versorgungswerke. 1989.

Band 11 Jens Fortmann: Die Investitionsgüterkreditversicherung. 1989.

Band 12 Hans Wille: Bedingungs- und satzungsgemäße Privilegien öffentlich-rechtlicher "Wettbewerbsanstalten" in der Gebäude-Feuerversicherung. Eine Untersuchung zum BGB, VVG, AGBG, GWB (UWG) und EWGV unter kritischer Berücksichtigung alter und neuer deutscher sowie supranationaler Judikatur. 1990.

Band 13 Ulrich Joseph: Lebensversicherung und Abtretung. 1990.

Band 14 Udo Hansen: Beweislast und Beweiswürdigung im Versicherungsrecht. 1990.

Band 15 Uwe Hamann: Die Rückdeckungsversicherung aus zivil-, versicherungs- und arbeitsrechtlicher Sicht. 1991.

Band 16 Hans-Eckhard Tribess: Die Leistungsfreiheit des Versicherers aus § 67 Abs. 1 Satz 3 VVG im Falle des Vorausverzichtes. 1991.

Band 17 Regina Testorf: Gewerbliche Schmuckversicherungen. 1991.

Band 18 Dieter Armbrust: Subsidiaritätsabreden in Versicherungsverträgen. 1991.

Band 19 Cornelia Thies: Die Auswirkungen von AIDS im Privatversicherungsrecht. Eine Untersuchung über AIDS-spezifische Probleme im Kranken-, Lebens- und Haftpflichtversicherungsrecht. 1991.

Band 20 Utz Meyer-Reim: Die Elektronik-Versicherung. Sachversicherung von Fernmelde- und sonstigen elektrotechnischen Anlagen. 1992.

Band 21 Thorsten Hinnekeuser: Der Versicherungsfall in der Bauleistungsversicherung. 1992.

Band 22 Christian Luckey: Mündliche Nebenabreden zu Allgemeinen Versicherungsbedingungen. 1992.

Band 23 Jürgen Möhle: Die Haftpflichtversicherung im Heilwesen. Eine Studie über die versicherungsrechtliche Deckung medizinischer Haftpflichtschäden. 1992.

Band 24 Torsten Busch: Genußkapital als Eigenmittel von Versicherungsunternehmen. 1992.

Band 25 Ulrich Möhrle: Verhaltensabhängige Risikobeschränkungen in der Gewässerschadenhaftpflichtversicherung. 1993.

Band 26 Paul Wollny: Die Directors' and Officers' Liability Insurance in den Vereinigten Staaten von Amerika (D&O-Versicherung). Vorbild für eine Aufsichtsratshaftpflichtversicherung in Deutschland? 1993.

Band 27 Jan Dreyer: Die Reiserücktrittskostenversicherung. 1993.

Band 28 Robert Nehrer: Entwendung und Entwendungsfolgeschäden in der Kraftfahrzeugkaskoversicherung. 1994.

Band 29 Jürgen Sackhoff: Die Anzeige-, Auskunfts- und Belegpflicht des Versicherungsnehmers nach Eintritt des Versicherungsfalles. Eine rechtsvergleichende Untersuchung unter besonderer Berücksichtigung des Richtlinienentwurfes zur Harmonisierung des Versicherungsvertragsrechts. Zugleich ein Beitrag zur Relevanzrechtsprechung des Bundesgerichtshofes. 1994.

Band 30 Anne Heidelbach: Der kleinere Versicherungsverein auf Gegenseitigkeit unter besonderer Berücksichtigung der gesellschaftsrechtlichen Probleme. 1994.

Band 31 Claudius Mann: Die zeitliche Beschränkung des Versicherungsschutzes in der Rechtsschutzversicherung. 1994.

Band 32 Martin Dietrich: Produktbeobachtungspflicht und Schadenverhütungspflicht der Produzenten. 1994.

Band 33 Barbara Halser: Die versicherte Gefahr und der Versicherungsfall in der Industrie-Straf-Rechtsschutzversicherung. 1994.

Band 34 Hans von Gehlen: Die Beeinflussung des Versicherungsfalls durch den Versicherungsnehmer in der Rechtsschutzversicherung. 1995.

Band 35 Thomas Adler: Das Tagegeld in der Krankenversicherung als Schadens- oder Summenversicherung. 1995.

Band 36 Achim Gmilkowsky: Die Produkthaftung für Umweltschäden und ihre Deckung durch die Produkthaftpflichtversicherung. 1995.

Band 37 Jens Hilgenhövel: Die gewohnheitsrechtliche Erfüllungshaftung des Versicherers für Auskünfte seiner Agenten. 1995.

Band 38 Wiebke Heinrich: Das Sachverständigenverfahren im Privatversicherungsrecht. 1996.

Band 39 Arnt Vespermann: Staatshaftung im Versicherungswesen. 1996.

Band 40 Hubertus W. Labes: Schiedsgerichtsvereinbarungen in Rückversicherungsverträgen. 1996.

Band 41 John Benjamin Schroeder: Die Kriegsgefahr im deutschen Versicherungsrecht. 1996.

Band 42 Hilke Wesselhöft: Datenschutz im Versicherungswesen. 1996.

Band 43 Klaus C. Kossen: Die Kautionsversicherung. 1996.

Band 44 Cord Imelmann: Versicherungsaufsichtsrechtliche Fragen der Allfinanzkonzeption. 1996.

Band 45 Marcus Lüpke: Versicherungsschutz bei behördlicher Inanspruchnahme zur Altlastsanierung. 1996.

Band 46 Bettina Kagelmacher: Die Beschränkungen der Privatversicherungsfreiheit im Hinblick auf das Allgemeininteresse sowie auf Rechte Dritter. Die Grenzen der Versicherbarkeit widerrechtlichen Verhaltens. 1997.

Band 47 Moritz Mittelbach: Die Verdienstausfallversicherung für See- und Binnenschiffe. 1997.

Band 48 Marc-Alexander Lüth: Rechtsberatung durch den Rechtsschutzversicherer. 1997.

Band 49 Ulf Liebelt-Westphal: Schadenverhütung und Versicherungsvertragsrecht. Schadenverhütung durch die Gestaltung des Versicherungsvertrages (Risikobeschreibung, Ausschluß von Risiken und Auferlegung von Obliegenheiten). 1997.

Band 50 Katrein Schneider: Die Feuer-Betriebsunterbrechungsversicherung. 1997.

Band 51 Hubertus Wegmann: Obliegenheiten in der Privaten Krankenversicherung. 1997.

Band 52 Sven Schubert: Das Sachverständigenverfahren im Seeversicherungsrecht. 1998.

Band 53 Horst Suhren: Alte und neue Informationspflichten des Rechtsschutzversicherers. 1998.

Band 54 Bianca Müller: Verbraucherschutz durch das Bundesaufsichtsamt für das Versicherungswesen. 1998.

Band 55 Thorsten Haeberlin: Der aktuelle Stand des Versicherungsnehmerschutzes im englischen und deutschen Versicherungsvertragsrecht vor dem Hintergrund der jüngsten EG-Rechtsentwicklung. 1998.

Band 56 Thorsten Meinert: Das Bereicherungsverbot im deutschen Seeversicherungsrecht. Mit einem Exkurs zum Entschädigungsprinzip im englischen Seeversicherungsrecht. 1998.

Band 57 Annette Wenckstern: Die Haftung bei der Arzneimittelprüfung und die Probandenversicherung. Haftungsersetzung durch Versicherungsschutz. 1999.

Band 58 Jan-Uwe Hungar: Die Rechtsstellung des Schiffshypothekengläubigers im Versicherungsfall. 1999.

Band 59 Torsten Stade: Die Kaskoversicherung für Luftfahrzeuge. 1999.

Band 60 Michael Rudolf Fischer: Versicherungsaufsichtsrecht und öffentliches Übernahmeangebot. 1999.

Band 61 Jill Bohnhorst: Gentechnologie in der Haftpflichtversicherung. 1999.

Band 62 Nils Abram: Die Berufshaftpflichtversicherung für Versicherungsvermittler. 2000.

Band 63 Carsten Hoppmann: Vorstandskontrolle im Versicherungsverein auf Gegenseitigkeit. 2000.

Band 64 Georg Lange: Die Reparaturkostenversicherung. 2000.

Band 65 Nikolas Streuf: Der Vertragsschluss mit einem englischen Versicherer via Internet. 2002.

Band 66 Jan Philipp Tietjen: Die Versicherungsdauer in der (See-)Güterversicherung nach den Grundsätzen der Haus-zu-Haus-Klausel. 2002.

Band 67 Axel Wehling: Schutz innovativer Versicherungsdienstleistungen. 2002.

Band 68 Alexander Wehowski: Die Zulassung ausländischer Versicherungsunternehmen in der Bundesrepublik Deutschland und den Vereinigten Staaten von Amerika. 2002.

Band 69 Marcus Hennies: Die Finanzaufsicht über Versicherungen in der Europäischen Gemeinschaft. Unter besonderer Berücksichtigung der Solvabilitätsvorschriften. 2003.

Band 70 Silke Riedel: Sicherungsschein und Sicherungsbestätigung in der Versicherungswirtschaft. 2004.

Band 71 Detlef A. Huber: Die Hagelversicherung. 2005.

Band 72 Frank-Hartmut Vogelsang: Die Berufshaftpflichtversicherung des Architekten. Deckungssummenbeschränkungen und Risikoausschlüsse. 2005.

Band 73 Inga Uhlenbrock: Die Lösungsrechte des Versicherers bei Verletzung der vorvertraglichen Anzeigepflicht durch den Versicherungsnehmer. Unter besonderer Betrachtung der Berufsunfähigkeitsversicherung. 2005.

Band 74 Hansjörg Heppe: Bedingungen in der Sportbootversicherung. 2005.

Band 75 Georg Herzog: Bausparkassenbedingungen und AGB-Kontrolle. 2006.

Band 76 Thomas Glitza: Aufräumungskosten bei Umweltschäden in den Sachversicherungszweigen. 2006.

Band 77 Carsten Maßmann: Die Taxe im Seeversicherungsrecht. 2007.

Band 78 Ingo Hollenborg: Berufsunfähigkeit Selbständiger im Rahmen der Berufsunfähigkeitsversicherung. Unter besonderer Berücksichtigung der Betriebsumorganisationspflicht. 2009.

Band 79 Boris Lau: Das Wettbewerbsverbot in Versicherungsagenturverträgen. Eine kartellrechtliche Untersuchung. 2010.

Band 80 Martin Greiser: Die Verbriefung von Versicherungsrisiken. 2010.

Band 81 Xiaofan Du: Liberalisierung der Dienstleistungen von Versicherern. Ein Vergleich des Versicherungsaufsichtsrechts für ausländische Versicherer zwischen China und Deutschland. 2010.

www.peterlang.de